Gottesdienste mit Kindern

Gottesdienste mit Kindern

Handreichung 2016

Herausgegeben von Adelheid Schnelle

in Verbindung mit Sabine Meinhold, Hanna de Boor und Claudia Bergmann

Mit CD-ROM für Windows und Mac

EVANGELISCHE VERLAGSANSTALT
Leipzig

Bibliographische Information der Deutschen Nationalbibliothek
Die Deutsche Nationalbibliothek verzeichnet diese Publikation
in der Deutschen Nationalbibliographie; detaillierte bibliographische
Daten sind im Internet über <http://dnb.dnb.de> abrufbar.

© 2015 by Evangelische Verlagsanstalt GmbH · Leipzig
Printed in Germany · H 7916

Das Buch wurde auf alterungsbeständigem Papier gedruckt.

Covergestaltung: Urte von Maltzahn-Lietz, Leipzig
Satz: verbum Druck- und Verlagsgesellschaft mbH, Berlin
Druck und Binden: CPI books GmbH, Leck

ISBN 978-3-374-04079-7
www.eva-leipzig.de

* M weist auf insgesamt 14 monatliche Kindergottesdienste hin

5

EG   Evangelisches Gesangbuch

GoKi   Gottesdienste mit Kindern – Handreichung,
Evangelische Verlagsanstalt Leipzig

JMT   Jede Menge Töne 1 und 2, Edition GJW im Oncken Verlag

KG   Das Kindergesangbuch, Claudius Verlag München

KiKiHits   Kinder-Kirchen-Hits, Das Liederbuch für den Kinder- und Familiengottesdienst,
Kontakte Musikverlag Lippstadt/Verlag Junge Gemeinde Leinfelden-Echterdingen

LB   Das Liederbuch. Lieder zwischen Himmel und Erde, tvd-Verlag Düsseldorf

LH   Das Liederheft Kirche mit Kindern Teil 1 und 2 (ab Nr. 201),
KIMMIK-Praxis 36 und 50,
Arbeitsstelle Kindergottesdienst der Ev.-luth. Landeskirche Hannovers

LJ   Liederbuch für die Jugend, Quell Verlag Stuttgart

MKL   Menschenskinderlieder, Teil 1 und 2
Beratungsstelle für Gestaltung von Gottesdiensten, Frankfurt/Main

SvH   Singt von Hoffnung. Neue Lieder für die Gemeinde,
Evangelische Verlagsanstalt Leipzig

Sagt Gott Sagt Gott, wie wunderbar er ist.
I Alte und neue Psalmen zum Sprechen und Singen;
II Neue Psalmen für Gottesdienst und Andacht (2005),
Verlag Junge Gemeinde Leinfelden-Echterdingen

Dir kann ich alles sagen Dir kann ich alles sagen, Gott. Psalmenübertragungen nicht nur
für Kinder, Rheinischer Verband für Kindergottesdienst Wuppertal

Zur Arbeit mit diesem Buch

Die Bibeltexte und Themen, die diesem Buch zugrunde liegen, richten sich nach dem „Plan für den Kindergottesdienst 2015–2017", herausgegeben vom Gesamtverband für Kindergottesdienst in der Evangelischen Kirche in Deutschland. Vorschläge für monatliche Kindergottesdienste (mit kurzen einleitenden Texten) finden sich jeweils am Ende aller vierzehn thematischen Einheiten = **M 1–14** im Inhaltsverzeichnis.

Die Herausgeberinnen freuen sich über Rückmeldungen und Fragen und helfen gerne bei fehlenden Liedern aus (s. die Adressen S. 341).

Zu der beiliegenden CD-ROM
Die CD enthält alle Kopiervorlagen und Lieder. Die Zeichnungen, Fotos und Lieder können für den Eigengebrauch in Schule und Kirchengemeinde kopiert werden.

Bausteine für Gottesdienste mit Kindern und Erwachsenen finden Sie für
1.1.2016: Jahreslosung Jesaja 66,13
7.2.2016: Matthäus 18,21–35
14.2.2016: Matthäus 7,1–5
28.2.2016: Psalm 36,10b
19.6.2016: Matthäus 6,25–34
26.6.2016: Matthäus 13,32–32
10.7.2016: Gott in der Pop-Musik
17.7.2016: Stars, die ich toll finde
24.7.2016: Wir machen selbst Musik
31.7.2016: Wir machen einen Film
21.8.2016: Matthäus 20,1–5
25.9.2016: Matthäus 5,43–48
2.10.2016: 1. Mose 4,1–6
6..11.2016: Jesaja 58,6–12
27.11.2016: Ihr lieben Christen, freut euch nun
24./25./26.12.2015:
Und mit den Hirten gehn hinein
Gottesdienst zum Beginn des Schuljahres:
Psalm 18,30b

Anschauungsmaterial, das eventuell längerfristig besorgt werden muss (s. auch „Übersichten" vor den jeweiligen Einheiten)
1.1.2016: „goldene" Ringe
(kleine Gardinenringe, messingfarben)
17.1.2016: Kerzenverzierwachs
21.2.2016: Leinenstoff, Stoffmalfarben
28.2.2016: 4 Taschenlampen, Farbklebefolie in rot, blau, grün, gelb
13.3.2016: Permanent-Farbstifte, Pfeifenbinder, Pappkugeln, Heißkleber, kl. Blumentöpfe
20.3.2016: Akkubohrer, Tacker, Laminiergerät und Folien, Kantkölzer
25.3.2016: je 4 graue und schwarze Tücher
27./28.3.2016: je 4 gelbe, graue, schwarze Tücher, Holzstäbe, Schellen, runde Schachteln
3.4.2016: kleine Holzscheiben, Brandmalkolben, flache Steine zum Bemalen
24.4.2016: 2 Erzählfiguren
22.5.2016: Bild „Stammbaum Jesu" von Sieger Köder, Quelle s. S. 155
29.5.2016: Modelliermasse (Gips o. a.)
19.6.2016: Kugeln aus Holz/Styropor/ Watte als Kopf für Sorgenpüppchen
26.6.2016: Tontöpfe, Samen, Erde
10.7.2016: Rap zu Psalm 10 in Buch mit CD „Du, höre!" (Quelle s. S. 194)
21.8.2016: Tageslichtprojektor
16.10.2016: 3 Glasgefäße, 3 Krüge, Farbtropfen (rot u. grün) zum Färben von Wasser
30.10.2016: farbiges Krepp-Papier
13.11.2016: Stoppuhr
20.11.2016: schwarz beschichtetes Papier für Kratzbilder oder Wachsmaler
27.11.2016: CD „Ich steh an deiner Krippen hier", Orgelbegleitsätze, Quelle s. S. 309
24./25./26.12.2016: weißglänzende Stoffstreifen zum Mitgeben

Foto: Michael Maier

Lieder: Ich will euch trösten (Kanon zur Jahreslosung), s. S. 12; Bei Gott bin ich geborgen, still wie ein Kind, Die Gesänge aus Taizé 32 (2014), Gotteslob (Diözesananhang Nord 853); Du bist mein Zufluchtsort, LB 248, Kommt, atmet auf 032, Sein Ruhm, unsere Freude 272; Du, Gott, stützt mich, LJ 501, LH 66; Halte zu mir, guter Gott, KG 8, LJ 549, LB 362, LH 82, KiKiHits 10, MKL 52

Liturgischer Text: Psalm 23 (bes. V. 4)

1. Januar 2016 – Neujahr

Jahreslosung 2016
Jesaja 66,13

Gott spricht: „Ich will euch trösten, wie einen seine Mutter tröstet."

Zum Text

Die Jahreslosung für das Jahr 2016 findet sich im letzten Kapitel des Jesajabuches. Dieses Prophetenbuch ist über mehrere Jahrhunderte gewachsen. Seinen Kern bilden die Worte des Propheten Jesaja, der in der 2. Hälfte des 8. Jahrhunderts in Jerusalem lebte und wirkte. Prophetenschüler schrieben seine Botschaft weiter und redeten in Gottes Namen zu den Menschen ihrer Zeit. Die abschließenden Kapitel 60–66 sind wohl im 6. Jahrhundert v. Chr. anzusiedeln. Die Verbannung der Israeliten in Babylon war vorüber, viele waren aus dem Exil nach Jerusalem zurückgekehrt. Der Tempel auf dem Berg Zion war wieder aufgebaut und im Jahr 515 v. Chr. wieder eingeweiht worden. Neue Hoffnung auf eine Friedenszeit, in der Gott alles Leid abwenden wird, breitete sich aus (Jes 65,16–26). Doch es gab auch Probleme: Innerhalb der Stadt Jerusalem bildeten sich verschiedene Gruppen, die uneins waren: Wie soll der Gottesdienst am Tempel richtig ablaufen? Wie soll das soziale Miteinander gestaltet werden? In dieser Situation wird denen, die sich zu Gott halten und seinen Willen tun, Hilfe und Trost zugesagt: „Ich will euch trösten, wie einen seine Mutter tröstet; ja ihr sollt an (in) Jerusalem getröstet werden." (66,13)

Hierbei taucht ein Motiv auf, das sich im Jesajabuch immer wieder findet: Gott ist ein Gott des Trostes. (vgl. z. B. Jes 49,13: „Der Herr hat sein Volk getröstet und erbarmt sich seiner Elenden."; 53,3: „Ja, der Herr tröstet Zion, er tröstet alle ihre Trümmer.") Gott sagt von sich selbst: „Ich, ich bin euer Tröster." (Jes 51,12) Und wie tröstet Gott? Wie eine Mutter! Nur an wenigen Stellen der Bibel finden wir weibliche, mütterliche Bilder für Gott (z. B. das Bild der Henne, die ihre Küken schützend unter die Flügel sammelt, Mt 23,37; das Bild der stillenden Mutter oder Amme, Hos 11,1–4; das Bild der Hebamme,

Kanon zur Jahreslosung
Gott spricht: Ich will euch trösten

Kanon für drei Stimmen

Text: Jesaja 66,13
© Musik: Andreas Mücksch

Gott spricht: Ich will euch trö - sten, Gott spricht: Ich will euch

trö - sten, wie ei - nen sei - ne Mut - ter trö - stet.

Ps 22,10). Hier in Jes 66,13 wird Gott ganz ausdrücklich mit einer tröstenden Mutter verglichen. Das ist ein starkes und berührendes Bild, mit dem es sich getrost in ein neues Jahr aufbrechen lässt.

Der Text und die Kinder

Tim hat sich das Knie aufgeschlagen. Er weint, Tränen rollen über seine Backen. Wie gut, dass die Mama da ist. Sie macht die Wunde sauber, klebt vorsichtig ein großes Pflaster darüber und nimmt Tim in den Arm, bis das Schluchzen aufhört. Sabrina hatte in der Schule Streit mit ihrer Freundin. Sie ist unglücklich und hat Angst, die Freundin zu verlieren. Die Mutter spürt, dass Sabrina bedrückt ist und fragt nach. Endlich kann sie erzählen. Wie gut, dass die Mutter zuhört und Sabrinas Kummer versteht. Sven hat zum zweiten Mal eine 5 in Englisch. Ein dicker Kloß steckt in seinem Hals. Wie gut, dass Mama nicht schimpft. „Ich war in Englisch auch keine Leuchte",

sagt sie und drückt Sven ganz fest. Ninas Hase ist gestorben. Am Morgen lag er tot im Käfig. Nina weint und weint. Die Mama nimmt Nina auf den Schoß und wiegt sie hin und her. Wie gut, dass Nina bei Mama weinen kann.

Kinderkummer kann ganz unterschiedlich sein. Das aufgeschlagene Knie tut weh, aber auch die Seele kann wund sein und weh tun. Kinder bringen vielfältige Erfahrungen von Kummer, Traurigkeit, Verzweiflung oder Trauer mit. Wie gut ist es, wenn Kinder in einer solchen Situation Trost erfahren, meist wohl von Papa oder Mama. Aber auch die Erzieherin oder Lehrerin kann hoffentlich gut trösten, der Freund oder die große Schwester. Gerade bei Papa und Mama erleben die Kinder, besonders wenn sie jünger sind, Trost ganz körperlich. Wie tröstet eine Mutter (und ähnlich wohl auch ein Vater)? Sie gibt ihrem Kind Nähe, Wärme, Geborgenheit, das Gefühl: Hier bist du sicher, es wird wieder gut, ich bin für dich da.

Die Jahreslosung greift das Bild der Mutter, die tröstet, auf und bezieht es auf Gott. Gott, wie eine Mutter? Möglicherweise ist dies für die Kinder ein eher ungewöhnliches Gottesbild. Sie hören und beten das „Vater unser" und kennen die Anrede „Herr" aus Gebeten. Kinder im Grundschulalter malen Gott oft als alten Mann mit Bart, manchmal sitzt er auf einer Wolke (d.h. er ist ganz weit weg, im „Himmel") oder er trägt eine Königskrone. Bilder, in denen Gott weibliche Züge trägt (z. B. Gott als Engel) sind äußerst selten. Die Jahreslosung bietet die Chance, den Kindern ein Gottesbild nahe zu bringen, das ganz anders ist: Gott wie eine Mutter: nah und nahbar, liebevoll, tröstend.

Es mag aber auch Kinder geben, die mit der eigenen Mutter keine guten, warmen Erfahrungen verbinden oder die mütterliche Nähe schmerzlich vermissen. Dies sollten wir im Hinterkopf haben und auf ein Kind, das bei diesem Thema sensibel reagiert, besonders eingehen.

Foto: Michael Maier

Gestaltungsvorschlag für ältere Kinder

Material: 2 vergrößerte Fotos, Textröllchen mit der Jahreslosung für jedes Kind, „goldene" Ringe (aus Messing), Ausschneidebogen für jedes Kind (s. S. 14)

Einstieg, Gespräch

Ein Bild von einem traurigen Kind (s. Foto) wird in die Mitte gelegt: Entweder das Bild an sich regt die Kinder zum Sprechen an oder die Kinder werden mit einem Impuls ermutigt, ihre Gedanken zu äußern: „Das Kind ist ganz traurig. Vielleicht hast du eine Idee, was passiert sein könnte?" Die Kinder erzählen von möglichen Situationen, warum das Kind traurig ist. Wenn sich die Kindergottesdienstgruppe gut kennt, ist auch folgender Impuls zum Bild möglich: „Jeder ist mal traurig oder muss weinen. Vielleicht magst du erzählen, wann es dir schon mal so gegangen ist, wie dem Kind hier." Kinder, die möchten, erzählen von eigenen Erlebnissen, aber natürlich muss kein Kind etwas erzählen.

Ein zweites Bild von einer Mutter, die ihr Kind tröstet (s. Foto S. 10) wird in die Mitte gelegt. Impuls: „Wie gut, dass das Kind jetzt nicht allein ist! Wenn du traurig bist oder dir weh getan hast, was macht deine Mama dann?" Die Kinder können aus ihrem eigenen Erleben erzählen. Auch die Kindergottesdienstmitarbeiter/innen können von eigenen Trosterfahrungen erzählen. Wohl die meisten Kinder hören solchen persönlichen Berichten gerne und aufmerksam zu.

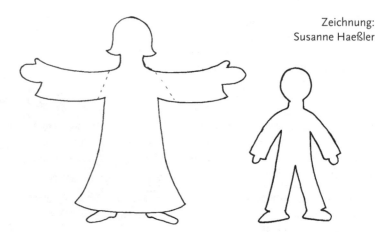

Zeichnung:
Susanne Haeßler

Lied: Du, Gott, stützt mich

Vertiefung

Ein Korb mit Textröllchen in ausreichender Zahl wird in die Mitte gestellt. Für die Textröllchen wird die Jahreslosung auf einen farbigen Papierstreifen kopiert oder geschrieben und das Bild von der tröstenden Mutter dazugeklebt/kopiert. Das Bild ist wichtig für Kinder, die noch nicht lesen können! Die Röllchen werden in einen kleinen „goldenen" Ring gesteckt (kleine Vorhangringe aus Messing – im Baumarkt oder in Raumausstattungsgeschäften erhältlich). Impuls: „Ein neues Jahr liegt vor uns. Für dieses Jahr bekommen wir einen Satz aus der Bibel mit, als Geschenk: die Jahreslosung. Das ist so etwas wie ein Passwort für das ganze Jahr."
Jedes Kind bekommt ein Röllchen überreicht. Die Kinder öffnen die Röllchen und entdecken das bekannte Bild. „Die Jahreslosung passt zu unserem Bild!" Wir lesen die Jahreslosung vor, das kann ruhig mehrmals von verschiedenen Stimmen geschehen.

Kanon zur Jahreslosung: Gott
spricht: Ich will euch trösten

Mit jüngeren Kindern wird die Jahreslosung gemeinsam im Chor gesprochen. Wir staunen: Gott sagt: Ich bin für euch wie eine Mutter, die ihr Kind tröstet.

Lied: z. B. Bei Gott bin ich geborgen, still wie ein Kind, bei ihm ist Trost und Heil (franz. Titel: Mon âme se repose; s. auch http://cantusmundi.blogspot.com)

Kreative Gestaltung

Jedes Kind bekommt den Ausschneidebogen. Beide Figuren werden angemalt, in die Kinderfigur kann jedes Kind sich selbst hineinmalen. Anschließend werden beide Figuren ausgeschnitten. Legt man die Kinderfigur auf die Mutterfigur und faltet die Arme der Mutter am Strich schräg nach unten, dann nimmt die Mutter das Kind in ihre Arme (nach einer Idee von E. Buck).

Lied: z. B. Du bist mein Zufluchtsort oder Du Gott stützt mich

Fürbitten: Wir überlegen gemeinsam: wer braucht Trost? Z. B. jemand, der krank ist; jemand, der keine Freunde hat; jemand, dem etwas weh tut; jemand, der Heimweh hat ... Nach jeder Fürbitte singen oder sprechen wir: „Gott, bitte tröste sie wie eine Mutter." Das Gebet schließen wir mit dem Vaterunser ab.

Abschlusslied
Gut zum Thema passt das Lied: Halte zu mir, guter Gott, heut den ganzen Tag.

Segen
Wie eine Mutter schenke uns Gott Trost, Wärme und Liebe, heute und jeden Tag. Mit Gottes Segen gehen wir. Amen

Zeichnung: Susanne Haeßler

Gestaltungsvorschlag für jüngere Kinder

Statt des Bildes (trauriges Kind) und des Gesprächs passt für jüngere Kinder eine Geschichte als Einstieg besser:

Erzählung
Timos Haare flattern im Wind. Mit dem neuen, roten Roller saust er auf dem Gehsteig die Straße entlang bis zum Wendehammer. Zwei, dreimal braust Timo bis zur Kurve, bremst leicht ab und gibt dann nochmal Tempo. Der Roller läuft super. Timo fühlt sich wie ein richtiger Rennfahrer. Da, in der Kurve passiert es! Timo kommt vom Gehweg ab, saust über den Bordstein und stürzt. Der Ellenbogen ist aufgeschrammt. Die Hose hat einen Riss. Timos Knie und sein Arm tun furchtbar weh. Und der Roller? Liegt auf der Straße mit ganz verbogenem Lenker! Mühsam rappelt sich Timo auf. Die Tränen laufen ihm über die Backen. „Mama!," ruft Timo, „Mama!" Mama ist im Garten, sie hört Timo gleich. Und sie merkt an seiner Stimme, dass etwas passiert sein muss. So schnell sie kann, läuft sie auf die Straße. Sie beugt sich zu Timo und nimmt ihn in den Arm. „Tut es arg weh?", fragt sie. Timo schluchzt. „Zeig mal! Oh, das brennt bestimmt ganz scheußlich. Warte. Ich bring dich ins Haus, dann machen wir ein Pflaster auf den Arm."

„Der Roller!", schnieft Timo. Mama nimmt den Roller und stellt ihn vorsichtig an den Gartenzaun. „Den Roller holen wir nachher", sagt Mama. „Und morgen bringen wir ihn miteinander zum Fahrradladen. Die können den Lenker bestimmt reparieren." Dann hebt sie Timo hoch, so wie sie es gemacht hat, als er noch kleiner war und trägt ihn zum Haus. Timo legt den Kopf an Mamas Schulter. Auf ihrem Arm geht es ihm schon ein bisschen besser. Er hört, wie Mama summt. „Heile, heile Segen …" Timo schnauft tief auf. Wie gut, dass Mama da ist!

Gespräch: Die Kinder erzählen, was ihre Mama (oder der Papa) macht, wenn sie traurig sind oder weinen müssen. Dann folgt der Gestaltungsvorschlag dem Ablauf für ältere Kinder.

Susanne Haeßler

Zeichnung: Susanne Guggemos

Lied: Als Israel in Ägypten war, KG 168, LJ 436

Liturgischer Text: Psalm 136

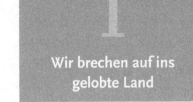

Sonntag	Text/Thema	Art des Gottesdienstes Methoden und Mittel
3.1.2016 2. Sonntag nach dem Christfest	2. Mose 3,1–13 Gott macht sich bekannt – der brennende Dornbusch	Gottesdienst mit Kindern; Thema „Feuer", verschiedene Gegenstände (s. S. 19), Gespräch, Erzählung mit Handpuppen/Figuren, rotes Tuch, rotes/orangefarbenes Papier, Kinderpflaster; Wörter auf Flammen schreiben, Kerzen verzieren, Verzierwachs, Gebet schreiben
10.1.2016 1. Sonntag nach Epiphanias	2. Mose 12,1–17 Bewahrung und Aufbruch – das Passa	Gottesdienst mit Kindern; Erzählung und Passafeier, Gespräch, Essen und Getränke, s. S. 25f, Tisch oder Tuch, Spiel, evtl. aus kopierten Texten zur Feier ein kleines Heft binden und illustrieren
17.1.2016 Letzter Sonntag nach Epiphanias	2. Mose 14,19–31 Gott hilft hindurch – Durchzug durch das Schilfmeer	Gottesdienst mit Kindern; Erzählung mit Legebild (Figuren, Zeichnungen, Wolkensäule), gelbe/blaue Tücher, Symbolhandlung, Spiele, Weg durch das Schilfmeer basteln, Fingerfarben, Wachsmaler o. a. Stifte
24.1.2016 Septuagesimä	2. Mose 20,1–17 Gott schützt deine Freiheit – Die zehn Gebote	Gottesdienst mit Kindern; Spiele, Erzählung am Bild entlang, Gespräch, Gebote ordnen/umformulieren, Mosefigur basteln, Gebote-Memory (CD), Ja/Nein-Blatt zu den Geboten (CD)

Monatlicher Kindergottesdienst

Gott hilft hindurch – Durchzug durch das Schilfmeer (2. Mose 14,19–31) s. S. 43

Alternative: Gottesdienst zur Jahreslosung Jesaja 66,13 s. S. 11

3. Januar 2016
2. Sonntag nach dem Christfest

2. Mose 3,1–13

Gott macht sich bekannt – der brennende Dornbusch

Lieder: Gottes Liebe ist so wunderbar, KG 146, LB 133, JMT 134; Das Lied von Mose, s. S. 22

Liturgischer Text: Psalm 136

Zum Text

Die Geschichte vom brennenden Dornbusch, in dem sich Gott zeigt, gehört an den Beginn der Erzählungen vom Auszug des Volkes Israel aus Ägypten, hinein in ein neues Land. Sie ist eng mit der Lebensgeschichte des Mose verbunden. Im ersten Kapitel des Buches Exodus (= 2. Mose) wurde beschrieben, wie die Hebammen sich dem Befehl des Pharao widersetzten und die männlichen Kinder, die dem Volk Israel geboren wurden, am Leben ließen. Im zweiten Kapitel waren es noch einmal Frauen, denen Mose sein Leben verdankt: seine Mutter, die ihn aus ihren Händen gab, um ihn zu schützen, seine Schwester, die das kleine Boot auf dem Nil beobachtet, und die Tochter des Pharao, die den Säugling Mose aufnimmt. Nun, am Beginn des dritten Kapitels, treffen wir Mose als Erwachsenen wieder, der von Gott seine Lebensaufgabe erhält.

Im Alten Testament gibt es eine Vielzahl von Stachelpflanzen. Sie sind oft Sinnbilder für das Beschwerliche im Leben, das Wertlose, oder für das, was aus dem Kulturland wieder wildes Land

macht. Warum sich Gott allerdings in solch einem Gestrüpp offenbart, ist eher das Thema für eine Predigt für Erwachsene als für einen Kindergottesdienst. Hört man das hebräische Wort für „Dornbusch" (ausgesprochen „sanah"), klingt vielleicht auch „Sinai" mit, der Name des Berges, an dem Mose später die Zehn Gebote empfängt. Damit wäre eine gedankliche Verbindung geschaffen zwischen dem Berg Horeb, wo Mose die Gottesoffenbarung im brennenden Dornbusch erlebt, und dem Berg Sinai, auf dem sich Gott erneut offenbart. Dass sich Götter auf Bergen und in Wetterphänomenen wie dem Feuer zeigen, ist im Alten Orient, zu dem auch das alte Israel gehört, weit verbreitet.

In der jüdischen Literatur, die sich mit dem Alten Testament beschäftigt, wird der Dornbusch oft mit Israel gleichgesetzt. In der christlichen Literatur und Malerei ist er das Sinnbild für die Jungfrau Maria, die Gott in sich trägt ohne zu vergehen, so wie der Dornbusch Gott in sich trug ohne zu verbrennen. Auch heute noch wird Pilgern im Katharinenkloster auf dem Berg Sinai der legendäre Dornbusch des Mose gezeigt, der, an einer Mauer wachsend, weiter grünt.

Der Text und die Kinder

Viele christlich erzogene Kinder fragen, warum sie Gott nicht sehen oder hören können. Sie wundern sich, dass man an jemanden glauben kann, der für uns unsichtbar ist. Wieviel einfacher wäre es doch, wenn man auf ein Gebet eine hörbare Antwort bekäme oder wenn Gott den Menschen deutlich sichtbar zeigen würde, was Gott möchte. Dann könnte man auch ganz sicher sein, dass es Gott wirklich gibt.

Der Kindergottesdienst soll den Kindern zeigen, dass man Gott in der Geschichte der Menschen doch hin und wieder sehen und hören konnte. Gott möchte nämlich, dass die Menschen wissen, wer Gott ist. Gott möchte, dass die Menschen hören, was Gott zu sagen hat. Allerdings zeigt sich Gott oft auf wunderliche Weise. Die alte Mosegeschichte ist ein Beispiel dafür. Der Kindergottesdienst soll die Geschichte von der Begegnung Mose und Gottes im brennenden Dornbusch zuallererst bekannt machen. Sie soll außerdem Mut dazu machen, Gott auch heute noch zu suchen und zu finden.

Gestaltungsvorschlag für jüngere und ältere Kinder

Lied

Kreativer Einstieg zum Thema „Feuer"

Die Kinder und Erwachsenen sitzen möglichst im Kreis, in dessen Mitte sich ein rotes Tuch befindet. Eine große Kerze oder auch ein Campingkocher werden entzündet, sodass die Flamme von allen zu sehen ist. Ohne dass der Text bekannt ist, fragt der Leiter/die Leiterin: „Wozu benutzt man Feuer?" Je nachdem, welche Antworten kommen, werden Gegenstände in einer Reihe unterhalb der Kerze auf das rote Tuch gelegt, die die Antworten symbolisieren, z. B.:

– zum Kochen und Braten: eine Pfanne oder ein Topf
– zum Wärmen: eine Kuscheldecke
– zum Leuchten: eine Kerze
– zum Weichmachen von Wachs und Schmelzen von Metall: eine dünne Kerze, die an der großen Kerze oder am Campingkocher kurz weich gemacht und gebogen wird
– zum Härten von Ton und Lehm: eine Figur oder ein Gefäß aus Ton
– zum Schutz vor Raubtieren: eine kleine Figur eines Raubtiers (z. B. aus dem Kinderspielzeug)
– zum Roden von Wald für Ackerflächen: ein paar Ähren oder Kartoffeln
Falls andere Antworten kommen, sollten einige Bögen Papier bereitliegen, sodass der Leiter/die Leiterin schnell eine Skizze anfertigen kann, die die Antwort treffend zeigt. Die Gegenstände und das Tuch bleiben erst einmal unkommentiert liegen.
(s. Zeichnung 1 zur bis jetzt entstandenen gestalteten Mitte)

Vorbereitung der Erzählung

Jetzt werden zur Veranschaulichung zwei Handpuppen oder zwei Pappfiguren gebraucht, die Mose und seinen Schwiegervater Jitro darstellen. Gerne können auch zwei Erwachsene Mose und Jitro spielen.

Außerdem werden benötigt: einige große Streifen rotes und orangefarbenes Papier, die wie züngelnde Flammen ge-

19

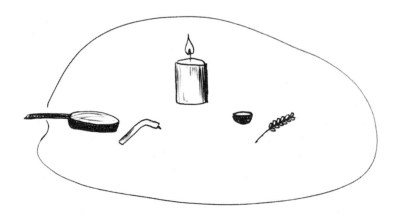

schnitten sind, dicke Stifte, einige Päckchen Kinderpflaster).

Erzählung

Mose: Autsch, autsch, autsch! Mein lieber Schwiegervater Jitro, hilf mir doch! Autsch!

Jitro: Mose, was ist denn mit dir? Solltest du nicht meine Schafe hüten? Ich dachte, du bist in der Steppe, unterwegs zum Berg Horeb, wo es saftiges Gras für meine Schafe gibt. Hast du den Weg nicht gefunden? Hast du dich verletzt?

Mose: Hilf mir, Jitro, ich habe mir einen Dorn in die Hand gerammt. Zieh ihn raus, mir gelingt es nicht!

Jitro: So, hier ist der Dorn. Oh, es blutet. Ich gebe dir gleich etwas für deine Wunde. Und nun erzähle erst einmal, was passiert ist und warum du schon zurück bist.

(Alle Kinder bekommen ein oder mehrere Kinderpflaster und dürfen sie sich gegenseitig auf Arme und Hände kleben.)

Mose: Ich habe Feuer gesehen, brennendes Feuer.

Jitro: Was denn für ein Feuer? Haben unsere Leute am Berg Gestrüpp ver-

brannt, um neues Ackerland zu gewinnen? Oder gab es Raubtiere dort, die du mit Feuer verjagt hast? Warum regt dich das so auf?

(Ein Helfer legt nun an die entsprechenden Gegenstände, die „Rodung" und „Raubtiere" symbolisieren; eine Flamme aus Papier.)

Mose: Es war besonderes Feuer. Es war hell. Es war warm. Man hätte ein Lämmchen daran braten können. Vielleicht hätte man sogar einen Tontopf darin härten können …

(Ein Helfer legt wieder eine Flamme aus Papier zu den entsprechenden Gegenständen.)

… Es war ein Feuer in einem stachligen Dornbusch. Er hat gebrannt. Und dann ist mir ein Engel erschienen. Ich bin hingegangen zu diesem wundersamen brennenden Dornbusch. Und ich habe die Stimme Gottes gehört. Sie hat mich gerufen und gesagt, dass ich meine Schuhe ausziehen soll, weil dieser Ort heiliges Land ist. Ich habe mein Gesicht mit meinem Mantel verhüllt, weil ich Angst hatte, in die Flammen zu schauen. Die Stimme hat gesagt, dass sie Gott ist. Du weißt

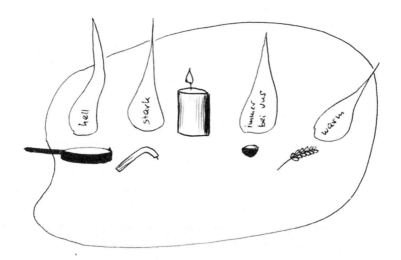

schon, der Gott unserer Väter Abraham, Isaak und Jakob. Und sie hat gesagt, dass ich unser Volk aus dem Land der Ägypter herausführen soll. In ein neues Land, in dem Milch und Honig fließen.

Jitro: Aber du bist doch nur ein einfacher Mann, ein Hirte.

Mose: Genau das habe ich auch geantwortet. Aber da sagte die Stimme, ich meine ... da sagte Gott, dass ich mich nicht fürchten soll. Gott ist bei mir, hat die Stimme gesagt. Kannst du dir das vorstellen, Jitro? Der Gott unserer Väter hat versprochen, dass er mich begleitet. Ich habe Gott gehört! Das ist mir noch nie passiert.

Jitro: Das ist wirklich etwas Wunderbares. Ich habe Gott noch nie gesehen oder gehört, aber ich habe es mir immer gewünscht.

Mose: Und stell dir vor, Jitro, dann habe ich diese Kraft in mir gespürt. Ich glaube Gott. Ich kann unser Volk anführen und in ein neues Land bringen. Auch wenn ich nur ein einfacher Hirte bin.

Jitro: Deshalb bist du jetzt schon vom Weideplatz zurück?

Mose: Ja. Und ich muss außerdem los. Die Ältesten zusammenrufen und ihnen erzählen, was Gott gesagt hat. Dass es für unser Volk eine Rettung gibt. Dass Gott uns nicht alleine lässt. Alle sollen es wissen. Und weißt du, was das Unglaublichste war, Schwiegervater? Als Gott verstummt war und ich meinen Mantel vom Gesicht nahm, sah ich, dass der Dornbusch nicht verbrannt war. Die Flamme hat gelodert, als Gott sprach, aber am Ende gab es keine Asche. Ich weiß auch, warum Gott im Feuer war. Gott wollte zeigen, dass er stark ist wie Feuer und mich stark machen kann ...

(Der Helfer schreibt dick das Wort „stark" auf eine der Feuerflammen aus Papier.)

... Gott wollte mir auch zeigen, dass er hell ist wie Feuer. Mir ist ein Licht aufgegangen. Ein helles Licht. Und er wird mir immer den Weg zeigen. Wie eine helle Fackel ...

Das Lied von Mose

Text und Musik: Stephen Janetzko
© Edition Seebär-Musik,
www.kinderlieder-und-mehr.de

1. Was hat die Prin-zes-sin Ä-gyp-tens ent-deckt? Ein
klit-ze-klei-nes Körb-chen, im Schilf ver-steckt.

Da-rin liegt ein Ba-by; sie ist so ent-zückt. Drum
lässt sie es am Le-ben, das ist sein Glück!

Refrain
Mo-se, Mo-se, so soll es sein! Du sollst der Be-

1. frei-er Is-ra-els sein!

2. Is-ra-els sein!

2. So wird er erwachsen
und lebt am Palast
Dort schlägt ein Mann die Sklaven,
weil er sie hasst.
Und Mose wird wütend,
er schlägt den Mann tot.
Dann flieht er in die Wüste
in seiner Not. *Refrain*

3. Er hütet die Schafe,
und während er geht,
da sieht er einen Busch,
der in Flammen steht.
Gott spricht: „Führ mein Volk
aus Ägypten heraus!
Erfülle die Verheißung,
ich wähl dich aus!" *Refrain*

(Der Helfer schreibt das Wort „hell" auf eine der Flammen.)
… Gott wollte sagen, dass er mich wärmt wie ein Feuer. Vor allem dann, wenn ich vor Angst zittere …
(Der Helfer schreibt das Wort „warm" auf eine der Flammen.)
… Und den Dorn habe ich mir eingestochen, als ich den Dornbusch anfassen wollte. Aber es tut schon nicht mehr weh. Ich muss jetzt los, Schwiegervater, und allen von Gott erzählen. Mach's gut. Und wenn du einmal vergisst, dass Gott bei uns ist, schau einfach in ein Feuer!
(Der Helfer schreibt „immer bei uns" auf eine der Flammen; (s. Zeichnung 2 zur nun entstandenen Mitte)

Gespräch

Im kurzen (!) Gespräch soll noch einmal vertieft werden, dass Gott sich den meisten Menschen nicht zeigt, aber dass Gott doch da ist. Wenn wir uns fragen, ob es Gott gibt, können wir uns an die gerade erzählte Geschichte erinnern. Und wie bei Mose und Jitro kann auch jedes Feuer eine Erinnerung dafür sein, dass Gott uns wie ein Feuer wärmt, unser Leben erhellt und immer bei uns ist.

Kreative Vertiefung

Material: Papier und Stifte, Stumpenkerzen, Material zum Verzieren der Kerzen
Je nach vorhandener Zeit kann nun noch gebastelt oder weiter diskutiert werden. Wenn Kinder und Erwachsene zusammen sind, kann hier die Gruppe geteilt werden.
Die Älteren bzw. die, die nicht basteln wollen, können Ideen darüber austauschen oder von Erfahrungen berichten, wie Gott uns heute gegenübertritt. Zu-

sätzlich können sie die Aufgabe erhalten, individuell oder gemeinsam ein Gebet für den Abschluss der heutigen Runde zu schreiben.
Die Jüngeren und alle, die gerne bastelt, können vorbereitete Stumpenkerzen verzieren. Die Aufgabenstellung ist, die Kerze so zu gestalten, dass sie an die Geschichte erinnert. Ob die Kerzen mit Flammen oder Wörtern oder anderen Dingen verziert werden, sollte den Teilnehmenden überlassen werden, die die Kerzen dann auch mit nach Hause nehmen dürfen.

Lied

Gebet

(Falls in der kreativen Vertiefung ein oder mehrere Gebete entstanden sind, können diese jetzt gebetet werden. Zu überlegen ist, ob es praktikabel ist, die entstandenen Kerzen an der brennenden Kerze der gestalteten Mitte beim Gebet zu entzünden.)
Wunderbarer Gott, du bist Mose im Feuer erschienen und hast mit ihm gesprochen. Auch wir sehnen uns danach, dass du zu uns sprichst, dass du uns wärmst, unser Leben hell machst und uns stärkst. Wir bitten dich, hinterlasse Spuren für uns, sodass wir deine Gegenwart spüren. Erinnere uns mit jeder Kerze, mit jedem Lagerfeuer, mit jedem brennenden Holzscheit im Kamin an deine Kraft. Wir wissen: Du bist bei uns, so wie du bei Mose warst. Amen

Vaterunser, Segen

Claudia Bergmann

10. Januar 2016

1. Sonntag nach Epiphanias

2. Mose 12,1–17

Bewahrung und Aufbruch

Lieder: When Israel was in Egypt's land, KG 168, LJ 436; Ich lobe meinen Gott, der aus der Tiefe mich holt, KG 112, LJ 560, EG regional, LB 35; Hewenu schalom alejchem, EG 433, KG 131, LB 270; Schalom chawerim, MKL 94, EG 434, KG 133, LJ 245, LB 115; Vertraut den neuen Wegen, EG 395, LB 308; Hört auf Gott, hört allein auf Gott, Bibelhits (Kontakte Musik Verlag) 30

Liturgischer Text: Psalm 136; Psalm 150

Zum Thema

Im jüdischen Festkalender gibt es drei Hauptfeste, das Passafest, das Wochenfest (hebr. Schawuot) und das Laubhüttenfest (Sukkot). Der Jahresbeginn (Rosch ha-Schana) war schon am 14./15.9.2015. Das Pessach, wie das Passafest auch genannt wird, begegnet uns in 2. Mose 12,1–20 als Gebot Gottes zwischen Ankündigung und Vollstreckung der letzten der Zehn Plagen. Es dauert vom 14. bis 21. Nisan (dieser Monat wurde vor dem babylonischen Exil „erster Monat" bzw. Abib genannt). Möglicherweise geht das Passafest auf einen noch älteren Ritus eines nomadischen Frühlingsfestes mit Erstlingsopferung zurück. Daran konnte Mose anknüpfen und unter den Umständen des Auszugs die alte Kultfeier zum Gedächtnis der Heilstaten Jahwes (2. Mose 12,14) machen. Das dem Wort Passa zugrunde liegende Verb bedeutet zuerst „hinken, hüpfen" und bekommt in unserem Text die Bedeutung von „überspringen", weil die mit dem Schutzzeichen versehenen Häuser der Israeliten ausgelassen werden bei der Tötung der Erstgeburt (V. 12). Nach dem Sesshaftwerden der Stämme Israels in Kanaan wurde die Passanacht mit dem Fest der ungesäuerten Brote verbunden. (Dies war davor ein bäuerliches Frühlingsfest). Zum ursprünglichen Passafest gehörte die Schlachtung und das Essen eines Lammes (von Schaf oder Ziege), wie in unserem Text in V. 5+6 beschrieben. Diese Schlachtung wurde vor der Errichtung des Jerusalemer Tempels im jeweiligen Heiligtum durchgeführt und die Mahlzeit zu Hause eingenommen. Mit der Zentralisierung des Kultes fand die Opferung (inzwischen auch von Rindern) im Tempel von Jerusalem statt. Flavius Josephus und andere antike Schriftsteller berichten von den großen Pilgerscharen, die sich zum Passaopfer in Jerusalem einfanden. Mit der Zerstörung des Tempels im Jahre 70 n. Chr. durch die Römer fiel dieses Element weg und heute symbolisiert ein Lammknochen das Opfertier.

Das Fest des Passa, das vor allem in der Familie gefeiert wird, dauert acht Tage und beginnt mit dem Durchsuchen des ganzen Hauses nach verbliebenem Sauerteig (Chamez). Die Kochgefäße werden gereinigt (das sogenannte Kaschern) und sollte sich noch Sauerteig anfinden, wird er verbrannt. Die Feier in der Synagoge ist nur wenig anders als andere Abendgottesdienste. Zu Hause beginnt danach die eigentliche Feier, der sogenannte Sederabend. Zu diesem werden Freunde und Verwandte und auch Nichtjuden eingeladen. Die Familie hat den Tisch festlich geschmückt und für jeden und jede steht ein Becher Wein bereit. Den Ablauf regelt die Pessach Haggada, in der die Texte und Gebete aufgeschrieben sind. Wenn sie zweisprachig ist, kann auch gut mitfeiern, wer nicht hebräisch verstehen kann. Auf dem Tisch (am Anfang zugedeckt) steht der Sederteller mit 3 Mazzen (ungesäuertes Brot), einer Erdfrucht (in Europa häufig Radieschen oder Petersilienwurzel), Bitterkraut (z. B. Meerrettich, Chicorée) als Hinweis auf die Bitterkeit des Lebens in Ägypten. Dazu kommt ein Brei (Charosseth) aus Äpfeln, Feigen, Nüssen und Mandeln, der braun eingefärbt wird (z. B. mit Zimt), um an die Fronarbeit des Ziegelstreichens zu erinnern, ein hartgekochtes Ei und ein gerösteter Lammknochen als Ersatz für das Opferlamm.

Das Thema und die Kinder

Das Passafest will ja nicht nur Erinnerung an den Auszug aus Ägypten sein. Die ganze Feier ist auf die Vergegenwärtigung des Heilshandelns Gottes ausgerichtet, hier exemplarisch an der Errettung aus dem „Sklavenhause Mizrajim". Das Passafest steht ja nicht nur für Bewahrung und Aufbruch, es erweist sich im Lichte des Neuen Testamentes als Vorausdeutung des Todes Jesu. Christus ist das Passalamm des Neuen Bundes (1. Kor 5,7). Er hielt mit den Jüngern das Passa (Mt 26, 17–29) und deutete es um zum Gedächtnis des Neuen Bundes. Brot und Wein sind seitdem Zeichen seiner aufopfernden Selbsthingabe geworden und dienen uns zur Vergewisserung seiner Gegenwart in unserer Mitte.

Die Kinder können im Vollzug einer solchen Passafeier sowohl die Errettungsgeschichte Israels hören, als auch das Heilshandeln Gottes in der ganzen Geschichte mit seinem Volk und auch mit den Menschen des Neuen Bundes erfahren. Sie sind hineingenommen in den Strom der Geschichte Gottes, denn das Passafest will nicht bloß Erinnerung an den Auszug aus Ägypten sein. In den Anweisungen für den Sederabend heißt es: „Jeder ist in jedem Alter und Geschlecht verpflichtet, sich so zu betrachten, als sei er selbst aus Ägypten ausgezogen". Die Aneignung solcher Erfahrung mag eher nonverbal sein. Aus den Texten und Gebeten der Haggada spricht aber so viel allgemeine Weisheit und Lebenserfahrung, dass auch jüngeren Kinder ein Mitfeiern möglich sein sollte, ohne ständig Erklärungen abzugeben. Im Verlauf der Feier kommen so viele Deuteworte, dass auch die uns ungewohnten Gebräuche verständlich werden. Natürlich kann der ganze Text der Haggada nicht im vollen Wortlaut und aller Ausführlichkeit benutzt werden. Das Fest währt ja die halbe Nacht. Aber die vorhandenen Grundelemente müssen erhalten bleiben und in kindgemäßer Sprache dargeboten werden. Die Plagen lasse ich aus, nicht nur wegen der Länge und weil sie im angegebenen Text nicht vorkommen, sondern auch, um die Fülle der Grausamkeiten nicht zur Belastung der kindlichen Psyche werden zu lassen. Wichtiger ist: Gott handelt für sein Volk und nicht so sehr gegen die Ägypter.

Für Kinder, die schon lesen können, wäre als Hilfe beim Singen und Beten eine kleine Broschüre als Ersatz für die Haggada sinnvoll. So ein kleines Heft kann leicht mit dem Kopierer angefertigt werden und womöglich mit Bildern für die Jüngeren illustriert sein. Dann haben die Kinder auch eine Erinnerung zum Mitnehmen an diesen besonderen Kindergottesdienst. Für die biblischen Texte würde ich die Neukirchner Kinderbibel mit den Bildern von Kees de Kort vorschlagen. Noch besser ist eine eigene freie Nacherzählung, ich habe meinen Erzählvorschlag in die Rede des Aaron/der Miriam eingebettet.

Gestaltungsvorschlag für jüngere und ältere Kinder

Beginn

Wenn die Kinder nicht den Beginn des Gottesdienstes mit den Erwachsenen gefeiert haben, sollte ein besonderer ritualisierter Eingangsteil vorgesehen werden, der die Kinder und die Mitarbeitenden als Gruppe zusammenbringt und schon in das Thema einführt. Eine kurze Vorstellungsrunde oder ein Namensspiel bringt die feiernde Gruppe einander näher. Da das Passafest mit Essen zu tun hat, könnte z. B. jeder seine Lieblingsspeise nennen oder sagen, welche Speisen für ein schönes Fest ganz wichtig sind.

Vorbereitung

Sind mehrere Mitarbeitende vorhanden, können die zu lesenden Texte aufgeteilt werden (evtl. eine Auswahl treffen). Die Mitarbeitenden haben den Tisch oder ein Tuch am Boden entsprechend vorbereitet, der Sederteller (siehe oben, je nach den örtlichen Möglichkeiten) ist noch abgedeckt. Mazzen kann man fertig kaufen, man kann große Oblaten verwenden oder man stellt sie aus Mehl und Wasser selbst her. Der Wein wird durch Traubensaft ersetzt, der in einem großen Krug bereitgestellt wird.

Die Mitarbeitenden können mit einer Kippa ihren Kopf bedecken und ein weißes Tuch als Thallith (Gebetsschal) umlegen. Leuchter mit Kerzen unterstreichen die Festlichkeit. Es geht nicht darum, Passa nachzuspielen. (Wir „spielen" ja auch nicht Abendmahl.) Es geht darum, eine fremde Tradition verstehbar zu machen und einen inneren Bezug herzustellen. Da dies mit Gebeten und Liedern und im Vollzug eines Gottesdienstes geschieht, halte ich diese Weise für legitim. Damit wird der Glaube anderer Menschen nicht kritisiert oder gar karikiert. Auch den berühmten Wunsch: „nächstes Jahr in Jerusalem" habe ich bewusst ausgespart. Ein Kindergottesdienst ist nicht der Ort, die jüdische Messiaserwartung und unser Verhältnis dazu zu erklären.

Erzählung mit Aktion

Mitarbeitende (M): Ich heiße Aaron (Miriam) wie der Bruder (die Schwester) von Mose. Aber wir sind nicht verwandt. Bei uns ist das ein ganz gebräuchlicher Name. Aber ich finde meinen Namen schön und bin auch ein wenig stolz, so einen berühmten Namen zu haben. Wie heißt ihr denn?

(Die Kinder nennen ihre Namen.)

M: Heute ist ein ganz besonderer Tag. Bei uns Juden fängt jetzt eins der drei großen Feste des Jahres an. Zuerst haben wir einen kleinen Gottesdienst

Sederteller   Zeichnung: Sabine Meinhold

in unserem Bethaus, der Synagoge. Dann sitzen wir den ganzen Abend zusammen und essen, singen Lieder, hören Geschichten aus der Bibel und beten Psalmen. Die ganze Familie kommt zusammen mit Freunden, auch welchen, die keine Juden sind. Was esst ihr denn gerne? Was muss es auf einem Fest zu essen geben, damit ihr gern hingeht?
(Die Kinder nennen ihre Lieblingsspeisen.)
M: Eigentlich hat das Fest ja schon gestern begonnen – mit der Vorbereitung. Das gehört zu jeder guten Feier. Bevor wir den Tisch gedeckt haben, wurde alles alte Brot gesucht und alle Krümel weggeworfen. Zu unserem Fest essen wir nämlich ein besonderes Brot. Es ist ohne Sauerteig oder Hefe gemacht. Es heißt Mazza und die Mehrzahl heißt Mazzen. Wenn wir sie nachher probieren, erzähle ich euch die Geschichte dazu. Jetzt lasst uns ein Lied singen und damit für das Brot danken.

Lied: Danket, danket dem Herrn (Kanon)

M: (schenkt den ersten Becher Saft ein) Unsere Feier beginnt mit einem Segensspruch. Wir preisen Gott für den Wein mit den Worten: Gelobt seist du, Ewiger, unser Gott, König der Welt, der die Frucht des Weinstocks schafft.
(Alle trinken)
Danach isst man von der Erdfrucht und dankt Gott dafür. Eine der Mazzen wird nun durchgebrochen und der Hausvater sagt: „Dieses ist das armselige Brot, das unsere Vorfahren in Ägypten gegessen haben."
Das Volk Israel war nämlich durch Josef nach Ägypten gekommen. Das ist eine lange Geschichte und muss ein anderes Mal erzählt werden. Aber Josef war sehr angesehen gewesen in Ägypten und hatte das Vertrauen des Pharaos. Nach seinem Tod kam dann ein anderer Pharao und der ließ das Volk Israel schwer schuften. Ziegel

mussten sie machen aus Lehm und Stroh und Städte damit errichten. Daran erinnert dieses braune Mus. Ihr dürft auch davon probieren. Und auch die Kräuter sollen an die Bitterkeit der Gefangenschaft erinnern. Ihr könnt sie in das Mus eintauchen. Die Töchter der Israeliten wollten die Ägypter als Frauen, aber die Jungen sollten noch als Babys getötet werden. Moses konnte durch die List seiner Schwester gerettet werden und bekam später von Gott den Auftrag, das Volk Israel aus Ägypten herauszuführen.
(Die Erzählung kann hier unterbrochen werden.)

Lied: When Israel was in Egypt's land (Dabei könnten die Kinder den Refrain übernehmen.)

M: Diese Geschichte muss der Vater an unserem Fest erzählen, wenn der zweite Becher eingeschenkt wurde und der Jüngste am Tisch gefragt hat: „Warum unterscheidet sich diese Nacht von allen anderen Nächten? In allen Nächten können wir Gesäuertes und Ungesäuertes essen, in dieser Nacht nur Ungesäuertes. In allen anderen Nächten können wir allerhand Kräuter essen, in dieser Nacht nur bittere Kräuter. In allen anderen Nächten brauchen wir nicht ein einziges Mal einzutunken, in dieser Nacht zweimal. In allen anderen Nächten können wir essen, frei sitzend oder angelehnt, in dieser Nacht sitzen wir alle angelehnt."
Mose hatte also den Auftrag, die Israeliten wieder in das Land zu führen, das Gott Abraham versprochen hatte. Aber bevor sie gingen, sollten sie sich stärken für die Reise. Sie sollten ein Fest feiern. Für lange Vorbereitung war nicht Zeit. Ein Lamm musste geschlachtet und gebraten werden. Das Brot musste ganz schnell fertig sein. Also nahmen die Frauen nur Mehl und Wasser und machten einfache Fladen. Probiert mal von dem Brot. Wir essen es immer auch als Erinnerung daran, dass es damals in jener Nacht schnell gehen musste. Darum sitzen wir auch in unseren Reisesachen, so als wollten wir jeden Moment losgehen. Mose hatte gesagt: „Macht euch bereit, dass wir sofort aufbrechen können. Denn Gott wird uns befreien und wir können gehen." Und so saßen alle zusammen in dieser Nacht und aßen das gebratene Lamm und die Brote, die die Mütter in aller Eile gemacht hatten. Es musste alles schnell gehen und doch war es ein Fest. Ein Vorgeschmack auf die Freiheit. Mose hatte gesagt: „An diese Nacht sollt ihr immer denken. Jedes Jahr sollt ihr dieses Fest feiern. Denkt immer daran, dass Gott euch aus der Gefangenschaft geführt hat."
Aber noch etwas hatte Gott durch Mose befohlen. Die Männer sollten mit dem Blut der Lämmer die Türpfosten ihrer Häuser bestreichen. Und das taten sie auch. In der Nacht starb nun in allen Häusern, die nicht gekennzeichnet waren, der älteste Sohn. Da weinten und klagten die Ägypter. Und der Pharao sagte: „Geht endlich, geht nur fort! Nehmt mit, was ihr braucht. Aber geht schnell!"
Daran erinnern wir uns und beten: „Der Ewige führte uns aus Ägypten heraus mit starker Hand, mit ausgestrecktem Arm, mit großer furchtbarer Tat, durch Zeichen und Wunder. Und nun lasst uns essen und trinken und Gottes Güte preisen.

Abschluss

Nach dem gemeinsamen Essen kann der Psalm 150 gebetet werden oder es werden weitere Lieder gesungen. Wenn noch Zeit ist für Spiele, kann nach der Weise „Fischer, Fischer, wie tief ist das Wasser" (Spielregeln siehe www.spielfundus.de) mit der Änderung „Mose, Mose, wie tief ist das Schilfmeer" gespielt werden.

Aaronitischer Segen

Der Herr segne dich und behüte dich. Der Herr lasse sein Angesicht leuchten über dir und sei dir gnädig. Der Herr erhebe sein Angesicht auf dich und gebe dir Frieden.

Bernd Dechant

---

17. Januar 2016
Letzter Sonntag nach Epiphanias

2. Mose 14,19–31

Gott hilft hindurch – Durchzug durch das Schilfmeer

Lieder: Mein Gott ist so groß, so stark und so mächtig, Du bist Herr, Kids 150; Immer auf Gott zu vertrauen, Sein Ruhm, unsere Freude 189; Als Israel in Ägypten war (let my people go), LJ 436, KG 168; Mit meinem Gott kann ich Wälle zerschlagen, Sein Ruhm, unsere Freude 279; Vertraut den neuen Wegen, EG 395, LB 308

Liturgischer Text: Psalm 136,1–4.10–15.26

Zum Text

Die Israeliten sitzen in der Falle. Und Gott selbst hat sie dort hineingeführt! Kann das sein? Der Text beginnt mitten in der Geschichte. Zum besseren Verständnis wird auch der Anfang von Kapitel 14 in die Erzählung miteinbezogen, auch wenn der Schwerpunkt auf den genannten Versen liegt. In der Hinführung zur Geschichte ist der Anschluss an die Vätergeschichten umrissen, damit die Kinder die Geschichte im Zusammenhang verstehen können: Die Israeliten kamen mit Josef nach Ägypten.

Die Israeliten sind in Ägypten als Sklaven. Sie bauen die Vorratsstädte Ramses und Pitom. Den biblischen Angaben zufolge ziehen 600 000 Männer mit Frauen und Kindern und viel fremdem Volk aus. Dazu Schafe und Rinder, viel Vieh. Gott führt das Volk nicht den kürzesten Weg, am Mittelmeer entlang, denn dort wohnen die Philister, gegen die Israel dann kämpfen müsste. Dort sind auch ägyptische Militärposten. Er führt sie weiter südlich durch die Wüste.

Sehr schnell bereut der Pharao, dass er die Israeliten hat ziehen lassen und schickt seine Streitwagen hinter ihnen her. Die ägyptische Armee ist sehr gut ausgerüstet: ausgebildete Kämpfer, Pferde, Wagen, die extra zum Kämpfen gebaut wurden, Räder mit Speichen machten die Wagen leicht, schnell und wendig. Dagegen haben die schwer beladenen Israeliten mit Kindern und Viehherden keine Chance. Als sie die Ägypter bemerken, möchten sie schon zurück nach Ägypten, obwohl sie noch nicht mal richtig draußen sind.

Mose lenkt den Blick der Israeliten weg von den Ägyptern auf Gott. Mose vertraut auf Gott. Und Gott handelt: Er schützt Israel vor den Ägyptern, indem er die Wolkensäule hinter sie stellt und das Meer durch einen Ostwind teilt. Der Engel des Herrn kommt in der Geschichte nur hier vor. Um keine Verwirrung zu stiften, lasse ich ihn in der Erzählung weg, bzw. setze ihn mit Gott und der Wolkensäule gleich. Von dieser Wolkensäule wird das Volk Israel tagsüber geführt, nachts von einer Feuersäule. Die Ägypter sollen erkennen, dass Gott der HERR ist und für Israel kämpft. Das zeigt sich durch die dunkle Wolkensäule, die blockierten Räder an ihren Wagen und letztendlich an dem zurückfließenden Meer, das das ägyptische Heer überflutet.

Der Ostwind weht den Flüchtenden entgegen. Er kommt aus der Wüste und ist heiß. Manchmal wird behauptet, dass es in dieser Gegend tatsächlich vorkommt, dass der Wind ein Stück vom Nil oder von einem See für kurze Zeit austrocknet – das Wunder wäre dann, dass es zur rechten Zeit und am rechten Ort passiert ist. Wo genau das „Schilfmeer" zu finden ist, bleibt unklar, ist aber für die Geschichte nicht wichtig. Historisch gesehen muss irgendetwas passiert sein, das die Israeliten als Rettung erfahren haben, damit diese Erzählung entstehen konnte. Am Ende der Geschichte glauben die Israeliten an Gott und vertrauen Mose.

Der Text und die Kinder

Kinder glauben an Wunder. Auch wenn wir Erwachsenen uns oft schwer tun, nehmen jüngere Kinder es als selbstverständlich hin, dass Gott Wunder tun kann. In der Geschichte wird das Wunder nicht hinterfragt oder problematisiert. Um auf kritische Anfragen von Kindern zu antworten, ist es gut, sich vorher zu überlegen, wie man selbst mit der Frage nach Wundern umgeht – was man selbst glaubt. Menschen, die im Glauben leben, können Ereignisse im Alltag, die andere als Zufall ansehen, als Zeichen Gottes deuten.

Wir können oft nicht verstehen, dass Gott Menschen umkommen lässt. Aber erfahrungsgemäß können Kinder damit umgehen, dass die „Bösen" in einer Geschichte sterben. Zudem lässt das Überfluten mit Wasser die Deutung offen, dass die Ägypter noch an Land schwimmen. Gott führt/hilft hindurch.

Gestaltungsvorschlag für jüngere und ältere Kinder

Material: Mose, Israeliten, Ägypter – entweder selbst gebastelt oder Kegelfiguren, Lego, Playmobil ...
Wolkensäule, evtl. gelbe/braune Legetücher für die Wüste, 2 blaue Legetücher für das Meer

Vorbereitung für das Legebild
Das Bild von Mose ausdrucken und bemalen. Anschließend auf Karton kleben und ausschneiden. Den Kreissektor aus Tonpapier ausschneiden (Durchmesser des Kreises: 10 cm), zu einem Kegel zusammenkleben und als Standfuß unten an die Mosefigur kleben. (Die Figur kann auch für weitere biblische Perso-

nen verwendet werden: Abraham, Hirte, der Vater vom verlorenen Sohn etc.) Die Bilder von den Ägyptern und Israeliten (wenn möglich auf etwas stärkerem Papier) ausdrucken und evtl. bemalen. Längs in der Mitte falten. Ein weißes (dickeres) Blatt Papier längs in der Mitte durchschneiden, die beiden langen Ränder 1,5 cm weit umfalten. An diese umgefalteten Ränder wird der untere Rand der Israeliten und Ägypter geklebt, so dass lange Dreiecke entstehen. (s. Fotos S. 34 und CD) Für die Wolkensäule kann man ein weißes Tuch über eine Cappuccinodose legen oder die Dose mit Watte bekleben, – oder ein Laterne bekleben, in die man auf der Seite der Ägypter ein schwarzes Tonpapier und auf die Seite der Israeliten ein Licht (LED-Kerze o. ä.) stellt. Am Anfang des Kindergottesdienstes liegen die gelben und blauen Tücher in der Mitte. Wüste – Meer – Wüste.

Einstieg

Ein neues Jahr hat angefangen. Was liegt vor dir? Wo musst du in diesem Jahr „durch"? Ist es etwas Schönes oder etwas Schwieriges? Jeder darf jetzt auf einen Zettel schreiben oder malen, was in diesem Jahr vor ihm liegt. Die schwierigen Dinge legen wir ins Meer – unter die blauen Tücher – und die Schönen hinter das Meer, in das neue Land – unter das gelbe Tuch (oder später an Kerze und Kreuz, s. S. 35).

Hinführung zur Geschichte für Jüngere

Das Volk Israel (hochhalten) hat viele Jahre in Ägypten gelebt. Am Anfang, als Josef ein wichtiger Mann im Land war, ging es ihnen noch gut. Aber später wurde ein neuer Pharao König in Ägypten. Da wurden die Israeliten von den Ägyptern zu Sklaven gemacht und mussten schwer arbeiten. Aber Gott sagte zu Mose (hochhalten): „Ich habe eure Not gesehen und eure Klagen gehört. Ich will euch helfen. Du sollst das Volk in die Freiheit führen."

Hinführung für Ältere

Hier ist das Volk Israel (hochhalten). Dieses Volk ist gerade in einem anderen Land. Wer weiß, wo? (Kinder raten lassen) Genau, die Israeliten sind in Ägypten. Wie sind sie denn da hingekommen? (erzählen lassen) Als erstes war Josef in Ägypten, weil seine Brüder ihn verkauft haben. Er wurde

Zeichnung: Susanne Guggemos

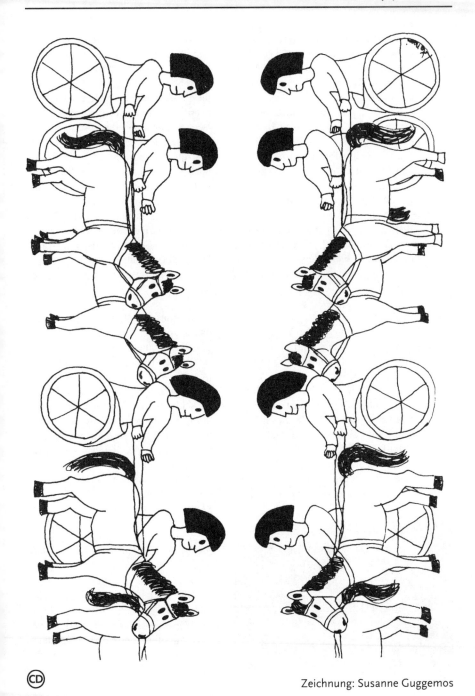

Zeichnung: Susanne Guggemos

ein wichtiger Mann für den Pharao, den König von Ägypten und schaffte es, das Land und die ganze Gegend – auch seine Brüder – vor einer Hungersnot zu bewahren.

Seitdem sind viele Jahre vergangen. Aus der Familie von Josef ist ein großes Volk geworden. Aber seit es einen neuen Pharao gibt, sind sie nicht mehr die Freunde der Ägypter. Sie wurden zu Sklaven gemacht und müssen ganz schwere Arbeiten erledigen. Darum beteten sie zu Gott „Bitte befreie uns und führe uns in unser Land zurück!" Gott erhört das Gebet und schickt den Mose (Mose hochhalten), um das Volk Israel zu befreien.

Erzählung

Das dauert eine ganze Weile, aber schließlich lässt der Pharao die Israeliten ziehen. (Israeliten in die Wüste stellen) Mose führt sie (Mose vor die Israeliten stellen) und er wird durch eine Wolkensäule geführt. (Wolkensäule vor Mose stellen) In dieser Wolke ist Gott bei dem Volk Israel.

Auf dem Weg kommen die Israeliten ans Schilfmeer. (Alles vor das blaue Tuch stellen) Dort schlagen sie ihr Lager auf und machen Pause.

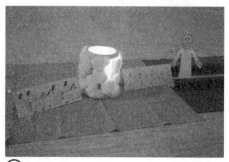

Aber der Pharao, der König von Ägypten, ist doch nicht zufrieden. „Warum hab ich jetzt das Volk Israel ziehen lassen? Jetzt müssen wir ja die ganze schwere Arbeit selbst machen!" Er lässt sein Pferd vor seinen Wagen spannen und ruft seine Kämpfer zusammen: „Nehmt eure Pferde und eure Wagen. Spannt die Pferde vor! Wir reiten den Israeliten hinterher und holen sie zurück!" Alle Kämpfer holen ihre Pferde und Wagen und schon bald hat der Pharao ein großes Heer aufgestellt. (Ägypter hochhalten) Sie reiten los, den Israeliten hinterher, um sie zurückzuholen. (Ägypter mit Abstand hinter Israel stellen)

Als einer von den Israeliten in die Ferne schaut, sieht er plötzlich das ägyptische Heer, das schnell wie der Wind angeritten kommt. „Hilfe!", schreit er. „Die Ägypter kommen!" Alle Israeliten bekommen große Angst. Sie beginnen auf Mose zu schimpfen: „Warum hast du uns denn hierhergeführt? Jetzt werden wir in der Wüste sterben. Wir wollten ja eigentlich viel lieber in Ägypten bleiben!"

Aber Mose antwortet: „Fürchtet euch nicht! Vertraut auf Gott. Er kann uns retten." Und Gott sagt zu Mose: „Sag den Israeliten, dass sie weiterziehen sollen. Und du sollst deinen Stab über das Meer halten und es in der Mitte teilen."

Da erhebt sich die Wolkensäule und stellt sich hinter die Israeliten (Wolkensäule zwischen Israel und Ägypten stellen). So sind sie vor den Ägyptern geschützt. Und da es mittlerweile Nacht geworden ist, beginnt die Wolkensäule wieder zu leuchten – aber nur auf der Seite der

Foto: Susanne Guggemos

Israeliten – auf der Seite der Ägypter bleibt sie dunkel (evtl. Licht anmachen). So können die Ägypter nicht weiterfahren.

Jetzt streckt Mose seine Hand mit dem Stab über das Meer. (Mose zum Meer drehen) Da kommt ein starker Wind auf, der den Israeliten entgegenweht. Das Meer schlägt große Wellen und sie sehen, wie das Wasser sich teilt. Mitten im Meer entsteht ein Weg! (Tücher auseinanderlegen) Die Israeliten laufen hinein – tatsächlich: Sie können auf dem Trockenen mitten ins Meer hineinlaufen. Rechts und links steht das Wasser wie eine Mauer (Israel auf dem Weg durch das Meer führen).

Als der Morgen kommt, reiten die Ägypter hinter den Israeliten her ins Wasser. (Ägypter auf den Weg im Meer stellen) Aber Gott schaut aus der Wolkensäule auf die Ägypter und sie bekommen schreckliche Angst. Gott macht, dass ihre Wagen nicht mehr schnell vorwärtskommen. Da sagen die Ägypter: „Lasst uns fliehen. Gott hilft den Israeliten. Gott ist gegen uns." Gott sagt zu Mose: „Streck deine Hand wieder über das Meer aus, so dass das Wasser wiederkommt und die Ägypter überflutet." Da streckt Mose seine Hand über das Meer und das Wasser überflutet den Weg. (Tücher über die Ägypter legen) Alle Ägypter, alle Streitwagen und alle Pferde werden überschwemmt. So können sie die Israeliten nicht mehr verfolgen. Die Israeliten sind gerettet. Sie konnten zu Fuß durch das Meer laufen und Gott selbst hat sie vor den Ägyptern gerettet. Er hat ihnen hindurchgeholfen.

CD Foto: Susanne Guggemos

Lied

Vertiefendes Gespräch

Ihr habt vorhin aufgeschrieben, wo ihr in diesem Jahr durch müsst, vor welchem Meer ihr steht. Gott hat für die Israeliten das Schilfmeer geteilt und sie aus einer ausweglosen Situation gerettet. Er sieht auch dich und kennt dich mit dem Schönen und Schwierigen, was du erlebt hast und erlebst. Er kann dir helfen und dir einen Weg zeigen durch das Meer, das vor dir liegt. Du kannst ihm vertrauen.

Symbolhandlung

Hier könnten die Kinder ihre Zettel an eine Kerze oder vor das Kreuz legen.

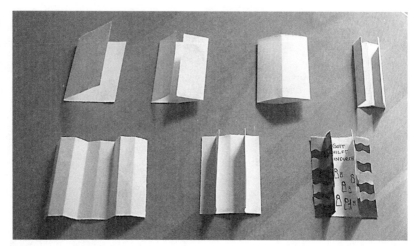

Foto: Susanne Guggemos

Gebet

Gott, du kennst uns, du weißt, was vor uns liegt. Führe uns auf unserem Weg. Hilf uns bei unseren Schwierigkeiten, wie du damals Mose und seinem Volk geholfen hast. Amen

Spiele

Wagenrennen: Je zwei Kinder bilden einen Wagen (Schubkarre), ein Kind läuft mit seinen Händen, das zweite hält es an den Füßen (darf aber nicht schieben, sonst landet das vordere Kind auf der Nase). Es können Rennen zwischen den Zweier-Teams gefahren werden, ein Staffellauf ist möglich, oder man fährt gemeinsam einen Parcours.

Hindernislauf, blindes Führen oder ein aufgemalter Irrgarten verdeutlichen den langen Weg der Israeliten, die selbst meist nicht wussten, wohin sie geführt werden.

Basteln: Der Weg durch das Schilfmeer

Ein Blatt Papier quer falten, wieder öffnen, dann beide Kanten zum Mittelbruch falten (Schrank), Papier wenden und nochmals einen langen schmalen Schrank falten. Alles wieder öffnen. Auf dem Papier sind nun 8 lange Bahnen zu sehen. Die Bahnen 2 und 3 zu einer Mauer aufstellen und von unten zusammenkleben, genauso mit den Bahnen 6 und 7 verfahren. Die Bahnen 4 und 5 sind der Weg durch das Meer, die beiden Mauern können in die Mitte über diesen Weg geklappt werden. Das Meer gestalten: mit Farbkasten, Fingerfarben, Wachsmalkreiden malen; gummiertes Glanzpapier reißen oder mit Wellen- und Zackenscheren ausschneiden. Den Weg braun/gelb anmalen oder bekleben, evtl. Israeliten malen. „Gott hilft hindurch" darauf schreiben (s. Foto).

Alternativ: Die Vorlagen drucken, längs halbieren und als Ausmalbilder verwenden.

Susanne Guggemos

Lieder: Gib uns Frieden jeden Tag, EG 425, KG 134, LJ 236, MKL 72, LB 271; Dass dein Wort in meinem Herzen, Unser Liederbuch 329; Ich stehe fest auf dem Fels, Du bist Herr Kids 2 104; Felsenfest und stark ist mein Gott, Du bist Herr Kids 43

Liturgischer Text: Psalm 19,8–12; Psalm 119,9–16

Zum Text

Die 10 Gebote stehen nicht im leeren Raum: Sie sind Teil der Geschichte Israels, Teil des Auszugs aus der Knechtschaft in Ägypten. In diesem Zusammenhang sollen sie erzählt werden. Wenn wir den Text aus Luthers Katechismus im Kopf haben, lohnt sich ein Blick in die Bibel: Gerade im ersten Gebot ist der große Zusammenhang vom Auszug aus Ägypten bis zum Einzug ins gelobte Land immer mitzudenken. Und auch als Gebotstexte stehen sie im 2. Buch Mose nicht allein: In den weiteren Kapiteln werden (abgesehen von den kultischen Regeln über Opfer) vor allem die Rechte der Sklaven und Schwachen geregelt. Darin zeigt sich ein enger Bezug zur Geschichte von der Befreiung aus der ägyptischen Sklaverei.

Nicht zufällig erhalten die Israeliten die Gebote direkt nach dem Auszug aus Ägypten. In der Knechtschaft dort waren die Regeln klar. Was die Ägypter sagten, musste gemacht werden. Nun ist das Volk in der Freiheit angelangt, und um diese Freiheit zu wahren, schließt Gott mit dem Volk einen Bund. Die Hauptsache an diesem Bund ist, dass er zwischen Gott und Israel besteht: Gott ist Israels Gott und sie sind sein Volk. Sie gehören zu ihm. Weil sie zu Gott gehören, können sie seine Gebote halten: Er gibt ihnen die Freiheit dazu. Die Gebote sind Zeichen des Bundes zwischen Gott und Israel: Wenn die Israeliten die Gebote halten, zeigen sie, dass sie mit Gott leben.

Die ersten drei Gebote beschreiben die Freiheit, Gott zu lieben: Wir sind frei von anderen Göttern, wir müssen nichts anderes zu unserem Gott machen. Aus dieser Freiheit, Gott zu lieben, folgt die Freiheit, unseren Nächsten zu lieben. Wie wir den Nächsten als Menschen ernst nehmen, beschreiben die Gebote 4–10. Diese Freiheit ist kein Individualismus – jeder kann tun, was er will. Freiheit heißt, dass Gott mich von der Fixierung auf meine eigenen Interessen befreit, so dass ich ihn und meinen Mitmenschen lieben kann.

Der Text selbst legt den Schwerpunkt auf das 1. und 3. Gebot. Das soll in der Erzählung übernommen werden.

Der Text und die Kinder

Für jüngere Kinder sind es zu viele Gebote, um sie beim Erzählen mitzubekommen und um sie alle zu merken. Hier liegt der Schwerpunkt auf den grundlegenden Aussagen. Das beginnt damit, zu verstehen, dass Freiheit nicht bedeutet, dass jeder machen kann, was er will und worauf er gerade Lust hat. Kinder wissen, dass Regeln nötig sind, wenn Menschen zusammen leben wollen. Sie können verstehen, dass das Volk Israel nach dem Auszug aus Ägypten neue Regeln braucht. Bei den Geboten soll neben dem Doppelgebot der Liebe das 1. und 3. Gebot im Zentrum stehen.

Ältere Kinder kennen die Gebote zumindest teilweise. Hier sollen sie im Zusammenhang mit der Befreiung aus der Sklaverei verstanden werden. Die Gebote schränken nicht unsere Freiheit ein, sondern schützen diese Freiheit. Wenn ich nach draußen gehe, kann ich davon ausgehen, dass es verboten ist, zu töten und zu stehlen. Nur so kann ich mich frei bewegen. Aus der Schule kennen die Kinder Klassenregeln und wissen, dass solche Regeln Gutes bewirken. In einem vertiefenden Gespräch mit den älteren Kinder ist es gut, an den einzelnen Geboten zu überlegen, inwiefern uns die Gebote nicht einschränken, sondern für unsere Freiheit wichtig sind, wie sich darin unsere Freiheit zeigt und wie sie geschützt wird.

Gestaltungsvorschlag für jüngere Kinder

Material

Kopien vom Bild (mit der Geschichte und den Gesetzestafeln) für jedes Kind, Toilettenpapierrollen, Kopien von der Mose-Vorlage, Stifte zum Ausmalen, evtl. Watte oder Schnur für Haare und Bart, Stoff oder Filz als Kopfbedeckung/Kleidung, Schaschlikspieße als Stäbe, Pappe oder dicken Filz für die Steintafeln.

Einstieg

– Verkehrsregeln: Plakat oder Tapetenstück mit Straßen bemalen. Die Kinder dürfen mit Spielzeugautos darauf herumfahren, aber es gibt keine Verkehrsregeln. Was passiert? Mit den Kindern darüber reden, ob es im Straßenverkehr ohne Regeln geht.

– Fußballregeln: Wo Platz ist, kann man auch mit den Kindern ohne Regeln Fußball spielen. Wenn die Kinder sich dennoch an die Regeln halten, kann man auch mal selbst den Ball in die Hand nehmen und ins Tor tragen und sich dann damit verteidigen, dass man gerade ohne Regeln spielt.

– Brett- und Kartenspiele ohne Regeln spielen: In Tischgruppen verschiedene Spiele (z. B. Uno, Tabu, Mensch-ärgere-dich-nicht) anbieten mit der Auflage, dass ohne Regeln gespielt werden muss. Im Anschluss mit den Kindern gemeinsam überlegen, warum das nicht geht. (Was ist passiert? Was war komisch? Kann man ohne Spielregeln spielen?)

Erzählung (am Bild entlang)
Das Volk Israel ist jetzt frei.

Viele Jahre waren die Israeliten in Ägypten und mussten dort als Sklaven arbeiten (links oben auf dem Bild). Alles, was der Pharao, der König von Ägypten, wollte, mussten sie für ihn machen. Und der Pharao wollte, dass sie für ihn Städte bauten, in denen er seine Vorräte lagerte. Den ganzen

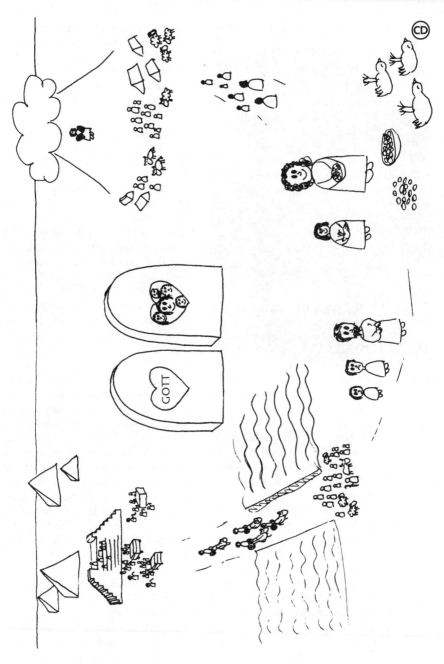

Zeichnung: Susanne Guggemos

Foto: Susanne Guggemos

mehr zu sagen. Die Ägypter dürfen ihnen nicht mehr sagen, was sie machen sollen. „Gott hat uns befreit!", rufen die Israeliten.

Sie laufen durch die Wüste. Sie haben großen Hunger, aber in der Wüste gibt es nichts zu essen. Da schickt Gott ihnen Vögel, die sie braten können, und Manna, das so schmeckt wie Honigbrötchen (rechts unten).

Nach einigen Wochen in der Wüste kommen sie an den Berg Sinai. Dort schlagen sie ihr Lager auf und ruhen sich aus (rechts oben). Nur Mose ruht sich nicht aus. Er geht auf den Berg, um mit Gott zu sprechen. Gott sagt zu Mose: „Ich habe euch aus Ägypten befreit. Ich habe euch in der Wüste geholfen. Jetzt will ich mit euch einen Bund schließen: Ihr sollt mein Volk sein und ich will euer Gott sein." Mose und alle Israeliten wollen diesen Bund mit Gott schließen. Er allein soll ihr Gott sein und sie wollen sich an seine Gebote halten. Gott gibt den Israeliten seine Gebote: „Ich bin dein Gott. Ich habe dich befreit. Du brauchst keine anderen, selbstgemachten Götter mehr. Liebe mich von ganzem Herzen. (1. Tafel, Mitte) In Ägypten musstet ihr immer arbeiten, aber jetzt sollt ihr einen Tag ausruhen. An diesem Tag sollt ihr spielen und beten. Dann geht es euch gut und ihr vergesst mich nicht. Und liebt alle Menschen (2. Tafel, Mitte). Jeder darf leben. Jeder darf seine Sachen behalten und zufrieden sein mit dem, was er hat."

Basteln
Mose aus Toilettenpapierrolle basteln (entweder bemalen und mit Gesetzestafeln aus Pappe und Schaschlik-

Tag mussten sie Steine schleppen, Ziegel herstellen und dazu noch auf den Feldern arbeiten. Wenn sie nicht schnell genug arbeiteten, wurden sie geschlagen. Den Israeliten ging es sehr schlecht. Darum schimpften und klagten sie: „Gott, wir wollen keine Sklaven mehr sein."

Gott erhörte die Gebete der Israeliten und schickte ihnen den Mose. Mit Gottes Hilfe führte Mose das Volk aus Ägypten heraus (links unten). Das Schilfmeer teilte sich vor ihnen und sie konnten hindurchlaufen. Aber das Heer der Ägypter wurde überflutet. Das Volk Israel ist jetzt frei. Der Pharao hat ihnen nichts

spießen vervollständigen oder mit Filz bekleben) und das Bild mit der Geschichte und den Geboten evtl. falten, aufrollen und hineinstecken.

Gestaltungsvorschlag für ältere Kinder

Einstieg

Spiele ohne Regeln (s. S. 38); bei den Älteren bieten sich Brett- und Kartenspiele besonders an.

Erzählung

Zeichnung: Susanne Guggemos

Viele Jahre lang waren die Israeliten Gefangene. Sie mussten als Sklaven für die Ägypter arbeiten und alles machen, was ihnen gesagt wurde. Aber jetzt ist das Volk Israel frei. In der Sklaverei in Ägypten galten klare Regeln. Aber nun sind sie frei und die Ägypter haben ihnen nichts mehr zu sagen. Allerdings beginnt die Freiheit nicht in einem Liegestuhl am Strand, sondern mit einer Wanderung durch die Wüste: Hunger und Durst, Hitze und Kälte, Angriff durch Feinde und Streitereien unter den Israeliten gehören dazu. Die Freiheit der Israeliten scheint täglich in Frage gestellt zu werden.

Nach einigen Monaten kommen sie an den Berg Sinai. Dort schlagen sie ihr Lager auf und rasten. Nur Mose rastet nicht. Er steigt auf den Berg, um mit Gott zu reden. Und Gott spricht mit Mose. Er gibt ihm die 10 Gebote: (das in Klammern Geschriebene kann mit den Kindern erarbeitet werden)
(1) Ich bin der Herr, dein Gott. Ich habe dich aus der Sklaverei in Ägypten befreit. Du sollst neben mir keine anderen Götter haben. (Lass nicht Freunde, Sport, Erfolg, Fußball, den Fernseher oder irgendetwas anderes dein Leben bestimmen.) Von mir sollst du dir kein Bild machen. Du kannst mich immer wieder neu in deinem Leben erfahren. Ich bin nicht da, wenn du ein Bild von mir hast. (Wenn du mich kennenlernen willst, dann kannst du in der Bibel lesen – da bin ich bei dir. Du sollst keine Dinge, die im Himmel oder auf der Erde oder sonst irgendwo sind, zu deinem Gott machen. Lass sie nicht über dein Leben bestimmen.) Denn ich bin ein eifersüchtiger Gott. Ich will, dass du nur mich liebst.
(2) Du sollst meinen Namen nicht im Zorn oder Spaß verwenden.
(3) Der Sonntag gehört mir! Sechs Tage lang sollst du arbeiten und alles machen, aber der Sonntag ist mein Ruhetag. Da sollst du nicht arbeiten und auch niemand anderen für dich arbeiten lassen. Denn in sechs Tagen habe ich Himmel und Erde gemacht und alles, was lebt, aber am siebten Tag habe ich geruht. Deshalb ist dieser Tag heilig. (Wenn du eine Arbeit bis zum Montag noch schaffen musst,

lass dir nicht einreden, dass sie wichtiger sei als der Gottesdienst. Dieser Tag ist heilig, da hast du Zeit für mich, so wie ich immer Zeit für dich habe. Nichts ist so wichtig, dass du keine Zeit für mich haben könntest.)
(4) Du sollst deinen Vater und deine Mutter ehren, damit es dir gut geht und du lange lebst.
(5) Du sollst nicht töten.
(6) Du sollst nicht ehebrechen.
(7) Du sollst nicht stehlen.
(8) Du sollst nichts Unwahres über deinen Mitmenschen sagen.
(9+10) Du sollst nicht das haben wollen, was deinem Mitmenschen gehört: Was ist da gemeint? Sein Haus, seine Frau (sein Handy, sein Fahrrad oder seine Freundin). Sei nicht neidisch, gönne es ihm.

Möglichkeiten zur Vertiefung
– **Gespräch**: Was wäre los, wenn das 5./7. etc. Gebot nicht gilt? Wie würdest du auf die Straße gehen? Hätten wir ohne dieses Gebot mehr Freiheit?
– **Gruppenarbeit**: Gebote umformulieren: z. B. statt „du sollst nicht töten": jeder darf leben; „du sollst nicht begehren": du darfst zufrieden sein mit dem, was du hast, etc.
– **Gebote in neue Reihenfolge bringen** lassen, von wichtig bis unwichtig. Welche Gebote findet ihr überflüssig, welche fehlen?
 – **Ja/Nein-Blatt**: Was gehört zu den 10 Geboten? (s. CD)

Kreative Vertiefung
– **Gebote-Memory**: Text und Bild müssen zusammenpassen. (s. CD) ⓒⒹ
– Im Baumarkt **Zaunlatten** kaufen und die Gebote draufschreiben.
– **Steintafeln** aus rechteckigen Papptellern basteln und die Gebote darauf schreiben.

Gebet
Herr, hilf uns, mit dir zu leben. Hilf uns, jeden Tag an dich zu denken. Danke, dass du uns frei machst, wenn andere Dinge unser Leben bestimmen wollen. Lass uns erfahren, dass wir mit deinen Geboten gut leben können. Hilf uns, dir ganz zu vertrauen. Amen

Susanne Guggemos

Monatlicher Kindergottesdienst

I Gott hilft hindurch – Durchzug durch das Schilfmeer   2. Mose 14,19–31

Nach dem Auszug des Volkes Israel aus Ägypten sitzen die Israeliten in der Falle. Vor ihnen das Schilfmeer, hinter ihnen stürmen die vom Pharao geschickten ägyptischen Streitwagen. Aber Gott hilft seinem Volk hindurch. Die Ägypter sollen erkennen, dass Gott der Herr ist und an der Seite Israels steht. Wie Gott sein Volk geführt hat, so führt er uns durch das Jahr.

Der **Gestaltungsvorschlag für den 17. Januar** (S. 29) eignet sich für einen monatlichen Kindergottesdienst. Eine kurze Zusammenfassung des bisherigen Geschehens leitet die **gestaltete Erzählung** ein (S. 31). Im **Gespräch** und mit einer **Symbolhandlung** (S. 35) können die Gedanken der Kinder am Beginn des Jahres Ausdruck finden. **Spiele** (S. 36) vertiefen die Erzählung. In einer **Bastelarbeit** mit klappbaren Papierelementen wird der Weg durch das Schilfmeer veranschaulicht (S. 36). Die **Figur des Mose** kann gestaltet werden (S. 30f oder S. 40). Die Bewahrung wird freudig mit **Liedern** und **Tanz** gefeiert.

Alternative: Gottesdienst zur Jahreslosung Jesaja 66,13, s. den Gestaltungsvorschlag S. 11.

© Vergebung führt zum

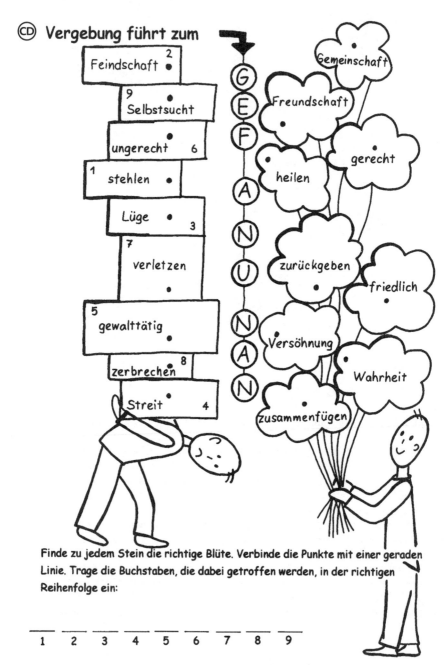

Finde zu jedem Stein die richtige Blüte. Verbinde die Punkte mit einer geraden Linie. Trage die Buchstaben, die dabei getroffen werden, in der richtigen Reihenfolge ein:

___ ___ ___ ___ ___ ___ ___ ___ ___
1   2   3   4   5   6   7   8   9

Idee und Zeichnung: Sabine Meinhold

Lied: Aufstehn, aufeinander zugehn, LB 313, Bittlinger-Liederbuch 34; Halte zu mir, guter Gott, KG 8, LJ 549, LB 362, LH 82, KiKiHits 10

Liturgischer Text: Psalm 85 (Übertragung s. S. 47)

Schuld – Vergebung – Neuanfang

Sonntag	Text/Thema	Art des Gottesdienstes Methoden und Mittel
31.1.2016 Septuagesimä	Matthäus 5,38–42 Auge um Auge, Zahn um Zahn? Vom Verzicht auf Vergeltung	Gottesdienst mit Kindern; Erzählung (nach 2. Könige 6,8–25) „Das Versöhnungsessen", (Sandkasten), Spiel: Ellenbogenbegrüßen, Gespräch, Gefühlspantomime, kl. Mahlzeit, Brot, Weintrauben, Oliven, Wasser, Fürbittengebet mit Gefühlskarten
7.2.2016 Sexagesimä	Matthäus 18,21–35 Siebzigmal siebenmal? Vergeben kann man nie genug	Gottesdienst mit Kindern (und Erwachsenen); Szenisches Spiel (7 Personen) oder Erzählung „Schuster Martin", Gespräch, Knoten in Bänder machen und lösen, evtl. Fest oder Abendmahl feiern: „So ist Versöhnung"
14.2.2016 Invocavit	Matthäus 7,1–5 Wer hat Schuld? Vom Urteilen und Barmherzigsein	Gottesdienst mit Kindern (und Erwachsenen); Aktion mit Maßband u. Süßigkeiten, Erzählung, evtl. Gefühle-Bild zur Geschichte malen, (Wasser-)Farben, Gespräch, „Splitter im Auge" (Kopien) benennen und legen, Gebete-Zettel zusammenkleben als „Maßband"
21.2.2016 Reminiszere	Matthäus 9,9–13 Wir feiern die Vergebung – mit Abendmahl	Gottesdienst mit Kindern; Gespräch „Essen am Tisch", Erzählung, Stoffstücke für Quilt bemalen, Stoffmalfarben, Bibelszene im Schuhkarton, Einen Brief an Jesus schreiben, Abendmahlsfeier, Trauben/Saft, Brot/Oblaten, Vaterunser mit Bewegungen

Monatlicher Kindergottesdienst
Wir feiern die Vergebung mit Abendmahl (Matthäus 9,9–13)   s. S. 63

31. Januar 2016

Sexagesimä

Matthäus 5,38–42

Auge um Auge, Zahn um Zahn? Vom Verzicht auf Vergeltung

Lieder: Herr, gib mir Mut zum Brückenbauen, LJ 552, EG regional, MKL 75; Gottes Liebe ist so wunderbar, LZU 32, KG 146, LB 133, JMT 134; Lieber Gott, ich danke dir, LJ 588; Herr, deine Liebe ist wie Gras und Ufer, LJ 550, EG regional, LB 224; Selig seid ihr, LJ 608, EG regional, KG 127, MKL 96, LB 297; Möge der Segen Gottes mit dir sein, LZU 75, GoKi 2015

Liturgischer Text: Psalm 85 (Übertragung s. S. 47)

Zum Text

Das alttestamentliche Wort „Auge um Auge, Zahn um Zahn" (2. Mose 21,24) ist besser als sein Ruf; denn als allgemein gültiger Rechtsgrundsatz begründet er humane Gerechtigkeit. Und es stünde gut um unsere Welt, wenn wenigstens dieses Recht allgemein Beachtung fände. Vier Aspekte sind wichtig:
1. Über Unrecht wird nicht hinweggesehen, ihm wird bestimmt entgegengetreten.
2. Jedes Unrecht, auch wenn es einem Schwachen oder einem sozial wenig geachteten Menschen angetan wird, wird geahndet.
3. Straftat und Strafmaß müssen in jedem Fall in einem angemessenen Verhältnis zueinander stehen. Eine Form von gerechter Wiedergutmachung geschieht. Zugleich wird eine Gewaltspirale vermieden.
4. Mit der angemessenen Ahndung ist der Gemeinschaftsfrieden wiederhergestellt.
Jesus widerspricht diesem alttestamentlichen Rechtssatz nicht, er führt seine Intention weiter. Jesu Worte gelten denen, die in seiner Gemeinde als (erwachsene) Christinnen und Christen leben (Matthäus 5,1b). Von seiner Vergebung lebend und von seiner Liebe gestärkt, versuchen sie, Vergeltung zu meiden, Liebe zu üben und Vergebung zu gewähren; sie überwinden das „Böse mit Gutem" (Römer 12,21).

Der Text und die Kinder

Sehr früh bilden Kinder eigene Wünsche aus und setzen ihre Mittel ein, damit diese erfüllt werden. Ganz kleine Kinder möchten etwas haben und greifen danach. Sie beschweren sich, wenn ihnen etwas weggenommen wird. Damit sind schon früh Bedingungen gegeben, unter denen Konflikte entstehen. Einen Wunsch mit „Gewalt" durchzusetzen (etwas wegnehmen) oder Ärger über ein anderes Kind durch „Gewalt" zum Ausdruck zu bringen (Schubsen, Hauen) ist eine frühe Form, Konflikte auszutragen, die funktioniert und deshalb attraktiv ist. Damit Kinder lernen, auf „Gewalt" zu verzichten, brauchen sie gelingende Alternativen. Dies gilt sicherlich für Menschen jeden Alters: Nur da, wo gewaltlose Formen der Konfliktlösung etabliert sind, ist Gewaltlosigkeit eine sinnvolle Alternative. Sie geschieht zumeist durch ein Rechtssystem, das die Bedürfnisse der einzelnen gegeneinander absichert und das Recht gewährt, indem es für alle verbindliche Regeln und zugleich Formen der Ahndung von Regelübertretungen einführt und bekannt macht.

Wie können solche gewaltfreien Alternativen für Bereiche aussehen, wo Kinder miteinander leben: in Familien, in Kindergärten oder Schulen und auch in Kindergottesdiensten? Alternativen, die ausschließen, dass Kinder gedemütigte Opfer werden? Alternativen, die weder realitätsfern sind, noch Kinder verantwortungslos überfordern? Kinder brauchen Erwachsene oder ältere Kinder, an die sie sich wenden können und die für sie eintreten. Zunächst ist wichtig, dass ein Unrecht, das einem Kind widerfährt, gesehen und benannt wird. Dafür braucht es Aufmerksamkeit und Geduld der Erwachsenen, damit Kinder angehört werden können. Wenn sie darauf verzichten, sich selbst mit Gewalt zu wehren, müssen sie sich darauf verlassen können, dass trotzdem als Unrecht wahrgenommen wird, was ihnen widerfahren ist, und dass dieses Unrecht eine für das verletzte Kind sichtbare Konsequenz hat. Je nach dem Alter des Kindes, kann diese Konsequenz unterschiedlich sein: eine Entschuldigung mit Handschlag, ein selbst gemachtes Geschenk zur Wiedergutmachung, eine „Strafe" (z. B. eine Auszeit) oder – besser noch – die gemeinsame Suche nach einer Lösung. Wichtig ist, dass der Streit aufgeklärt wird, ein Unrecht klar benannt ist, es eine Konsequenz und dann auch ein offizielles Ende des Streites gibt.

Kindern fällt es in der Regel leichter, einem anderen Kind zu vergeben. Nicht, weil es um weniger ginge als in einem Streit zwischen Erwachsenen oder weil Kinder einen Streit schneller vergessen würden, sondern weil Kinder, sofern es ihre Lebensbedingungen erlauben, in der Regel weniger kränkbar und großzügiger miteinander sind. Es gibt ein großes Bedürfnis danach, dass nach einem Streit „alles wieder gut ist" und es wieder möglich ist, als Freunde miteinander zu spielen.

Die Grundbotschaft des Kindergottesdienstes, dass jedes Kind von Gott angenommen, geachtet und geliebt ist, kann – wenn sie erschlossen, gelebt und erfahren wird – Kindern eine ruhige Stabilität verleihen, die sie zu Vergebung und Befriedung befähigt.

Gestaltungsvorschlag für jüngere und ältere Kinder

Die Texte des Erwachsenengottesdienstes haben keine direkte Nähe zur Thematik des Kindergottesdienstes. Vielleicht könnte bei einem gemeinsamen Gottesdienstbeginn mit den Erwachsenen anstelle von Psalm 119a des Sonntags das vorgeschlagene Psalmgebet (s. u.) gemeinsam gesprochen werden.

Psalm 85 (Übertragung)
HERR, in allen Zeiten hast du dich deinem Volk liebevoll zugewandt. *Wenn es schuldig geworden war, hast du ihm vergeben.* Darum hilf auch uns, guter Gott.

Du bist doch unser Heiland.
Lass uns in deiner Nähe Kraft und Freude finden.
Deine Liebe ist gut für uns.
Schenke uns offene Herzen für das, was du uns sagen willst,
für deine Worte des Friedens und der Liebe.
Du möchtest, dass in unserem Land, ja auf der ganzen Erde
die Menschen voller Güte und voller Vertrauen einander begegnen.
Dann wird die Gerechtigkeit immer größer
und der Friede immer weiter.
Von dir, barmherziger Gott, erwarten wir alles Gute.
Amen

Eingangsgebet

Herr Jesus Christus,
du bist bei uns und hast uns lieb. Dafür danken wir dir. Manchmal haben wir Streit und tun einander weh. Das ist schade. Aber dann bist du trotzdem mit deiner Liebe da. Öffne unsere Herzen für deine Liebe. Lass uns deinen Frieden spüren. Vergib uns, was wir verkehrt machen. Lass uns jetzt auf dein Wort hören. Segne diesen Kindergottesdienst. Amen

Erzählung (nach 2. Könige 6,8–25)

„Das Versöhnungsessen"
(Wenn der Raum es erlaubt und die Gruppe nicht zu groß ist, könnte mit dem Ortswechsel in der Erzählung auch die Gruppe weiterziehen. Hilfreich wäre auch, wenn in einem Erzählsandkasten das Szenarium der Geschichte dargestellt würde. Wenn den Kindern der Vorname „Elisa" in ihrem Umfeld geläufig ist, kann er durch „Elischa" ersetzt werden.)

Im Heerlager der Aramäer

Der König der Aramäer war wütend. Er schimpfte laut und sagte: „Wieso wissen die Israeliten immer, wo ich mich mit meinen Soldaten auf die Lauer lege. Wir müssen einen Verräter unter uns haben. Der warnt die Israeliten." Der König der Aramäer führte Krieg gegen das Volk Israel. Er hatte sich versteckt und wollte die vorbeiziehenden Israeliten überfallen. Aber die zogen dann einen anderen Weg. Und das nicht nur einmal, nein, zweimal, dreimal. Darum war der König der Aramäer wütend. Aber seine Soldaten sagten ihm: „König, wir haben keinen Verräter unter uns. Die Israeliten haben einen besonderen Mann. Er heißt Elisa. Er ist ganz vertraut mit dem Gott der Israeliten. Dieser Gott sagt ihm, wo du dich versteckt hast. Und Elisa warnt seinen König. Und der macht einen Bogen um deinen Hinterhalt."

Jetzt war der König wütend auf Elisa und fragte: „Wo wohnt dieser Elisa?" Die Soldaten sagten: „Er wohnt in der Stadt Dotan." Da befahl der König: „Zieht sofort los, nehmt den Elisa gefangen und bringt ihn her."

Bei der Stadt Dotan

Noch am Abend brachen die Soldaten auf. Bald erreichten sie die kleine Stadt Dotan und umzingelten sie. Soldat stand neben Soldat, dazu Pferde und Streitwagen. Da konnte keiner mehr unbemerkt aus der Stadt entkommen.

Am Morgen stand der Diener des Elisa auf. Er öffnete das Fenster und sah die feindlichen Soldaten. Er rannte zu Elisa und rief:

„Hilfe! Hilfe! Wir sind verloren." Aber Elisa sagte ganz ruhig: „Hab keine Angst. Es sind viel mehr da, die uns beschützen, als die, die uns bedrohen." Der Diener verstand das nicht. Da betete Elisa: „Herr, öffne ihm die Augen." Der Diener schaute nach draußen. Und jetzt sah er viele Streitwagen und Pferde aus Feuer. Und die befanden sich genau zwischen der Stadt und den feindlichen Soldaten. Sie beschützten die Stadt. Elisa und sein Diener waren von den guten Mächten Gottes geborgen.

Aber was soll mit den Soldaten der Aramäer passieren? Sie waren hergekommen, um zu verderben. Sollen sie jetzt von den feurigen Pferden verbrannt und getötet werden?

Elisa betete wieder: „Herr, lass die Soldaten alle blind sein." Da konnten die Soldaten nichts mehr sehen, alles war dunkel. Jetzt hatten die Soldaten große Angst. Hilflos tappten sie herum. Elisa ging zu ihnen. Er rief ganz laut: „Kommt mit mir. Ich zeige euch den Weg." Die Soldaten dachten wohl: „Er bringt uns in das Lager unseres Königs." Sie fassten sich an den Händen und gingen mit Elisa.

Im Lager des Königs von Israel

Aber er brachte sie nicht in das Lager des Königs der Aramäer. Er brachte sie in das Lager seines eigenen Königs. Jetzt waren sie gefangen. Noch einmal betete Elisa: „Herr, öffne ihnen wieder die Augen." Da konnten die Aramäer wieder sehen. Und sie sahen, dass sie Gefangene im Lager ihrer Feinde waren. Sie dachten: „Jetzt ist alles verloren. Wir wollten sie töten. Jetzt nehmen sie Rache und töten uns." Und wirklich, der König von Israel fragte Elisa: „Mein Vater, soll ich sie alle töten?" Aber Elisa sagte: „Nein, du sollst sie nicht töten. Mach etwas ganz Anderes und viel Besseres: Gib ihnen gutes Brot und frisches Wasser und lass sie essen und trinken. Und wenn sie satt sind, dann sollen sie zurück zu ihrem König und zu ihren Familien gehen."

Und dann saßen sie da, die aramäischen Soldaten, und aßen und tranken. Und ich denke, die israelitischen Soldaten aßen und tranken mit ihnen. Sie waren keine Feinde mehr, wie Freunde saßen sie an einem Tisch. Dann gingen die Aramäer zu ihrem König. Und der zog mit seinen Soldaten zurück in sein eigenes Land. Es gab keinen Krieg mehr.

Spiel

Ellenbogenbegrüßen: Ein Teil der Kinder stemmt die Hände in die Hüfte, andere nehmen die Hände hinter den Kopf. Alle gehen herum und jeder begrüßt jeden, indem die Ellenbogen sich berühren. (Berühren, nicht rempeln ist der Sinn dieses Spiels.)

Gefühlspantomime

Karten, auf denen jeweils ein Wort für ein Gefühl steht, sind vorbereitet: ängstlich, überlegen, verletzt, hilflos, wütend, versöhnt, fröhlich. Einem Kind wird eine Karte gezeigt, es stellt das Gefühl dar, ohne zu sprechen (Gesichtsausdruck, Bewegung, Körperhaltung). Die anderen Kinder erraten das entsprechende Gefühl.

Gespräch (in Gruppen)

Vom Streiten (mit Hauen?) und Versöhnen erzählen – wer mag.

Zeichnung: Sabine Meinhold

Gespräch (mit älteren Kindern)
Die vorgeschlagene alttestamentliche Erzählung mit Matthäus 5,38.39 verknüpfen. (s. auch die Ausführungen „Zum Text", S. 46)

Pantomime/Darstellendes Spiel
Zwei streiten sich mit oder ohne Worte; ein Dritter kommt hinzu und versucht den Streit zu schlichten; ein Rollenwechsel wäre sinnvoll.

Kleine (biblische) Mahlzeit
mit Fladenbrot, Weintrauben, Oliven und Wasser

Fürbittgebet mit Gefühlskarten
(wenn möglich: entsprechendes Gesicht darauf skizzieren)
Zu jeder Gefühlskarte wird gemeinsam mit den Kindern ein Gebetssatz formuliert.

Beispiel: „ängstlich" – „Guter Gott, dieses Kind hat Angst; hilf, dass sich jemand um dieses Kind kümmert und es wieder Mut findet."

Fürbittgebet
Herr Jesus Christus,
durch deinen Tod und deine Auferstehung hast du die Menschen mit Gott und untereinander versöhnt. Dafür danken wir dir. Du bist unser Friede. Lass uns in deinem Frieden und in deiner Liebe leben. Wenn Streit ist, gib uns die Kraft, den Frieden zu suchen. Mach uns mutig, vergeben zu können und um Vergebung zu bitten.
Auf unserer Erde herrscht so viel Gewalt. Menschen, Tiere und Pflanzen leiden. Hilf, dass Menschen erkennen und tun, was dem Frieden dient. Wir hoffen auf dich. Amen

Alfred Mengel

7. Februar 2016
Estomihi

Matthäus 18,21–35

Siebzigmal siebenmal? Vergeben kann man nie genug

Lieder: Wechselnde Pfade, Schatten und Licht, Kommt, atmet auf 028, Erdentöne, Himmelsklang 109, Durch Hohes und Tiefes 301; Wie ein Fest nach langer Trauer, LB 289, SvH 117, Kommt, atmet auf 052; Aufstehn, aufeinander zugehn, LB 313, Bittlinger-Liederbuch 34; Herr, gib mit Mut zum Brückenbauen, EG regional, LJ 552, MKL 75; Meine engen Grenzen, Kommt, atmet auf 083, SvH 91, LB 21; Herr, ich werfe meine Freude wie Vögel an den Himmel, EG regional, MKL 53, LJ 554

Liturgischer Text: Psalm 85 (s. S. 47)

Zum Text

Vergeben statt vergelten! Es geht in unserem Text um grenzenlose, vollkommene Vergebung: Siebzigmal siebenmal sollen wir vergeben (Mt 18,22): die Zahl „sieben" ist die traditionelle Zahl der Vollkommenheit. Es ist die einzig mögliche Regel, die ein Zusammenleben von Menschen ermöglicht. Es gibt keinen Mensch, der ohne Schuld ist. Die Regel erinnert auch an die Bitte aus dem Vaterunser: „Vergib uns unsere Schuld, wie auch wir vergeben unseren Schuldigern" (Mt 6,12).

Der Text gliedert sich in 3 Szenen:

1. Das Himmelreich wird mit einem König (= Gott) verglichen. Ein Schuldner schuldet dem König zehntausend Talente. Die geschuldete Geldsumme war eine fast unvorstellbare, riesige Größe. Bei der Bitte um Aufschub und der Versicherung, dass der Schuldner alles zurückzahlen wolle, war klar: Dieser Mensch würde kaum jemals in der Lage sein, eine so große Geldsumme aufzubringen und zurückzuzahlen. Die überraschende Wendung: Der König erbarmt sich dennoch und erlässt dem Schuldner diese riesige Schuld. Um Schuldenerlass hätte dieser nie zu bitten gewagt. Jetzt wird für ihn ein wirklicher Neuanfang möglich!

2. Der gerade beschenkte Schuldner trifft einen Mitsklaven, der ihm eine vergleichsweise geringe Summe, eine, die auch ein armer Bauer im Laufe eines Jahres verdienen könnte, schuldet. Es ist nicht unrealistisch, dass dieser Sklave die kleine Summe aufbringen und zurückzahlen wird. Auch hier wird um Aufschub gebeten. Der große Unterschied: Brutal wird diese Bitte abgelehnt. Der Kontrast der beiden Szenen liegt im ungeheuren Schuldenerlass. Nach dem Geschenk des „Ganz-Großen" wird die Verweigerung des „Ganz-Kleinen" zum Skandal.

3. Der erste Sklave wird vom König nicht einmal zur Rede gestellt. Seine ganze Schuld, 10 000 Taler, wird nun wieder eingefordert. Der König orientiert sich am Verhalten des Knechtes gegenüber dessen Mitknecht und misst mit dem Maß, mit dem dieser selbst

gemessen hat. Sein Vergeben wurde durch menschliche Lieblosigkeit verspielt, so dass die frühere Schuld den Menschen wieder einholt. Die ethische Konsequenz, die wir Hörerinnen und Hörer aus der Geschichte ziehen sollen, erinnert an die fünfte Seligpreisung (Mt 5,7 „Selig sind die Barmherzigen, denn sie werden Barmherzigkeit erlangen"): Der Sklave hätte das ihm widerfahrene Erbarmen nachahmen sollen und alles wäre gut gewesen!

Durch die Fähigkeit, vergeben zu können, entsteht ein neues Verhältnis zum Mitmenschen. In einer Gemeinschaft, in der Menschen angenommen werden und Gottes Liebe an menschlicher Liebe erfahrbar wird, ist Gnade etwas Konkretes und Erlebbares.

Der Text und die Kinder

Vergeben kann man nie genug. So wichtig wie Essen und Trinken für das tägliche Leben ist, sind heile Beziehungen für ein gesundes Dasein. Gesunde Beziehungen sind die Voraussetzung, um Urvertrauen zu entwickeln. Wo Menschen miteinander leben, erfahren sie aber nicht nur eine heile Welt mit Liebe und Geborgenheit. Kinder verspüren das von klein auf. Bereits im Kindergarten werden Konflikte ausgetragen und müssen „Streit-Regeln" eingeübt werden, um ein Miteinander in einer Gruppe überhaupt möglich zu machen. Einer nimmt dem anderen etwas ungefragt weg, der nächste schlägt scheinbar grundlos seinen Nachbarn und wieder ein/e andere/r darf nicht mitspielen, obwohl er/sie es doch so gerne möchte. Konflikte, Streit und Meinungsverschiedenheiten gehören zum Leben dazu. Im Streit klärt sich die eigene Position. Umso wichtiger ist es dann aber, Auswege zu finden, um gute Gemeinschaft wiederherzustellen. Eine Vergebungskultur einzuüben ist dabei elementar wichtig.

Kinder haben ein hohes Gerechtigkeitsempfinden. Wenn dieses empfindlich gestört wurde, fällt es vielen Kindern entsprechend schwer, auf andere zuzugehen, um Entschuldigung zu bitten und einen Ausweg zu suchen. Manchmal muss dann ein Ausgleich geschaffen werden. Voraussetzung für Vergebung ist es, die Schwere der eigenen Verletzung wahrzunehmen. Auch braucht man die Fähigkeit, sich in jemand anderen einzufühlen. Unrecht bleibt Unrecht und darf als solches benannt werden.

Erwachsenen kommt in ihrer Vorbildfunktion eine Schlüsselrolle zu: Wo sie als verzeihend erlebt werden, kann Urvertrauen wachsen. Das Wissen, auch im Konfliktfall nicht aus der Liebe der Eltern, Erzieher, Gruppenleiter zu fallen, kann zum Grund eigener Beziehungs- und Konfliktfähigkeit werden und ist zugleich Spiegel der Gnade Gottes. Vergebung kann Vergangenes nicht rückgängig machen, Schuld und Verletzung nicht ungeschehen machen – aber sie eröffnet Möglichkeiten für die Zukunft.

Gestaltungsvorschlag für jüngere und ältere Kinder

Eingangsgebet
Guter Gott,
viel zu oft mache ich Sachen, die mir später leidtun,
viel zu oft ärgere ich Menschen und sage Dinge, nur um einem anderen weh zu tun.

Oft fällt mir dann nichts mehr ein,
dass es wieder gut wird.
Gib mir Mut zum Brückenbauen.
Gib mir Vorbilder, denn ich brauche
Worte, Gesten, Ideen, die Zerstörtes
wieder gut werden lassen.
Guter Gott, vergeben kann man nie
genug.
Gib mir den Mut zum ersten Schritt.
Amen

Lesung: Matthäus 18,21–35

Hinweise zur Erzählung

Die Fähigkeit zu vergeben eröffnet ein neues Verhältnis zum Mitmenschen. In einer Gemeinschaft, in der Menschen angenommen werden und Gottes Liebe an menschlicher Liebe erfahrbar wird, ist Gnade etwas Konkretes und Erlebbares. Dies kann exemplarisch an Leo Tolstois Geschichte von Martin, dem Schuster erfahren werden.

Die Geschichte kann nacherzählt, nachgespielt oder auch in einem Familiengottesdienst aufgeführt werden. Die biblische Erzählung kann innerhalb des Spiels gelesen werden.

Szenisches Spiel

nach einer Erzählung von Leo Tolstoi „Martin der Schuster" (Wo die Liebe ist, da ist Gott, in: Leo Tolstoi, Volkserzählungen, Stuttgart)

Es spielen:
(M) Martin, der Schuster
(P) Priester
(S) Stephan, der Straßenkehrer
(JF) Junge Frau mit Kind
(AF) Alte Frau
(J) Junge
Erzähler
(St) Stimme aus dem Hintergrund

Erzählung/Dialog	Handlung/Regieanweisung
Erzähler: In einem Dorf lebte ein Schuster mit Namen Martin. Er war ein guter Schuster. So gab es in dem Dorf kein Paar Schuhe, das er nicht aus eigener Anschauung kannte.	Schuster mit Schürze geht an den Tisch, hantiert mit dem Werkzeug, nimmt Schuhe in die Hand und betrachtet sie
Aber Martin war sehr verbittert. Schon lange hatte er nicht mehr gelacht. Es schien nichts zu geben, wofür sich sein Leben lohnte. Zwar hatte er seine Arbeit; aber die wurde schwerer und schwerer. Mit dem Alter waren seine Hände härter und seine Augen dunkler geworden.	entsprechende Gesten und Mimik, Kopf schütteln, nimmt Werkzeuge in die Hand, betrachtet seine Hände und hält sich den Handrücken vor die Augen

Als junger Mann lebte Martin für seine Familie. Doch vor langer Zeit starben seine Frau und seine Kinder.	nimmt Bilderrahmen in die Hand nimmt Kinderschuhe in die Hand
In seiner Verzweiflung haderte er mit Gott, dass er ihm seine Familie genommen hatte, am liebsten wollte er sterben	Weicht zurück, streckt die Hände abwehrend vor
M: Ich komme, ich komme … Oh! Heiliger Mann, warum kommst du zu mir? **P:** Mir wurde gesagt, ich würde einen guten Schuster hinter der Tür finden! **M:** Das hast du, Pilger, komm rein. Was hast du für Wünsche? **P:** Ich brauche einen neuen Einband für diese alte Bibel!	Ein Priester erscheint, klopft, würdevoller Gang, eilt dem Kunden entgegen, verneigt sich ehrfürchtig freundliche Handgeste, geleitet den Priester zum Tisch, einladende Handgeste, streckt Martin das Buch entgegen
M: Ich fühle mich geehrt, aber ich bin sicher, dass du zum falschen Schuster gekommen bist. Gott und ich stehen nicht gut miteinander. Bring dieses Buch zu einem besseren Menschen, als ich es bin! **P:** Ich bin sicher, du machst es gut. Aber sag, was ist der Ärger zwischen dir und Gott?	Weicht zurück, streckt die Hände abwehrend vor … Drückt ihm die Bibel in die Hand Legt ihm die Hand auf die Schulter
M: Wofür lohnt es sich denn zu leben? Alles, was ich von Gott erbitte, ist bald zu sterben. **P:** Für Gott und für deine Mitmenschen, Martin, musst du leben! Lies dieses Buch! Vielleicht hilft es dir. Ich muss nun gehen. Nächste Woche komme ich wieder. **M:** Auf Wiedersehen und Danke.	blickt zum Priester auf, fällt in sich zusammen; berührt die Bibel mit der Hand, winkt zum Abschied winkt dem gehenden Priester nach, legt die Bibel auf den Tisch
Erzähler: Martin wollte sich gleich an die Arbeit machen. Das Buch lag offen. Er las die Geschichte über einen selbstsüchtigen Knecht. **M:** O, dieser Knecht. Er dachte nur an sich selbst! Obwohl er so viel Vergebung erfahren hat, war es ihm nicht möglich etwas davon weiterzugeben.	Wendet sich dem Buch zu. Martin schüttelt wütend den Kopf

An dieser Stelle könnte der Bibeltext gelesen werden.	
Erzähler: Inzwischen war es spät geworden. Martin schlief über der Bibel ein. **St:** Martin, Martin … **M:** Wer ist da? **St:** Sieh morgen auf die Straße, weil ich kommen werde.	Martin schläft. aus dem Hintergrund schreckt im Schlaf hoch
Erzähler: Am nächsten Morgen stand Martin früh auf und macht sich sogleich an die Arbeit. Die Stimme hatte er nicht vergessen. Andauernd schaute er auf die Straße … **M:** Stephan kommt, die Straße vom Schnee zu säubern, und ich dachte, dass Gott kommt, mich zu besuchen. Komm rein und wärm dich auf, ich bin sicher, dir ist kalt!	Richtet sich auf, hantiert mit dem Werkzeug Straßenkehrer kommt mit Besen fegt, reibt sich zwischendurch die Hände. Martin erkennt ihn Stephan bleibt stehen, niest ins Taschentuch, auf den Besen gestützt. Einladende Handbewegung.
S: Gott segne dich. Meine Beine schmerzen so sehr. Dieser Tee ist sehr gut. Er wärmt mich. **M:** Da, nimm noch eine Tasse! **S:** Erwartest du jemanden?	Stephan kommt zum Tisch. Stellt Besen zur Seite, setzt sich. Martin schenkt ihm Tee ein. Stephan trinkt und beobachtet, wie Martin angestrengt Ausschau hält
M: Es ist nicht so, dass ich wirklich jemanden erwarte. Letzte Nacht hörte ich eine Stimme, die sagte, Gott der Herr würde mich heute besuchen. Das geht mir nicht aus dem Kopf. **S:** Darum schaust du aus dem Fenster. Du dachtest, dass ich… Dank dir, Martin, du hast mir Nahrung für Leib und Seele gegeben. **M:** Du bist mir willkommen! Ich freue mich, wenn ich einen Gast habe. Guten Tag Stephan, und komm recht bald wieder. **Erzähler:** Martin wendete sich wieder seiner Arbeit zu, konnte sich aber nicht rechtzeitig konzentrieren, immer wieder schaute er aus dem Fenster.	Erzählt etwas nachdenklich, gestikuliert mit den Händen, schüttelt den Kopf. Beide lachen laut und herzlich. Erhebt sich, nimmt den Besen Winkt zum Abschied, während Stephan den Mittelgang kehrend, sich entfernt.

M: Das arme Kind! Komm rein, gute Frau, hast du und dein Kind etwa kein warmes Zeug? **JF:** Oh, ich musste meinen Schal heute morgen ins Pfandhaus bringen. **M:** Nimm diesen hier, er wird dich warm halten! **JF:** Der Herr segne dich! Sicher hat er dich zum Fenster geschickt. Sonst wäre mein Baby erfroren! Ich danke dir! Auf Wiedersehen!	Frau mit Baby kommt frierend, er geht zu ihr, bittet sie herein, legt ihr den Schal um Frau geht winkend
Erzähler: Der Tag neigt sich allmählich dem Ende zu. Ob Martins Traum noch in Erfüllung gehen würde. Solange es hell war, schaute er noch erwartungsvoll aus dem Fenster. **J:** Nein! Nein!	alte Frau mit Apfelkorb kommt des Weges, am Handstock gehend; Junge kommt von hinten, heranschleichend, und greift sich einen Apfel, die alte Frau packt ihn am Nacken, lässt den Korb fallen; zappelnd
AF: Dir werde ich helfen, Bürschchen! Mich alte Frau bestehlen wollen! **J:** Ich habe nicht gestohlen! **AF:** Lüg mich nicht an! **M:** Ach, gute Frau, lass ihn gehen! Ich bezahl dir den Apfel! **AF:** Warum gehen lassen … er sollte richtig durchgeprügelt werden!	schüttelt ihn heftiger, Martin geht dazwischen droht mit dem Handstock
M: Wenn er schon für einen Apfel geschlagen wird, was sollte dann erst mit <u>uns</u> geschehen? **AF:** Vielleicht hast du recht … – aber er ist auf einem schlechten Weg! **M:** Dann müssen wir ihm einen anderen Weg zeigen! Hier, nimm den Apfel und sag der Frau, dass es dir leid tut!	 lässt den Jungen los Martin gibt dem Jungen einen Apfel.
J: Entschuldigung. Es tut mir leid. **AF:** Na, ist schon gut. Aber ich muss nun Heimgehen. Es wird schon dunkel. **J:** Bitte lass mich Dir den schweren Korb tragen. **AF:** Der Weg ist aber weit **J:** Ich schaff das schon. Und unterwegs zeige ich dir, wo ich nach der Schule spiele.	mit gesenktem Kopf nimmt den Korb, will gehen nimmt ihr den Korb ab Sie machen sich gemeinsam auf den Weg und entfernen sich.

Erzähler: Martin freut sich, dass die alte Frau dem Jungen vergeben hat und die beiden versöhnt nach Hause gegangen sind. Als er in seine Werkstatt zurückkehrt, war inzwischen die Nacht angebrochen. Martin betrachtet die aufgeschlagene Bibel. Viele Menschen waren heute hier gewesen. Das waren schöne Begegnungen. Aber Gott, der war nicht gekommen. Das machte Martin traurig. Und so schlief er ein.	zündet Kerze an blickt in die Bibel schüttelt den Kopf legt den Kopf auf die Bibel
St: Martin, Martin, kennst du mich nun? **M:** Wer bist du? **St:** Ich bin es … Ich bin es … Ich bin es … **St:** Siebzigmal siebenmal. Vergeben kann man nie genug! Das heißt doch: Was immer du einem getan hast, unwichtig wer es war, was immer du deinen Schwestern und Brüdern tatest, das tatest du mir.	(im Schlaf) Stephan zieht vorüber, verneigt sich Frau mit Baby kommt, verneigt sich, alte Frau und Junge kommen und verneigen sich

Alternativen
– Die Geschichte wird anschaulich nacherzählt.
– Die Geschichte wird mit Schattenfiguren erzählt (s. GoKi 2010, S. 292f.)

Vertiefendes Gespräch

Das Vaterunser mit der Bitte „Vergib uns unsere Schuld, wie auch wir vergeben unseren Schuldigern" wird erinnert. Gemeinsam kann nun darüber nachgedacht werden, was Vergebung heißt und wofür man sich entschuldigen müsste. Vergebung kann z. B. heißen, die Traurigkeit über Zerbrochenes zu spüren und einen Weg zu suchen, wie man wieder fröhlich werden kann ohne nachtragend zu sein.

Anschließend sollen sich die Kinder Gedanken machen, wo sie selbst schon Vergebung erfahren haben und wo sie anderen vergeben haben!

Aktion

Alle Kinder bekommen nun Bänder. Für jede Situation, die ihnen einfiel, in der sie Vergebung erfuhren, sollen sie einen Knoten in das Band machen. Für alles, wo sie vergeben haben, dürfen sie einen Knoten wieder herausnehmen. Nun ist es spannend zu sehen, ob mehr Knoten in das Band gemacht oder wieder herausgelöst wurden. Diese Aktion kann auch in der ganzen Gruppe erfolgen oder in Kleingruppen. Dazu kann ein großes Seil (Springseil) verwendet

Zeichnung: Sabine Meinhold

werden. Ältere Kinder können es allein für sich machen.

Lied zum Schluss: Wir wollen aufstehn, aufeinander zugehn

Zum Abschluss kann ein **Fest** oder das **Abendmahl** gefeiert werden – frei nach dem Motto: Wie ein Fest nach langer Trauer, so ist Versöhnung.

Fürbittengebet mit Kehrvers
Barmherziger Gott,
wenn ich mich mit meiner Freundin/ meinem Freund gestritten habe, tut das weh.
Schenke uns einen Neuanfang und Vertrauen.
Kehrvers: Wechselnde Pfade, Schatten und Licht. Alles ist Gnade. Fürchte dich nicht.

Manchmal fühle ich mich ungerecht behandelt. Dann sehe ich die Schuld nur bei dem anderen. Schenke Gerechtigkeit und hilf mir, meinen Anteil zu erkennen.
Kehrvers

Manchmal fällt es mir schwer zu verzeihen und den ersten Schritt zu gehen. Schenke einen geweiteten Blick und den Mut zu einem Neuanfang.
Kehrvers

Manchmal sehe ich nur mich selbst. Dann wünsche ich mir, dass einer da ist, der die Not, die Traurigkeit, das Leiden der Menschen sieht und mich dafür empfindsam werden lässt.
Kehrvers

Claudia Glebe

14. Februar 2016

Invokavit

Matthäus 7,1–5

Wer hat Schuld? Vom Urteilen und Barmherzigsein

Lieder: Du bist da, wo Menschen leben, KG 147, LJ 498, MKL 42, LB 169, KiKi-Hits 28; Herr, erbarme dich, KG 197, EG 178, LJ 121, MKL 14; Ich lobe meinen Gott, der aus der Tiefe mich holt, KG 112, , LJ 560, SvH 79, EG regional, LB 35; Kyrie eleison, KG 212, LJ 138; Du hast uns, Herr, gerufen, EG 168, LJ 112, MKL 8, LB 16; Du verwandelst meine Trauer, MKL 9, LJ 508, KG 198, KiKiHits 12, LH 64

Liturgischer Text: Psalm 1

Zum Text

Matthäus geht es in seinem Text um christliche Barmherzigkeit. Für Christen ist nicht das Aufrechnen von splittergroßer Schuld anderer „dran", sondern die Selbst-Erkenntnis, dass man manchmal so etwas wie einen ganzen „Balken" im eigenen Auge hat und so gut wie nichts mehr sieht vor Selbstgerechtigkeit. Er sagt: Vorsicht bei der Bewertung anderer! Die Leser/Hörer seines Textes sollen begreifen, dass alle Menschen auf Vergebung angewiesen sind, immer wieder neu. Es gibt niemanden auf dieser Welt, der ohne Schuld ist. Unvollkommenheit gehört zum Menschsein dazu und man sollte mit anderen, aber auch mit sich selbst barmherzig umgehen. Jeder sollte Ausschau nach den eigenen Stärken halten Die Beschäftigung mit sich selbst, den eigenen Beziehungen, guten und schlechten Seiten, bringt uns Menschen weiter. Wie wir mit anderen umgehen, so wird Gott uns behandeln, sagt Matthäus.

In Mt 7,1–5 sollen Christen auf Verhaltensweisen hingewiesen werden, die ihnen nicht stehen bzw. zustehen. Gerechtigkeit ist in der Bibel ein Beziehungsbegriff, ein „Dreiecksbegriff" zwischen mindestens zwei Personen und Gott. Gott, der der Welt die Ordnung und die Gebote gegeben hat, ist für religiöse Menschen dann eine dritte Person. Er kennt die Menschen bis ins Innerste, auch ihre guten Seiten und damit ihre Kräfte und Möglichkeiten. Oft wird Gott in der Bibel als gerechter Richter dargestellt. Die Hoffnung auf ein Endgericht, mit einer endgültigen Rechtsprechung ist eine große Hoffnung vieler Entrechteter, je wehrloser sich die Menschen empfinden. „Der Herr verschafft Gerechtigkeit und Recht allen, die bedrückt werden" (Ps 103,6). Heute glauben viele aber auch, Gerechtigkeit selbst herstellen zu können. Sie täuschen sich. Das letzte Wort spricht Gott.

Der Text und die Kinder

Kinder haben ein ausgeprägtes Gerechtigkeitsgefühl. Werden sie übervorteilt, merken sie es schnell und sagen das auch. Allerdings haben sie keine Schwierigkeiten, im Falle eines Falles sich selbst „das größte Stück" zu nehmen, es sei denn, sie teilen mit Menschen, die sie mögen. Da kann es durchaus auch mal sein, dass sie unverhältnismäßig großzügig sind. Sie merken: Gerechtigkeit ist ein „Beziehungsbegriff" und kann eventuell von Mensch zu Mensch ganz unterschiedlich aussehen.

Geht es um Schuld, ist es bei Kindern wie bei den Erwachsenen: Schuld wird gerne von einem zum anderen geschoben, es sei denn, sie ist eindeutig und nicht verhandelbar. Es wird schnell „schwarz-weiß" gedacht, das hat Vor- und Nachteile! Dass man bei anderen Menschen viel eher die Fehler sieht als bei sich selbst (s. das Wortspiel mit dem Splitter und dem Balken) ist sehr „menschlich". Das Wort vom Maßhalten oder Maßnehmen oder Abmessen könnte uns vielleicht kreativ werden lassen. Jüngere Kinder könnten das Bild vom Splitter im Auge wörtlich nehmen, daher ist es für sie nicht geeignet. Das Bild vom Maß verstehen auch Jüngere. Insgesamt ist das Thema für Kinder interessant, weil es im Kindergarten, in der Schule oder bei Streitigkeiten zu Hause immer wieder eine nicht unerhebliche Rolle spielt.

Gestaltungsvorschlag für jüngere und ältere Kinder (auch für einen Familiengottesdienst einsetzbar)

Material: Bonbons, 2 Maßbänder aus Wolle o. a. mit Knoten (s. Erklärung unten)

Einstieg

Auf einem Tisch liegen Süßigkeiten (einzeln verpackt wie z. B. Bonbons) in einer langen Reihe schön gerade hintereinander. 2 Kinder bekommen jeweils ein „Maßband". Es wird erklärt, was ein Maß ist: Man legt Einheiten fest und kann dann damit Mengen bestimmen. Das eine Maßband hat Knoten, die nahe beieinander (1–2 cm) liegen, das andere hat welche, die weit auseinander liegen (4–5 cm). Nun dürfen sich die beiden Kinder z. B. 8 „Maß" von den Bonbons abmessen und nehmen. Die Ungerechtigkeit wird schnell deutlich. Wie ist das, wenn man Menschen mit unterschiedlichen Maßen misst? Warum passiert so etwas? Und wo?

Eine mögliche Sachinformation

In Deutschland haben wir die Längenmaßeinheiten mm, cm, dm, m, km; in England haben wir Inches, in anderen Ländern noch andere Maße. Man hat sich im ausgehenden Mittelalter irgendwann mal geeinigt, wie lang eine Elle zum Abmessen sein soll, damit auf einem Markt nicht immer wieder mit verschiedenen Ellen gemessen wurde, was Unfrieden brachte. Man nahm dann nicht mehr die Elle des eigenen Armes (Elle = einer der beiden Unterarmknochen), sondern einen Holzstab mit einer vereinbarten Länge. Stoff wird auch heute noch mit einem Meterstab gemessen. Gott misst uns Menschen mit seinem einen Maß: mit dem Augenmaß seiner Liebe. Können wir das auch, einander so „messen", „angemessen" reagieren, „maßvoll" sein?

Erzählung

Auf dem Schulhof ist lautes Geschrei zu hören. Carl weint und schon stehen andere Kinder um ihn herum. „Was ist denn passiert", fragt Nike. „Finn hat mich getreten, hier, vor's Schienbein!", jammert Carl. „Immer Finn!", meint Nike. Schon ist Leo zu Frau Schulze gelaufen, die gerade Aufsicht hat. „Finn hat Carl ganz doll getreten. Der weint", erklärt er ihr. Frau Schulze geht mit Leo zu Carl. „Na, Carl, dann zeig mir mal dein Bein", sagt sie zu ihm. Das Bein ist rot, und es ist abzusehen, dass es bald einen großen blauen Fleck haben wird. „Warum hat dich Finn denn getreten?", fragt Frau Schulze. „Das weiß ich nicht, ich habe gar nichts gemacht!", antwortet Carl. Inzwischen kommen Leo und Nike mit Finn an. Finn guckt starr an ihnen vorbei und ist ganz rot. „Finn, kannst du mir mal sagen, warum du den Carl so vor das Schienbein getreten hast? Guck mal, das wird schon ganz rot! Du weißt doch, dass so etwas weh tut!", sagt Frau Schulze. Jetzt fängt Finn auch an zu weinen. „Der hat mir die Mütze weggenommen, immer wieder. Und er hat nicht aufgehört, obwohl ich ihm gesagt habe, dass ich das nicht möchte!", jammert er. Frau Schulze guckt zu Carl. „Aber Finn hat in der Garderobe „Du blöder Ochse" zu mir gesagt!", verteidigt sich Carl sofort. „Und du hast im Unterricht meinen Radiergummi runtergeschmissen und wolltest ihn nicht wieder aufheben!" „Na, weil du mir gestern meinen Stift weggenommen hast, als ich gerade damit malen wollte!" Frau Schulze greift ein: „Wenn ihr so weitermacht, werden wir wohl nicht klären können, was wirklich die Ursache war!", meint Frau Schulze.

Sie schickt die anderen Kinder weg und setzt sich mit Finn und Carl auf eine Bank. „Finn, du weißt, dass es nicht die richtige Methode ist zu treten, auch wenn dich jemand geärgert hat!", sagt sie. Finn nickt kleinlaut. Natürlich weiß er das. „Aber du, Carl, bist ja auch nicht unschuldig an der Sache. Offensichtlich ärgerst auch du den Finn ja öfter. Ich habe jetzt immer nur gehört: Der hat … oder: Du hast … Ich glaube, damit kommen wir hier nicht weiter. Wie wäre es denn, wenn ihr mal einen Satz mit „Ich habe …" anfangt?", fragt Frau Schulze. Die beiden Jungen gucken nach unten und keiner sagt etwas. Plötzlich fangen beide an: „Ich habe …" Überrascht schauen sie sich an und müssen schon ein bisschen grinsen. „Na, dann fang du mal an!", sagt Frau Schulze zu Finn. „Ich habe den Stift neulich doch nur genommen, weil ich so einen schon immer gerne haben wollte. Du hast ihn mir doch selber gezeigt und gesagt, dass ich ihn auch mal ausprobieren darf. Ich habe nicht darüber nachgedacht, dass du ihn vielleicht auch gerade brauchst. Und gefragt habe ich auch nicht, weil ich ihn doch so gerne probieren wollte!", erklärt Finn. Gleich setzt Carl an: „Ich habe den Stift eigentlich gar nicht wirklich gebraucht. Ich habe das nur gesagt, weil ich dich ein bisschen ärgern wollte. Das war eigentlich doof!". „Was könntet ihr denn jetzt tun?", fragt Frau Schulze. „Naja, entschuldige, Finn, dass ich dich ärgern wollte! Und dass ich dir die Mütze weggenommen habe!", sagt Carl. „Entschuldige, dass ich den Stift einfach genommen habe, und dass ich dich jetzt getreten habe!", antwortet Finn. Zögernd schauen sich die bei-

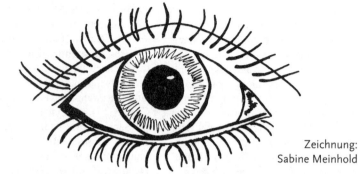

Zeichnung:
Sabine Meinhold

den an, und plötzlich müssen sie lachen.

„Wisst ihr, ihr zwei, es gibt da so ein Wort in der Bibel: Was suchst du den Splitter im Auge deines Bruders und bemerkst doch den Balken in deinem eigenen Auge nicht. So ähnlich ist das bei euch oft. Ihr wisst immer ganz genau, was der andere gerade gemacht hat. Aber das, was ihr selber getan habt, das habt ihr ganz schnell wieder vergessen. Das führt dann oft lange zu Ärger und eigentlich ist das doch schade! Denn eigentlich seid ihr zwei doch Freunde, oder?", sagt Frau Schulze. Ein bisschen verlegen antworten die beiden: „Ja, eigentlich schon! Frau Schulze, dürfen wir jetzt wieder spielen gehen?" (Hanna de Boor)

Alternativ: Erzählung von Manfred Mai aus dem Buch: Religion spielen und erzählen. Kinder begleiten in Schule und Gemeinde, Gütersloher Verlagshaus Gerd Mohn, 1992 (Thema der Erzählung: Streit der Eltern/Scheidung)

Gesprächsanregungen
(Man kann auch ein Übersichts-Bild dazu gestalten mit Beziehungslinien oder man malt mit Wasserfarben oder anderen Farben die Gefühle auf ein Blatt ...)

– Wer redet in dieser Geschichte von „Schuld haben" und warum?
– Gibt es etwas, was immer – oder oft im Streit – „gleich" ist?
– Wie fühlt man sich, wenn man streitet?
– Hat ein Streit nur etwas mit den Streitenden zu tun? Mit wem eventuell noch?
– Wann habt ihr euch das letzte Mal gestritten? Warum? Habt ihr eine Lösung gefunden?

Splitter im Auge
In der Mitte liegen zwei gezeichnete Augen. Die Kinder erzählen: Wo habe ich in der Schule/Kindergruppe schon Böses erlebt? Dabei wird auf eines der Augen bei jeder Aussage ein Splitter gelegt (s. Zeichnung). In einer zweiten Runde wird erzählt: Was habe ich selbst Böses getan. Dabei wird das andere Auge mit Splittern belegt. Ergebnis: Wir sehen eher die Splitter bei anderen.

Hinführung zum Gebet
In unserer Kirche gibt es die Tradition des Friedensgebetes. Da treffen sich Menschen, die gemeinsam beten. Sie sehen, wo es in der Welt oder auch in Deutschland Streit und Ungerechtigkeit gibt – manchmal richtig schlimm, bis hin zu gewalttätigen Demonstra-

Kirche und Gemeinde

Hilfreiches für die Praxis
Ausgewählte Backlist und Novitäten

2015

 EVANGELISCHE VERLAGSANSTALT
Leipzig

Hiermit bestelle ich zur Lieferung gegen Rechnung (zzgl. Versandkosten):

Exempl.	ISBN	Titel

tionen und Kriegen. Wir können nicht überall sein und helfen. Aber weil wir gern Frieden hätten, beten wir. Wir legen die Probleme Gott vor, zum Beispiel mit folgenden Worten:

Gebet

I O Herr, mach mich zu einem Werkzeug deines Friedens,

II dass ich Liebe übe,
wo man sich hasst,

I dass ich verzeihe,
wo man sich beleidigt,

II dass ich verbinde,
da, wo Streit ist,

I dass ich die Wahrheit sage,
wo der Irrtum herrscht,

II dass ich den Glauben bringe,
wo der Zweifel drückt,

I dass ich die Hoffnung wecke,
wo Verzweiflung quält,

II dass ich ein Licht anzünde,
wo die Finsternis regiert,

I dass ich Freude mache,
wo der Kummer wohnt.

II Ach Herr, lass mich trachten,
nicht, dass ich getröstet werde,
sondern dass ich tröste,

I nicht, dass ich verstanden werde,
sondern dass ich verstehe,

II nicht, dass ich geliebt werde,
sondern dass ich liebe.

I Denn wer da hingibt, der empfängt,

II wer sich selbst vergisst, der findet,

I wer verzeiht, dem wird verziehen,

II und wer stirbt,
erwacht zum ewigen Leben.

I + II Amen
(Franziskus von Assisi zugeschrieben)

Aktion

Die Kinder/Gottesdienstbesucher können auf gleichlange Zettel Bitten und Gebete schreiben, die dann zusammengeklebt und in den Gang der Kirche gelegt werden – als „unser Maß" für heute, in diesem Kinder- oder Familiengottesdienst.

Dorothea Pape

Monatlicher Kindergottesdienst

II Wir feiern die Vergebung – mit Abendmahl   Matthäus 9,9–13

„Schuld – Vergebung – Neuanfang" – das ist ein Dreiklang, der zum Feiern einlädt. Im Abendmahl feiern wir die Liebe und Barmherzigkeit Gottes. Überall da, wo Menschen im Namen Jesu miteinander essen und trinken, ist kein Raum für Unbarmherzigkeit. Darum gehört die Bereitschaft zur Vergebung auch zum Abendmahl dazu. An der Liebe Gottes können selbstverständlich auch schon Kinder teilhaben. Jesus schließt niemanden aus.

Der Gestaltungsvorschlag für den 21. Februar (S. 64) bietet die Erzählung von der Berufung des Zöllners Matthäus aus einer ungewöhnlichen Perspektive: der Tisch erzählt (S. 66). Im Gespräch werden die Tisch- und Essensgewohnheiten der Kinder einbezogen. Ziel des Gesprächs: An Gottes Tisch sind alle willkommen. Zum Thema „Tischgemeinschaft" können die Kinder Stoffstücke mit Stoffmalfarben gestalten, die später zu einem Quilt zusammengenäht werden (s. S. 67). Der Quilt kann weiterhin in verschiedener Weise als Abendmahlstuch dienen. Das Abendmahl im Kindergottesdienst (S. 68) wird in Absprache mit der Gemeindeleitung gefeiert. Weitere kreative Ideen (Bibelszene im Schuhkarton, Malvorlage „Tisch", „Ein Brief an Jesus") s. S. 68.

63

21. Februar 2016

Reminiszere

Matthäus 9,9–13

Wir feiern Vergebung – mit Abendmahl

Lieder: Komm, sagt es allen weiter, KG 204, LJ 142, EG 225, MKL 56; Kommt, wir teilen das Brot am Tisch des Herrn, KG 208, LB126; Bei Jesus sind wir heut zu Gast, KiKiHits 34

Liturgischer Text: Schmeckt und seht (nach Psalm 34), Sagt Gott II 114

Zum Text

Christsein heißt für Matthäus Jüngersein, das sich in der Nachfolge Jesu realisiert. Wer in der Nachfolge Jesu lebt und handelt, für den realisiert sich schon jetzt etwas vom Reich Gottes. Dies verdeutlichen die Verse Mt 9,9–13, indem sie von der „Berufung des Matthäus und dem Mahl mit den Zöllnern" (so die Überschrift in der Lutherbibel über diesem Abschnitt) berichten.

Jesus geht zu den Außenseitern. Das zeichnet ihn aus. Er geht ihnen nicht aus dem Weg, sondern gezielt auf sie zu. Und er hält Tischgemeinschaft mit ihnen. Das gemeinsame Essen und Trinken ist Vorwegnahme der Gemeinschaft mit Gott am himmlischen Tisch. Mit Jesus ist bereits etwas von Gottes Himmel auf dieser Erde. Und die ihm begegnen, ihm folgen und glauben, erleben dies bereits vorweggenommen. So erleben die, die mit ihm essen, in der Tischgemeinschaft mit Jesus Gottes Liebe und Nähe sowie Gottes Vergebung. Die Gemeinschaft bei Tisch symbolisiert einen Neuanfang. Der Sünder ist nicht für immer verloren, es eröffnet sich ihm eine zweite Chance.

Im vorliegenden Text werden „Zöllner und Sünder" in einem Atemzug genannt. Zöllner waren in der Gesellschaft am Rande stehende Personen, ihnen wurde nachgesagt, sich am Geld der anderen zu bereichern. Die Begegnung Jesu mit den Zöllnern und Sündern wird hier nicht detailliert beschrieben, sondern es wird lediglich darüber berichtet. Jesus spricht einen Zöllner Matthäus an: „Folge mir!" Was Matthäus bewegt, dies zu tun, wird nicht erzählt. Dass aber anschließend Jesus und seine Jünger mit diesem Zöllner und anderen Sündern essen, macht die Hinwendung sowohl Jesu zu den Sündern als auch die Nachfolge der Sünder deutlich: Das Motiv der Tischgemeinschaft ist biblisch ein Motiv der Gemeinschaft und Versöhnung mit Gott, wie z. B. in den folgenden Geschichten: Hochzeit zu Kana, Speisung der 5000, Gleichnis vom großen Festmahl, Fest am Ende des Gleichnisses vom Verlorenen Sohn, letztes Abendmahl u. a. m. Der hier in Mt 9 genannte Zöllner Matthäus wird später zum Jünger, er folgt Jesus nach und lässt sein altes Leben hinter sich.

Dass Jesus gerade mit den „Sündern und Zöllnern" isst und sich zu den Ausgegrenzten der Gesellschaft begibt, irritiert die schriftgelehrten Juden. Jesus deutet sein eigenes Handeln in seiner Antwort gegenüber den Fragenden: Er geht gezielt zu denen, die vom Weg abgekommen sind – sie brauchen die Nähe Gottes, damit ein Neuanfang gelingen kann. Nicht die Gesunden brauchen den Arzt, sagt Jesus, sondern die Kranken. Die Gemeinschaft mit Gott macht also wieder heil. Jesus als der „Ich-bin-bei-euch" bringt den Sündern schon jetzt Gemeinschaft mit Gott; der Prozess der Heilung und Vergebung kann schon auf der Erde beginnen und ist nicht nur auf das Jenseits begrenzt. Das Heil ist weder zeitlich noch auf einige wenige Gerechte begrenzt, sondern auch offen für den, der sein Leben neu bedenkt und Gott folgt und Barmherzigkeit erfährt.

An der Liebe Gottes können selbstverständlich auch schon Kinder partizipieren. An Gottes Tisch sind alle willkommen. Jesus schließt niemanden aus. Gegenwärtig ist die Teilnahme am Abendmahl in den Landeskirchen unterschiedlich geregelt. Bitte wenden Sie sich an das Leitungsgremium Ihrer Kirchengemeinde. Nachlesen kann man ein Positionspapier des Gesamtverbandes für Kindergottesdienst zum Stichwort „Abendmahl mit allen" unter www.kindergottesdienst-ekd.de.

Der Text und die Kinder

Der Schlüssel zum Verstehen und der Zugang der Kinder zum Text liegt in der Erfahrung der Tischgemeinschaft, die auch die Kinder kennen. Je nach Alter und Lebenswelt kennen sie das gemeinsame Essen und Trinken zu Hause in der Familie, im Kindergarten, in der Schulkantine sowie auch die Tischgemeinschaft zu Festen oder mit Freunden und Gästen. Kinder machen die Erfahrung, dass Menschen am Tisch zusammenkommen. Manche kennen vielleicht das Tischgebet vor dem Essen. Ein Einstieg als ein Gespräch darüber, welche Formen des gemeinsamen Essens die Kinder kennen, wäre sicher lohnend.

Um den Text den Kindern nahe zu bringen, könnte es von Vorteil sein, in die Geschichte einzutauchen, sie beispielsweise aus der Perspektive eines Beteiligten und damit die Geschichte hinter der Geschichte zu erzählen, so dass die Brisanz erkennbar wird, mit wem Jesus eigentlich isst und warum dies Bedeutung hat. Ausgehend von einem Gespräch über Tischgemeinschaften und die konkrete Tischgemeinschaft dieser biblischen Geschichte erfahren die Kinder von der biblischen Bedeutung der Tischgemeinschaft. Folgendes könnte(n) Botschaft(en) sein, welche die Kinder mitnehmen: An Gottes Tisch sind alle willkommen. Jesus isst und trinkt auch mit denen, mit denen sonst niemand an einem Tisch sitzen will. Er isst mit den Außenseitern. Er isst mit denen, die etwas falsch gemacht haben. Er isst sogar mit dem, der ihn später verraten wird. Jesus schließt niemanden aus. Das Essen mit Jesus ist ein Neuanfang und eröffnet eine zweite Chance. Auch wenn wir Fehler gemacht haben, sind wir bei Gott willkommen. Wir dürfen mit ihm reden. Wir können auch die Gemeinschaft an Gottes Tisch erleben. Jesus ist dort mitten unter uns und schenkt uns Brot und Liebe.

Gestaltungsvorschlag für jüngere und ältere Kinder

Hinführendes Gespräch: Tischgemeinschaft
Eingangsfragen für das Gespräch mit den Kindern können sein:
Erzähl mal: Mit wem sitzt du meistens gemeinsam an einem Tisch und isst und trinkst?
Beschreibe, wie es ist, mit Menschen zu essen, die man gerne hat (Familie, Freunde).
Ihr frühstückt im Kindergarten. Ihr esst Mittag in der Schule. Wie wählst du aus, mit wem du an einem Tisch sitzt?

Erzählung
Ich bin aus Holz. Und habe vier Beine. Oben eine Platte. Mit ein paar Narben darin, von Messern, die abgerutscht sind. Ein paar Flecken habe ich auch schon. Ich bin schon älter. Um mich herum stehen meine hölzernen Brüdern und Schwestern. Sie sind kleiner als ich, die Stühle. An manchen Tagen ist es leise. Nur ein Stuhl ist besetzt. Einer setzt sich, stellt etwas auf mir ab. Seinen Teller. Seinen Becher. Legt vielleicht noch eine Zeitung dazu. An manchen Tagen ist es so leise an meiner Tischplatte. Es gibt aber auch Tage, da geht es hoch her. Von einem solchen Tag will ich euch erzählen. Ich wusste nicht, dass es ein besonderer Tag werden würde. Ich wusste nicht, wer heute seinen Teller und seinen Becher auf meiner Tischplatte abstellen würde. Es war jemand Besonderes. Sein Name wird noch Jahre und Jahrzehnte und Jahrhunderte genannt werden. Es war Jesus, der an diesem Tag auf einem der Stühle saß. Und nicht nur er. Seine Freunde auch, die Jünger, die mit ihm

gingen. Gemeinsam kamen sie ins Haus und setzten sich an den Tisch. Ich hörte sie reden. Ich war stolz, dass dieser besondere Mensch zu mir gekommen war. Zur mir altem Tisch. Ich war stolz, bis ich hörte, dass noch jemand dabei war. Er sprach leise. Erst verstand ich seine Worte kaum. Doch dann hörte ich es: Es war ein Zöllner. Ein Zöllner darf eigentlich niemals seinen Teller und seinen Becher auf mir abstellen. Denn Zöllner sind dreckige Menschen, sie stehlen und nehmen anderen Menschen das Geld weg. Keiner will mit ihnen gemeinsam essen und trinken. Und nur die kleinsten und hässlichsten Tische gewähren diesen Zöllnern, ihre Teller und Becher auf ihnen abzustellen.

Aber ich, ich bin ein prachtvoller Tisch, habe Narben und Flecken der Zeit. Das ja, auf die bin ich stolz. Weil sie von guten Menschen stammen. Und fröhlichen Festen. Ich wollte, dass dieser Zöllner aufsteht und geht. Aber was sollte ich machen? Ich bin ja nur ein Tisch. Und außerdem saß Jesus mit ihm gemeinsam hier. Warum tut er das bloß? Die Tür ging auf. Es kam noch jemand und es waren ja auch noch Stühle frei. Ich hörte Worte. „Warum sitzt du mit so einem zu Tisch und isst?", fragte einer. Genau!, dachte ich. So ist es gut. „Weißt du nicht, dass dies ein Zöllner und Sünder ist? Mit so einem isst doch niemand." Gleich steht der Zöllner auf, dachte ich. Jesus hatte es einfach nicht gewusst. Er würde ihn rausschmeißen. Das ist gut. Dann säße kein dreckiger Zöllner mehr hier, sondern nur reine und gute Leute. Jesus antwortete dann. – Aber was war das? Ich hörte wohl nicht richtig! Jesus sagte: „Doch, ich weiß, wer das ist. Das ist Matthäus. Der Zöllner. Ich bin an seinem Zollhäuschen vorbeigekommen. Wir haben uns unterhalten. Und ich habe Matthäus gesagt: Komm mit mir mit. Und Matthäus hat nicht gezögert." „Ja, das habe ich nicht, Herr." Das war jetzt wohl die Stimme von diesem Zöllner. Dann redete wieder der, der stand und gerade reingekommen war: „Aber das ist nicht recht. Das tut man nicht. Mit Zöllnern isst niemand." „Ich schon", antwortete Jesus. „An diesem Tisch sind alle willkommen."

Mmh, dachte ich. Eigentlich wollte ich doch auch, dass dieser Zöllner aufsteht und geht. Warum soll er denn willkommen sein? Das verstand ich nicht. „Jeder hat eine zweite Chance verdient", sagte Jesus. „Und Matthäus will sein Leben ändern." Ich hörte sie schmatzen und trinken. Der hereingekommen war, ging wieder hinaus, sagte kein Wort mehr. An diesem Tisch sind alle willkommen, hatte Jesus gesagt. Jetzt bin ich schon so ein alter Tisch geworden. Aber ich lerne wohl noch immer hinzu. Na gut. Dann sollte er sitzen bleiben, wenn Jesus es für richtig hielt. Er hat eine zweite Chance verdient. Und ich hörte sie noch lange schmatzen und trinken.

Irgendwann standen sie auf. Und ich hörte wieder diese Stimme des Zöllners: „Danke, Herr, dass du zu mir gekommen bist. Ich möchte bei dir bleiben und mit dir gehen." Und Jesus sagte: „So soll es sein." So wurde aus dem Zöllner ein Freund Jesu, ein Jünger. Als sie alle gegangen waren, wurde es wieder leise. Ein paar neue Schrammen sind in meiner Platte, ein paar nasse Flecken. Mal sehen, ob sie sichtbar bleiben. Was ich aber nie vergessen werde: An diesem

Tisch waren alle willkommen. So will ich es künftig halten. Weil Jesus auch mit allen isst und trinkt.

Gespräch
Eingangsfragen können sein: Wie hat der Tisch sich gefühlt? Was hast du gedacht, als der Tisch den Zöllner dreckig genannt hat und wollte, dass er aufsteht? Was denkst du: Wie ist es wohl, mit Jesus an einem Tisch zu essen? Tischgemeinschaften. – Ihr kennt das. Ihr esst mit euren Eltern – und Geschwistern – und Freunden. Auch Jesus hat mit Menschen gegessen, mit seinen Freunden. Jesus hat aber auch mit denen gegessen, mit denen niemand befreundet war.
Ziel des Gesprächs: An Gottes Tisch sind alle willkommen. Jeder von uns, auch die Außenseiter. Und wir sind auch willkommen, wenn wir Fehler gemacht haben. Jesus teilt mit uns Brot und Liebe. Dann haben wir eine zweite Chance. Wir können neu anfangen. Wir können schmecken und fühlen, dass wir bei Gott immer willkommen sind.

Kreative und vertiefende Angebote

Gestaltung zum Thema Tischgemeinschaft: Quilt (möglich für alle)
Jedes Kind gestaltet mit Stoffmalfarben ein viereckiges Stück Leinenstoff zum Thema mit Motiven zum Essen und Trinken, Jesus und Tischgemeinschaft. Beim Zuschneiden und Bemalen der viereckigen Stücke sollte an eine kleine Nahtzugabe für das anschließende Zusammennähen gedacht werden. Im Anschluss an den Kindergottesdienst werden die Stoffteile gemeinsam zu einem Quilt (auch Patchwork; to quilt = steppen) vernäht, das in Zukunft in

Foto: Elisabeth Rabe-Winnen

Bibelszene im Schuhkarton

Der Karton wird zum Raum, in dem Tisch und Stühle stehen und verschiedene Personen gemeinsam essen und trinken. Benötigtes Material: Schuhkarton; Vorlagen zum Ausschneiden und Knicken von Tischen, Stühlen, Personen (aus Bastelbüchern); Stifte zum Bemalen des Gebastelten; Scheren; Kleber; ggf. weitere Materialien zur Ausgestaltung des Kartons.

Alternative: Eine Malvorlage, auf dem der Tisch vorgegeben ist, wird von den Kindern weitergemalt und die Szene so verbildlicht, wie sie sie gehört haben.

Ein Brief an Jesus

(für die älteren Kinder, ca. 8–11 Jahre)
Jesus ist dem Zöllner Matthäus begegnet. Er traf ihn an seinem Zollhäuschen. Sie haben miteinander geredet. Nach dem Gespräch mit Jesus hat Matthäus sich entschieden, mit Jesus zu gehen. Sie haben miteinander gegessen. Die Gemeinschaft mit Jesus eröffnet Matthäus einen Neuanfang trotz der Fehler, die er bisher gemacht hat.
Überlege: Wenn Jesus zu Besuch käme, wo könnte er dich antreffen (wo bist du oft?) und worüber würdet ihr reden? Gibt es etwas, das du bereust und Jesus gerne sagen würdest? Wir werden gleich miteinander essen, so wie Jesus es mit Matthäus und seinen Jüngern getan hat. Dann kannst du diesen Brief an Jesus in die Mitte legen.

der Mitte liegt, wenn im Kindergottesdienst Abendmahl gefeiert wird. (Der Quilt kann auch im Familiengottesdienst und in Hauptgottesdiensten mit Abendmahl in der Mitte des Austeilungskreises liegen oder in anderer Form in das Abendmahlsgeschehen der Kirchengemeinde vor Ort integriert werden.)

Durch dieses kreative Angebot wird deutlich: So verschieden die Stücke Stoff sind, so verschieden sind auch die Menschen, die diese gestaltet haben; wie diese Stücke Stoff gemeinsam einen Quilt ergeben werden, bilden die Menschen eine Gemeinschaft bei Gott und an seinem Tisch. So wird der Quilt zum Symbol der Gemeinschaft mit Gott. Die Foto zeigen den Quilt aus unserem Kindergottesdienst, zum einen die Stoffstücke beim Abendmahl und dann das fertig genähte Stück.

Tischgemeinschaft mit Gott

Abendmahlsfeier im Kindergottesdienst (nach Absprache mit der Gemeindeleitung; möglich auch im Familiengottesdienst)

Vorbereitung

Die Stoffteile (noch nicht zusammengenäht) bzw. bei weiteren Abendmahlsfeiern im Kindergottesdienst der genähte Quilt liegt in der Mitte eines Kreises, der gebildet wird. Darauf Kelch(e) mit Saft oder mit Weintrauben und Körbe mit Brotstückchen oder Oblaten.

Einleitende Worte

An Gottes Tisch sind alle willkommen. Gott teilt Brot und Liebe mit uns. Jesus isst und trinkt mit allen. Auch mit denen, mit denen sonst keiner essen und trinken will. Wir essen jetzt gemeinsam in Gottes Namen und sind eingeladen an seinen Tisch.

Lied: Kommt, sagt es allen weiter

Einsetzungsworte

An Gottes Tisch sind alle willkommen. Gott teilt Brot und Liebe mit uns. Jesus isst und trinkt mit allen. Auch mit denen, mit denen sonst keiner essen und trinken will. Sogar mit dem, der ihn verraten hat, hat er gegessen. In der Nacht, als Jesus von seinem Freund verraten wurde, da saß er mit diesem und allen seinen engsten Freunden zusammen am Tisch, nahm Brot und brach es und gab jedem von dem Brot. Und Jesus sagte: Dieses Brot ist mein Leib (Kreuzzeichen +). Das ist für euch gegeben – aus Liebe. Und dann nahm Jesus einen Kelch und reichte allen diesen Kelch und sagte: Trinkt aus diesem Kelch. Der Saft der Trauben darin ist mein Blut (+). Das ist für euch gegeben – aus Liebe. Immer, wenn ihr so esst und trinkt, dann denkt an mich.

Lied: Gottes Liebe ist so wunderbar (mit Bewegungen)

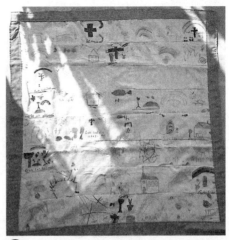

 Foto: Elisabeth Rabe-Winnen

Jesus teilt Brot und Liebe. Mit allen. Auch mit denen, die Fehler machen. Und wenn wir das Brot essen, schmecken wir Gottes Liebe. Gottes Liebe ist so wunderbar.

Vaterunser mit Bewegungen (s. CD)

Austeilung mit den Worten:
„Das Brot des Lebens – für dich."
„Der Kelch des Heils – für dich."

Segen

(alle fassen sich an den Händen)
Wir haben Gottes Liebe geschmeckt. Wir sind mit Jesus verbunden. Jesus ist mitten unter uns. An seinem Tisch sind wir zusammengekommen. Und nun geht es weiter: satt und stark von Gottes Brot und Liebe. Gott segne euch. Er sei bei euch, wenn ihr lacht. Er sei bei euch, wenn ihr weint. Er sei bei euch, wenn ihr schlaft. Und er sei bei euch, wenn ihr spielt. So segne euch Gott – Vater, Sohn und Heiliger Geist. Amen

Elisabeth Rabe-Winnen

Kerzenständer basteln

1) Tontopf bereit stellen,
   Pappscheibe (größer als Tontopfboden)
   mit Loch schneiden

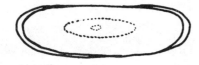

2) Pappscheibe zwischen zwei
   deutlich größere Kreise
   aus Alufolie legen

3) Alufolie von allen Seiten aufwickeln,
   so dass ein Rand entsteht

4) zwei Stücke Draht
   als Dorn zusammendrehen

5) Pappscheibe auf Tontopfboden kleben,
   Dorn von unten durch Tontopf
   und umwickelte Pappscheibe führen,
   innen im Topf befestigen

6) Tontopf vorher oder nachher
   beliebig verzieren

Idee und Zeichnung: Sabine Meinhold

Lied: In deinem Lichte sehen wir das Licht, s. S. 77

Liturgischer Text: Psalm 36

Sonntag	Text/Thema	Art des Gottesdienstes Methoden und Mittel
28.2.2016 Okuli	Psalm 36,10b Ich sehe klar mit Gottes Licht	Gottesdienst mit Kindern (und Erwachsenen); Anspiel (5 Personen), weißes Licht herstellen, 4 Taschenlampen, je eine rote, blaue, grüne, gelbe Folie, großer Spiegel, Gespräch zu biblischen Geschichten, Kerzen verzieren, Verzierwachs
6.3.2016 Lätare	Matthäus 5,14–16 Freut euch: Ihr seid das Licht	Gottesdienst mit Kindern; Erzählung, Salz, Kerze, Eimer, Spielszenen, Gespräch, Fotos von Hilfebedürftigen, Geschichte erfinden/spielen, Gruppenarbeit, Kerzenständer gestalten, Fimo o. a.

Monatlicher Kindergottesdienst

III Freut euch, ihr seid das Licht   Psalm 36,10b; Matthäus 5,14–16

Wir stehen im Licht Gottes und können Dinge klar sehen und wir erkennen, wie viel Gutes uns geschenkt wird. Weil wir im Licht Gottes stehen und selber Licht sind, können wir auch Licht für andere sein.

Der **Gestaltungsvorschlag für den 28. Februar** (S. 72) bietet ein **Anspiel**, in dem mit vier Taschenlampen und Farbfolien weißes Licht hergestellt wird (S. 73). In einem **Experiment** mit Lampen und einem Spiegel werden dann die Gesichter der Kinder hell erleuchtet (S. 76). **Drei Spielszenen** zu dem Lied „Gott entzündet ein Licht" rücken den Gedanken „Licht sein für andere" ins Blickfeld. Gelbe **Lichtstrahlen** aus Karton weisen auf **Bilder** mit hilfebedürftigen Menschen (S. 83). Kreativ: **Kerzen verzieren**; einen **Kerzenständer basteln** (S. 70)

Alternative: Weltgebetstag im Kindergottesdienst feiern

Land: **Kuba**; Thema: Nehmt Kinder auf und ihr nehmt mich auf

Das **Material** für den Kindergottesdienst kann ab Herbst 2015 bestellt werden unter: www.weltgebetstag.de; oder beim Materialdienst MVG www.eine-welt-shop.de

28. Februar 2016

Okuli

Psalm 36,10b

Ich sehe klar mit Gottes Licht

Lieder: In deinem Lichte sehen wir das Licht, s. S. 77; Bei dir ist die Quelle des Lebens, Dbd L51 (Du bist da – Liederbuch); In deine Hände lege ich mein Leben, Dbd 12; Du bist da, Dbd 1; Ein Licht geht uns auf in der Dunkelheit, LJ 344, KG 25, MKL 123, KiKiHits 11, LB 379, LH 61; Nicht jeder mag jeden, BF 13; Gott entzündet ein Licht, s. S. 81, BF 11 (Bunte Fäden in meinem Leben)

Liturgischer Text: Psalm 36

Zum Text

Der 36. Psalm vereint zwei Blicke auf die Welt. Im ersten Teil geht es um diejenigen, die in der Bibel gerne als Gottlose beschrieben werden. Menschen, denen Gott, sein Wort und sein Wirken gleichgültig ist. In unserem Psalm werden sie als Lügner und schlecht handelnde Menschen beschrieben, deren Anliegen es ist, der Welt Schaden zuzufügen. Daneben steht das Lob Gottes, dessen Güte so weit reicht, wie der Himmel ist, dessen Wahrheit dorthin reicht, wohin die Wolken gehen, also weltumspannend. Unter dem Schatten seiner Flügel haben die Menschen Zuflucht und Gott sättigt die Menschen mit seinen Gütern. Der zugewandte Schöpfer wird hier in höchsten Tönen gelobt. Den Abschluss dieses Lobes bildet der 10. Vers mit den Worten: Bei dir ist die Quelle des Lebens, und in deinem Lichte sehen wir das Licht. Der letzte Teil des Psalm ist die Bitte des Beters, in diesem Vertrauen leben zu können, ohne selber unter die Gottlosen zu geraten, denn sie haben keine Zukunft.

Der für den Kindergottesdienst ausgewählte Text lässt den ersten Teil des Verses weg. Das Lichtthema soll im Mittelpunkt stehen. Ich habe diesen Vers unserem Kigoteam vorgelegt mit der Bitte, Bilder dazu zu malen und einen Satz dazu zu formulieren. Diese Sätze lauteten: „Bei dir finde ich Hoffnung." „Bei dir ist wirkliche Gemeinschaft." „Dein Licht hat alles geschaffen." „Bei dir liegt die Freude." Diese Gedanken haben im ersten Moment nicht direkt etwas mit dem Vers zu tun, sie eröffnen aber einen Denkhorizont, in den wir diesen Vers dann gestellt haben.

In deinem Lichte sehen wir das Licht. Man muss es sich einmal ganz konkret vorstellen. Es geht ein Licht von Gott aus, das auf die Welt gerichtet wird. Dieses Licht lässt etwas entdecken, was vorher verborgen war und was gleichsam das Licht Gottes widerspiegelt. In deinem Licht, Gott, sehen wir, wie die Welt wirklich sein soll, wie du in dieser Welt sichtbar wirst und wie du die Welt siehst. Jeder von uns schaut mit seinem Blick auf die Welt, jeder ein wenig anders. Niemand kann alle Aspekte gleichzeitig in sich tragen und damit ein objektives Bild der Welt und der jeweiligen Situation zeichnen. Das kann allein Gott, der mit seinem Licht, mit seiner Sicht die Welt erhellt. Dieser Gedanke führte uns zur Grundidee, mit farbigem Licht zu spielen.

Der Text und die Kinder

Der Psalmtext ist ein Bildwort. Meine Erfahrung zeigt mir, dass Bildworte, die wir Erwachsenen recht schnell als solche erkennen und umsetzen können, bei Kindern erst einmal sehr realistisch bedacht werden müssen. Das Licht ist eine Lampe oder eine andere Lichtquelle. Insofern muss die Bildhaftigkeit auf einem entsprechenden Gedankenweg vor Augen geführt werden.

Licht ist für Kinder immer etwas, womit sie gerne umgehen. Eine Taschenlampe übt einen großen Reiz auf Kinder aus. Punktuelles Ausleuchten der Welt, nur bestimmte Dinge sehen und erkennen, das ist faszinierend. Das haben sich auch Buchhersteller zunutze gemacht. Die Einzelheiten der Folienbilder können entdeckt werden, indem man eine als Papiertaschenlampe gestaltete Pappe mit einem hellen Lichtpunkt unter die Folie schiebt. In dem hellen Lichtpunkt ist dann zu sehen, was man entdecken will. Allein der weiße Punkt bringt dies hervor.

Die eben schon benannte Zielrichtung des Textes, die davon ausgeht, dass allein Gott alles im Blick hat, wenn es darum geht, eine Situation oder einen Menschen ins rechte Licht zu rücken, ist den Kinder sicher nicht gleich einleuchtend. Aber sie können spüren, dass Menschen ganz unterschiedlich an Dinge herangehen und sie beurteilen. Diese Meinungsverschiedenheit wird in dem dargebotenen Praxisteil durch verschiedenfarbige Leuchten dargestellt. Die Summe des Unterschiedlichen lässt uns ahnen, dass ein Mensch allein von Gott in seiner Gänze gesehen werden kann. Darum sehen wir erst im Lichte Gottes unser Gegenüber wirklich so, wie er/sie ist.

Wir benötigen zur Durchführung Taschenlampen oder kleine LED-Spots. Vor die Lampen wird eine Farbfolie (rot, grün, blau, orange/gelb) geklebt. Es gibt von der Firma Lee kleine Musterhefte mit Farbfolien, die man vor einen Fotoblitz kleben kann. Wer sich die nicht anschaffen will, frage mal Fotografen, ob die so etwas haben. Wenn alle vier Lampen auf einen Punkt leuchten, ergibt sich als Farbe weiß.

Gestaltungsvorschlag für jüngere und ältere Kinder

Anspiel
(5 Stimmen: A, Rot, Blau, Grün, Gelb; auch im Familiengottesdienst möglich)

	(Der Raum muss ganz abgedunkelt werden. An der Wand hängt eine Zeichnung mit den Umrissen eines Menschen. Darüber hängt ein weiteres Blatt, das den Umriss verdeckt.)
A	(Noch im Dunkeln. Spieler geht zum Papier und reißt das obere Blatt runter.) Da steht doch wer? Aber ich kann ihn nicht genau erkennen. Man sieht überhaupt nicht so richtig, was das für einer ist und wie der ist. Na, den will ich mir mal genauer anschauen.

Blau	Ich helfe dir dabei. Pass auf, ich mach mal mein Licht an. Schau mal, der gehört zu den Blauen. Ich dachte ja erst, er wäre so ein roter, aber jetzt, wenn ich mir den so genau anschaue, dann hat der ganz viel Blaues. Hier die Hände. Ich finde ja blau ganz toll. Das ist bestimmt ein ganz toller Mensch. Blaue Hände sind richtig super. (blaues Licht aus, usw.)
Rot	Pah, blaue Hände! Das kann überhaupt nicht gut sein. Wer blaue Hände hat, der ist eiskalt. Nee, mit dem will ich nichts zu tun haben. Ich liebe ja alles, was rot ist. Hier die Ohren, die sind rot. Die sind ganz annehmbar. Das hätte mich ja zu ihm hingezogen. Aber blaue Hände, nein danke! Das passt hier so gar nicht her. Also mit dem will ich nichts weiter zu tun haben.
Blau	Ich glaub's ja wohl. Die blauen Hände sagen doch alles! Rote Ohren, meine Güte. Toll sind die nicht. Wenn sie blau wären. Super. Alles Klasse. Aber komm du mir nicht mit deinem Rot. Das ist doch furchtbar.
A	Aber – Rot oder Blau? Also ich weiß nicht. Beides ist doch irgendwie gut und richtig.
Grün	(nachäffend) Alles ist doch irgendwie richtig. Pah, das ist doch alles dummes Zeug! Schau doch mal genau hin. Grün ist es. Grün ist das einzig Wahre. Hier die Farbe. Grün. Da weiß man doch gleich, dass der mitten in der Natur zu Hause ist. Und das ist wohl das Einzige, was zählt. Blau, diese kalte Farbe, wer will denn damit zu tun haben? Wasser, die unendlich tief sind, da kann man drin versinken. Himmelblau, naja, aber da hat man auch keinen richtigen Halt. Grün, das zählt. Fester Boden, immer wachsen und reifen. Grün muss es sein. Wer grün ist, der ist richtig. Das kannst du dir mal merken.
A	Grün … Natur … Boden unter den Füßen … also ich weiß nicht.
Gelb	Redet ihr mal! Rot, dieses ewige: Achtung, aufpassen! Wer rot ist, steht im Mittelpunkt, der macht sich doch wichtig. (Ironisch:) „Schaut her, mich sieht man am besten. Ich bin auch der Beste." Ach nee, das finde ich nicht gut. Oder: deine Natur. Grün, alles wachsend, alles blühend. Na und? Wie geht das denn alles? Wie wächst denn alles? Doch wohl nur durch ein strahlendes Gelb! Das muss her. Von morgens bis abends helles Gelb. Das lässt alles wunderbar erscheinen.
Rot	Und wann stehen die Menschen am liebsten am Strand und schauen in den Horizont? Wenn's rot wird. Beim Abendrot und beim Morgenrot. Schau mal in die Zeitung, da sind laufend solche Bilder. Die Menschen mögen Rot.
A	Nun aber halt mal! Ich glaube, ihr seid ganz schön aufgeblasen. Jeder von euch will hier an erster Stelle stehen. Und alles, was ihr seht, das ist doch nur eure eigene Farbe. Du, Rot, du siehst alles nur in rot. Alles muss für dich rot sein und dann ist es richtig. Und du, Blau: Du schwebst in deiner Farbe. Es ist aber nicht alles blau und es ist nicht alles richtig, was blau ist. Genauso wenig wie alles grün oder gelb sein muss. Der

	Boden ist nicht alles, das Wachsen ist nicht alles, man muss auch mal schweben, man muss auch mal vergehen. Und du, Gelb, es ist nicht alles hell und strahlend. Die Welt ist auch anders. Sie hat auch viele dunkle Seiten. So ist das nämlich. Jede Farbe hat ihren Platz und ich sage euch, erst wenn man die Welt mit allen Farben sieht, dann sieht man sie richtig.
alle	Und wie sieht man mit allen Farben?
A	Indem man einen anderen leuchten lässt.
Blau	Wie? Einen anderen leuchten lassen? Soll ich etwa alles von dem Roten beleuchten lassen?
Rot	Wäre doch gut. Dann siehst du auch mal richtig.
A	Ihr alten Streithähne! Natürlich so nicht. Nein, ihr sollt nicht mit eurem Licht schauen, sondern mit dem Licht Gottes. Der weiß alles, der kennt alles, und wenn er sein Licht in diese Welt bringt, dann, dann sehen wir alles richtig.
Grün	Und wie sieht sein Licht aus? Welche Farbe hat sein Licht?
Gelb	Irgendwie müsste es alle Farben haben, oder? Nicht nur rot oder blau, sondern grün und gelb und blau und rot und lila und orange.
A	Ich sehe, du fängst an zu verstehen. Wer mit Gottes Licht schaut, der sieht mit allen Farben. Und alle Farben zusammen ergeben?
Blau	Dreckiges Braun. So ist das zumindest im Tuschkasten.
A	Im Tuschkasten ja, aber nicht, wenn es um Licht geht. Alle Farben zusammen ergeben weiß. Strahlendes Licht. Gott stellt die Welt in sein strahlendes Licht. Und mit diesem Licht von Gott erkennen wir viel mehr, als wenn man nur immer nach rot oder blau oder grün oder gelb schaut. Ihr seht immer nur eure Farbe. Aber wir sollen alle Farben sehen. Beim Menschen, in der Natur, in unserem ganzen Leben. Alles Licht muss zusammenkommen. Dazu gehört die Liebe, wie das Rot. Die Hoffnung, wie das Grün. Die Treue, wie das Blau. Die Wärme, wie das Gelb. Wisst ihr nun, warum wir Gottes Licht brauchen, damit wir das Leben in der Welt und die Menschen richtig verstehen? In seinem Licht können wir so viel mehr erkennen, als wenn wir nur unser eigenes Licht sehen.
Rot	Und du meinst das geht wirklich?
A	Na klar! Richtet doch mal eure Farben zusammen auf einen Punkt. Ihr werdet es schon sehen.
Blau	Wow. Tatsächlich! Wenn alles zusammenkommt, dann haben wir ganz helles Licht.
Grün	Und jetzt erkenne ich den Menschen da auch erst richtig. Mit meinem Grün allein habe ich ihn gar nicht richtig sehen können.
A	Ich sag's doch: In Gottes Licht sehen wir das Licht.

Zeichnung:
Sabine Meinhold

Aktion

Wer dieses Anspiel mit den Kindern weiterführen will, der kann Folgendes machen. Die Kinder stellen sich vor einen Spiegel. Sie suchen sich eine Farbe aus, mit der sie angeleuchtet werden wollen. Diese Farbe wird auf den Spiegel gerichtet und das reflektierte Licht scheint im Gesicht wider. Danach werden die anderen Lampen auf den Spiegel gerichtet und das Gesicht erscheint in hellem Licht und ist nun ganz zu erkennen. Unsern Kindern hat das viel Spaß gemacht.

Biblische Geschichten „beleuchten" (für Ältere)

Diese Erfahrung kann nun noch einmal in anderer Weise umgesetzt werden.

Zunächst wird ausgehend vom Liedtext „In deinem Licht sehen wir das Licht" darüber gesprochen, was es bedeutet, mit den Augen Gottes zu schau-en, in seinem Licht etwas zu beleuchten.

Je nach Gesamtgröße könnten dann mehrere Gruppen gebildet werden, die sich mit einer biblischen Geschichte beschäftigen. Ziel der Beschäftigung ist es, gleichsam mit den Augen Gottes zu schauen, mit seinem Licht eine konkrete Situation zu beleuchten. Mit welchem Licht schauen die Menschen? Wie sieht die Situation aus, wenn man mit Gottes Licht schaut?

Bestimmte **Stichwörter** verbinde ich mit biblischen Geschichten:

Hoffnung: Die Grablegung Jesu und die Erfahrung des Ostermorgens – die Menschen schauen nur auf den Tod und ihre Trauer, Gott sieht das Leben und die Zukunft.

Gemeinschaft: Zachäus (Lk 19,1–9) – Die Menge sieht nur den gehassten Zöllner, Jesus sieht den Menschen Zachäus, der sich verändern kann.

In deinem Licht sehen wir das Licht

© Text und Melodie: Jürgen Grote (2015)

Vergebung: Die Ehebrecherin (Joh 8, 1–11) – Die Schriftgelehrten sehen nur das Vergehen der Frau und wie sie Jesus auf die Probe stellen können. Jesus sieht nur die Frau und ermöglicht ihr neues Leben.

Freude: Der blinde Bartimäus (Mk 10,46–52) – Die Menschen sehen in Bartimäus einen von Gott verachteten Sünder – Jesus sieht den heilungsbedürftigen Menschen.

Schöpfung: Für viele Menschen ist die Natur einfach da, wir können machen, was wir wollen. Von Gott aus betrachtet, ist die Welt Schöpfung unseres Gottes und damit etwas Wertvolles, das es zu schützen und zu achten gilt.

Gestaltung
Eine Kerze kann verziert werden, die später einen Kerzenständer erhält.

Hinweis: Liederbücher aus der Feder von Jürgen Grote: „Bunte Fäden in meinem Leben" und „Du bist da – Liederbuch"; Hörproben und Informationen unter www.kirche-in-elbe.de

Zeichnung: Sabine Meinhold

Jürgen Grote

---

6. März 2016

Lätare

Matthäus 5,14–16

Freut euch:
Ihr seid das Licht

Lieder: Kindermutmachlied, MKL 100, LJ 624, KG 150, LH 26; Gott entzündet ein Licht, s. S. 81; Ihr seid das Salz der Erde, Dbd 28; Tragt in die Welt nun ein Licht, LH 277, LJ 327, EG NB 571, MKL 132; Wir löschen unsre Kerzen, Dbd 17, GoKi 2008

Liturgischer Text: Psalm 27 oder Psalm 36

Zum Text

Die Bergpredigt gehört zu den zentralen Texten des Neuen Testaments. Durch die Reduzierung der Themenstellung für diesen Kindergottesdienst auf das Lichtwort, geht dieser Hintergrund möglicherweise verloren. Es ist sicherlich gut, den Begriff „Bergpredigt" als bedeutsamen Text am Rande mit in den Köpfen der Kinder zu verankern. (Hinweis: In Themenreihe 11, s. S. 235, wird die Bergpredigt thematisiert.)

Der Text für den Tag steht gleich im Anschluss an die Seligpreisungen, die in der Guten Nachricht immer mit „Freuen dürfen sich ..." beginnen. Das nimmt ein wenig das Thema des Tages auf. Lätare ist der Name des Sonntags, das heißt übersetzt: „Freuet euch". In der Mitte der Passionszeit wird auf die kommende Freude hingewiesen, die noch nicht erreicht ist, die durch das Kreuz auch noch verdunkelt wird, aber am Ende über allem stehen wird. Gerade in der Passionszeit ist es hilfreich, wenn man dies hört und eine Hoffnungsperspektive eröffnet wird. Sie wird vor allem dadurch eröffnet, dass Menschen, die sich in trüben und dunklen Lebenssituationen befinden, Licht für die Seele empfangen und dadurch Hoffnung spüren und ein Ziel vor Augen erhalten.

In der Bergpredigt wird die Ethik Jesu vor Augen gestellt. Sie beginnt damit, dass Jesus seinen Jüngern, seinen Zuhörern etwas zutraut: nämlich „Salz der Erde" und „Licht der Welt" zu sein. Von den Freunden Jesu soll etwas ausgehen, das in der Welt sichtbar ist, das in der Welt wirksam ist. Er sagt nicht, das schafft ihr sowieso nicht, dazu habt ihr überhaupt nicht die Möglichkeiten, sondern er traut es ihnen trotz aller Fehlerhaftigkeit zu, das Licht Gottes in die Welt zu tragen. Inmitten des Anspruches liegt also der große Zuspruch dessen, von dem das Johannesevangelium sagt: Er ist das Licht der Welt. Wir tragen also nicht unser eigenes Licht vor uns her, sondern das Licht Christi. Indem wir auf Menschen zugehen, in bestimmter Weise unser Leben gestalten, machen wir das Licht Christi lebendig und können Menschen verändern. Und das heißt auch, dass Christus fähig macht

zu mehr, als wir selber in uns vermuten würden. Er traut es uns zu, darum freut euch, dass er uns braucht und will. Dieser Gedanke sollte uns bestimmen. Darin wird auch der ethische Anspruch des christlichen Glaubens theologisch ins rechte Licht gerückt: Unser Tun geschieht aus der Annahme Gottes und aus seinem Zuspruch heraus und nicht als Voraussetzung für Gottes Liebe zu uns.

Der Text und die Kinder

Meistens hören Kinder: „Das kannst du noch nicht. Dazu bist du zu klein." Ihre Grenzen werden benannt, in vielen Fällen sicherlich auch berechtigt. Aber auch die Ermutigungen fehlen – hoffentlich – nicht. „Du kannst das! Du schaffst das! Probier's aus!" Kinder brauchen diese Ermutigungen und nehmen sie dankbar auf. Sie spüren, dass sie etwas einbringen können in die Welt. Jesu Lichtwort ist Ermutigung, Zuspruch und Anspruch. Dass man das Leben anderer heller machen kann, das haben auch jüngere Kinder schon vor Augen. Dieses Bildwort ist für sie sofort umsetzbar. Wer Hilfe gibt, der macht das Leben hell, so wie ein kleines Licht im Schlafzimmer die Angst vor der Dunkelheit nimmt.

Kinder erkennen schnell, wo ein Mensch Hilfe braucht und sie sind in der Regel auch bereit dazu. Sie brauchen nur die Ermutigung dazu. Insofern finde ich die Verbindung von Lätare und Jesuswort gut: Freut euch – Ihr seid Licht der Welt. Der Anspruch Jesu wird damit nicht als etwas Belastendes dargestellt, sondern als eine schöne Aufgabe, die wir übertragen bekommen.

Gestaltungsvorschlag für jüngere und ältere Kinder

Eingangsliturgie wie üblich

Eingangsgebet

Gütiger Gott. Am Anfang hast du das Licht geschaffen, dadurch wird alles hell. Wir Menschen nennen dich das Licht für unser Leben. So bitten wir dich um dein Licht in unseren Herzen. Erfülle uns mit deiner Kraft, deiner Liebe und deiner Hoffnung. Das bitten wir durch Jesus Christus. Amen

Hinweise zur Erzählung

Um den biblischen Text anschaulich zu machen, sollte man Salz da haben sowie eine Kerze und einen Eimer. In einer kurzen freien Erzählung wird geschildert, dass Jesus mit seinen Jüngern und vielen anderen Menschen zusammengesessen hat an einem Berg und ihnen viele gute Ratschläge für ihr Leben mitgegeben hat.

Erzählung

Jesus hat gesagt, dass Menschen, die ganz arm sind, sich freuen dürfen, weil ihnen das Himmelreich gehört. Alle, die Schweres im Leben erfahren haben, dürfen sich freuen, weil sie getröstet werden. Menschen, die sich wünschen, dass es in der Welt gerecht zugeht, dürfen ich freuen, denn es soll gerechter werden. Menschen, die barmherzig sind – beim Herzen anderer sind, dürfen sich freuen, denn sie werden selber Barmherzigkeit erfahren. Menschen, die Frieden halten, dürfen sich freuen, denn sie werden Gottes Kinder genannt werden. Und damit möglichst alle Menschen sich freuen, hat Jesus noch davon gesprochen, dass wir immer aufeinander zu gehen sollen, wenn wir uns zerstritten haben. Oder dass wir nicht töten sollen, auch nicht dadurch, dass wir Menschen nicht mehr beachten. Wir sollen auch nicht leben nach dem Motto, wie du mir, so ich dir, sondern wir sollen auch mal etwas Schlechtes hinnehmen, damit es nicht immer hin und her geht mit Streit oder Gewalt. Und er hat gesagt, wir sollen unsere Feinde lieben, auch wenn es uns schwer fällt. Jesus sagt: Wenn wir nach seinen Ratschlägen leben, werden wir zu einem guten, freudigen Leben gelangen.

All das hat man später aufgeschrieben und „Bergpredigt" genannt, weil Jesus diese Predigt auf dem Berg gehalten hat. Bis heute sind diese Worte ganz wichtig für die Christen. Einen kleinen Abschnitt davon wollen wir heute besonders bedenken.

Dazu habe ich etwas mitgebracht. Ein wenig Salz und eine Kerze. Jesus hat nämlich gesagt: „Ihr Freunde, ich sage euch: Ihr seid das Salz der Erde. Und was passiert, wenn das Salz nicht mehr salzig ist? Dann kann man es wegtun. Dann kann man es nicht mehr gebrauchen. Darum seid wie das Salz in der Suppe. Zeigt, was Gott wichtig ist."

(Die Kinder lassen das Salz durch die Hand rieseln; wer mag, probiert es.)

(An dieser Stelle kann der Raum verdunkelt werden oder man arbeitet vorher schon mit verdunkelten Fenstern und macht nun das Licht aus.)

Und Jesus hat gesagt: „Ihr seid das Licht der Welt. Ihr macht es hell in der Welt, wenn ihr Gottes Licht in die Welt bringt. Ein Licht das auf einem hohen Berg steht (brennende Kerze auf einen erhöhten Ort, z. B.

Gott entzündet ein Licht

(XX – an diesen Stellen können die Kinder klatschen und stampfen)

2. Wenn einer dir zur Seite steht
und mit dir schwere Wege geht,
dann ist die Angst ganz schnell vorbei
und deine Seel' ist frei.

3. Wenn du dem andern Hilfe gibst
und ihn so nicht beiseiteschiebst,
dann bringst du Gottes Licht für ihn
und er kann fröhlich zieh'n.

Schrank, stellen), das wird von überall gesehen. Ein Licht stellt man ja auch nicht unter einen Eimer, dann sieht es keiner. (Kerze unter einen Eimer stellen.) Man stellt es auf einen Leuchter, dann macht es den Raum hell."

Jesus traut jedem von uns zu: Du kannst ein solches Licht sein, das es hell machen kann in der Welt. Ver-

steck dich nicht, wie das Licht unter dem Eimer, sondern zeige dich und bringe anderen ein Licht.

Lied: Ihr seid das Salz der Erde

Drei Spielszenen

Die folgenden drei Spielszenen werden von älteren Kindern gespielt und sollen das Lied: „Gott entzündet ein Licht" lebendig machen. (Hier wird nur die Situation geschildert, das Anspiel sollte aus dem Stegreif entstehen. Jeder hat natürlich die Freiheit, eigene Ideen zu den Versen zu entwickeln.) Anschließend wird im Gespräch erarbeitet, was es konkret heißt, Licht zu sein.

1) Ein Kind sitzt auf dem Boden und ist ganz traurig. (Hintergrund: die kleine Schwester ist krank, sie braucht zur Zeit ganz viel Zuwendung. Das Kind fühlt sich vernachlässigt.)

Gespräch zwischen Kind und Mutter: Das Kind reagiert erst bockig abwehrend (lass mich in Ruhe, ich will allein sein, etc), dann anklagend (von mir will hier sowieso keiner was. Immer ist Caro dran. Die doofe Ziege. Ich muss immer still sein, aufräumen, muss alles machen und die nie ... Mich hat hier sowieso keiner mehr lieb ...) Die Mutter reagiert entsprechend drauf. Am Schluss steht die klare Aussage, dass die Eltern sie lieben.

Lied: Gott entzündet ein Licht, 1. Str.

2) Jan kommt auf den völlig fertig aussehenden Freund Justus zu. Dieser hat ziemlichen Bockmist gemacht. Er hat gestern sein Fahrrad so blöd hingestellt, dass es umgefallen ist. Und genau gegen eine Tür von einem Schuppen. In dem Raum hinter der Tür war der fiese Hausmeister, der wegen jeder Kleinigkeit meckert und rumschreit. Und der konnte den ganzen Nachmittag nicht aus dem Raum raus, weil das Fahrrad die Tür blockiert hat. Hätte Justus sein Rad ordentlich in den Fahrradschuppen gestellt, wäre das nicht passiert. Sein Vater hat den Hausmeister befreit und Justus gesagt, er soll mit einem Stück Kuchen zum Hausmeister

gehen und sich entschuldigen. Justus stellt sich vor, wie der Hausmeister ihn bestrafen könnte.

Jan verspricht Justus mitzukommen. Es folgt das Gespräch mit dem Hausmeister. Anschließend bedankt sich Justus und drückt seine Erleichterung aus, dass Jan ihn begleitet hat.

Lied: Gott entzündet ein Licht, 2. Str.

3) Jugendliche stehen zusammen und unterhalten sich über einen am Rande sitzenden Mitschüler. Der bastelt an seinem Fahrrad rum. Er wird immer aufgeregter, weil er unter Zeitdruck ist und dringend zu seiner kranken Mutter nach Hause muss, aber die Gangschaltung klemmt und er kann nicht losfahren.

Die Jugendlichen lästern wie immer über ihn und nehmen ihn im Gespräch hoch. Einer erbarmt sich dann nach einer Weile und hilft dem Verzweifelten.

Lied: Gott entzündet ein Licht, 3. Str.

Gespräch und Aktion

Als Alternative zu den Spielszenen oder für einen Kindergottesdienst mit mehr Zeit könnte dies nun mit den Kindern vertieft werden. Es werden kleine Gruppen mit 4–6 Kindern gebildet. Jede Gruppe erhält drei bis fünf Fotos, auf denen Menschen – am besten Kinder – dargestellt sind, die sich in einer „hilfebedürftigen" Situation befinden (z. B. 80 Bild-Impulse, Thema Gefühle, Verlag an der Ruhr, oder aus Zeitschriften oder dem Internet). Die Kinder erhalten nun die Aufgabe, zunächst einmal eine Geschichte zu erfinden, vielleicht sogar zu spielen, die zu der Person passt. Dann sollen die Kinder überlegen, was der betroffene Mensch sich wohl in die-

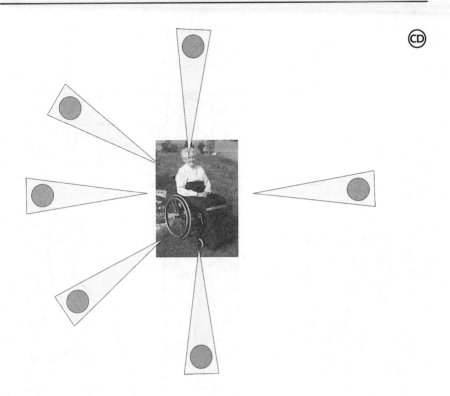

ser Situation wünscht. Auf Strahlen aus gelber Pappe notieren die Kinder dann, was die Person sich als Hilfe wünscht, was ihr Leben heller machen könnte. (Bitte aber dabei darauf achten, dass dies so konkret wie möglich geschieht. Die allgemeine Aussage: „Es hilft, wenn er Freunde findet", ist etwas anderes als: „Ich will ihm ein Freund sein." Je nach Zeit können mehrere Situationen bedacht werden.

Schön wäre es, wenn im Anschluss daran die Gruppen einander ihre Geschichten vorstellen würden. Die Strahlen zeigen dann mit der Spitze auf das Bild, am breiten Ende steht ein Teelicht, so dass das Licht vom Anfang hier symbolisch wiederkehrt (s. Foto). Dazu singen alle das

Lied: Tragt in die Welt nun ein Licht

Bastelangebot
Für die Kerzen des vorangegangenen Kindergottesdienstes können die Kinder einen Kerzenständer gestalten, z. B. aus Salzteig, Fimo oder aus Glanzpapier (s. dazu die Idee S. 70).

Segensgebet
Gott, du traust uns zu, dein Licht in die Welt zu tragen. Das ist eine schöne Aufgabe. Schenke uns dazu deinen Segen, damit wir genügend Kraft dafür haben. Amen

Schlusslied: Wir löschen unsere Kerzen

Jürgen Grote

Die Figuren können ausgeschnitten
und zu einem Aufstellbild geklebt werden.

Idee und Zeichnung: Sabine Meinhold

Lied: Als Jesus gestorben war, LH2 258

Liturgischer Text: Passion: Psalm 22,2–6.12.20; Ostern: Psalm 118 (s. S. 120)

Sonntag	Text/Thema	Art des Gottesdienstes Methoden und Mittel
13.3.2016 Judika	Matthäus 26,14–16.47–56 Judas verrät	Gottesdienst mit Kindern; Spiel, Erzählung, Gespräch, Standbilder, Vergebungsmännchen basteln, Pfeifenbinder, Pappkugeln, Heißkleber, Wolle, kopierte Hände, kl. Blumentöpfe, Permanentstifte
20.3.2016 Palmsonntag	Matthäus 26,69–75 Petrus leugnet	Gottesdienst mit Kindern; Gespräch, Erzählung, (Wetter-)Hahn basteln, Kopiervorlage „Hahn", lange Nägel, Kanthölzer, Farbstifte, Tacker, Trinkhalme, Akkubohrer, Laminiergerät
25.3.2016 Karfreitag	Matthäus 27,35–37.45–50 Jesus stirbt	Gottesdienst mit Kindern; Erzählung mit Steinen, schwarze Schachtel, 4 graue Tücher, vier schwarze Tücher, Korb mit kleinen Steinen, ein größerer Stein, Gespräch, Fürbittgebet mit Steinen
27./28.3.2016 Ostern	Matthäus 28,1–10 Gott macht alles neu	Gottesdienst mit Kindern; Erzählung mit Kerzen, graue und schwarze Tücher, vier gelbe Tücher, Korb mit Teelichten, Osterkerze, Gespräch, Fürbittgebet mit Lichtern, Osterlied mit Bewegung/Tanz, Drehtrommel oder Schellenstab basteln, Holzstäbe, Wolle, Schellen

Monatlicher Kindergottesdienst
A Passion: Jesus stirbt (Matthäus 27,35–37.45–50)
B Ostern: Gott macht alles neu (Matthäus 28,1–10) s. S. 90

13. März 2016

Judika

Matthäus 26,14–56 i. A.

Judas verrät Jesus

Lieder: Seht hin, er ist allein im Garten, EG 95, LJ 72, KG 60; Bleibet hier und wachet mit mir (Taizé), EG regional, KG 58, LB 100, LJ 467; Korn, das in die Erde, EG 98, KG 59, LJ 74, LB 409

Liturgischer Text: Psalm 38 (Übertragung s. S. 92)

Zum Text und zum Thema

Die Erzählung vom Verrat Jesu durch seinen Jünger Judas findet sich in allen synoptischen Evangelien. Judas verhandelt mit den Hohepriestern um den Lohn, wenn er Jesus ausliefert. Bemerkenswert erscheint der Hinweis: „Von da an suchte er Gelegenheit, ihn zu überliefern" (Mt 26,16). Der Verrat beginnt also nicht erst mit der tatsächlichen Ausführung, sondern bereits mit der Überlegung. Dann feiert Jesus mit seinen engsten Vertrauten das Mahl. Währenddessen kommt es schon zur Ankündigung des Verrats. Was in der Zeit zwischen dem Mahl und der Gefangennahme geschieht, lässt sich nur andeuten. Auch die Beweggründe für das Handeln des Judas sind nicht schriftlich fixiert. Er teilt den Hohepriestern den Aufenthaltsort Jesu mit. Diese mussten die Wachen alarmieren und den Rat einberufen – was mitten in der Nacht jedoch eigentlich nicht erlaubt war. Mit dieser Handlung wäre der Verrat des Judas bereits erfüllt. Er führt die Tempelwachen in den Garten Gethsemane.

Nun jedoch setzt Judas noch einen Höhepunkt: der Kuss als Perversion des Verrats. Der Kuss zwischen Schüler und Meister dient als Zeichen der Ehrerbietung und der Freundschaft. Noch lange war der Friedenskuss als Gruß zwischen den Gläubigen während der Abendmahlsliturgie gebräuchlich. In der katholischen Kirche ist er als Friedenszeichen in Form eines Händereichens noch üblich. In den evangelischen Gottesdiensten erlebe ich diesen Gruß zunehmend wieder häufiger. Der Kuss als Zeichen des Friedens und der Versöhnung, als Zeichen der freundschaftlichen Begrüßung, ausgerechnet dieses Zeichen setzt den Höhepunkt des Verrats. Dieser Verrat ist nicht auf eine einzelne Handlung zu fixieren, sondern als Teil einer komplexen Handlung zu verstehen, deren Verlauf im Vorfeld überlegt war.

Entschluss und Verhandlung – Preisgabe des Aufenthaltsortes – konkrete Bezeichnung Jesu durch den Kuss. Die Reaktion Jesu auf diesen Verrat ist bemerkenswert. Da die Ankündigung des Verrates während des Mahls hier nicht mit zum Textabschnitt gehört, beschränke ich mich ganz auf die Reaktion nach dem Kuss. Während Jesus bei Markus schweigt, erhält Judas bei Matthäus und Lukas eine Antwort: „Freund, warum bist du hier?" Diese Frage zielt auf das Gewissen des Judas. Genau wie der Blick des schweigenden Jesus. „Was hast du getan?" Die gleiche Frage hat Gott an Kain gerichtet. Diese Frage trifft jedoch nur den, der Unrecht tut. Sie ist der stärkste Angriff auf das menschliche Gewissen. Wenn Jesus diese Frage stellt, dann spricht er damit Judas an, jedoch ganz ohne Vorwurf, ohne Zorn, ohne Vergeltung. Er spricht ihn vergebend an als Freund. Vielleicht brachte genau diese Frage Judas zur Selbsterkenntnis und größter Verzweiflung. Eine weitere Geschichte über das Ende des Judas findet sich in Apg 1,16–19. Dort wird ein anderer Tod des Judas beschrieben.

Das Thema und die Kinder

In der Erzählung vom Judaskuss lassen sich für einen Kindergottesdienst zwei grundlegende Elemente gut miteinander verknüpfen. Zum einen ist das der Kuss als Zeichen der Freundschaft. Geheimsprache, Geheimzeichen, individuelle Codes, die aus Einzelnen eine Clique machen. Freunde haben etwas Gemeinsames. Dies beginnt bereits im Kindergartenalter. Mit der Erkenntnis, dass das eigene Ich ein selbständiges Wesen ist, das sich seine sozialen Beziehungen selbst suchen kann, beginnt auch die Pflege von Freundschaft. Kinder bis zur Pubertät können noch sehr genau benennen, wer ihr Freund ist und warum. Die Begründungen scheinen oft sehr primitiv und sind meist auf menschliche Grundbedürfnisse ausgerichtet (sie geben mir von ihren Süßigkeiten, spielen mit mir, laden mich ein ...). Dennoch wird der ideelle Wert von Freundschaft erkannt und zunehmend wahrgenommen.

Dem entgegen steht das Handeln des Judas. Der Verrat wird als schlecht gesehen. Die theologische Dimension dieser Tat zu erfassen (Judas fordert Jesus damit heraus, seine Macht zu zeigen; Jesus musste ausgeliefert werden, damit er sterben kann; Erfüllung der Propheten) übersteigt das Denken der Kinder, und nicht nur dieser. Ich wähle bei dieser Geschichte als Schwerpunkt den Verrat: Einerseits Jesus als der, der verraten wurde, andererseits Judas als der Verräter. Daneben gibt es noch die anderen Jünger als Beobachter.

Kinder finden sich immer wieder in genau diesen Rollen wieder. Sie lieben es Geheimnisse zu haben und kennen es, wenn diese verraten wurden. Neu ist die Reaktion Jesu: Er schimpft nicht und wendet sich auch nicht von Judas ab.

Gestaltungsvorschlag für jüngere und ältere Kinder

Gebet zum Anfang

Guter Gott, dir dürfen wir alles erzählen. Du sagst es nicht weiter. Dafür danken wir dir.
Du kennst auch alle unsere Geheimnisse und deine Augen sehen uns jeden Tag. Aber du verrätst nichts und gehst auch nicht von uns weg. Auch dafür sagen wir danke.
Sei bei uns heute und morgen. Amen

Spiel zum Einstieg

Anschleichen (für ältere Kinder): So wie sich die Wachen mit Judas in der

Nacht angeschlichen haben, versuchen wir uns anzuschleichen (gut auf Einhaltung der Spielregeln achten).

Alle stehen im Kreis mit dem Rücken zur Mitte. Die Augen sind geschlossen. In der Mitte ein „Judas". Dieser muss sich vorsichtig an einen „Jesus" anschleichen und seine Schultern berühren. Dabei muss er ganz leise und vorsichtig sein. Falls Jesus mitbekommt oder denkt, dass sich an ihn angeschlichen wird, dann hebt er den Arm, aber ohne zu reden.

Ein ruhiges Spiel, das etwas in die Nachtstimmung des Gartens einführt.

Erzählung

(Wenn ältere Kinder anwesend sind, können diese die Geschichte auch in verteilten Rollen lesen. Das kann in gemischten Gruppen eine gute Alternative sein und macht den Text auch für ältere Kinder attraktiv. Nach Möglichkeit den Raum verdunkeln, es ist schließlich Nacht.)

Erzähler: Jesus und seine Jünger saßen zusammen und aßen. Gerade noch war eine Frau da gewesen, die kostbares Öl auf Jesus gegossen hatte. Alle waren ganz schön aufgeregt. Aber Jesus hatte gesagt:

Jesus: Lasst sie! Ich bin nicht mehr lange da. Sie tut mir etwas Gutes. Bald wird man mich gefangen nehmen und dann werde ich sterben. Aber jetzt lasst uns gehen.

E: Und so ging Jesus mit seinen Jüngern vor die Tore der Stadt Jerusalem, hinaus in den Garten Gethsemane. Nur Judas schlich sich heimlich davon.

Judas: Dieser Jesus, immer redet er vom Reich Gottes und von Vergebung. Aber sehen kann ich seine Macht nicht. Wenn er von Gott kommt, dann soll er doch mal zeigen, was er kann. Ich werde ihn schon herauslocken. Ich habe da einen Plan.

E: Und so schlich sich Judas am Abend zu den Hohepriestern. Sie wollten schon lange, dass Jesus verschwindet. Und er fragte die Priester:

Judas: Was gebt ihr mir, wenn ich euch helfe, Jesus zu finden? Ich will euch verraten, wo er ist.

E: Die Hohepriester freuten sich und gaben Judas 30 Silberstücke. Von diesem Moment an suchte Judas eine günstige Gelegenheit, um Jesus zu verraten.

Am nächsten Tag bereiteten die Jünger das Mahl für den Abend vor. Es sollte das letzte Abendessen mit Jesus werden, aber das wussten sie noch nicht. Und als es Abend wurde und Jesus Brot und Wein teilte, da schaute er in die Runde und sprach:

Jesus: Einer von euch, der mit mir hier das Brot teilt, der wird mich verraten. Es wäre besser für diesen Menschen, dass er nie geboren worden wäre.

E: Die Jünger wurden sehr traurig und schauten sich an. „Bin ich es?", fragte einer nach dem anderen. Und als Judas fragte, ob er es sei, da sprach Jesus:

Jesus: Ja, Judas, du bist es.

E: Schweigend aßen die Jünger dann ihr Brot. Als es dunkel war, verließen sie Jerusalem und gingen wieder in den Garten Gethsemane. Dort sollte es passieren. Jesus hatte Angst, er wusste, dass dies die letzte Nacht in Freiheit war. Er sprach zu seinen Jüngern:

Jesus: Bleibt ihr hier, passt auf und betet. Ich will ein Stück gehen und dort allein beten.

E: Doch als er zurückkam, da schliefen die Jünger. Und von weitem sah Jesus die Fackeln und er hörte die Spieße der Tempelwachen. Sie kamen um ihn zu holen, die Wächter, und an ihrer Spitze ging Judas. Er hatte mit den Wachen gesprochen.

Judas: Kommt mit mir. Ich zeige euch, wo Jesus die Nacht über ist. Ihr kennt ihn nicht, aber ihr werdet es ganz einfach haben. Den, den ich zur Begrüßung umarme und küsse, der ist es, den könnt ihr ergreifen und verhaften.

E: Und so kam Judas mit den Wachen und er ging zu Jesus und umarmte ihn und küsste ihn auf die Wange zur Begrüßung. Da ergriffen die Wachen Jesus und fesselten seine Hände.

Judas: Jetzt kann er zeigen, wie groß seine Macht ist. Jetzt kann er zeigen, wie stark er ist. Endlich wird Jesus seine Stärke allen zeigen und sich wehren.

E: Aber Jesus blieb still stehen und schaute in die Runde. Zu seinen Jüngern sagte er noch, dass sie nicht kämpfen sollen, aber die meisten waren eh schon weggelaufen. Und dann schaute Jesus in die Augen von Judas.

Jesus: Mein Freund. Du bist also zu mir gekommen, um mich zu verraten? – Mein Freund. Du bist also zu mir gekommen, um mich zu verraten? – Mein Freund. Du bist also zu mir gekommen, um mich zu verraten?

E: Da erkannte Judas, was er getan hatte. Und er erkannte die wahre Macht Jesu.

Anders als erwartet verhielt sich Jesus. Er wehrte sich nicht. Und er schimpfte nicht mit ihm. Noch lange klangen die Worte in den Ohren des Judas.

Judas: Mein Freud, hatte er gesagt. Mein Freund. Sollte das etwa die Macht und die Größe Jesu sein?

E: Die Schuld war groß und Judas fand keinen Weg, den Verrat rückgängig zu machen. Das Silber konnte er nicht zurückgeben. Er fühlte sich elendig. Er war verzweifelt. Er fand keinen Ausweg.

Gespräch

Für das Gespräch schlage ich vor, den Schwerpunkt auf die Reaktion Jesu zu legen und die Reaktion des Judas. Es ist durchaus möglich, auch vom Selbstmord des Judas zu erzählen. Er gehört zur Geschichte dazu und zeigt die große Verzweiflung des Judas. Ich schlage vor, zuerst mit den Kindern mögliche Reaktionen zu sammeln, wie sie als Jesus reagiert hätten bzw. wie sie reagieren, wenn jemand sie verrät oder ein Geheimnis verraten hat.

Dann können nochmal die Worte Jesu gehört werden. Mein Freund. Judas erkennt, dass die Macht Jesu nicht in der Gewalt liegt und die Stärke nicht in Muskelkraft ist, sondern die Macht in der Vergebung liegt. Judas merkt, dass ihm vergeben wurde. Aber er hat nichts, um sein Handeln wiedergutzumachen. Darum ist er so verzweifelt, dass er nur den Weg in den Tod sieht. Hier muss auf die Kraft der Vergebung eingegangen werden. Wenn Judas vergeben wird, dann muss er nichts wiedergutmachen! Vergebung ist umsonst!

Kreative Vertiefung

Standbilder

Als Übergang zur kreativen Verarbeitung kann ich mir vorstellen, dass die Kinder sich zu zweit zusammenfinden.

Ein Jesus und ein Judas, die Rollen werden getauscht. Und dann könnten sie als Standbild darstellen, welche Geste Jesus zur Vergebung machen könnte. Dabei kommt es auf die Arme und Hände an, denn diese können später an der gebastelten Figur genau so gebogen werden.

Wir basteln Vergebungsmännchen
(Beschreibung und Fotos s. CD)
Diese Figuren stellen greifbar dar, was Jesus trotz des Verrates anbietet. Gern kann die Jesusfigur auch einen Kussmund auf die Wange erhalten. In die Handflächen wird dann das Wort „Verge – bung" geschrieben. Ältere Kinder können aufschreiben und in den Innenraum des Körpers legen, wo sie, wie Judas, etwas verraten haben und um Vergebung bitten.

Foto: Otto-Fabian Voigtländer

Otto-Fabian Voigtländer

Monatlicher Kindergottesdienst

IV A (in der Passionszeit): Petrus leugnet   Matthäus 26,69–75
     B (zu Ostern): Gott macht alles neu   Matthäus 28,1–10

A: Die Kinder hören von Petrus und seiner Verleugnung. Sie erleben von der Warte des Petrus aus Freundschaft, Versuch der Nähe und Scheitern. „Was nun?" Diese Frage kennen auch die Kinder. Die Lösung zeigt Jesus selbst. Jesus schaut zu Petrus (Parallele bei Lukas). Er wendet sich nicht ab, sondern Petrus zu.

Der Gestaltungsvorschlag für den 20. März (S. 91) eignet sich für einen monatlichen Kindergottesdienst mit Erzählung, Gespräch und Basteln eines Wetterhahns. Der Wetterhahn dreht sich nicht weg, sondern dem Wind entgegen.

B: Gott führt das Geschehen zu einem guten Ende. „Fürchtet euch nicht" sagt der Engel zu den Frauen am Ostermorgen, als sie das Grab leer vorfinden. Mit Furcht und großer Freude laufen die Frauen vom Grab fort, um die Botschaft von der Auferstehung weiterzutragen. Als sie Jesus begegnen, hören sie auch von ihm das „Fürchtet euch nicht!" Die Kinder spüren: Gott macht alles neu, auch für mich.

Der Gestaltungsvorschlag für den 27./28. März (S. 101) eignet sich für einen monatlichen Kindergottesdienst zu Ostern: Erzählung mit Kerzen (S. 102), Fürbittgebet mit Lichtern (S. 104), Singen fröhlicher Osterlieder mit Bewegungen und Basteln einer Drehtrommel oder eines Schellenstabes (S. 105), um der österlichen Freude mit Singen und Musik Ausdruck zu verleihen.

20. März 2016

Palmsonntag

Matthäus 26,69–75

Petrus leugnet

Lieder: Seht hin, er ist allein im Garten, EG 95, LJ 72, KG 60; Wie hatte das Volk sich gefreut, KG 61; Folgen – Leben mit Jesus hat Folgen, RKW 2013, S. 10, Benno Verlag

Liturgischer Text: Psalm 38 (Übertragung, s. S. 92)

Zum Thema

Die Ereignisse der letzten Nacht vor der Hinrichtung Jesu überschlagen sich. Sie sind so dicht, dass sie unbedingt zu den biblischen Geschichtskenntnissen gehören sollen. Salbung – Judaskuss – Verleugnung. Die Einleitung zu den Einsetzungsworten nennt dies verkürzt: „Die Nacht, da er verraten ward." Die Verleugnung des Petrus ist eine tiefe menschliche Erfahrung. In der Reflexion dieser Erfahrung lassen sich die Ereignisse vom Tod und der Auferstehung Jesu besser verstehen als durch dogmatische Aussagen.

Alle Evangelien erzählen von Petrus, der sonst so mutig erscheint und sich gern vor Jesus stellt und sich nun kleinlaut verkriecht. Die Erzählung der Leugnung spiegelt die Herzen der Jünger wider. Sie spüren, dass Jesus ihnen im Grunde doch fremd geblieben ist, und laufen weg. Petrus jedoch folgt Jesus zunächst noch in die Gefahr. Das ist das Besondere an ihm. Während Jesus verhört wird, bleibt Petrus in seiner Nähe. In diesem Sinne ist die Verleugnung schmerzvoll und trostreich zugleich. Einerseits bleibt Petrus treu, andererseits bricht er den Kontakt zu Jesus ab. In der Erinnerung an die Ankündigung seiner Verleugnung erwacht sein Gewissen. Im Gegensatz zu Judas verliert Petrus jedoch nicht den Glauben an die Treue und Gnade Gottes. Er bleibt im Kreis der Jünger. Hier sei auf das Johannesevangelium verwiesen, wo es in Joh 21,15ff ausdrücklich heißt, dass Jesus ihm vergibt. Die Trauer des Petrus über sich selbst ist bereits die tiefe Umkehr. So gelingt es Petrus später, eine Säule der Gemeinde zu werden. Petrus ist an dieser Stelle das Urbild eines Sünders, der Gnade erfährt. Hier wird erkennbar: Der Christ kann sich nicht auf seine Gerechtigkeit verlassen. Was er zu bieten hat, ist nicht sein vorbildliches Verhalten, sondern die Erfahrung, dass er immer wieder umkehren kann.

Der Text, das Thema und die Kinder

Verleugnung tut weh. Kinder haben dies bereits selbst erfahren. Wenn sich Freunde plötzlich von ihnen abwandten, wenn sie nicht mehr zu einer Gruppe dazugehörten. Es muss also nicht sentimentaler erzählt werden, als es die knappe biblische Geschichte hergibt. „Du bist nicht mehr mein Freund" – so sagen Kinder, wenn sie sich gestritten haben. Es ist eine Urerfahrung des Menschen, dass er verlassen wird. Hier ist es gut, wenn vor der Erzählung der Geschichte Gelegenheit besteht, diese Erfahrungen auszusprechen und zu sammeln. Gleichzeitig gehört es aber auch dazu, dass die Erfahrung des Neuanfangs immer möglich ist.

„Was nun?" Diese Frage hören Kinder bereits im Kindergartenalter immer wieder. „Schau dir an, was du getan hast." Ich schlage vor, im Kontext der Kindergottesdienstreihe die Verleugnung als Teil des Verrates zu sehen. Auf dem Weg gescheitert. Petrus scheitert an seinem Ideal. Was nun? Diese Frage sollte dann als Botschaft behandelt werden. „Was nun?" Eine Frage die auch beschämend ist. Deshalb ist es gut, wenn die biblische Geschichte nicht nur mit dieser Frage endet, sondern einen Vorschlag für einen Ausweg macht. Dabei scheint die Parallelstelle bei Lukas hilfreich. Jesus schaut Petrus an. Er wendet sich nicht ab, sondern zu. Dieses Hinwenden als Möglichkeit der Lösung kommt in der Basteleinheit zum Ausdruck. Wir bauen einen Wetterhahn. Er dreht sich nicht weg, sondern dem Wind entgegen.

Gestaltungsvorschlag für jüngere und ältere Kinder

Die Geschichte sollte im Zusammenhang mit der letzten Nacht Jesu gesehen werden. Gerade, wenn nur unregelmäßig Kindergottesdienst gefeiert wird, ist eine kurze Einführung in die Situation nötig. Das Bild der Verleugnung sollte eindrucksvoll im Gedächtnis bleiben. Dabei spielt der Hahn eine wesentliche Rolle. Im Moment des Hahnenschreis erkennt Petrus seine Tat. Auf die Frage „Was nun?" sollte dann im Gespräch eingegangen werden. Es ist ausreichend, wenn man sich hierbei auf die Kinderäußerungen beschränkt. Als Antwort dient der Hahn als sichtbare Alternative. Er wendet sich dem Sturm entgegen und dreht sich nicht weg. So, wie Jesus sich dem Petrus zuwendet und ihn anblickt.

Hinführendes Gespräch

Jesus wird enttäuscht. Judas hat ihn verraten, Petrus verleugnet ihn ...
Alle sitzen im Kreis und hören die **Geschichte von Stephan**. Im Anschluss berichten sie, wo sie Ähnliches erlebt haben.

„Neulich wollte ich mit Peter zusammen ins Schwimmbad/Kino/Wald. Wir hatten uns verabredet. Ich bin hingefahren und habe gewartet. Aber Peter kam nicht. Auf meinem Heimweg habe ich gesehen, wie er mit den anderen Jungen gespielt hat. Als er mich sah, hat er sich schnell weggedreht. Ich war sehr traurig. Später haben wir uns aber vertragen." (Idee aus „Das große Bibelspielebuch, Neukirchen 2011, S. 177)

Psalm nach Psalm 38

Sich für Gott schämen, das geht schnell. Immer dann, wenn sich andere über Gott oder den Glauben lustig machen.
Herr, strafe mich nicht mit deinem Zorn, denn meine Sünden wachsen mir über den Kopf.
Für alles Schlimme machen sie Gott verantwortlich, dann fehlen mir die Worte.

Ich bin gekrümmt und gebeugt und gehe den ganzen Tag gebückt.
Ich scheitere. Mein Glaube ist nicht groß genug.
Gott, vor dir ist nichts verborgen. Du hörst mein Seufzen. Mein Herz klopft. Ich hoffe auf dich.
Du, Gott, schämst dich nicht für mich. Das macht mir Mut.
Verlass mich nicht und sei bei mir. Eile mir zur Hilfe und sieh mich an.
Amen

Erzählung

(Aus der Perspektive des Petrus. Nach Möglichkeit mit leichter Verkleidung. Wo es die Situation zulässt, können die Anklagen von weiteren Helfern eingerufen werden.)
„Hör auf zu kämpfen und steck dein Schwert weg!" So hatte Jesus es zu mir gesagt. Dabei wollte ich ihn doch nur verteidigen. Aber dann: Gefangen haben sie ihn genommen und er hat sich nicht mal gewehrt. Mitten in der Nacht. Alle sind geflohen und haben sich verkrochen. Aber die Soldaten waren ja auch sehr groß.
Ich habe hin und her überlegt. Aber dann stand fest: Ich will sehen, was passiert. Ich will in seiner Nähe bleiben. So hatte ich es ihm versprochen. Jesus, mein bester Freund. Also schlich ich hinterher. Bis zum Haus des Hohepriesters. Dort wurde er, Jesus, verhört. Aber er blieb stumm und hat alles erduldet. Ich stand im Schatten und konnte alles beobachten.
Plötzlich – mein Herz blieb fast stehen – da schrie mich eine Frau an. „Hey, bist du nicht auch einer dieser Jesusleute? Ich habe dich doch mit ihm zusammen gesehen!"
Mein Atem ging schneller und ich wurde ganz rot im Gesicht. Was nun? …

„Nein, ich weiß nicht, von wem du redest. Lass mich in Ruhe! Ich kenne diesen Jesus nicht."

ⒸⒹ Foto: Otto-Fabian Voigtländer

Puh, nochmal gut gegangen. Aber dann: Schon wieder einer: „Hey, du gehörst doch zu diesen Jüngern. Ich weiß es genau. Ich kenne dich. Du bist immer mit diesem Jesus aus Nazareth hierher nach Jerusalem gekommen."
Was nun? Wegrennen? Ducken? Zu spät. Alle schauten mich an.
„Nein", rief ich. „Ich sage euch doch: Ich kenne diesen Jesus nicht. Was wollt ihr nur von mir?"
Und dann zog ich mich in den Schatten der Nacht zurück. Was mache ich hier nur? Was nun? So schoss es mir durch den Kopf.

Quelle unbekannt
Rechte bleiben gewahrt

Die Stunden vergingen und das Feuer in der Platzmitte wurde kleiner. Langsam ging die Sonne am Horizont auf. Da kamen einige aus der Hofeinfahrt und sahen mich. Ich drehte mich weg. Aber sie standen schon um mich herum und sagten: „Ich kenne dich. Du bist einer von diesem Nazarener."
Ich konnte nur stottern: „Ich, ich weiß nicht, wovon ihr redet."
„Natürlich gehörst du zu diesem Jesus. Deine Sprache verrät dich, du hast denselben Dialekt."
Ich beteuerte meine Unschuld, ich schwor: „Ehrlich, ich kenne diesen Mann nicht. Lasst mich in Ruhe! Ich kenne ihn nicht! Ich gehöre nicht dazu!"
Da kamen die ersten Sonnenstrahlen auf mein Gesicht. Und sogleich krähte der Hahn den neuen Tag herbei.
Da sackte ich zusammen. Ich erinnerte mich. Jesus hatte es mir vorausgesagt. Noch bevor der Hahn kräht, wirst du mich dreimal verleugnen. So hat er es mir gesagt. Damals hatte ich einen großen Mund. „Niemals wird das passieren!", so hatte ich geprahlt. Und nun? Was nun?
Da schaute Jesus sich um. Mitten in seinem Verhör drehte er sich zu mir und sah durch die offene Tür zu mir rüber. Er sah mir in die Augen.
… Ich schaute ihn an. Sein Blick war voller Liebe. Und auch wenn er weit weg stand, so glaube ich, flüsterte er mir zu: Ich kenne dich, Petrus, und ich bin dir nicht böse.

Da drehte ich mich weg und ging vor die Tore der Stadt. Ich kauerte mich zusammen und weinte bitterlich.

Gesprächsimpulse: Wie hat Petrus sich in der Geschichte gefühlt? Denkt noch mal an die Geschichte von Stephan und Peter.

Gebet nach dem Gespräch
Gott, manchmal schämen wir uns für unsere Freunde, manchmal auch für unsere Familie. Und manchmal, da schämen wir uns für dich. Dann tun wir so, als würden wir dich nicht kennen. Dann, wenn sich andere lustig machen.
Aber heute wissen wir, so wie Jesus Petrus trotzdem angesehen hat, so siehst du uns an und bleibst bei uns. Dafür danken wir dir. Das macht uns Mut. Amen

Wir basteln einen Hahn
(Anleitung und Fotos s. CD)
Da das Basteln dieses Hahnes etwas aufwändiger ist, sollte es gut vorbereitet werden. Evtl. ist es möglich, dass während des Erwachsenengottesdienstes auch gezielt über den Hahn und Petrus gepredigt wird. Gehen die Kinder während des Gottesdienstes in ihren Kindergottesdienst, dann wäre es besonders schön, wenn beide Gottesdienste das gleiche Thema hätten.

Otto-Fabian Voigtländer

25. März 2016
Karfreitag

Matthäus 27,35–37.45–50

Jesus stirbt

Lieder: Ich möcht', dass einer mit mir geht, EG 209, KG 211, LJ 137, MKL 82, LB 219; Ich steh an deinem Kreuz, Herr Christ, EG regional, Feiern und Loben 245; Meine engen Grenzen, EG regional, Durch Hohes und Tiefes 163, Kommt, atmet auf 083, SvH 91, LB 21; Herr, erbarme dich, EG 178.11, KG 197 (oder ein anderes Kyrie, EG 178)

Liturgische Texte: Psalm 22 i. A.; Jesaja 53,4+5; 2. Korinther 5,19

Zum Text

Viel Schlimmes wird Jesus angetan, viel Schlimmes muss er nach der Passionserzählung des Matthäus-Evangeliums erleiden. Die vorgeschlagene Textabgrenzung für den Karfreitag setzt ein mit der kurz gehaltenen Feststellung der Tatsache, dass Jesus gekreuzigt worden ist. Respektvoller und behutsamer lässt sich das Grausame nicht darstellen.

Es ist davon auszugehen, dass das Matthäusevangelium Jesu Sterben und Tod auf dem Hintergrund von Psalm 22 gestaltet hat. Dass Feinde dem Gerechten das Letzte nehmen, das er hat: seine Kleidung, seine Würde. Dass sie seinen Glauben verspotten – das begegnet auch in Psalm 22. Wer also diesen Psalm kennt und die Erzählung des Matthäusevangeliums hört, der weiß: Das Leiden und Sterben Jesu, von dem im Evangelium die Rede ist, das ist in der Heiligen Schrift bereits vorgezeichnet. Es ist von Gottes Wort getragen. Es ist nicht fern von Gott.

So ist es denn auch konsequent, wenn das Matthäusevangelium gleich zweimal von einem lauten Rufen, ja Schreien Jesu erzählt. Es wird deutlich:

Jesu Schreien geht nicht in eine unbekannte Finsternis hinein, sondern Jesus schreit zu seinem Gott („du") in der ihm durch die Heilige Schrift vertrauten Gebetssprache. Gleichzeitig wird deutlich, dass Jesus sein eigenes und damit alles Leiden nicht akzeptiert oder bewältigt, sondern es in der ganzen Grausamkeit und Tiefe an und in sich selbst erleidet.

Der Text und die Kinder

Schlimmes und Leidvolles erleben Menschen an allen Orten zu allen Zeiten und in jedem Alter. Menschen fügen einander Schlimmes zu. Menschen erleben um sich und in sich selbst Leid. Heute haben auch Kinder leichten Zugang zu schrecklichen Berichten über Gräueltaten. Sie sehen grausame Bilder, die sie vielleicht nicht sogleich einordnen können, die die Kinder aber dennoch bewegen. Die Frage nach der Schuld, die Suche nach Hilfe – um all das wissen auch Kinder. Die Erzählung von Jesu Sterben und Tod vermag sie zu stärken in ihrem Fragen und Suchen.

Die Schilderung grausamer Details der Kreuzigung verbietet sich im

Blick auf das Evangelium wie auch im Blick auf die Kinder. Eher scheint es dem Matthäusevangelium darum zu gehen, die Beziehungen und damit die verschiedenen Dimensionen, in denen Leid zugefügt und erlitten wird, anzudeuten. In Bezug auf Freunde wie Gegner wie auch im Verhältnis zu Gott selbst (und auch in Gott selbst!): Leid ist in jeder Beziehung erlebbar. Diese Erfahrung teilen auch Kinder. Oft bleiben sie jedoch mit ihren Erfahrungen allein. Die Erzählungen von Jesu Leiden und Sterben und davon, wie er mit dem Leid umgeht, können Kindern helfen, ihr eigenes Leid wahrzunehmen und auszusprechen.

Dass Jesus sein tiefstes Leid und seine drängendste Frage mit Worten der Heiligen Schrift zu Gott schreit, vermag Kinder und Mitarbeitende zum einen ermutigen, es ihm gleichzutun, und es vermag zum anderen Hoffnung zu wecken, dass das Leid überwunden wird – mit Blick eben auf Psalm 22,23ff: „... als er zu ihm schrie, hörte er's ... die nach dem HERRN fragen, werden ihn preisen; euer Herz soll ewiglich leben."

Gestaltungsvorschlag für jüngere und ältere Kinder

Erzählung mit Steinen

(Vier graue Tücher werden ausgebreitet und so aneinandergelegt, dass sie ein großes Quadrat ergeben, eine leere schwarze Schachtel wird in die Mitte des Tuches gestellt. An die vier Seiten der Schachtel werden vier noch zusammengerollte schwarze Tuchstreifen gelegt. Ein Korb mit Steinen steht bei der Erzählerin, ebenso der Deckel für die schwarze Schachtel und ein größerer Stein, s. Foto 1).

Foto 1   Foto: Frauke Schaefer

Heute muss ich euch etwas sehr Schlimmes erzählen.

Vielleicht denken jetzt einige von euch: „Oh nein, bitte nicht! Muss das sein? Lieber möchte ich etwas Schönes hören. Auf keinen Fall etwas Schlimmes."

Andere von euch denken vielleicht: „Ja, bitte, erzähl doch einmal etwas, das schlimm ist. Denn Schlimmes habe ich auch schon erlebt. Ich möchte hören, wie andere Menschen mit dem zurechtkommen, was schlimm ist."

Und genau davon muss ich euch heute erzählen. Ich muss euch erzählen, was Jesus Schlimmes erlebt. Es ist ganz wichtig, dass wir wissen, dass Jesus Schlimmes erlebt hat. Denn dann wissen wir: „Jesus, der weiß, wie das ist, wenn jemand Schlimmes erlebt. Weil er selber Schlimmes erlebt hat. Und darum versteht er uns. Und weil er uns versteht, darum kann er uns wirklich helfen, wenn wir Schlimmes erleben."

Das, von dem ich euch heute erzählen muss, das wird hier sein: (Auf die leere Schachtel in der Mitte zeigen.) Sieht schlimm aus. Dunkel und leer.

Schlimm ist, dass Jesus von einem seiner besten Freunde, von Judas, an Soldaten verraten wurde. Judas hatte Jesus einen Kuss gegeben – und

da wussten die Soldaten, wen sie gefangen nehmen und abführen sollten. Von einem Freund verraten zu werden – das ist schlimm. (Stein in die schwarze Schachtel legen)
Schlimm ist, dass Jesus danach von einem anderen seiner besten Freunde, von Petrus, verleugnet wurde. Dreimal hatte Petrus gesagt: „Ich kenne Jesus nicht. Ich habe keine Ahnung, von wem ihr sprecht." Von einem Freund verleugnet zu werden – das ist schlimm. (Stein in die schwarze Schachtel legen)
Und noch viel Schlimmes ist dann geschehen. Jesus wurde vor ein Gericht gebracht. Er wurde verurteilt, obwohl er nichts Böses getan hat. Ja, Jesus soll an einem Kreuz sterben, so wurde es beschlossen. Als Unschuldiger zum Tode verurteilt zu werden – das ist schlimm. (Stein in die schwarze Schachtel legen)

Foto 2   Foto: Frauke Schaefer

Und dann wurde Jesus aus der Stadt herausgebracht. Er wurde festgemacht an einem Kreuz.
(Schwarze Streifen an der Schachtel so weit entrollen, dass eine Kreuzform sichtbar wird, s. Foto 2)
Und die, die Jesus an dem Kreuz festgemacht haben, die haben ihm seine Kleider weggenommen. Und dann haben sie ausgelost, wer von ihnen

welches Kleidungsstück bekommt. Das ist schlimm, wenn einem alles weggenommen wird.
(Stein in die schwarze Schachtel legen)

Bei dem Kreuz sitzen Soldaten und halten Wache. Oben an dem Kreuz, über dem Kopf von Jesus, da haben sie eine Aufschrift befestigt: „Jesus, der Juden König." Auch das ist schlimm. Denn so zeigen die Soldaten allen ihre Macht: „Seht, wir sind so mächtig, dass wir euren König umbringen." Und so zeigen die Soldaten den Menschen, was sie von ihnen halten: „Wie dumm ihr seid! So einen Menschen, der das alles mit sich machen lässt, der sich noch nicht einmal verteidigt – so einen habt ihr euren König genannt!" – Ja, das, was die Soldaten gemacht haben, das ist schlimm. (Stein in die schwarze Schachtel legen)

Als nun die Soldaten die Aufschrift oben an dem Kreuz befestigt haben, wird es ganz dunkel. Und die Dunkelheit breitet sich aus. Überall hin. Nach Norden
(schwarze Stoffbahn von der Schachtelseite langsam weiter Richtung Norden entrollen)
und nach Süden
(schwarze Stoffbahn von der Schachtelseite langsam weiter Richtung Süden entrollen).
Die Dunkelheit breitet sich aus – nach Westen
(schwarze Stoffbahn von der Schachtelseite langsam weiter Richtung Westen entrollen) und nach Osten.
(schwarze Stoffbahn von der Schachtelseite langsam weiter Richtung Osten entrollen, s. Foto 3)
Und die Dunkelheit bedeckt das ganze Land, mitten am Tag.

Und nach drei Stunden schreit Jesus von seinem Kreuz aus laut in die Dunkelheit: „Mein Gott, mein Gott, warum hast du mich verlassen?" Dass Jesus das Gefühl hat: „Gott hat mich verlassen. Und ich weiß nicht, warum." Das ist ganz schlimm.
(Stein in die schwarze Schachtel legen)
Ganz laut schreit Jesus. Jeder, der da beim Kreuz steht, kann es hören. „Mein Gott", schreit Jesus in die Dunkelheit hinein.

Foto 3   Foto: Frauke Schaefer

Weil er weiß: In der Dunkelheit, in dem Schlimmen, in diesem ganz Schlimmen – da ist Gott! Lasst uns das noch einmal hören, was Jesus sagt: „Mein Gott" – sagt er. Trotz allem, was geschehen ist, sagt Jesus „Mein Gott". Nicht einfach nur „Gott" – so, als ob es vielleicht irgendwo irgendeinen Gott gäbe. Der vielleicht hört, was Menschen sagen, vielleicht auch nicht. Nein, Jesus sagt: „Mein Gott" – weil dieser Gott weiterhin sein Gott ist. Trotz allem, was geschehen ist! Jesus hält sich fest an seinem Gott. Ganz fest. Zweimal sagt er: „Mein Gott, mein Gott" – und fragt ihn dann: „Warum hast du mich verlassen?"
Und jeder, der da bei dem Kreuz steht und das hört und sich auskennt in der Heiligen Schrift, jeder weiß: Jesus betet mit Worten aus einem Psalm. Und mit diesen Worten haben Menschen schon seit langer Zeit das Schlimme, das sie erlebt haben, vor Gott getragen. Und jeder, der sich auskennt in diesem Psalm, der weiß, wie der Psalm weitergeht: „… als er zu ihm schrie, hörte er's … die nach dem HERRN fragen, werden ihn preisen; euer Herz soll ewiglich leben."
Doch da sind einige bei dem Kreuz, die verstehen nicht, was Jesus sagt. Und sie lachen ihn aus: „Hört einmal, er ruft nach Elia, dem Propheten! Der kann ihm nicht helfen, der ist doch schon lange tot!" Das ist schlimm, wenn man ausgelacht wird.
(Stein in die schwarze Schachtel legen)
Einer läuft los und holt einen Schwamm und gießt Essig in den Schwamm. Dann steckt er den Essigschwamm auf einen Stab und gibt Jesus den Essig zu trinken. Doch wer Durst hat, der möchte Wasser trinken und keinen Essig. Das ist schlimm, wenn man sich nach Erfrischung sehnt und dann bitteren Schmerz erfahren muss.
(Stein in die schwarze Schachtel legen)
Und noch einmal muss Jesus hören, wie andere sagen: „Lass uns warten, ob Elia kommt und ihm hilft!" Dass jemand kommt und hilft in tiefer Not – das zu hören ist gut. Doch gleichzeitig zu wissen, es ist nicht ernst gemeint – das ist schlimm.
(Stein in die schwarze Schachtel legen)
Noch einmal schreit Jesus laut. Dann stirbt er.
(die schwarze Schachtel mit dem Deckel verschließen)
Jesus ist tot. Er wird in eine Grabhöhle gebracht. (Die schwarze Schachtel in eine Ecke eines grauen Tuches stellen) Das Grab wird mit einem großen Stein verschlossen.

Foto 4   Foto: Frauke Schaefer

(Den Deckel der schwarzen Schachtel mit dem größeren Stein beschweren, s. Foto 4)

Ja, nun habe ich euch von etwas sehr Schlimmem erzählt.
Das Schlimme, das ist da (linke Hand auf die mit Steinen gefüllte Schachtel legen). Und Gott, der ist auch da – und er ist nah (rechte Hand auf die auf der Schachtel liegende linke Hand legen). So sehr nah ist Gott in diesem Schlimmen, dass er näher nicht sein kann. Gott ist in Jesus. Er hat ihn nicht verlassen. Er ist ihm nicht nur gegenüber, er ist auch in ihm drin. Alles Schlimme, allen Schmerz und alle Schuld, alles Verkehrte und alles Böse – alles hat Gott selbst in Jesus Christus auf sich genommen und weggetragen – damit wir Frieden haben und heil sind.

Fürbittgebet mit weiteren Steinen
Hinführung: Ihr seht, dass nun nicht mehr so viele Steine hier in dem Korb sind. Doch es sind noch genug da. Für euch. Für das Schlimme, das ihr erlebt habt. Für das Schlimme, das ihr getan habt. Wer mag, nimmt sich nun einen Stein aus dem Korb und legt ihn zu den anderen Steinen in die schwarze Schachtel. Dabei können wir in der Stille Gott anvertrauen, was wir Schlimmes erlebt haben, was wir Schlimmes getan haben. Das wollen wir nacheinander tun. Nach jedem Stein, der in die Schachtel gelegt wurde, singen wir. „Herr, erbarme dich". Für unser Gebet öffnen wir die Schachtel nun noch einmal.
(Alternative: Die Kinder können das auch zeichnen und das Blatt um den Stein wickeln.)

Gebet
Herr Jesus Christus,
du hast ganz viel Schlimmes erlebt.
Und darum verstehst du uns,
wenn wir dir das Schlimme sagen, das wir erlebt haben,
und das Schlimme, das wir getan haben.
Wir bitten dich:
Höre, was wir dir sagen.
Das Schlimme, das wir erlebt haben.
Das Schlimme, das wir getan haben.

(Nun können in der Stille Steine in die Schachtel gelegt werden. Bei dem letzten „Herr, erbarme dich" wird die Schachtel wieder verschlossen und mit dem Stein beschwert.)

Herr Jesus Christus, wir bitten dich:
Nimm, was wir dir gebracht haben,
nimm es hinein in deine Liebe.
Und lass uns Frieden haben und heil werden an deinem Herzen in deiner Liebe.

An dieser Stelle sollte den Kindern Gelegenheit gegeben werden zu erzählen, was sie bewegt.

Abschluss mit dem gemeinsam gesprochenen **Vaterunser** und **Segen**.

Frauke Schaefer

27./28. März 2016

Ostern

Matthäus 28,1–10

Gott macht alles neu

Lieder: Er ist erstanden, Halleluja, EG 116, LJ 88, KG 66, LB 413; Laudato si (bes. Str. 8 und 9), EG 515, MKL 58, KG 170, LJ 307, LB 146; Eine freudige Nachricht, LJ 372, MKL 117, EG regional (nach jeder Strophe Liedruf EG 99); Halleluja, EG 182 (bes. Osterstrophe 8); Du verwandelst meine Trauer, MKL 9, LJ 508, KG 198, KiKiHits 12, LH 64; Wir singen alle Hallelu, LJ 430, MKL 154; Herr, erbarme dich, EG 178.11 (oder ein anderes Kyrie, EG 178)

Liturgische Texte: Matthäus 28,20; Psalm 22 i. A.; Offenbarung 21

Zum Text

Erdbeben und Engel, Offenbarung und Ohnmacht, Furcht und Freude – das, was Menschen am Ostermorgen erleben, ist unglaublich. Doch es ist nicht unfassbar: Mit ihren Augen sehen die beiden Frauen den Auferstandenen, mit ihren Ohren hören sie seine Worte, mit ihren Füßen gehen sie hin zu ihm – und mit ihren Händen umfassen sie seine Füße (Matthäus 28,9).

Die Erzählungen von Jesu Leiden und Sterben und Tod münden in die Erzählung der Ereignisse am Ostermorgen. Es ist der Gekreuzigte, der durch den Tod gegangen ist und nun lebendig zu denen kommt, die ihrerseits gekommen waren, „um nach dem Grab zu sehen" (Mt 28,1). Ebenso wenig wie den Akt der Kreuzigung schildert Matthäus das Ereignis der Auferstehung als solches. Doch stellt er uns die Reaktionen auf die Auferstehung Christi anschaulich vor Augen: großes Erdbeben, Kommen und Tun des Engels des Herrn, Verhalten der Grabwächter und Verhalten der Frauen.

„Geht hin und verkündigt es meinen Brüdern" (Mt 28,10, vgl. 28,7) – der Auftrag, den die Frauen zunächst von dem Engel und dann von dem auferstandenen Christus selbst erhalten, verweist auf Worte aus Psalm 22: „Ich will deinen Namen kundtun meinen Brüdern, ich will dich in der Gemeinde rühmen" (Psalm 22,23). Das Matthäusevangelium hat nicht nur das Geschehen am Karfreitag, sondern auch das Geschehen am Ostermorgen als in der Heiligen Schrift bereits vorgezeichnet gefunden. Das, was am Ostermorgen geschieht, zeigt: Der ewige Gott Israels ist der Vater Jesu Christi. In Jesus Christus ist er selbst durch Leiden und Sterben und den Tod hindurchgegangen. Er kommt zu denen, die den Tod noch vor sich haben und holt sie hinein in sein neues ewiges Leben.

In Matthäus 28,2 ist von einem „Erdbeben" die Rede – die ganze Schöpfung wird von der Auferstehung Jesu Christi in ihren Grundfesten erschüttert und neu zurechtgebracht. Nach Mt 28,18–20 („alle Welt") und Psalm 22,28–30 („aller Welt Enden",

„alle, die im Staube schlafen") ist die Auferstehung Christi in der Dimension des Weltweiten zu verstehen. Die ganze Welt, die ganze Schöpfung hat Teil an dem neuen Leben, das am Ostermorgen in der Auferstehung Jesu Christi seinen Anfang nimmt.

Der Text und die Kinder

„Mit Furcht und großer Freude" (Mt 28,8) – beide Emotionen der Frauen sind Kindern vertraut. Ob sie die Endgültigkeit eines Sterbens, eines Todes schon erfassen können oder nicht: Dass die Frauen in der Begegnung mit dem Engel und dann in der Begegnung mit dem auferstandenen Christus selbst etwas erlebt haben, das ihre bisherigen Vorstellungen und ihre Gefühle und Gedanken bis ins Tiefste erschüttert – das werden Kinder verstehen und vielleicht mit eigenen Erfahrungen von Erschüttertsein verbinden.

Dass der Engel und dann der auferstandene Christus selbst zu diesen erschütterten Frauen sagen: „Fürchtet euch nicht!"(Mt 28,5+10), das wird hoffentlich auch Kindern in ihren Erschütterungen Halt und Zuversicht geben und Freude wecken. Mögen noch so viele Ereignisse und Geschichten im Leben der Kinder nicht gut ausgegangen sein: Die Auferstehung Jesu Christi von den Toten bedeutet die Überwindung alles Zerstörenden und Todbringenden durch Gott selbst. Uns Menschen darf sich die Erfahrung öffnen: „In meinem Leben, in allem Schönen und Schweren, bin ich nicht allein. Jesus Christus ist stärker als alles. Er hat den Tod überwunden. Er ist bei mir. Er macht alles neu."

Gestaltungsvorschlag für jüngere und ältere Kinder

Erzählung mit Kerzen

(Vier gelbe Tücher werden ausgebreitet und so aneinandergelegt, dass sie ein großes Quadrat ergeben. Über diese vier gelben Tücher werden wieder vier graue Tücher zu einem Quadrat gelegt. Die gelben Tücher sind unter den grauen Tüchern zunächst nicht zu sehen. Die leere schwarze Schachtel steht in einer Ecke auf einem grauen Tuch. Das Kreuz aus den schwarzen Stoffbahnen ist weiterhin sichtbar, vgl. vorigen Sonntag. Ein Korb mit Teelichten steht bei der Erzählerin, ebenso die Osterkerze und eine Schachtel mit Streichhölzern.)

Heute erzähle ich euch etwas sehr, sehr Schönes. Dieses Schöne ist viel schöner als das Schlimme schlimm ist, von dem ich euch vorher (entsprechenden Zeitpunkt nennen) erzählt habe.

Erinnert ihr euch noch an das Schlimme und Dunkle? An das Kreuz?

(mit den Händen das Kreuz aus den schwarzen Tüchern nachzeichnen)

Und an all das Schlimme, das Menschen Jesus getan haben?

(auf die schwarze Schachtel zeigen)

Doch dann ist etwas sehr, sehr Schönes geschehen.

Es war noch dunkel. Nicht mehr ganz dunkel, aber eben noch dunkel. Die Nacht geht nur langsam zu Ende. Allmählich wird es heller und heller.

(zwei graue Tücher am Schnittpunkt der Kreuzbalken so aufdecken, dass gelbe Tücher sichtbar werden)

Und nun machen sich zwei Frauen auf den Weg. Sie sprechen miteinander: „Komm, wir wollen hingehen zu diesem dunklen Ort, zu dem Grab, in das sie Jesus gelegt haben. Komm mit, wir wollen nach dem Grab sehen. Wenigstens das können wir nun noch tun, jetzt, wo Jesus tot ist. Wenigstens zum Grab gehen und schauen, wie es dort aussieht."

So sagen die beiden zueinander. Und sie gehen hin zu dem dunklen Ort, zu dem Grab. Doch da, mit einem Mal, spüren sie, dass sich der Boden unter ihren Füßen bewegt. Immer stärker, immer heftiger. Ja, wirklich: Die Erde bebt!

Und dann sehen die beiden Frauen, dass jemand gekommen ist: Gottes Engel!

Der Engel wälzt den Stein weg von dem Grab.

(Stein von dem Deckel der schwarzen Schachtel nehmen und auf die aufgedeckte gelbe Fläche legen. Den Deckel danach ebenfalls von der schwarzen Schachtel nehmen und auf die aufgedeckte gelbe Fläche legen, s. Foto 1)

Jetzt ist das Grab offen. Jetzt kann man hineinsehen.

Der Engel setzt sich auf den Stein.

(Hand kurz auf den Stein legen)

Bei dem Grab sind auch noch Wächter. Die haben einen riesig großen Schreck bekommen. Die sind vor Schreck umgefallen. Die Wächter bewegen sich nicht, sie sprechen auch nicht. Sie sind ohnmächtig. So sehr haben sie sich gefürchtet.

Und dann fängt der Engel an, zu den Frauen zu sprechen.

(Hand auf den Stein legen und dort belassen)

Er sagt: „Fürchtet euch nicht! Ich weiß, warum ihr hierhergekommen seid. Ihr sucht Jesus, der am Kreuz gestorben ist. Doch: Es ist wahr und es ist wirklich so geschehen: Er

Foto 1   Foto: Frauke Schaefer

ist auferstanden, wie er gesagt hat. Kommt und seht, wo er gelegen hat! Und dann geht schnell hin zu seinen Jüngern und erzählt ihnen, dass Jesus lebt! Erzählt ihnen, dass er auferstanden ist von den Toten. Und dass er hingehen wird nach Galiläa – dorthin, wo ihr ihn damals kennengelernt habt, wo ihr so viel mit ihm erlebt habt. Und dort werdet ihr ihn sehen – dort, in Galiläa. So wird es sein, ganz gewiss", sagt der Engel, „ich habe es euch gesagt."

Ob die Frauen noch in das Grab hineinsehen oder nicht, das erfahren wir nicht. Doch wir wissen: Die beiden Frauen tun nun genau das, was der Engel gesagt hat.

Ganz schnell gehen die beiden weg von dem Grab, gehen weg von dem dunklen Ort. Dieses Grab ist für sie nun kein dunkler Ort mehr. Der Engel hat Licht gebracht in ihre Herzen. Und das alles müssen sie nun ganz schnell den Jüngern erzählen.

Die beiden Frauen gehen los. Mit ihren Füßen gehen sie so schnell sie können. Doch wie es ihnen gehen mag in ihren Herzen? Sie fürchten sich und sie freuen sich sehr. Beides zugleich. Und sie sind noch gar nicht weit gelaufen, da sehen sie: „Jesus ist da! Er lebt! Er kommt zu uns!"

Foto 2   Foto: Frauke Schaefer

(Christuskerze auf gelbes Tuch stellen und anzünden (s. Foto 2, die brennende Kerze ein wenig zu dem Stein hin bewegen)
Und die beiden Frauen hören, dass er zu ihnen sagt: „Seid gegrüßt!"
Und da gehen sie hin zu ihm und umfassen seine Füße und fallen vor ihm nieder.
(Die Christuskerze mit beiden Händen an ihrem unteren Ende umfassen und abstellen. Mit dem Kopf den Boden berühren und verweilen.)
Und Jesus Christus spricht zu ihnen: „Fürchtet euch nicht! Geht hin und erzählt alles meinen Jüngern. Erzählt ihnen, dass ihr mich gesehen habt. Und sagt ihnen, dass sie nach Galiläa gehen sollen. Dort werden auch sie mich sehen."

Ja, wie sehr schön das doch ist! Der Stein ist weg. Das Grab ist leer.
Der große Stein ist weg – und auch die vielen Steine sind weg
(in die leere Schachtel zeigen).
Jesus Christus hat alles Schlimme und Dunkle auf sein Herz genommen, hat es getragen und weggetragen, hinein in sein Sterben, hinein in seinen Tod. Und Jesus Christus ist auferstanden von den Toten. Er kommt zu den Frauen. Sie sehen ihn. Sie hören ihn. Voller Liebe spricht er zu den Frauen, voller Liebe spricht er zu uns: „Fürchtet euch nicht! Macht euch auf den Weg! Erzählt allen, was ihr erlebt habt. Alle sollen sich auf den Weg machen – dorthin, wo ich ihnen zum ersten Mal begegnet bin. Dort werden sie mich sehen. Dort werden sie erleben: Ich mache alles neu! Und: Fürchtet euch nicht! Ich bin bei euch und ich bleibe bei euch – immer und überall."

Fürbittgebet mit Lichtern

Hinführung: Jesus Christus ist auferstanden von den Toten. Alles ist hell und neu geworden. Wir leben im Licht seiner Liebe. Und dieses Licht wird niemals mehr verlöschen. Wir sehen die große Christuskerze. Sie leuchtet. Wir sehen auch diesen Korb mit den kleinen Lichtern. Die Lichter sind für uns und für alle, an die wir heute denken. Wer mag, nimmt sich gleich ein Licht aus dem Korb und zündet es an dem Licht der Christuskerze an und stellt es an einen Ort hier in der Mitte, von dem ihr meint, dass das Licht der Liebe Christi dort leuchten soll (s. Foto 3). Dabei können wir in der Stille beten.

Foto 3   Foto: Frauke Schaefer

Gebet

Christus, du bist auferstanden!
Komm in unsere Mitte,
schenke uns deine Freude,
gib uns deine Liebe,
teile mit uns dein Glück,
komm und bleibe bei uns
heute und alle Tage,
immer und überall.
In der Stille sagen wir dir
für wen wir dich bitten.

(nun können in der Stille Lichter an der
Christuskerze angezündet werden,
nach jedem Anzünden wird gesungen
„Herr, erbarme dich")

Herr Jesus Christus,
wir bitten dich:
Nimm, was wir dir gebracht haben,
nimm es hinein in dein helles Oster-
licht.
Verwandle es.
Du machst alles neu.
Du machst alles gut.
Dafür danken wir dir.
Amen

Gespräch

Fürchte dich nicht!
– Wo hörst du das selbst?
– Wann hilft der Satz, wann hilft er
nicht?

Ein Osterlied mit Bewegungen/ Tanz, z. B.

– Er ist erstanden, Halleluja (EG 116)
– Osterstrophe 8 von Halleluja (EG
182)
– Hallelu, Hallelu (KG 193, mit zwei
Gruppen abwechselnd singen)

Zeichnung: Sabine Meinhold

Kreative Gestaltung

– einfache **Hand-Drehtrommel** basteln (s. www. kidsweb.de; aus einem
Papppuddingbecher oder einer Käse-
schachtel und einem Holzstab sowie
Schellen/Glöckchen)
– **Schellenstab** für das „Osterläuten"
basteln
Dazu werden Holzstäbe mit bunter
Wolle umwickelt. Dabei können Schellen (Bastelbedarf) eingeknüpft werden
(s. Zeichnung).

Abschluss mit dem gemeinsam gesprochenen **Vaterunser** und **Segen**.

Frauke Schaefer

In den Wegweiser kann der eigene
Ortsname geschrieben werden.

Idee und Zeichnung: Sabine Meinhold

Lied: Danket Gott, denn er ist freundlich (zu Psalm 118), s. S. 121; Zu Ostern in Jerusalem, MKL 119, LJ 340, KG 74, LB 421

Liturgischer Text: Psalm 118, s. S. 120

Ostern verändert

Sonntag	Text/Thema	Art des Gottesdienstes Methoden und Mittel
3.4.2016 Quasimodogeniti	Matthäus 28,16–20 Gehet hin in alle Welt – Ostern bewegt	Gottesdienst mit Kindern; Erzählung, Gespräch, Erinnerungszeichen gestalten, Schlüsselanhänger, Holzscheiben, Brandmalkolben, Handschmeichler, flache Steine bemalen, lackieren, Kerzen verzieren, Kerzenverzierwachs, Licht weitergeben
10.4.2016 Misericordias Domini	Apostelgeschichte 8,26–39 Der Kämmerer aus Äthiopien – Ostern verbindet	Gottesdienst mit Kindern; Gespräch, Anspiel zum Mitmachen, Stühle, Tücher, Schriftrolle, Tauferinnerung feiern, Plakat gestalten „Glaube verbindet", Menschenkette aus Papier gestalten, Wolle, Stoffreste, Stifte
17.4.2016 Jubilate	Apg 9,1–25 Die Bekehrung des Paulus – Ostern verwandelt	Gottesdienst mit Kindern; Aktion und Gespräch, Erzählung, Würfelspiel (Kopie), Farbwürfel, Tonkartonstücke in 6 Farben
24.4.2016 Kantate	Apostelgeschichte 16,23–40 Paulus und Silas – Ostern befreit	Gottesdienst mit Kindern; Erzählung, Landkarte, zwei Biegefiguren/Erzählfiguren, Bausteine, Fantasiereise, meditative Musik, Spiel, „Ort der Freiheit" malen

Monatlicher Kindergottesdienst
Gehet hin in alle Welt – Ostern bewegt (Matthäus 28,16–20) s. S. 131

3. April 2016
Quasimodogeniti

Matthäus 28,16–20

Gehet hin in alle Welt – Ostern bewegt

Lieder: Jesus lebt, ich freue mich, LH 70; Du verwandelst meine Trauer, MKL 9, LJ 508, KG 198, KiKiHits 12, LH 64; Das Wort von Gott läuft um die Welt, LH 30, Kinder feiern Jesus 178, Meine Lieder 229 (Janssens); Da berühren sich Himmel und Erde, MKL2 132, LB 2, LH 27, SvH 120; Vom Anfang bis zum Ende, LB 369; Du bist immer da, in: Danke für die Sonne (Jöcker), S. 8; Er ist erstanden, Halleluja, EG 116, LJ 88, KG 66, LB 413

Liturgischer Text: Psalm 118, s. S. 120

Zum Text

Der Text dieses Sonntags ist vertraut. Im Leben unserer Kirche haben die Worte als „Taufbefehl" Jesu ihren festen Ort im Taufgottesdienst. Im Matthäusevangelium sind sie der Höhepunkt und Abschluss der Geschichte Jesu.

Auf einen Berg in Galiläa bestellt Jesus seine Jünger nach Ostern. Schon der Ort ist Programm. In Galiläa war der irdische Jesus mit seinen Jüngern hauptsächlich unterwegs. Was er in dieser Zeit gesagt und getan hat, soll nicht vergessen werden: „Lehrt die Menschen alles zu tun, was ich euch geboten habe." Der Berg zeigt aber zugleich, dass etwas Neues beginnt. In der Bibel sind Berge oft Sinnbild für einen Ort, an dem Gott besonders nah ist. Auf einem Berg hat Jesus seinen Jüngern schon einmal wichtige Weisungen gegeben (Bergpredigt, Mt 5–7). Darum lasse ich die Jünger in meiner Erzählung auf den Berg der Bergpredigt zurückkehren. Auf einem Berg führte der Teufel Jesus in Versuchung und versprach ihm die Weltherrschaft, wenn er ihn anbeten würde (Mt 4). Jesus entschied sich je-

doch für den Weg Gottes, und von Gott und nicht vom Teufel wird er nun mit Vollmacht im Himmel und auf Erden ausgestattet.

Die Jünger, die Jesus auf dem Berg trifft, haben sich nicht verändert: Wie schon zu seinen Lebzeiten muss Jesus bei ihnen Zweifel und Kleinglauben überwinden. Trotzdem gibt er ihnen jetzt einen großen Auftrag: „Geht nun hin in alle Welt!" Die alten Grenzen gelten nicht mehr, Gottes Volk soll zukünftig auf der ganzen Erde zu finden sein. Jesu Wort und seine Zusage, stets bei ihnen zu sein, ist dabei ihre Ausrüstung auf dem Weg. Für die Jünger/innen beginnt damit eine neue Zeit. Jesus vertraut ihnen sein Erbe an. Man könnte auch sagen: Der „Taufbefehl" ist ein Abschieds-Vermächtnis Jesu an sie, ein „Vertrauensauftrag" an der Schwelle zum Erwachsenwerden der Nachfolger/innen Jesu. Zukünftig stehen sie für den neuen Weg der Liebe, erzählen sie von dem Gott, der Menschen befreit und dessen Macht sich in den Schwachen zeigt. Und wer sich von ihnen taufen lässt, begibt sich selbst auf diesen neuen Weg, auf dem so verrückte Dinge vorkommen wie Feindesliebe, Gewaltlosigkeit, Sanftmut, Suche nach Frieden und Gerechtigkeit.

Wie den Jüngern, die vom irdischen Jesus Abschied nehmen mussten, geht es uns bis heute. Wir können Jesus nicht mehr sehen, aber durch sein Wort ist er bei uns. Und auch uns traut er zu, seine Botschaft weiterzugeben. Wie den Jüngern verspricht er uns seine Nähe: „Ich bin bei euch, bis an das Ende der Welt, meine Vollmacht begleitet euch. Und ich bin auch da, wenn der Zweifel über euch kommt."

Der Text und die Kinder

Vielleicht haben einige Kinder den Text schon als Lesung bei einer Taufe gehört und können sich daran erinnern, ich würde dies aber nicht voraussetzen. Wo kann der Text an die Lebenswirklichkeit der Kinder anknüpfen? Dazu zwei Gedanken:

1. Die Jünger werden am Ende des Matthäusevangeliums endgültig erwachsen. Jetzt sind sie „groß genug", um anstelle von Jesus seine Botschaft in die Welt zu tragen. Kinder sind ständig in der Situation, dass sie größer werden und dazulernen. Im Idealfall trauen die Eltern ihnen in der Familie oder im Umgang mit anderen immer ein klein wenig mehr Verantwortung zu. Alleine Einkaufen, Tischdecken, einen Brief schreiben, ein Geschenk basteln – alles Dinge, die nach und nach erlernt werden, die aber umso leichter gehen, wenn jemand da ist, der einem etwas zutraut: Du schaffst das! Und wenn es beim ersten Mal nicht gleich klappt, macht es nichts. Ich bin sicher, beim nächsten Mal geht es besser.

2. Als Christen können wir Jesus nicht sehen, trotzdem ist uns zugesagt, dass er durch sein Wort da ist. Aber wie geht das, dass jemand nicht sichtbar und doch da ist?

Kinder beginnen in einem bestimmten Alter, die Sicherheit und Geborgenheit, die ihnen die Eltern oder wichtige Bezugspersonen vermitteln, auf ein „Übergangsobjekt" zu übertragen. Das kann z. B. ein Kuscheltier sein, das beim Einschlafen oder im Kindergarten bei ihnen ist und die abwesende Bezugsperson repräsentiert; später gibt es vielleicht Freundschaftsbänder, Anhänger, Fotos, die uns an Menschen erinnern, die wir „im Herzen" mit uns tragen.

Von uns Christen wird zwar gesagt, dass wir „vom Wort Gottes leben", aber ganz ohne Zeichen kommen wir auch nicht aus. Bei der Taufe gibt es besonders viele Zeichen, die uns die Nähe Gottes „übersetzen" sollen: Das Wasser, die Taufkerze, die segnende Hand, ein Blatt oder eine Taube für den Taufbaum (in vielen Kirchen werden dort die Fotos der getauften Kinder mit dem Datum der Taufe aufgehängt), das Kreuz, das auf die Stirn gezeichnet wird. Mit nach Hause wandert die Taufkerze – mit ihrem Licht ist sie ein besonders deutliches Erinnerungszeichen, dass Gottes Licht über unserem Leben leuchtet.

Gestaltungsvorschlag für jüngere und ältere Kinder

Ich erzähle den Text mit einer fiktiven Rahmenerzählung der Jünger auf dem Weg.

Die Worte Jesu selbst gebe ich möglichst textnah wieder, damit die Kinder sie bei der nächsten Taufe, die sie miterleben, wiedererkennen können.

Erzählung

Da gehen sie, die elf Jünger. Ein paar Tage sind sie schon unterwegs. Sie sind auf dem Weg von Jerusalem nach Galiläa. Eine lange Strecke ist das, 100 Kilometer vielleicht. Da ist viel Zeit zum Nachdenken, zum Reden und zum Schweigen. Nun ist es nicht mehr weit.

„Ich kann mir nicht vorstellen, dass wir Jesus dort wirklich treffen", sagt Thomas.

„Aber du hast doch gehört, was die Frauen gesagt haben", entgegnet Johannes. „Geht nach Galiläa, auf den Berg, wo wir schon einmal zusammen waren. Da werdet ihr mich sehen."

„Jaaa, die Frauen …", sagt Andreas. „Aber ob das wirklich stimmt, was sie uns erzählt haben? Dass sie einen Engel gesehen haben im Grab und dass das Grab leer war? Und dass sie Jesus dann auch noch selbst getroffen haben? Vielleicht haben sie sich das ja alles nur eingebildet, so traurig wie sie waren."

„Also ich glaube ihnen!", sagt Petrus. „Ich sehe noch das Leuchten in den Augen von Maria, als sie am Ostermorgen vom Grab zurückkam. Da muss etwas passiert sein. Ich glaube, dass Jesus lebt. Und dass wir ihn treffen werden."

„Ausgerechnet du!", lacht Andreas ihn aus. „An dem Abend, als sie Jesus gefangen genommen haben, da wolltest du ihn nicht mal mehr kennen."

„Na und!", ruft Petrus und versucht, das ungute Gefühl beiseitezudrängen, das in ihm hochkommen will. Denn an diesen Abend erinnert er sich nur sehr ungern.

„Na und – ihr wart doch auch nicht mutiger. Die einzigen, die bei Jesus geblieben sind, als er starb, das waren die Frauen!"

„Ja", sagt Jakobus nachdenklich. „Die waren wirklich mutig, die Frauen. Und sie waren die ersten, die Jesus am Ostermorgen begegnen durften."

Schweigend gehen sie weiter. Jeder hängt seinen Gedanken nach. In der Ferne sieht man es auf einmal schimmern. Und da ist er – der See Genezareth in Galiläa. Leuchtend blau liegt er in der Mittagssonne. Von hier aus ist es nicht mehr weit auf den Berg. An einer Uferstelle machen die Jünger Pause. Hier kennen sie sich aus. Denn Petrus, Andreas, Jakobus und Johannes haben hier früher als Fischer gelebt.

„Wir sollten mal nach unserem Boot gucken, jetzt, wo Jesus nicht mehr da ist", sagt Johannes.

„Ja", nickt sein Bruder Jakobus. „Und ob die Netze wohl noch alle da sind."

„Bleibt uns wohl nichts anderes übrig, als wieder Fischer zu werden", sagt Andreas. „Oder was denkst du, Petrus?"

Petrus antwortet nicht. Er schaut aufs Wasser. So vieles haben sie hier mit Jesus erlebt. Den großen Sturm zum Beispiel, als sie einmal mit Jesus im Boot unterwegs waren und ein Unwetter aufzog. Was hatten sie damals für eine Angst gehabt! Jesus aber lag im Boot und schlief. Als die Wellen höher und höher wurden und schon ins Boot schlugen, hatten sie ihn völlig verzweifelt aufgeweckt. Doch hatte er nur gefragt: „Warum habt ihr so wenig Vertrauen zu mir?" Und dann beruhigte er Wind und Wellen, und es wurde ganz still.

„Lasst uns weitergehen", sagt Johannes und reißt Petrus aus den Erinnerungen. Schritt für Schritt steigen sie den Berg empor, der See bleibt zurück.

Und dann sehen sie ihn. „Das kann nicht sein", denkt Thomas. „Ein Traum!", schießt es Andreas durch den Kopf. „Ist er das wirklich?"
Sie knien vor ihm nieder. Dann hören sie seine Stimme:
„Gott hat mir alle Macht im Himmel und auf der Erde gegeben", sagt Jesus. „Darum geht nun zu allen Völkern der Welt und macht die Menschen zu meinen Jüngern und Jüngerinnen. Tauft sie im Namen des Vaters, des Sohnes und des Heiligen Geistes. Lehrt sie zu bewahren, was ich euch anvertraut und aufgetragen habe. Und das sollt ihr wissen: Ich bin immer bei euch, jeden Tag, bis zum Ende der Welt."

Ich weiß nicht genau, wie die Geschichte an diesem Tag weiterging – das wird in der Bibel leider nicht erzählt. Aber ich stelle mir vor, wie die Jünger abends an den See zurückgekehrt sind. Jakobus und Johannes haben ihr Boot gefunden und ein paar Fische gefangen. Ein Feuer brennt. Es gibt Brot und gebratenen Fisch. Einer hat etwas Wein besorgt. Sie sprechen darüber, was sie auf dem Berg erlebt haben. Ob es nur ein Traum war? Aber nein, sie haben es ja alle miterlebt. Und immer neu wiederholen sie die Worte, die sie gehört haben. Der große Auftrag: Geht los! Sagt weiter! Tauft! In der ganzen Welt!
„Dass Jesus uns das zutraut!", sagt Andreas. „Ob wir das wohl schaffen?"

„Mir fällt da etwas ein", sagt Jakobus. „Ich weiß nicht mehr, wie alt ich war. Aber es gab einen Tag, da sagte mein Vater zu mir: ‚Du bist jetzt groß genug, Jakob. Heute darfst du mal allein zum Fischen rausfahren.' Ich war total stolz, als ich das hörte. Ich hatte schon so lange darum gebettelt."
„Ich weiß noch, wie ich dich beneidet habe", lacht Johannes. „Mein großer Bruder darf alleine rausfahren."
„Jaaa", sagt Jakobus, „aber als der Moment näher kam, wo ich ins Boot stieg, bekam ich doch ziemlich weiche Knie. Was ist, wenn ich ein Ruder verliere? Oder das Netz reißt? Oder das Boot kentert? Am liebsten wäre ich wieder ausgestiegen. Aber das konnte ich natürlich nicht zugeben. Da bemerkte ich plötzlich, wie mein Vater neben mir ein zweites Boot ins Wasser schob. ‚Ich bin ganz sicher, dass du es allein kannst', sagte er. ‚Und darum werde ich auch nicht direkt neben dir fahren. Aber wenn etwas sein sollte, dann weißt du, ich bin in deiner Nähe.' Da wurde ich auf einmal ganz zuversichtlich und mutig. – Und später, wenn ich allein rausgefahren bin, dann ist das Gefühl noch oft mitgefahren, dass mein Vater in meiner Nähe ist, auch wenn ich ganz allein auf dem Wasser war."

Petrus hat schweigend zugehört. Auf einmal geht im Feuerschein ein Leuchten über sein Gesicht. „Ich bin bei euch alle Tage. Bis zum Ende der Welt", wiederholt er die Worte von Jesus. „Ich bin bei euch. Das ist gut."

Ich glaube, Fischer ist von den Jüngern keiner mehr geworden. Denn jetzt gab es etwas anderes zu tun: Die Botschaft von Jesus musste schließ-

Foto: Annette Baden-Ratz

lich weitergesagt werden. – Und stellt euch vor, die Freunde und Freundinnen von Jesus hätten sich damals nicht auf den Weg gemacht! Dann wüssten wir heute gar nichts von Jesus und könnten auch nicht zusammen Kindergottesdienst feiern.

Lied zum Abschluss: Das Wort von Gott läuft um die Welt

Ideen zur liturgischen Gestaltung und kreativen Vertiefung

Gespräch
(Das Gespräch könnte auch vor der Erzählung stehen.)
Jesus hat uns sein Wort gegeben: „Ich bin bei euch alle Tage." Aber manchmal ist es gut, man hat nicht nur Worte, sondern auch Zeichen, mit denen man sich an wichtige Dinge erinnern kann.
Ich frage die Kinder, welche Zeichen oder Erinnerungsgegenstände sie kennen, z. B. Urlaubssouvenirs, Steine vom Strand, Kuscheltier, Freundschaftsband. Verschiedene Gegenstände werden dazu in die Mitte gelegt. Am Schluss stelle ich eine Kerze hin und erzähle von der Osterkerze, die an Jesus erinnert.

Erinnerungszeichen gestalten
– **Schlüsselanhänger** (ältere Kinder): Mit dem „Brennpeter" (Brandmalkolben) Holzscheiben mit den Worten „Ich bin bei euch alle Tage" gestalten. Vorher in die Holzscheiben ein Loch bohren und anschließend einen Schlüsselring durchziehen (s. Foto). Brennpeter können evtl. in der Schule oder bei Hobbykünstlern ausgeliehen werden oder im Bastelgeschäft für ca. 15 Euro pro Stück gekauft werden.
– **Handschmeichler:** Glatte, flache Steine bunt bemalen, anschließend mit den Aufschrift „Ich bin bei dir" versehen, am Schluss lackieren.
– **Kerzen** mit einem Ostersymbol verzieren und später an der Osterkerze anzünden (s. u.).
– **Mobile gestalten**, s. S. 106.

Freies Gestalten zur Geschichte
Unterschiedliche Materialien bereitstellen (verschiedene Farben, Papiere, Leinwand ...) und ein Bild zur Geschichte gestalten.

Liturgischer Abschluss
Wenn der Gottesdienst nicht ohnehin in der Kirche stattfindet, gehen wir am Schluss in die Kirche. Wir bilden einen Kreis um die Osterkerze. Jedes Kind erhält eine Stumpen- oder Osternachtskerze. Wir geben das Licht der Osterkerze weiter mit dem Wort: „Jesus sagt: Ich bin bei dir alle Tage."
Am Schluss die Kerzen an einem geeigneten Ort in der Kirche aufbewahren (ggf. mit Namen versehen), mit dem Hinweis, dass wir sie beim nächsten Kindergottesdienst wieder anzünden.

Annette Baden-Ratz

10. April 2016

Misericordias Domini

Apostelgeschichte 8,26–39

Der Kämmerer aus Äthiopien – Ostern verbindet

Lieder: Siehe die Liedvorschläge S. 108; Er hält die ganze Welt in seiner Hand, Kommt, atmet auf 039, KG 143, LJ 517, MKL 45; Das Wasser der Erde wird zum Wasser des Himmels, Bunte Fäden in meinem Leben (J. Grote, s. S. 78) 2, Durch Hohes und Tiefes 161

Liturgischer Text: Psalm 161

Zum Text

Am vorigen Sonntag ging es darum, wie der Auferstandene seine Jünger in die weite Welt schickt. An diesem Sonntag folgt dazu „Anschauungsmaterial" aus der Apostelgeschichte des Lukas: Ein Suchender aus eben dieser weiten Welt macht sich auf die ca. 2000 km lange Reise nach Jerusalem. Auf dem Rückweg hört er von Jesus, lässt sich taufen und nimmt den neuen Glauben mit in sein Land. Wie es dazu kommt, schildert Lukas in einem spannenden Ineinander verschiedener Beteiligter.

Da ist zunächst der Äthiopier (vermutlich aus Nubien) in seinem Reisewagen. Nach Jerusalem hat ihn sein Glaube an den Gott Israels gebracht. Als Finanzbeamter der Königin ist er wohlhabend und gebildet, aber er ist ein Eunuch, d.h. er ist als Hofbeamter künstlich zeugungsunfähig gemacht worden. Da Kastration in Israel verboten war, durfte er in Jerusalem höchstens den äußeren Tempelvorhof betreten, und er hatte auch nicht die Möglichkeit, in die jüdische Gemeinschaft aufgenommen zu werden. Aber er versteht die Landessprache und hat

sich eine Schriftrolle mit dem Buch des Propheten Jesaja gekauft, die er auf der Rückfahrt studiert.

Die zweite Figur ist Philippus. Er wird in Kap. 6 als einer von sieben Diakonen vorgestellt, die die Apostel entlasten sollen. Er ist in Samaria als Missionar unterwegs und wird als geistbegabter Mensch geschildert, der durch Predigten und Heilungen Menschen für den Glauben gewinnt und tauft.

Der dritte „Mitspieler" ist der Heilige Geist. Er sorgt dafür, dass Philippus zur rechten Zeit am rechten Ort ist, und er lässt ihn wieder verschwinden, sobald der Auftrag erfüllt ist. Bevor irgendwelche Gremien entschieden haben, ob auch Nichtjuden zur Gemeinde dazugehören dürfen, hat Gott schon durch seinen Geist gehandelt, so erzählt uns Lukas. Gott selbst hebt die Schranken zwischen den Menschen auf, und auch ob jemand Eunuch ist, spielt keine Rolle. „Was hinderts, dass ich mich taufen lasse?", fragt der Äthiopier in V. 36. Und die Antwort ist klar: Nichts! Wer an Christus glaubt, ist willkommen, Herkunft, Geschlecht oder sonstige gesellschaftliche Schranken haben ihre Bedeutung verloren.

Wie „Ostern verbindet", zeigt sich in der Szene im Wagen. Zwei Männer, die sich vorher nicht kannten, beugen sich gemeinsam über Worte der Bibel und versuchen, ihren Sinn zu verstehen. Das alte Prophetenwort vom Lamm, das zur Schlachtbank geführt, aber von Gott ins Recht gesetzt wird, deutet Philippus auf Christus. Er musste am Kreuz sterben, wurde aber in der Auferweckung von Gott groß gemacht, und sein Tod öffnet für viele die Türen zu Gott.

Was mag der Äthiopier in der Begegnung mit Philippus über die deutenden Worte hinaus erlebt und neu verstanden haben? Vermutlich genau dies, dass die Türen bei Gott für ihn weit offen stehen und er als Ausländer nicht mehr ausgeschlossen ist. In der Gestalt des Philippus kommt Gott selbst im Reisewagen zu Besuch und begleitet den Äthiopier ein Stück seines Weges. (Ähnlich wie der Auferstandene die ratlosen Jünger ein Stück auf ihrem Weg begleitet und wieder verschwindet, nachdem sie durch ihn die Worte der Schrift verstanden und den Auferstandenen selbst erkannt haben, Lk 24,13–35). Gott begegnet ganz überraschend, nicht an einem heiligen Ort, sondern unterwegs, nicht nur durch einen heiligen Text, sondern auch durch Zuwendung eines Menschen.

Der Text und die Kinder

Die Geschichte ist in sich spannend, sie bietet guten Erzählstoff und verschiedene thematische Anknüpfungspunkte. Thema Taufe: Die Kinder erfahren, dass die Taufe nicht auf Kinder beschränkt ist. Bilder von Erwachsenentaufen und Taufen in freien Gewässern können gezeigt werden. Vielleicht gibt es auch vor Ort Erfahrungen mit Tauffesten am See oder im Fluss.

„Glaube verbindet": Der christliche Glaube steht quer zu allen Versuchen, Menschen aufgrund ihrer Hautfarbe, ihres Geschlechts oder ihrer Herkunft ausschließen zu wollen. Gott liebt die Buntheit seiner Schöpfung, die sich auch in der Kirche widerspiegeln darf und soll. In Zeiten, wo politische Gruppen wie „Pegida" u. a. versuchen, das „christliche Abendland" vor Fremden zu schützen, erscheint es mir umso wichtiger, auch im Kindergottesdienst von dem Gott zu erzählen, bei dem Menschen in ihrer Vielfalt willkommen sind, evtl. auch durch konkrete Begegnung: Gibt es in der Gemeinde Christen aus anderen Ländern, die im Kindergottesdienst von ihren Gottesdiensten oder ihrem Osterfest erzählen können? Oder besteht vielleicht eine Afrika-Partnerschaft im Kirchenkreis, von der jemand berichtet? Wohnen Flüchtlinge am Ort, die eingeladen werden können?

Gestaltungsvorschlag für jüngere und ältere Kinder

Hinführung

Zunächst spreche ich mit den Kindern über eigene Tauferfahrungen: Welche Taufen haben sie erlebt, was wissen sie von ihrer eigenen Taufe, was gehört zu einer Taufe in unserer Kirche dazu? Von einer ganz besonderen Taufe, die nicht in einer Kirche stattfand, sondern an einem Fluss oder See, erzählt unsere heutige Geschichte. Und der Mensch, der getauft wurde, war auch kein Kind, sondern ein erwachsener Mann. Es ist eine Geschichte aus der Anfangszeit der Kirche.

Erzählung als Anspiel mit Mitmach-Elementen für die Kinder
Personen: Minister, Philippus, Engel, Erzähler/in, mitspielende Kinder
Material: Stühle für Pferd und Wagen, Tücher für Kutsche und Spieler, blaues Tuch für Wasser; Schriftrolle (mit hebräischer Schrift)
Auf der einen Seite des Raums Stühle als Kutsche hinstellen und mit großem Tuch verkleiden.

Erzähler/in: Das ist eine Kutsche. Wir brauchen einen Kutscher: Wer mag hier vorne als Kutscher Platz nehmen?
(Ein Kind steigt als Kutscher in den Wagen, weiterer Stuhl oder Schaukelpferd)
Die Kutsche braucht auch ein Pferd.
Im Wagen sitzt ein vornehmer Mann.
(Minister steigt ein.)
Er hat eine dunkle Hautfarbe, denn er kommt aus Afrika. Er ist ein wichtiger Mann am Hof der Königin von Äthiopien. Als Finanzminister verwaltet er ihren Schatz.
Er war in Jerusalem zu Besuch und hat dort am Tempel zu Gott gebetet. Er wäre auch gern in den Tempel gegangen, aber weil er kein Jude ist, durfte er nicht hinein. Jetzt ist er wieder auf dem Weg nach Hause. Eine lange Reise liegt vor ihm.
Die Pferdehufe klappern auf dem Weg.
(Kinder machen mit Schlägen auf den Oberschenkel das Klappern nach.)
Schaut mal: Er hat etwas in der Hand.
(Minister rollt die Schriftrolle auseinander.)
Eine Schriftrolle! So sahen die Bücher damals aus: Die Blätter waren

aneinandergeklebt und wurden aufgerollt. Dieses Buch hat er sich in Jerusalem gekauft. Es ist ein Buch aus der Bibel, das Buch des Propheten Jesaja. Und jetzt, auf der Rückfahrt, beginnt er zu lesen.
Aber er sieht ganz unglücklich aus! Mal hören, was er sagt.

Minister: Ach Mensch – ich verstehe einfach nicht, was hier steht! An der Sprache liegt es nicht, schließlich kann ich viele fremde Sprachen sprechen und lesen, und die Worte hier kenne ich alle. Aber den *Sinn* der Worte verstehe ich nicht. Ach, wenn mir doch nur jemand helfen und es mir erklären könnte!
Erz.: O je, da können wir jetzt auch nicht helfen. Wir lassen die Kutsche erstmal weiterfahren.
(Alle: Hufetrappeln)
Aber schaut mal da drüben!
(Möglichst weit von der Kutsche entfernt tritt Philippus auf.)
Das ist Philippus. Er gehört zur christlichen Gemeinde von Jerusalem. Da kennt ihn jeder. Er ist ein Prediger und viel unterwegs. Er sagt den Menschen die Botschaft von Jesus Christus weiter. Man hört ihm gern zu. Denn Philippus kann spannend erzählen und gut erklären. Und er hat einen besonderen Draht zu Gott. Manchmal hört er sogar seine Stimme.

Engel: (steht auf einem Stuhl) Philippus!
Philippus: Huch! Wer ruft mich?
Engel: Philippus! Mach dich auf den Weg. Du wirst gebraucht!
Philippus: (schaut nach oben) Bist du das, Gott, der mit mir redet? Wo soll ich denn hingehen?

Engel: Du sollst zu der einsamen Straße gehen, die von Jerusalem nach Gaza führt. Da brauche ich dich.

Erz.: Philippus macht sich auf den Weg. Er wundert sich ein bisschen. Aber er hat schon öfter mal ungewöhnliche Sachen mit Gott erlebt. Philippus läuft los.
(Kinder: Fußtrappeln; Philippus läuft einen längeren Weg durch den Raum.)
Gleichzeitig fährt die Kutsche.
(Kinder: Hufeklappern)
Endlich kommt Philippus bei der Straße an. Er schaut sich um. Da sieht er, wie die Kutsche angefahren kommt.

Philippus: Das ist bestimmt der Mensch, zu dem Gott mich geschickt hat.
(geht zur Kutsche und hält sie an): Guten Tag, ich bin Philippus. Was liest du denn da?
Minister: Das Buch des Propheten Jesaja. Aber die Worte sind so schwer zu verstehen. Kannst du mir vielleicht helfen? Dann steig doch bitte zu mir in den Wagen.
(Philippus steigt ein und nimmt neben dem Minister Platz.)
Minister: Hier steht: „Er musste viel aushalten und erleiden. Aber Gott hat ihn errettet. Er wird viele Kinder haben, eine große Familie." – Sag mal, von wem redet der Prophet?
Philippus: Er redet von einem, den Gott geschickt hat.

Erz.: Und Philippus erzählt dem Minister alles über Jesus. Von seinem Leben. Von seinem Tod. Und von Ostern. Der Minister hat ganz viele Fragen, und Philippus muss viel erklären.
(Beide reden leise und gestikulieren.)

Philippus: Wer Vertrauen zu Jesus hat und sich taufen lässt, gehört zur großen Familie Gottes.
Minister: Kann ich denn auch dazugehören? Obwohl ich kein Jude bin und aus einem ganz anderen Land komme?
Philippus: Ja, natürlich, warum denn nicht? Sonst hätte Gott bestimmt nicht dafür gesorgt, dass wir uns treffen.

Erz.: Sie fahren weiter.
(Hufgetrappel)
Da kommen sie auf einmal an einem Wasser vorbei.
(Zwei Kinder breiten ein großes blaues Tuch als Wasser aus. Wenn der Kindergottesdienst in der Kirche stattfindet, diese Szene am Taufstein spielen.)
Minister: Kutscher, halt an! – Philippus, ich habe Vertrauen zu Jesus. Da ist Wasser. Kannst du mich hier nicht taufen?
Philippus: Doch, das kann ich!
Erz.: Philippus und der Minister steigen aus dem Wagen. (Beide steigen aus und legen ihre Umhänge ab.) Sie gehen ins Wasser.
Philippus: Ich taufe dich im Namen Gottes des Vaters, des Sohnes und des Heiligen Geistes.
Erz.: Dabei taucht er den Minister unter
(Die Kinder schlagen das Wassertuch kurz über dem Minister zusammen.)
und zieht ihn wieder herauf.
Philippus: Du bist jetzt ein neuer Mensch. Du gehörst zu Jesus.
(Minister steigt aus dem Wasser, trocknet sich ab und hängt sich sein Tuch wieder um. Gleichzeitig verschwindet Philippus unauffällig. Minister schaut sich um.)

Zeichnung: Sabine Meinhold

Minister: Wo ist denn Philippus? Ich konnte mich gar nicht mehr verabschieden und bedanken!

Erz.: Doch Philippus ist verschwunden. Er hat getan, was er tun sollte. Sicherlich braucht Gott ihn schon wieder an einer anderen Stelle.

Aber das macht nichts. Denn der Minister fühlt sich wie neu geboren.

Minister: Ich habe Gott gesucht – und er hat mich gefunden. Ich bin getauft, ich gehöre zu Jesus. Jetzt habe ich ein neues Leben.

(Steigt zurück in den Wagen.)

Erz.: Ganz fröhlich setzt er seinen Weg fort, nach Hause.

(Hufgetrappel)

Ideen zur liturgischen Gestaltung und kreativen Vertiefung

Tauferinnerung feiern

In der Kirche holen wir mit den Kindern die Kerzen vom letzten Kindergottesdienst (siehe vorige Einheit); es sollten ausreichend Kerzen für Kinder da sein, die letztes Mal nicht da waren; in einem Kindergottesdienst mit mehr Zeit können die Kerzen auch noch mit Taufsymbolen verziert werden (z. B. Taube, Wasserwelle, Fisch).

Gemeinsam bilden wir einen Kreis um das Taufbecken. In das Becken wird Wasser eingefüllt. Ich erinnere daran, dass wir hier oder in einer anderen Kir-

117

Foto: Annette Baden-Ratz

und geben das Licht einander weiter mit den Worten vom letzten Mal: Jesus sagt: „Ich bin bei dir alle Tage."
Falls möglich, können die Kinder auch vorher gebeten werden, zu diesem Kindergottesdienst ihre Taufkerze mitzubringen.

Glaube verbindet
Aus Papier Menschenfiguren (s. Zeichnung S. 117) ausschneiden, mit Stiften, Wolle oder auch Stoffresten individuell gestalten und damit auf einem großen Plakat um eine Erdkugel eine Menschenkette gestalten (s. Foto; vgl. Plan für den Kindergottesdienst 2015–2017, S. 206)

Mobile gestalten, s. S. 106.

Einander begegnen
S. o. „Der Text und die Kinder".

che einmal getauft worden sind, oder manche von uns irgendwann noch getauft werden.
Jedes Kind, das möchte, bekommt einen Segen zugesprochen und ein Wasserkreuz auf Stirn oder Hand gezeichnet. (Ich erkläre vorher, dass das keine zweite Taufe ist, sondern ein Tauferinnerungssegen.) Anschließend holen wir von der Osterkerze Feuer

Annette Baden-Ratz

---

17. April 2014

Jubilate

Apostelgeschichte 9,1–25

**Die Bekehrung des Paulus –
Ostern verwandelt**

Lieder: Wir wollen alle fröhlich sein, EG 100; KG65; LJ 78, MKL 118; Zu Ostern in Jerusalem, KG 74, MKL 119, LJ 340, LB 421; Du verwandelst meine Trauer, KG 198; MKL 9, LJ 508, KiKiHits 12, LH 64; Manchmal feiern wir mitten am Tag, SvH 17, Durch Hohes und Tiefes 51, LJ 337, LB 415; Danket Gott, denn er ist freundlich (zu Ps 118), s. S. 121

Liturgischer Text: Psalm 118 in Auswahl (auch als Lied)

Zum Text

Die Bekehrung des Paulus ist eine Wende von Gott zu Gott: Paulus glaubt ja

davor und danach an denselben Gott. Nur die Art und Weise, in der er glaubt, hat sich radikal gewandelt – seine Heilserwartung hat sich völlig geändert. War er zunächst als gläubiger jüdischer Pharisäer davon ausgegangen, dass er das Heil erlangen könne, indem er die Weisungen der Tora möglichst getreu befolgte, so war ihm nun als Christ aufgegangen, dass Gott uns Menschen das Heil schenkt und wir Menschen dieses Heil im Glauben annehmen können.

Die Erzählung in der Apostelgeschichte knüpft an die Erzählung von der Steinigung des Stephanus und der Verfolgung der Christen in Jerusalem in Kap. 7 und 8,1–3 an, und berichtet von der Verfolgung der Christen durch Saulus. Dieser will nun seine Tätigkeit auch über Jerusalem hin ausdehnen und darum nach Damaskus reisen. Vom Hohen Rat in Jerusalem lässt er sich Empfehlungsschreiben an die Synagogenvorsteher in Damaskus mitgeben. Natürlich hat er keinerlei offizielle polizeiliche Befugnisse, kann aber mit der Autorität des Hohen Rates auf die Entscheidungen der örtlichen jüdischen Gemeinde massiven Einfluss nehmen.

Doch auf dem Weg nach Damaskus trifft ihn unvermittelt Jesu Ruf und Licht. Die Schilderung dieses Ereignisses durch Lukas trägt legendenhafte Züge – teils wird die Lebenswende des Paulus als Machterweis Gottes geschildert, teils als Bekehrungserzählung. Paulus selbst spricht im 1. Korintherbrief von einer Erscheinung des auferstandenen Christus (1. Kor 15,8). Von Jesu Ruf und der blitzartigen Erkenntnis getroffen, dass Jesus Christus Gottes Sohn ist, stürzt Saulus, erblindet und wird von seinen Gefährten in die Stadt Damaskus gebracht, wo er fastet und betet. Seine eigene Kraft ist ihm damit – so wird in der Erzählung der Apostelgeschichte deutlich – weitgehend genommen.

Die eigentliche Erklärung des Geschehens gibt ihm erst Hananias, ein Christ aus Damaskus, der durch eine Vision zu Paulus gesandt wird, ihm die Hände auflegt und ihn damit gleichzeitig von seiner Blindheit heilt und ihn mit Heiligem Geist begabt. Die Kraft, die ihn jetzt zum Handeln treibt, ist Gottes Kraft. (Die Namensänderung von Saulus zu Paulus wird in der Apostelgeschichte später nur nebenbei erwähnt – Apg 13,9.)

Nach wenigen Tagen unter den Christen in Damaskus fängt Paulus zum Erstaunen der Christen und Juden an, öffentlich zu predigen. Er verkündet nun genau das, was er zu Beginn der Erzählung vernichten wollte (V. 21). Dies tut er offenbar so überzeugend, dass er rasch die ortsansässigen Juden gegen sich aufbringt und aus Damaskus fliehen muss. Da die Tore der Stadt bewacht sind, lässt sich Paulus von seinen Gefährten in einem Korb die Stadtmauer hinunter abseilen.

Der Text und die Kinder

Je nach Alterslage der Kinder wird für sie das Wunderhafte der Erzählung faszinierend oder wenig glaubwürdig sein. Doch die Apostelgeschichte macht auf eindrucksvolle Weise mit dem Verlauf dieser Erzählung deutlich, dass die Lebenswende des Paulus besonders für ihn selbst und vor allem für die Christen, die bereits vorher von ihm gehört hatten, ein radikales Geschehen darstellt: Am Ende der Geschichte vertritt Paulus vehement genau die Ansichten, für die er die Christen zu Beginn verhaften lassen wollte.

Kindern ist vielleicht aus den Erzählungen von Erwachsenen der Gedanke vertraut, dass sich das Leben eines Menschen manchmal durch ein einzelnes Ereignis, z. B. eine schwere Krankheit, die dann vergleichbar mit der zeitweiligen Blindheit des Paulus wäre, stark verändern kann. Aus eigenem Erleben kennen sie vielleicht, dass der Schulanfang oder der Eintritt in den Kindergarten auch ihren Lebensrhythmus und ihre Interessen deutlich gewandelt hat. Durch den dramatischen Verlauf der Erzählung tritt die Macht Jesu, Menschen zu verändern, als das entscheidende Ereignis im Leben des Paulus deutlich sichtbar zutage.

Gestaltungsvorschlag für jüngere und ältere Kinder

Psalm 118 i. A.

(gesprochen oder gesungen

Kehrvers: Danket Gott, denn er ist freundlich
und seine Güte währet ewiglich.
In der Angst rief ich zu Gott,
und er erhörte mich und tröstete mich.
Gott ist immer bei mir,
und darum fürchte ich vor Menschen mich nicht.
Kehrvers
Fremde umgeben mich,
doch Gott befreit mich und er ist mein Heil.
Durch ihn lebe ich,
um seine Werke zu verkündigen.
Kehrvers

Aktion und Gespräch

Die Leiterin fordert die Kinder auf, im Raum herumzugehen, immer geradeaus. Auf ein akustisches Signal (Triangel, Trommel etc.) hin sollen sie die Richtung ändern. Wer nicht geradeaus weitergehen kann, läuft auf der Stelle, bis das nächste Signal ertönt.

Gespräch: Ihr habt in dem Spiel eben immer auf ein Signal hin eure Laufrichtung geändert. Gibt es sonst Signale, die dazu führen, dass ihr euren Weg ändert? Kennt ihr Situationen, in denen plötzlich etwas ganz anderes wichtig und wegweisend wird als bisher?

Erzählung

Immer wieder packte Saulus die große Wut. Da hörten einige Menschen doch nicht auf, von diesem Jesus zu erzählen. Es wurden sogar immer mehr, die diesen Geschichten lauschten und sich dann taufen ließen. Sie wollte zu dieser neuen Gruppe gehören und tatsächlich glauben, dass Jesus der Messias gewesen sei, sogar der „Sohn Gottes". So kann man doch über Gott nicht reden! So eine Gotteslästerung! Wie konnten sich die Menschen von solchen Reden überzeugen lassen? Vor einigen Tagen war wieder einer dieser Männer getötet worden und trotzdem hörten diese Reden nicht auf! Saulus war selber dabei gewesen, auch wenn er sich als guter römischer Bürger nicht an dieser nicht genehmigten Hinrichtung beteiligt hatte.

Er, Saulus, hatte doch viele Jahre lang die heiligen Schriften studiert und darüber nachgedacht, wie man gemäß der Schrift leben konnte. Dieser Jesus hatte sich an so manche Regeln nicht gehalten und dann auch noch erklärt, das sei richtig und würde Gott gefallen. Wenn jeder meinte, er allein wüsste, was gottgefällig ist, dann hätte bald jeder seine eigenen Regeln und seinen eigenen Gott. Wie sollte man dann noch vernünftig miteinander leben? Saulus

Danket Gott, denn er ist freundlich

Text: nach Psalm 118
© Musik: Hanna de Boor

2. Fremde umgeben mich,
doch Gott befreit mich und er ist mein Heil.
Durch ihn lebe ich,
um seine Werke zu verkündigen.

hatte inzwischen einige der Jesusanhänger gefangen und dem Hohen Rat übergeben. Hoffentlich konnte der Rat diese Menschen so hart bestrafen, dass es abschreckend wirkte und nicht mehr so viele denen hinterherliefen!

Jetzt war Saulus mit einigen Freunden unterwegs nach Damaskus. Dort sollte es inzwischen auch eine ganze Menge dieser Jesusanhänger geben und Saulus wollte die Anführer von denen verhaften und nach Jerusalem bringen, damit die sich in Damaskus gar nicht erst so ausbreiten konnten. Wehret den Anfängen, dachte sich Saulus. Hoffentlich war es dazu nicht schon zu spät!

Sie waren schon recht lange unterwegs und die Sonne stand hoch am Himmel. Es wurde Zeit, dass sie ankamen und erst zu ihren Freunden in der Stadt gelangten. Dort wollten sie sich erfrischen und über die Situation in Damaskus informieren. Und die Stadt war auch schon zu sehen. Bald würden sie das Stadttor erreichen. Doch plötzlich traf es Saulus wie ein Blitz. Er stürzte zu Boden und kauerte da. Mit den Händen bedeckte er seine Augen und er schien um sich herum nichts mehr wahrzunehmen. Seine Freunde standen bei ihm, doch Saulus wollte keinen an sich heranlassen. Er lauschte nur nach oben und war zutiefst erschüttert. „Saul, Saul, warum verfolgst du mich?", so sprach eine Stimme zu ihm. „Wer bist du?", fragte Saulus. „Ich bin Jesus, den du verfolgst! Steh auf und gehe in die Stadt, da wird man dir sagen, was du tun sollst!", antwortete die Stimme. Dann kam Saulus wieder zu sich. Er öffnete die Augen, aber er konnte nichts mehr sehen. Aber in ihm klang immer noch diese Stimme, und plötzlich wusste er, dass er sich für die falsche Sache ereifert hatte. Diesen Jesus gab es wirklich noch und er hatte zu ihm gesprochen. Seine Freunde standen noch immer um ihn herum wie vom Donner gerührt. Auch sie hatten die Stimme gehört und wussten nicht mehr, was sie tun und was sie glauben sollten. „Führt mich hinein in die Stadt!", sagte Saulus zu ihnen.

In Damaskus lebte ein Mann namens Hananias, der zu den Anhängern Jesu gehörte. Auch er hörte plötzlich die Stimme des Herrn: „Gehe in die gerade Straße zu dem Haus des Judas. Dort frage nach einem Mann namens Saulus. Denn dieser Mann ist dort und betet. Er hat in einer Erscheinung gesehen, dass ein Mann zu ihm kommt, der die Hand auf ihn legte, damit er wieder sehen würde." „Saulus? Von dem habe ich schon viel Böses gehört. Der verfolgt in Jerusalem deine Anhänger mit großer Härte. Warum sollte ich dem helfen?", fragte Hananias. „Gehe du nur dorthin. Ich habe Saulus ausgewählt, dass er vielen Menschen in der ganzen Welt von mir erzählen wird. Er wird mein Jünger sein und für mich wirken und für mich leiden!" So machte sich Hananias auf den Weg.

Saulus war nun schon drei Tage in Damaskus und betete. Er aß und trank nichts mehr und wartete darauf, dass Gott ihm zeigte, wie es mit ihm weitergehen sollte. Hananias trat zu ihm, legte ihm die Hand auf und sprach: Lieber Bruder Saulus, der Herr Jesus, der dir auf dem Weg erschienen ist, hat mich zu dir gesandt. Du sollst wieder sehend und mit dem

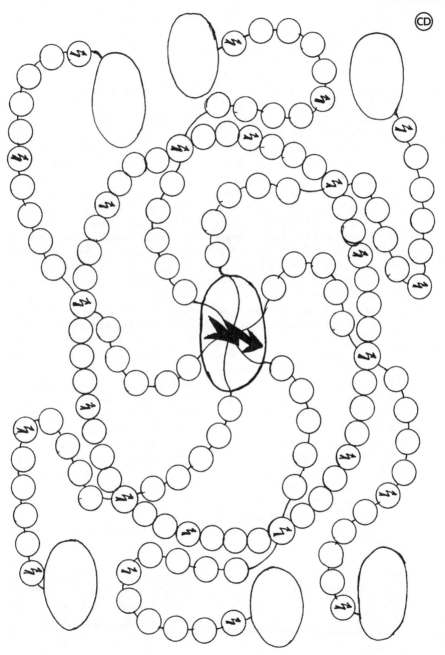

Zeichnung: Hanna de Boor

heiligen Geist erfüllt werden." Sofort konnte Saulus wieder sehen und er sah die Welt mit ganz neuen Augen. Er sah, dass Gott die Welt liebte und tatsächlich seinen Sohn auf die Welt gesandt hatte, um die Menschen zu verwandeln. Saulus selbst fühlte sich wie verwandelt. Er sprach mit den Menschen in Damaskus, die zu Jesus gehörten und staunte über den neuen Glaubensweg, der sich ihm eröffnete. Und schon bald drängte es ihn, anderen von dem zu erzählen, was er erlebt und erfahren hatte. So predigte er in den Synagogen von Jesus: „Er ist der Sohn Gottes, der auf die Erde gekommen ist." Viele, die ihn hörten, wunderten sich sehr, weil sie ganz anderes über Saulus gehört hatten. Und schon bald gab es unter den Juden in Damaskus einige, die ihn möglichst schnell loswerden und ihn gefangen nehmen wollten. Doch Saulus erfuhr davon und seine neuen Freunde machten einen Korb für ihn. In diesem Korb ließen sie ihn an der Stadtmauer hinab, so dass er unentdeckt aus Damaskus entkommen konnte.

Saulus machte sich auf einen weiten Weg, auf dem er an möglichst vielen Orten möglichst vielen Menschen von Jesus erzählen wollte. Zum Zeichen für seine große Veränderung, für sein neues Leben, nannte er sich von jetzt an mit einem neuen Namen: Paulus.

Gebet

Jesus, du hast Saulus einen neuen Weg gezeigt, obwohl er deine Anhänger verfolgt hat.
Als Paulus hat er vielen Menschen von dir erzählt. Zeige auch uns einen Weg, der für uns gut ist. Gib uns Mut

und Kraft, diesen Weg zu gehen. Sei bei uns heute und in der kommenden Woche. Amen

Spiel

In diesem Spiel werden plötzliche Richtungswechsel vollzogen.

Man benötigt für jedes Kind einen Farbwürfel und eine Spielfigur, die von den anderen zu unterscheiden ist, und pro Spielrunde einen normalen Würfel. Wenn es schwierig ist, so viele Farbwürfel zu besorgen, kann man auch pro Spielrunde einen Farbwürfel benutzen und dazu aus Tonkarton Plättchen in den entsprechenden Farben vorbereiten. Gespielt wird auf dem abgedruckten Plan, der je nach Gruppengröße auf A4 oder A3 kopiert wird. Auf dem Plan werden die äußeren Felder in den Farben des Farbwürfels ausgemalt und das mittlere Feld mit allen sechs Farben (s. farbiges Foto und Spielregel zum Kopieren auf CD).

Spielregel: Zu Beginn stellen alle Mitspieler einer Spielrunde ihre Figuren auf das mittlere Blitzfeld. Sie würfeln mit ihrem Farbwürfel die Farbe ihres Zielfeldes und der Würfel bleibt so (mit der gewürfelten Farbe) vor ihnen liegen. Der jüngste Spieler beginnt und würfelt mit dem Zahlenwürfel. Er setzt seine Spielfigur so viele Felder vor, wie er gewürfelt hat. Landet er auf einem normalen Feld, ist damit sein Zug beendet und der nächste Spieler ist an der Reihe. Landet er auf einem Blitzfeld, würfelt er erneut seinen Farbwürfel. Sein Zielfeld ist nun das neu erwürfelte Farbfeld. Nun ist sein Zug beendet und der nächste Spieler ist an der Reihe. Landet im Laufe des Spieles eine Spielfigur wieder auf dem großen Blitzfeld in der Mitte, müssen alle Spieler ein neues Zielfeld erwürfeln. Es gewinnt der Spieler, der als erster das Zielfeld erreicht, das mit seiner Würfelfarbe gerade übereinstimmt.

Wenn viel Zeit ist, kann im Anschluss jedes Kind einen **Spielplan** für sich **ausmalen**, damit es das Spiel auch zu Hause spielen kann. Die Spielanleitung sollte dann auf die Rückseite kopiert werden.

Vaterunser

Segen

Bettina Plötner-Walter
u. Hanna de Boor

**24. April 2016
Kantate**

Apostelgeschichte 16,23–40

**Paulus und Silas –
Ostern befreit**

Lieder: Wir wollen alle fröhlich sein, EG 100, KG 65, LJ 78, MKL 118; Zu Ostern in Jerusalem, MKL 119, LJ 340, KG 74, LB 421; Kommt herbei, singt dem Herrn, LJ 445, KG 176, EG regional, LB 18; Ich lobe meinen Gott, der aus der Tiefe mich holt, KG 112; Gottes Geist befreit zum Leben, Mein Liederbuch 2 B201 (tvd-Verlag), LJ 345

Liturgischer Text: Psalm 118 (gesprochen oder gesungen), s. S. 120

Zum Text

Zur Vorgeschichte: In Philippi, wo die Erzählung von Paulus und Silas im Gefängnis spielt, betritt Paulus zum ersten Mal innerhalb seiner Missionstätigkeit europäischen Boden. Philippi war weitgehend eine römische Kolonie, d.h. es lebten sehr viele ehemalige Soldaten und deren Nachkommen dort, die sich nun weit fort von ihrer ursprünglichen Heimat ein neues ziviles Leben aufgebaut hatten.

Paulus, der mit der Taufe der Purpurhändlerin Lydia und ihrer Angehörigen eine erste christliche Gemeinde gegründet hat, setzt nun seine Missionstätigkeit und seinen Gemeindeaufbau in Philippi fort. Immer, wenn er mit seinem Gefährten Silas durch die Stadt geht, ruft ihm eine Sklavin, die zum Nutzen ihrer Herren als Wahrsagerin tätig war, hinterher, dass er Knecht des höchsten Gottes sei. Ihre Fähigkeit zur Wahrsagerei wird in der Apostelgeschichte einem Orakelgeist, ähnlich der Schlange des pythischen Orakels in Delphi, zugeschrieben. Diese Wahrsagung ist wohl weniger als Bekenntnis zu Gott gemeint, sondern vielmehr als gezielte Provokation dieses Dämons zu werten. Nach mehreren Tagen wird es Paulus zu viel und er gebietet dem Dämon, die Frau zu verlassen. Dies geschieht und zerstört damit die Geschäftstätigkeit der Besitzer dieser Sklavin.

Wutentbrannt bringen die Geschäftsleute, begleitet von einer rasch zusammengelaufenen Volksmenge, Paulus und Silas vor die römischen Magistrate. Vermutlich unter Ausnutzung bereits vorhandener antijudaistischer Vorurteile im Ort wird Paulus und Silas die Störung der öffentlichen Ordnung durch Verbreitung jüdischer Sitten und Gebräuche vorgeworfen. Ohne jegliche Anhörung – gegen geltendes römisches Recht – werden Paulus und Silas ausgepeitscht, eine Strafe, deren Anwendung bei römischen Bürgern verboten ist. Anschließend werden sie in den inneren Teil (sozusagen den Sicherheitstrakt) des Gefängnisses gebracht und mit den Füßen in den Block geschlossen. Nach menschlichem Ermessen ist ein Entkommen so nicht möglich und das im Anschluss geschilderte Wunder umso größer.

Der mitternächtliche Lobgesang von Paulus und Silas versetzt die Mitgefangenen in Erstaunen und ruft Gottes Eingreifen auf den Plan: Infolge eines Erdbebens werden die Mauern des Gefängnisses gesprengt und die Fesseln der Gefangenen gelöst. Im Gegensatz zu Apg 12, wo Petrus auf wundersame Weise aus dem Gefängnis herausgeführt wird, verlassen aber hier die beiden Apostel das Gefängnis nicht. Das Ziel dieser Erzählung ist nicht die Befreiung der Apostel, sondern die Bekehrung des Gefängnisaufsehers. Im Folgenden erweist sich Paulus als Herr der Lage: Er weiß sowohl, dass der Gefängnisaufseher im Begriff ist, sich wegen der mutmaßlich geflohenen Gefangenen umzubringen, als auch, dass sich auch die übrigen Gefängnisinsassen nicht aus dem Staub gemacht haben. Er rettet so mittels eines einzigen Zurufs das Leben des Aufsehers, der seinerseits auf den ersten Blick erkennt, dass Paulus und Silas diejenigen sind, die ihn gerettet haben und deren Einkerkerung dazu geführt hat, dass hier eine höhere Macht am Werk ist. So wirft er sich angstvoll vor beiden nieder. Doch sie verlangen nichts weiter, als dass er sich Jesus Christus glaubensvoll zuwendet. Paulus und Silas werden vom Aufseher versorgt und taufen ihn und seine Angehörigen.

Am anderen Morgen haben die römischen Magistraten festgestellt, dass sie mit der Bestrafung der Apostel zu weit gegangen sind und wollen sie heimlich der Stadt verweisen. Paulus hingegen fordert als römischer Bürger, der nicht ausgepeitscht werden darf, eine öffentliche Rehabilitierung, die ihm auch gewährt wird, ehe er nach dem Abschied von seinen Gemeindegliedern die Stadt verlässt.

Der Text und die Kinder

Reale Erfahrungen mit Gefangenschaft werden Kinder in der Regel nicht gemacht haben. Doch Abhängigkeiten von äußeren Zwängen erleben Kinder durchaus – vielleicht in der Schule, vielleicht auch in einer zu starken Strukturierung ihres Alltags oder bei zu hohen Anforderungen der Eltern. So können sie sich auch befreit fühlen, zum Beispiel, wenn die Ferien anfangen oder wenn sie die Hausaufgaben fertig haben und spielen können. Das Gefühl von Befreiung kann auch entstehen, wenn sie eine als schwierig empfundene Aufgabe hinter sich gebracht haben oder wenn Eltern oder Lehrer besser auf ihre Bedürfnisse eingehen.

Für Kinder mag der Gedanke eher fremd sein, dass ein Mensch, dem es schlecht geht, ausgerechnet Lobgesänge für Gott anstimmt. Gut nachvollziehbar ist es für sie allerdings, dass sich Menschen innerlich frei fühlen können, auch wenn sie es äußerlich nicht sind. Gute Gedanken und die vertrauensvolle Hinwendung zu Gott können Kraft geben, schwere Situationen zu ertragen und sogar zu meistern. So wird auch plausibler, dass Paulus und Silas nicht fortlaufen, als die Mauern einstürzen und sich ihre Fesseln lösen. Weil ihre Angst geschwunden ist, sind sie sogar in der Lage, über ihr eigenes Schicksal hinauszusehen und selbst den Gefängnisaufseher aus seiner Abhängigkeit zu lösen.

Gestaltungsvorschlag für jüngere und ältere Kinder

Vorbereitung der Erzählung
Wenn ältere Kinder dabei sind, wird eine Landkarte zu den Reisen des Paulus bereitgelegt. In der Mitte wird ein kleiner Raum aus Bausteinen aufgebaut, in dem zwei Erzählfiguren oder andere

Zeichnung: Hanna de Boor

biegbare Figuren Platz finden können (s. Zeichnung).

Vorbereitendes Gespräch
Eine Erzählfigur wird in den Raum aus Bausteinen gesetzt. Die Leiterin fragt die Kinder, wo sich die Figur befinden könnte – im eigenen Zimmer, Keller Gefängnis … Wenn ein Kind einen Vorschlag zum Ort gemacht hat, soll es die Figur so hinstellen oder -setzen, wie sie sich dort fühlen könnte. Die Leiterin fragt, ob die Person dort wohl freiwillig ist, ob sie gehen kann, wann sie will. Die Kinder äußern ihre Gedanken dazu. Was würde die Person tun, wenn die Tür aufginge?

Vor der Erzählung wird die Figur wieder aus dem Raum genommen.

Erzählung
Paulus unternahm viele Reisen in verschiedene Gegenden der bekannten Welt. Überall, wo er hinkam, erzählte er von Jesus, den Gott gesandt hatte, um den Menschen seine Liebe zu zeigen. In vielen Städten gewann Paulus Menschen für den Glauben an

Jesus und gründete neue christliche Gemeinden. Das war natürlich vielen ein Dorn im Auge, die an den vorhandenen Religionen festhielten. So hatte Paulus viele Freunde, aber auch viele Feinde.

Auf einer seiner Reisen wurde Paulus von Silas, einem Freund, begleitet. Die beiden kamen nach Philippi, einer Stadt in Mazedonien.

(Hier kann Philippi auf einer Karte gesucht werden.)

Auch dort begegneten sie vielen Menschen und erzählten von Jesus. Eine Frau, die sich bald taufen ließ, war Lydia, eine Purpurhändlerin. Bei ihr kamen Paulus und Silas unter. Dort trafen sie sich auch mit den neuen Anhängern, die sie gefunden hatten. Sie waren aber auch täglich in der Stadt unterwegs, um weitere Menschen von Gott und Jesus zu erzählen.

Auf ihren Wegen heftete sich eine Frau an ihre Fersen, die von einem Geist besessen war. Sie schrie immer wieder: „Diese Menschen sind Knechte des allerhöchsten Gottes. Sie verkünden den Weg des Heils!" Paulus störte das. Er wollte zu den Menschen reden, und sie sollten aus seinen Worten selbst zu der Erkenntnis kommen, dass der Weg Jesu der Weg des Heils ist. Deshalb wandte er sich zu der Frau und sprach zu dem Geist, dass er die Frau verlassen möge. Von da an schrie die Frau ihnen nicht mehr hinterher und verkündete auch sonst keine Wahrsagungen mehr. Das verärgerte den Herrn, dessen Magd sie war, sehr, denn er hatte mit ihren Prophezeiungen gutes Geld verdient. Deshalb ließ er Paulus und Silas festnehmen. Die Stadtrichter ließen die beiden auspeitschen und dann ins Gefängnis werfen und dort an den Füßen fesseln.

(Die Erzählfiguren werden in den kleinen Raum aus Bausteinen gesetzt. Die Kinder setzen sie so, wie sie denken, dass Paulus und Silas jetzt sitzen könnten.)

So saßen Paulus und Silas nun im Gefängnis. Verschiedene Gedanken gingen ihnen durch den Kopf. Sie hatten doch römisches Bürgerrecht – niemand hätte sie einfach so, ohne Prozess, auspeitschen und einsperren lassen dürfen! Sie hatten keinem etwas angetan, und Predigen war schließlich nicht verboten! Wütend waren sie beide, aber auch traurig und ratlos. Wie sollte es jetzt weitergehen? Würden sie hier wieder herauskommen? Wussten ihre Freunde in der Stadt inzwischen, wo sie waren?

Doch bald spürte Paulus wieder anderes in sich. Ihm wurde wieder bewusst: Auch hier im Gefängnis war er nicht hilflos und allein. Er hatte doch jemanden, an den er sich wenden konnte! Schließlich hatte auch Jesus immer wieder leiden müssen, obwohl er nichts Unrechtes getan hatte! Und so begann Paulus zu beten und auch Silas stimmte mit ein. Je länger sie mit Gott sprachen, umso mehr erfüllte sie das Vertrauen zu Gott und Jesus. Ihnen war wieder klar, dass Gott einen Plan mit ihnen hatte, auch wenn sie im Moment noch nicht wussten, wie der aussah.

(Die Erzählfiguren werden aufrechter hingesetzt und ihre Hände erhoben.)

Bald begannen die beiden, Gottes Lob zu singen.

Lied zu Psalm 118, s. S. 121

Paulus und Silas sangen und beteten und andere Gefangene hörten ihnen zu. Plötzlich gab es ein kräftiges Erdbeben. Mauern stürzten ein und Fesseln wurden gelöst.
(Die Mauern um die Erzählfiguren werden geöffnet.)
Jetzt konnten alle aufstehen und fliehen. Doch Paulus und Silas blieben, wo sie waren. Sie sangen weiter, und die anderen Gefangenen kamen zu ihnen und hörten ihnen zu. Der Gefängnisaufseher war von dem Erdbeben erwacht. Er lief zum Gefängnis und sah, dass Mauern eingestürzt waren. Voller Angst, was mit ihm geschehen würde, wenn die Gefangenen geflohen waren, zog er sein Schwert, um sich zu töten. Doch Paulus rief laut: „Tu dir nichts an! Wir sind alle noch hier!" Das konnte der Gefängnisaufseher gar nicht fassen. Er selbst wäre bestimmt geflohen, dass wusste er. Was hatte diese Männer bewogen dazubleiben? Da saßen sie und strahlten eine innere Freiheit aus, obwohl sie Gefangene waren. Woher nahmen sie diese Stärke in einer solchen Situation?

Der Aufseher ging zitternd zu Paulus und Silas und fiel ihnen zu Füßen. „Liebe Herren, was muss ich tun, damit ich gerettet werde, damit ich so stark werde, wie ihr es seid?", fragte er sie. „Glaube an den Herrn Jesus, dann wirst du und deine Familie selig!", antworteten die beiden. Der Aufseher nahm sie mit zu sich nach Hause. Er versorgte ihre Wunden, gab ihnen zu essen. Die ganze Nacht erzählten Paulus und Silas ihm und seiner Familie von Jesus und von dem, was er für die Menschen getan hatte. Noch vor dem Morgen taufte Paulus den Aufseher und seine ganze Familie.

Zeichnung: Hanna de Boor

Als es Tag geworden war, kam ein Bote der Stadtrichter zum Gefängnisaufseher. Der sagte: „Lass die beiden Männer frei, die wir gestern hergebracht haben!" Der Aufseher berichtete Paulus und Silas davon. Doch Paulus wollte davon nichts wissen: „Sie haben uns auspeitschen lassen ohne einen Prozess und ins Gefängnis werfen lassen ohne ein Urteil, und jetzt wollen sie uns heimlich fortschicken? Wir sind römische Bürger und haben das Recht auf eine angemessene Behandlung. Sie sollen selber kommen und uns herausführen!" Als die Stadtrichter davon hörten, bekamen sie Angst, dass sie selber bestraft würden, wenn herauskäme, wie sie römische Bürger behandelt hatten. Sie eilten zum Haus des Gefängnisaufsehers, führten Paulus und Silas hinaus und baten sie, die Stadt zu verlassen.
(Die Erzählfiguren werden aus den Mauern herausgestellt.)
Doch zunächst gingen die beiden zu Lydia und ihren Freunden, die dort versammelt waren. Als die sahen, dass Paulus und Silas wieder

frei waren, waren sie getröstet und feierten die Befreiung. Bald danach setzten Paulus und Silas ihre Reise fort.

Vertiefung

Das Bausteingefängnis wird noch einmal aufgebaut, die Figuren so hingesetzt wie am Anfang. Die Leiterin erinnert: Paulus und Silas waren gefangen. Zunächst waren sie verzagt und unglücklich. Die Figuren werden hingestellt. Wie kam es, dass die beiden nicht mehr verzagt dasaßen? Die Mauern werden wieder eingestürzt. Was geschah nach dem Erdbeben? Die Figuren werden aus dem Raum genommen. Was denkt ihr: Von welchem Moment an waren Paulus und Silas frei?

Fantasiereise

(Die Kinder legen sich auf Decken oder Matten auf den Boden, dabei sollten die Kinder so viel Platz haben, dass sie sich gegenseitig nicht berühren. Sie schließen die Augen. Eine meditative Musik wird eingespielt.)

Du liegst hier und hast viel Zeit.
Du spürst den Boden unter dir.
Riecht es hier nicht nach frisch gemähtem Gras?
Du lässt alle Alltagslast aus dir herausrinnen.
Auf einmal wirst du ganz leicht.
Du kannst fliegen!
Schon erhebst du dich in die Luft und schaust von oben auf die Wiese.
Du schwebst weiter und die Wiese wird kleiner unter dir.
Dahinten siehst du Bäume am Horizont.
Du kannst weiterfliegen.
Und plötzlich weißt du, wo du hin willst!

An diesem Ort hast du dich immer wohl gefühlt.
Du bist dort frei, ganz frei.
Schön, dass du jetzt so einfach dort hingelangen kannst.
(An dieser Stelle wird eine etwas längere Pause gelassen.)
Doch jetzt wird es langsam dunkel und du wirst müde.
Deine Kraft reicht aber noch, um wieder zurückzukommen.
Da sind die Bäume wieder, und die Wiese!
Sanft gleitest du nach unten.
Jetzt spürst du den Boden wieder unter dir.
Es ist schön, heil wieder zurück zu sein!

Kreative Vertiefung

Jetzt können die Kinder ihren Ort der Freiheit malen.

Spiel

Wenn die Möglichkeit besteht, nach draußen zu gehen oder der Raum groß genug ist, kann folgendes Spiel gespielt werden: Die Kinder bilden einen Kreis und fassen sich an den Händen. Je nach Gruppengröße können ein bis drei Kinder in der Mitte gefangen sein. Die Kinder in der Mitte versuchen, zwischen den Kindern hindurch aus dem Kreis zu gelangen. Die Kinder im Kreis bleiben angefasst und können das nur verhindern, indem sie die Arme heben oder senken. Wenn sich alle Kinder aus der Mitte befreit haben, können andere in die Mitte gehen.

Gebet

Jesus, du hast Paulus und Silas gezeigt, dass sie frei sind – so frei, dass sie nicht aus dem Gefängnis fliehen mussten, als die Mauern eingestürzt waren.

Auch wir fühlen uns manchmal eingesperrt oder eingeengt.

Lass auch uns unsere Freiheit spüren.

Gib uns die Freiheit, zu dem zu stehen, was wir denken.

Sei du bei uns, damit wir frei sein können. Amen

Vaterunser

Segen

Bettina Plötner-Walter
und Hanna de Boor

Monatlicher Kindergottesdienst

V Gehet hin in alle Welt – Ostern bewegt   Matthäus 28,16–20

Der Auftrag des Auferstandenen an die Jünger „Gehet hin in alle Welt und tauft" ist ein für die Kirche grundlegender Text geworden, der auch heute noch als sogenannter „Taufbefehl" zur Taufliturgie gehört. Die Jünger sind nun beauftragt, die Worte Jesu weiterzutragen und Menschen in die Nähe Gottes einzuladen. Die Jünger sind aber nicht allein gelassen, denn Jesus sagt: „Ich bin bei euch alle Tage bis ans Ende der Welt."

Der **Gestaltungsvorschlag für den 3. April** (S. 108) bietet für einen monatlichen Kindergottesdienst eine Erzählung (S. 110), ein **Gespräch über Erinnerungszeichen** (S. 112), das **Licht der Osterkerze weitergeben** (S. 112) und verschiedene **kreative Ideen**: Schlüsselanhänger mit den Worten „Ich bin bei euch alle Tage" (S. 112), **Kerzen verzieren**, bunte Steine als **Handschmeichler** bemalen, Aufschrift: „Ich bin bei dir" (S. 112).

Zeichnung: Antje Gottwald

Lied: Wenn Gott mich füllt mit seinem
Geist, LH2 265, LB 335

Liturgischer Text: Eingangspsalm mit
Lied „Hallelu, Hallelu", s. S. 134

VI

Mit den Psalmen singen und beten

Sonntag	Text/Thema	Art des Gottesdienstes Methoden und Mittel
1.5.2016 Rogate	Psalm 95,1–7b Kommt, lasst uns Gott loben und danken	Gottesdienst mit Kindern; Erzählung, Gespräch, zu den Bildern des Psalms eigenen Psalm aufschreiben, Punktbild „Krone" in der Art eines Kirchenfensters ausmalen, Speiseöl, Küchenkrepp
5./8.5. 2016 Himmelfahrt/ Exaudi	Psalm 27,1.7–14 Gott, höre meine Stimme	Gottesdienst mit Kindern; Erzählung, Gespräch Vergleich: Psalm – modernes Lied zu Psalm 27, Punkte- und Zahlenbild „Burg", Mandala, Spruchbandrätsel
15.5.2016 Pfingsten	Psalm 118,24–29; Apostelgeschichte 2 i. A. Lasst uns freuen und fröhlich sein	Gottesdienst mit Kindern; Erzählung, Gespräch, Halleluja-Girlande gestalten, lange Kordel, Lied mit Bewegung

Monatlicher Kindergottesdienst
Lasst uns freuen und fröhlich sein
(Psalm 118,24–29; Apostelgeschichte 2 i. A.)   s. S. 147

Zur ganzen Reihe

Psalmen sind poetische Texte des alten Israels; ihre Sprache ist das Hebräisch des Alten Testaments. Da jeder Kulturraum eigene Formen der Lyrik hervorbringt, sind sie der äußeren Form nach nicht wie unsere Gedichte. Das uns vertrauteste Zeichen für Poesie ist der Reim am Ende einer Zeile; das kennt die hebräische Lyrik nicht. Typisch für diese Poesie ist eine Doppelung der Aussage: Zur Verstärkung wird das Gleiche mit anderen Worten zweimal gesagt, so z. B. am Anfang von Psalm 27:
Der Herr ist mein Licht und mein Heil, vor wem sollte ich mich fürchten?
Der Herr ist meines Lebens Kraft, vor wem sollte mir grauen?
Wie unsere Gesangbücher könnte man sich den Psalter vielleicht als Sammlung von liturgisch gebrauchten Liedern vorstellen, die daneben auch dem Einzelnen als Gebetbuch dient. Themen und Inhalt der Psalmen sind zumeist zeitlos; Gotteslob, Dank für und Klage über das eigene Leben unterscheiden sich inhaltlich durch die Jahrhunderte kaum. Die Sprache der Psalmen aber entstammt einem anderen Zeit- und Kulturraum und ist gerade für Kinder nicht selbsterklärend. Sie bedarf daher einer behutsamen Übertragungs- und Erklärungsarbeit, um den Kindern verständlich gemacht zu werden. Zugleich ist es wichtig, den poetischen Charakter der Psalmen erkennbar werden zu lassen. Ein Nebeneinander von moderner Erklärung und geformter Sprache (z. B. Luthertext) ist daher wünschenswert.

Zur Gestaltung der ganzen Reihe

Eine Kindergottesdienstreihe über Psalmen legt nahe, einen Psalm zu beten. Für den Eingangsteil des Kindergottesdienstes empfiehlt es sich, an allen Sonntagen denselben Text zu verwenden, um Vertrautheit zu erreichen. Dieser moderne Psalm ist in Strophen gefasst mit gesungenem Kehrvers. Das hebräische Wort „Halleluja" heißt wörtlich übersetzt „preiset Gott"; das sollte den Kindern an dieser Stelle erklärt werden. Das empfohlene Lied gibt es in vielen Sprachen, so dass man zum Pfingstgottesdienst gut die Vielfalt der Sprachen einsetzen kann, da Kinder es erfahrungsgemäß mögen, in anderen Sprachen zu singen. Als Gebet vor dem Segen könnten Texte aufgegriffen werden, die im Gespräch über den Tagespsalm entstanden sind. Den Abschluss bildet ein Segenskreis.

Eingangspsalm mit Liedvers

Ich danke dir, Gott, dass du die Welt rings um mich herum so schön gemacht hast.
Ich freue mich über den bunten Schmetterling und den leuchtenden Löwenzahn,
über das weiche Moos
und die dornige Distel.
Lied: Hallelu, Hallelu
Ich freue mich über den singenden Vogel und den hüpfenden Hasen,
über die zirpende Grille
und den trötenden Elefanten.
Lied: Hallelu, Hallelu
Ich freue mich über die warme Sonne auf meiner Haut und den kühlen Wind in meinem Gesicht,
über das Rauschen der Wellen
und den grollenden Donner im Gewitter.

Lied: Hallelu, Hallelu
Danke, Gott, dass du die Welt so schön gemacht hast und dass du sie fest in deiner Hand hältst. Danke.

Segen

Der Gott, der die Welt erschaffen hat, halte dich fest in seiner Hand. Er sei dir Schutz und Schirm in deinem Leben.

Er sei dein Schatten, wenn die Sonne brennt, und die stärkende Hand in deinem Rücken, wenn du mutlos bist. So segne dich Gott, der Vater, Sohn und Heiliger Geist. Amen

Antje Gottwald

---

1. Mai 2016

Rogate

Psalm 95,1–7b

Kommt, lasst uns Gott loben und danken

Lieder: Hallelu, Hallelu, KG 193, KiKi-Hits 71, LJ 389, LB 39, JMT2 024; Du bist, Herr, mein Licht und meine Freiheit (zu Psalm 27), EG 575 (NB), s. S. 141; Er hält die ganze Welt, KG 143, LJ 517, Kommt, atmet auf 039, MKL 45; Lobet und preiset ihr Völker den Herrn, EG 337, LJ 196, LB 152

Liturgischer Text: Eingangspsalm, s. S. 134

Zum Text

Psalm 95,1–7a ist der für den Sonntag Rogate vorgeschlagene Tagespsalm in der Liturgie des Hauptgottesdienstes. Gleichwohl ist er nicht in die Psalmensammlung im EG aufgenommen, so dass er häufig durch andere Psalmenlesungen ersetzt wird. Er ist uns also wenig geläufig. Der Inhalt dieser sieben Verse ist uns allerdings auch aus anderen Psalmen vertraut. Gott wird als König über alle Götter gefeiert. Diese Aussage setzt ganz selbstverständlich die Existenz von mehr als dem einen Gott voraus; darin ist das AT fest in altorientalischen Vorstellungen verwurzelt. Mit der Bezeichnung als „König über alle Götter" wird aber die Vormachtstellung von JHWH hervorgehoben. Dieser wird dann folgerichtig als der Schöpfer des gesamten Erdkreises beschrieben, der seine Schöpfung noch immer in Händen hält. Umrahmt wird diese Beschreibung Gottes in den V. 1, 2 und 6 durch die Aufforderung, Gott zu loben und zu preisen. Die dabei beschriebene Zeremonie des Niederfallens und überschwänglichen Jubelns erinnert daran, wie dem irdischen König begegnet wird. Das „Wir" des Textes bezieht sich auf Israel. Liturgisch könnte dieser

Psalm an der Stelle des Gottesdienstes genutzt worden sein, wenn die versammelte Gemeinde feierlich in den Bereich des Gottesdienstraumes einzog, der für die Gottesgegenwart steht.

Der Text und die Kinder

Psalmen sind für Kinder eher „biblisch schwere Kost". Sie erzählen keine spannende Geschichte, deren Verlauf sie gespannt lauschen. Die Sprache wirkt altertümlich und verwendet Bilder aus anderen Zeiten, die sich ihnen nicht unmittelbar erschließen. Selbst vertraut klingende Worte wie „Hort" (V. 1) stehen nicht für das, was Kinder aus ihrem Erfahrungshorizont dahinter vermuten. Somit muss der Inhalt dieses Psalms tatsächlich nahezu Vers für Vers erarbeitet werden, um ihn den Kindern zugänglich zu machen. Bei jedem einzelnen Vers länger zu verweilen und alles zu vertiefen, überschreitet allerdings die Kapazitäten eines Kindergottesdienstes, so dass nur exemplarisch wirklich vertieft werden kann. Wo es möglich ist, empfiehlt es sich, nicht näher auf das altorientalische Weltbild von Gott als dem König über andere Götter einzugehen. Damit würde ein zu weites Themenfeld aufgeschlossen. Wenn Kinder nachfragen, kann man ihnen erklären, dass der Psalmbeter davon ausging, dass andere Menschen auch an andere Götter glauben (das kennen die Kinder aus ihrem eigenen Umfeld). Weil er aber all sein Vertrauen auf Gott setzt, bezeichnet er ihn als Größten unter Großen. Das Bild Gottes als König an und für sich wird den Kindern allerdings gefallen. Und Gott als der Schöpfer der Welt dürfte den Kindern vertraut sein. Das Motiv

Gottes als des Schäfers zieht sich bis in neutestamentliche Texte durch und knüpft vermutlich ebenfalls an Bekanntes an.

Gestaltungsvorschlag für jüngere und ältere Kinder

Eingangspsalm, s. S. 134

Erzählung

„Mama", ruft es schon von der Haustür. Knall, die Tür ist zu. Rums, der Ranzen fliegt in die Ecke. „Mama", sagt es noch einmal und jetzt steht David schon in der Küche. „David, wie oft noch? Türen haben Klinken und Ranzen werden ordentlich abgestellt." „Mensch, Mama, das ist jetzt grad nicht wichtig. Mama, wieso habt ihr mir nie erzählt, was für einen tollen Namensvetter ich habe?" „Tollen Namensvetter? Ach David, du weißt doch, dass ich mit Popkultur nichts am Hut habe. Und den Geiger David Garret wirst du wohl nicht meinen." „Ach Mama, so ein Quatsch, Popstar! Nein, viel mehr! David war ein König, ein großer König. Vor – ach ich weiß nicht genau, vor mehreren tausend Jahren. König in Israel war er, und berühmt für einen Kampf, und vielleicht war er auch Dichter …"

Mama kramt in ihrem Gedächtnis. „Richtig, ich erinnere mich. Hattest du heute Reli?" David stimmt zu. „Mensch, Mama, das wär doch was! König sein, über den ein Buch geschrieben wird, das man tausende Jahre später noch liest. Berühmt zu sein für einen Kampf. Und dann noch mein Name unter Texten, die es auch noch viel später gibt und die die

Menschen dann auch noch lesen und benutzen. Also echt mal, das ist doch voll cool, oder?"

Leise seufzend stimmt Davids Mutter zu. „Ja, natürlich wäre es bestimmt schön, so ein bedeutender Mann zu sein. Ob ich das allerdings ‚cool' nennen würde …" „Mensch, Mama, du willst mir doch nicht schon wieder einen Vortrag über Sprache halten, das ist mir echt über. Oder wenn schon, dann erklär mir wenigstens das Wort ‚Psalm'. Wir sollen nämlich unsere Eltern fragen."

Und so kommt es, dass David und seine Mutter nach dem Mittagessen das Lexikon hervorholen. Da lesen sie dann, dass das Wort Psalm aus der griechischen Sprache kommt und ursprünglich mal „Zither spielen" bedeutete und dass es in der Bibel eine ganze Sammlung von Psalmen gibt, genau 150. Die beiden beraten sich. „Hat Psalm also mit singen zu tun, Mama, wenn eine Zither gespielt wurde? Das ist doch ein Instrument, oder?" „Ja, stimmt. Und es hat mit Religion zu tun. Klingt ein bisschen wie unser Gesangbuch, in dem auch Gedichte mit Musik verbunden sind. Man braucht es im Gottesdienst, da werden die Lieder gesungen." „Das hat unser Lehrer auch gesagt. Und wir sollen uns Psalm 95 mal anschauen, mit unsern Eltern."

Also holen David und seine Mutter noch die Bibel hervor. Die Psalmensammlung in der Bibel ist schnell gefunden, Psalm 95 auch. Mama liest den Psalm vor.

1 Kommt herzu, lasst uns dem HERRN frohlocken und jauchzen dem Hort unsres Heils!

2 Lasst uns mit Danken vor sein Angesicht kommen und mit Psalmen ihm jauchzen!

3 Denn der Herr ist ein großer Gott und ein großer König über alle Götter.

4 Denn in seiner Hand sind die Tiefen der Erde, und die Höhen der Berge sind auch sein.

5 Denn sein ist das Meer, und er hat's gemacht, und seine Hände haben das Trockene bereitet.

6 Kommt, lasst uns anbeten und knien und niederfallen vor dem Herrn, der uns gemacht hat.

7 Denn er ist unser Gott und wir das Volk seiner Weide und Schafe seiner Hand.

Wenn ihr doch heute auf seine Stimme hören wolltet.

„Mensch Mama, das klingt wie tausende Jahre alt. Kann man das nicht anders sagen?", ist Davids Reaktion, als seine Mutter fertig gelesen hat.

„Dazu muss man erst mal überlegen, was der Psalm eigentlich erzählt. Pass auf, wir lesen ihn noch einmal und du fragst bei jedem Wort, das du nicht verstehst oder das dir merkwürdig vorkommt." „Da weiß ich sofort ein Wort, Mama – wieso kommt unser Hort von der Schule in einem so alten Psalm vor? Und warum ist Gott Hort des Heils? Sollen da alle kaputten Sachen zu ihm gebracht werden?"

„Na ja, du sollst natürlich nicht dein kaputtes Rennauto in die Kirche tragen; aber Gott mit Heil, also „ganz" oder „in Ordnung" zu verbinden, das ist schon gemeint. Unser Wort Heilung ist vielleicht einfacher zu verstehen, da wird etwas wieder gesund. Und dieses Gesundsein, nicht nur vom Körper, sondern auch von der Seele, könnte man als Heil bezeichnen. Und Hort hat etwas mit einem geschützten Raum zu tun, ein Ort, an dem man sicher ist. Bei Gott ist man also sicher aufgehoben, in seiner Nähe ist man heil. So versteh ich das jedenfalls."

An dieser Stelle in der Weise, die die Mutter David vorschlägt, den Psalm noch einmal lesen und mit den Kindern überlegen, was gemeint ist.

„Dann wird da auch noch erzählt, dass Gott die Welt gemacht hat. Und dass er ein großer König ist. Und später, dass er gut auf uns aufpasst: Jetzt steht da nichts mehr von Hort, sondern dass wir seine Schafe sind und er auf uns aufpasst." „Jetzt wissen wir also, was der Psalm uns erzählen will. Überleg mal: Wie würdest du das beschreiben, David?"
„Hm, also, Gott ist jemand, der über allem anderen ist und über allen Menschen, richtig?" „Stimmt, das steht in dem Psalm." „Und da steht, dass er auf uns Menschen aufpasst und dass es uns bei ihm gut geht, richtig?" „Na klar." „Also ich seh das so: Gott ist der Präsident der Präsidenten. Er hat die Welt gemacht, die tiefste Tiefsee genauso wie den Mount Everest. Und weil er der Präsident der Präsidenten ist und alles von ihm gemacht wurde, will er auch, dass es allen gut geht. Deswegen ist er das Haus, in das alle eingeladen sind, in dem die Menschen Frieden und Zufriedenheit finden."
„Das klingt gut, David. Versuch doch mal, das irgendwie aufzuschreiben."

In einem Gespräch mit den Kindern nach sprachlichen Bildern suchen, diese zusammenfassen und einen „eigenen" Psalm 95 aufschreiben.

„Aber weißt du was, Mama, an eines haben wir noch gar nicht gedacht: Da steht doch dauernd, dass wir Gott loben sollen und uns vor ihm hinknien und so." „Ja stimmt, das steht da. Wir haben doch auch gelesen, dass Psalmen in einen Gottesdienst gehören. Zu einem Gottesdienst gehört dazu, dass man Gott die Ehre gibt. Also ihm dankt und ihn preist." „Noch so ein altes Wort, Mama, ‚preisen'! Hat das was mit Preis zu tun?" „In gewisser Weise schon – wenn ich finde, das etwas einen hohen Wert hat, dann ‚preise' ich es hoch, das heißt, ich gebe ihm gewissermaßen einen hohen Preis. Und Gott bekommt den allerhöchsten!"

Punktbild „Krone"

Schon während des Erzählens wurde viel mit den Kindern darüber nachgedacht, was der Psalm aussagt. Der Kreativvorschlag greift ein Motiv auf, dass sinnbildlich für Königsein steht: die Krone. Dafür die Kopiervorlage von S. 132 auf DIN A4 vergrößern. Die mit einem Punkt gekennzeichneten Felder des Ausmalbildes sind mit einem gelben Buntstift auszumalen. Die ungekennzeichneten Felder können, insofern die Zeit reicht, mit typischen Kirchenfensterfarben ausgemalt werden, vorzugsweise mit dunkelblauen und dunkelgrünen Stiften. Wenn die Bilder dann anschließend vorsichtig dünn mit Speiseöl bestrichen werden (überschüssiges Öl mit Küchenkrepp abtupfen), erhält man lichtdurchlässige Bilder in Anlehnung an alte Kirchenfenster.

Segen, s. S. 135

Antje Gottwald

5./8. Mai 2016
Himmelfahrt/Exaudi

Psalm 27,1.7–14

Gott, höre meine Stimme

Lieder: s. Liedvorschläge S. 135

Liturgischer Text: Eingangspsalm, s. S. 134

Zum Text

Wie schon am vergangenen Sonntag ist der ausgewählte Psalm der Tagespsalm. Allerdings wird Psalm 27 tatsächlich in Gottesdiensten gebetet und ist insofern deutlich präsenter, zumal es eine Neuvertonung gibt (EG 575; s. S. 141). Gerade der Vergleich zwischen dem alten Psalmtext und einer modernen Umsetzung zeigt den Kindern sehr schön, dass die Themen der Psalmen bis heute relevant sind und echte Lebenshelfer sein können. Dazu muss man sie allerdings richtig verstehen und in modernere Sprache und Bilder übertragen. Sie in die heutige Zeit zu holen, ist echte Übersetzungsarbeit. So, wie man sich einen Text, der in einer anderen als der eigenen Muttersprache geschrieben ist, erst erarbeiten muss und mitunter für die fremde Bildsprache einen geeigneten Ausdruck in der eigenen Sprache finden muss, so müssen die alten Texte behutsam an heute verständliche Metaphern (Sprachbilder) herangeführt werden. („It's raining cats and dogs" kann man eben nicht übersetzen mit „Es regnet Katzen und Hunde", sondern man würde vielleicht sagen „Es schüttet wie aus Gießkannen".) Psalm 27 besingt fast beschwörend, wie gut Gottesnähe tut, insbesondere angesichts der Notlage, in der er sich befindet (V. 12 deutet einen juristischen Rechtsstreit an). Dabei wendet sich der Beter ganz direkt an Gott, der immer wieder mit dem vertraulichen „Du" angeredet wird und um die Erfüllung der Nähe gebeten wird (... darum suche ich auch, Herr, dein Antlitz. Verbirg dein Antlitz nicht vor mir). Daneben stehen Aussagen über Gott in der 3. Person, die aber ihrerseits wieder die Gottesnähe beschreiben (... aber der Herr nimmt mich auf.). Der Psalm ist ein eindringliches Bittgebet.

Der Text und die Kinder

Auch dieser Text ist in der Lutherfassung für Kinder schwer zugänglich. Und der Hintergrund, auf dem dieser Psalm entstanden sein könnte – ein Rechtsstreit, bei dem falsche Zeugen auftreten – entspricht nicht dem Erfahrungshorizont der Kinder. Dass andere etwas Falsches über sie sagen oder ihnen die Schuld zusprechen, obwohl sie nichts gemacht haben (oder das zumindest glauben), kennen Kinder schon. Dem Psalm liegt allerdings genau das

Gottesbild zugrunde, das wir den Kindern gern vermitteln möchten: Bei Gott zu sein, ihm ganz nahe zu sein, das ist es, was meinem Leben Halt und Sicherheit gibt. Wenn ich mich bei ihm geborgen weiß, brauche ich nichts im Leben wirklich zu fürchten. Um den Kindern diesen schönen Psalm näher zu bringen, lohnt der Vergleich mit einem modernen Kirchenlied, das im Anschluss natürlich auch gesungen werden kann. Kinder lieben bildreiche Sprache (er war groß wie ein Riese), aber die Bilder müssen ihrem Erfahrungshorizont entsprechen.

Gestaltungsvorschlag für jüngere und ältere Kinder

Eingangspsalm, s. S. 134

Erzählung

Wieder einmal kommt David in die Küche gestürmt. „Mama, du glaubst es nicht, heute sollen wir uns einen Psalm angucken, den David geschrieben hat. Über Psalm 27 steht echt „Von David". Los, kannst du schnell die Bibel holen, damit wir lesen können?" „Dir auch einen guten Tag, David: Schön, dass du wieder da bist. Und ja, ich hole die Bibel, aber erst nach dem Mittagessen. Und jetzt ab, Hände waschen." „Mamaaa, die sind ganz sauber ..." Anklagend streckt David seine Hände aus, aber Mama lässt sich nicht erweichen. „Je eher du gehst und sie wäschst, desto eher essen wir. Und umso schneller können wir uns den Psalm vornehmen." Immer noch schimpfend zieht David los.

Nach dem Essen holt Mama die Bibel aus dem Wohnzimmer. Und sie hat eine Idee. „Pass mal auf, David, heute machen wir das so: Ich lese dir den Text zweimal vor und du hörst gut zu. Dann nehme ich einen Zettel, und du sagst alles, woran du dich erinnerst, und ich schreibe es auf." Genau so machen die beiden das.

Aktion: Sich an Psalmworte erinnern
Mit den Kindern das machen, was die Mutter vorgeschlagen hat.

1 Der HERR ist mein Licht und mein Heil;
vor wem sollte ich mich fürchten?
Der HERR ist meines Lebens Kraft;
vor wem sollte mir grauen?
7 HERR, höre meine Stimme, wenn ich rufe; sei mir gnädig und erhöre mich!
8 Mein Herz hält dir vor dein Wort: „Ihr sollt mein Antlitz suchen."
Darum suche ich auch, HERR, dein Antlitz.
9 Verbirg dein Antlitz nicht vor mir, verstoße nicht im Zorn deinen Knecht!
Denn du bist meine Hilfe; verlass mich nicht und tu die Hand nicht von mir ab, Gott, mein Heil!
10 Denn mein Vater und meine Mutter verlassen mich, aber der HERR nimmt mich auf.
11 HERR, weise mir deinen Weg und leite mich auf ebener Bahn um meiner Feinde willen.
12 Gib mich nicht preis dem Willen meiner Feinde! Denn es stehen falsche Zeugen wider mich auf und tun mir Unrecht ohne Scheu.
13 Ich glaube aber doch, dass ich sehen werde die Güte des HERRN im Lande der Lebendigen.
14 Harre des HERRN!
Sei getrost und unverzagt und harre des HERRN!

Du bist, Herr, mein Licht und meine Freiheit

Text: Kurt Rose (nach Psalm 27)
Melodie: Nordisches Volkslied
© (Text) SCM Hänssler, 71087 Holzgerlingen

1. Du bist, Herr, mein Licht und mei - ne - Frei - heit,
du bist, Herr, die Burg, da ich mich ber - ge.
Vor wem mich fürch - ten, vor wem er - schre - cken, da
dei - ne Hän - de das Land be - de - cken rings um mich?

2. Eines bitt ich sehr: ich möchte bleiben,
wo erzählt wird, Herr, von deiner Güte,
‖: möcht Stund und Tage bei dir verbringen,
dein Wort zu hören, möcht selber singen mein Lied dir. :‖

3. Hast nicht du, Herr, selbst uns dies geboten:
Sucht von Angesicht mich zu erkennen –
‖: darum nun ruf ich: Lass dich ergründen!
Herr, lass mich finden, Herr lass mich finden dein Antlitz. :‖

Die beiden schauen sich den Zettel an und staunen, an wie viel David sich nach dem Vorlesen erinnern konnte. Und Mama hat noch einen Vorschlag: „David, sag mir doch mal, ob dir in diesem Psalm etwas besonders gut gefallen hat."
(Die Kinder erzählen lassen)
David muss gar nicht lange überlegen. „Du hast mir doch beim letzten Mal erklärt, was ‚Heil' ist. Gott ist mein Heil und mein Licht – das klingt gut; erinnert mich irgendwie an Advent. Da geht es mir irgendwie gut. So auf eine brennende Kerze gucken, wenn es sonst dunkel ist; gemütlich drinnen sitzen – so dieses Gefühl habe ich, wenn ich mir „Licht und Heil" vorstelle. Toll, das Gott so ist." Mama staunt schon wieder. „Das finde ich eine prima Idee, David. Ja, so könnte man versuchen, das zu beschreiben, was der Psalm meint. Und weißt du was: Mir ist unser Gespräch letzte Woche nicht aus dem Kopf gegangen; ich hab noch lange über Neu-

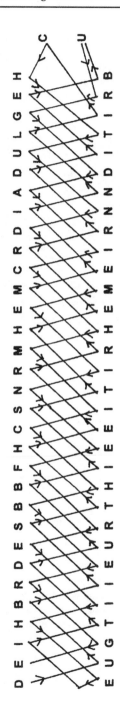

Zeichnung: Antje Gottwald

Spruchbandrätsel

Sagen nachgedacht. Und hab im Gesangbuch nachgeschaut. Da gibt es nämlich Lieder, die sind der Versuch, Psalmen neu zu sagen und für uns singbar zu machen. Und zufällig weiß ich nun, dass Psalm 27 dazugehört. Nimm doch mal das Gesangbuch und schlag die Nummer 575 (nur Niedersachsen/Bremen) auf.

(EG bereithalten und mit den Kindern aufschlagen oder Liedkopie austeilen)

David blättert, bis er das Lied gefunden hat. Und tatsächlich: Da steht „Psalm 27" oben drüber. Unten darunter liest David „T: Kurt Rose 1983" und „M: Nordisches Volkslied". Mama erklärt, dass ein Mann namens Kurt Rose also im Jahr 1983 diesen Text geschrieben hat und dass die Melodie, nach der es gesungen wird, ein Volkslied vermutlich aus Skandinavien ist. Und dann liest David das Lied vor: „Du bist, Herr, mein Licht und meine Freiheit, / du bist Herr, die Burg da ich mich berge. – He, Mama, von Burg stand da aber nichts im Psalm!" „Stimmt, David, das Wort taucht da nicht auf. Ich weiß auch gar nicht, ob es Burgen schon gab, als David den Psalm geschrieben hat. Aber überleg doch mal, was könnte Herr Rose damit gemeint haben?"

(Mit den Kindern überlegen)

„Na ja, in einer Burg ist man sicher aufgehoben, egal was draußen gerade los ist." „Eben; passt doch also gut zu dem ‚sich nicht fürchten', oder? Lies doch einfach mal weiter."

(Mit den Kindern das Lied lesen und besprechen)

„So – jetzt müssen wir das nur noch singen, Mama. Ich hol mal meine Flöte, dann probieren wir das aus. Und ich will hoffen, dass Gott gut zuhört. Im Psalm steht doch ‚Höre meine

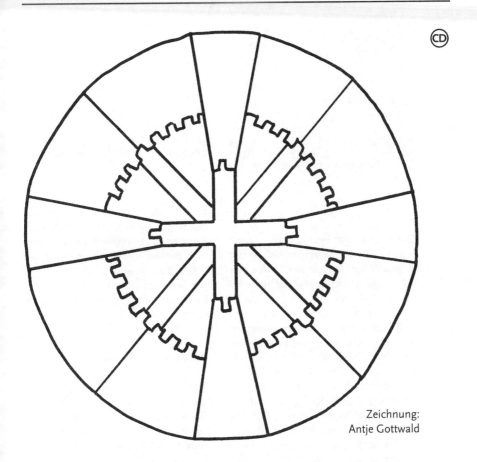

Zeichnung:
Antje Gottwald

Stimme'. David will, dass Gott ihn bemerkt! Und ich, David, ich will das auch!"

Aktion
Während der Geschichte wurden sowohl der Psalm als auch das moderne Kirchenlied mit den Kindern besprochen. Der Aktionsvorschlag greift das Bild der Burg auf, das das Lied als Illustration für Gott gewählt hat. Bei dem **Punkt- und Zahlenbild** (s. CD, Zusatzangebot) handelt es sich um eine Burg. Die Vorlage auf DIN A4 vergrößern und den Kindern aushändigen.

Wenn die Zeit reicht, kann das Bild von den Kindern anschließend noch nach eigenen Ideen gestaltet werden.
Für die Älteren, die gerne auch mit Texten arbeiten, sind die ersten Zeilen des Liedes als **Spruchbandrätsel** gestaltet.
Für Jüngere:
Als Alternative, die weder Zahlen- noch Buchstabenkenntnis voraussetzt, greift ein **Mandala** die Burgthematik auf.

Segen, s. S. 135

Antje Gottwald

15. Mai 2016
Pfingsten

Psalm 118,24–29 und
Apostelgeschichte 2 i. A.

Lasst uns freuen und fröhlich sein

Lieder: Danke, EG 334, LB 151, LJ 193, MKL 39, KG 175; s. auch die Liedvorschläge S. 135

Liturgischer Text: Eingangspsalm, s. S. 134

Zum Text

Durch die Verbindung des Tagespsalms mit der Pfingstgeschichte liegt aufgrund der Menge des Textes der Schwerpunkt dieses Mal auf dem Erzählen. Allein die Pfingstgeschichte ist sehr umfangreich und von allen hohen christlichen Festen die am wenigsten bekannte Geschichte. Deswegen sollte sie inhaltlich im Wesentlichen durchaus erzählt werden. Durch die Koppelung der zwei Texte bleibt allerdings nicht so viel Zeit, den Psalm ausführlich in den Blick zu nehmen. Er ist in sich nicht allzu schwer zu verstehen. Zwei seiner Begriffe sind nun aber so irreführend und irritierend, dass sie aufgegriffen werden müssen: „Maien" und „Hörner des Altars" sind nicht selbsterklärend. Unter „Maien" versteht man die frischen Maitriebe, mit denen auch bei uns zu Himmelfahrt und Pfingsten noch häufig die Kirchen geschmückt werden. Und „Hörner des Altars" beschreiben eine antike Altarform, die die Mitte wie eine kleine Pfanne etwas vertieft und dafür die Ecken des Altars erhöht; diese Altarform wurde für Brandopfer genutzt. Der 118. Psalm gehört liturgisch ursprünglich zum Abschluss des Passa-Festes (Pessach). Er ist eng verbunden mit der Hoffnung auf das Kommen des Messias (V. 26). Der Einzug Jesu in Jerusalem (Geschichte von Palmsonntag) verknüpft genau diesen Vers mit Jesus, der sich sogar in unserer Abendmahlsliturgie wiederfindet (im Sanctus/Dreimalheilig: „Gelobet sei, der da kommt im Namen des Herrn").

Der Text und die Kinder

Anders als die Weihnachtsgeschichte und auch der Zyklus Gründonnerstag – Karfreitag – Ostern ist die Pfingstgeschichte nicht sehr bekannt. Selbst Erwachsene kennen sie oft nicht. Es handelt sich aber durchaus um eine spannende Geschichte, der Kinder sicherlich gerne zuhören. Anders als Erwachsene aber sind Kinder übernatürlichen Phänomenen gegenüber viel unbefangener; sie können leichter für wahr annehmen, was gegen unsere Naturgesetze zu verstoßen scheint. Deswegen ist beim Erzählen die erwachsene Skepsis gegenüber „Unnatürlichem" zu vermeiden. Der zu erzählende Textumfang ist durch die Verknüpfung der Pfingstgeschichte mit dem Psalm so groß, dass es eine Überforderung wäre, den Kindern auch noch die Wirkungsgeschichte des Psalms erklären zu wollen.

Gestaltungsvorschlag für jüngere und ältere Kinder

Eingangspsalm, s. S. 134

Erzählung

Eine Woche später überrascht Mama ihren Sohn, als er in die Küche gestürmt kommt. „Hallo David, du hattest doch wieder Reli. Was steht denn dieses Mal auf dem Programm?" Auf dem Küchenschrank sieht David Bibel und Gesangbuch griffbereit warten. „Also ehrlich, Mama, erst wird gegessen, und dann sehen wir weiter!" Lachend stellt Mama das Essen auf den Tisch.

Danach sprudelt es aber wie gewohnt aus David hervor. „Am nächsten Wochenende ist Pfingsten, Mama, und ihr sollt uns die Pfingstgeschichte erzählen. Falls du nicht weißt, wo du die findest: Die steht in der Bibel …" Mama gibt ihrem naseweisen Sohn einen Knuff in die Seite. „Das dachte ich mir schon fast, Herr Neunmalklug. Und wo genau?" „In der Apostelgeschichte im 2. Kapitel. Lies mal schön, ich mach unterdessen Mathe."

Eine halbe Stunde später sind beide Aufgaben erledigt und David und Mama machen es sich gemütlich. Mama beginnt zu erzählen: „An Pfingsten fing die Kirche an …" David unterbricht sofort. „Wie, die Kirche fing an? Hatten die da Gottesdienst um 9.00 Uhr?" „Nein, ich meine: Vorher gab es noch gar keine Kirche als Kirchengemeinde, das fing erst mit dem ersten Pfingstfest an. Jesus war doch an Himmelfahrt zu Gott, seinem Vater, zurückgekehrt. Die Jünger waren jetzt alleine zurückgeblieben und waren ziemlich einsam und traurig. Aber Jesus hatte ihnen versprochen, seinen und Gottes Geist als Wegbegleiter zu schicken, und genau das ist an Pfingsten passiert. Die Freunde von Jesus, die ganz verängstigt hinter verschlossenen Türen saßen, wurden vom Heiligen Geist ergriffen. Der gab ihnen neuen Lebensmut und die Kraft, aus dem Haus rauszugehen und wieder mit dem Predigen zu beginnen. Und weil es eben der Heilige Geist war, der durch sie redete, konnten die Jünger plötzlich so reden, dass alle Zuhörer sie verstehen konnten, egal, aus welchem Land sie kamen."

„Echt jetzt, Mama? Die konnten plötzlich andere Sprachen sprechen?" „Genau, weil der Geist sie ja ergriffen hatte. Und weil sie vom Geist ergriffen waren, schimmerten über ihren Köpfen kleine Flämmchen. Das alles kam einigen Leuten nun schon sehr komisch vor. Wenn ich jetzt plötzlich nicht mehr deutsch reden würde, sondern – sagen wir mal – japanisch und du verstündest kein einziges Wort mehr und wüsstest auch gar nicht, was ich da rede, wäre das schon merkwürdig, nicht? Darum dachten einige auch, die wären betrunken und würden nur wirres Zeug reden." „Haben sie aber gar nicht, oder?" „Nein, sie haben eben nur so geredet, dass alle Zuhörer sie verstehen konnten. Und sie haben die Geschichte von Jesus erzählt, von seinem Tod, seiner Auferstehung und seiner Himmelfahrt." David überlegt eine ganze Weile. Dann sagt er: „Wenn ich mir das so vorstelle, dass die Jünger plötzlich in ganz verschiedenen Sprachen geredet haben, obwohl die alle aus Israel waren – also, wenn ich so etwas erleben würde … Also – das ist schon ein echtes Wunder, oder?" „Ja, David, das ist ein *echtes* Wunder, obwohl ich

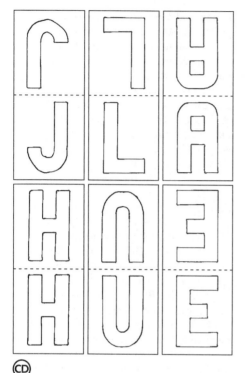

26 Gelobt sei, der da kommt im Namen des HERRN! Wir segnen euch, die ihr vom Hause des HERRN seid.
27 Der HERR ist Gott, der uns erleuchtet. Schmückt das Fest mit Maien bis an die Hörner des Altars!
28 Du bist mein Gott und ich danke dir; mein Gott, ich will dich preisen.
29 Danket dem HERRN; denn er ist freundlich, und seine Güte währet ewiglich.

David stöhnt laut auf „Oh Mama, jetzt mal echt – wer soll das denn verstehen? Ich meine jetzt nicht das mit dem Freuen, da komm ich ja noch mit. Aber Fest mit Maien und Hörnern am Altar – also in unserer Kirche sind da keine Hörner zu finden!" Aber Mama hat schon ihren Laptop gezückt und zeigt ihm eine Erklärung: „Maien ist ein altes Wort für frische Zweige, die im Mai nun einmal wachsen. Und Altäre mit ‚Hörnern' gab es früher einmal. Das waren Altäre, die an den vier Ecken erhöht waren; da wurden Sachen als Opfer drauf verbrannt. Aber das Wichtigste hast du schon selber genannt, David: Es geht darum, sich über Gott zu freuen und ihm Danke zu sagen. Danke dafür, dass es ihn gibt. Danke dafür, dass er für uns da ist und uns seinen Geist schickt, der mit uns durch unser Leben geht."

Lied zum Abschluss: Danke (eventuell noch eine eigene Strophe erarbeiten und singen)

HALLELUJA-Girlande

Die heutige Aktion regt dazu an, etwas herzustellen, womit der Raum des Gottesdienstes auch über diesen Sonntag hinaus gestaltet werden kann: Mit den

es schon auch als Wunder empfinde, wenn du mal deinen Ranzen nicht in die Ecke pfefferst ..." Weiter kommt Mama nicht, weil David ihr ein Kissen an den Kopf geworfen hat.

Als die beiden wieder zur Ruhe gekommen sind, erzählt Mama weiter. „Ich habe noch im Gesangbuch nachgeschaut – unter der Nummer EG 954.41 stehen die Bibeltexte, die für den Pfingstsonntag ausgesucht wurden. Und als Psalm sind ein paar Verse aus Psalm 118 ausgesucht." Und Mama liest vor:

24 Dies ist der Tag, den der HERR macht; lasst uns freuen und fröhlich an ihm sein.
25 O HERR, hilf!
O HERR, lass wohlgelingen!

Kindern wird eine „Halleluja-Girlande" gebastelt. Dazu werden die Kopiervorlagen der Buchstaben auf DIN A4 vergrößert und auf buntes Kopierpapier kopiert. Der Buchstabe „L" wird dreifach gebraucht, da das Wort „Halleluja" drei L enthält, der Buchstabe „A" zweifach. Die Kinder schneiden entlang der durchgezogenen Linien aus, die gestrichelte Linie markiert eine Faltlinie. So hängen immer zwei gleiche Buchstaben an der kurzen gestrichelten Linie aneinander. Werden die Zettel mit den Buchstaben nach außen gefaltet, ist der Buchstabe auf beiden Seiten sichtbar. Legt man eine Kordel in den Falzknick in der Mitte und klebt die zwei Seiten anschließend aufeinander, so reihen sich die Buchstaben wie Perlen auf einer Kette. Wichtig ist es, auf die richtige Reihenfolge der Buchstaben zu achten. Dabei erscheint der Text auf der Rückseite von rechts nach links. Dazu sollte den Kindern erklärt werden, dass das Wort „Halleluja" aus dem Hebräischen kommt. Hebräisch als semitische Sprache wird von rechts nach links geschrieben; daran knüpft die Gestaltung der Kette an. Sie kann beliebig lang gestaltet werden; zwischen den einzelnen Wörtern sollte jeweils etwas Abstand gelassen werden.

Lied: Hallelu, Hallelu
Um die Sprachenvielfalt an Pfingsten aufzugreifen, kann das Lied, das den Psalm als Kehrvers begleitet, in diesem Gottesdienst zusätzlich in verschiedenen Sprachen gesungen werden. Zumindest der englische Test (Praise ye the Lord) und der französische (Gloire au Seigneur) sind gut umsetzbar; den Kindern bereitet es aber durchaus Freude, sich auch an den außergewöhnlichen („exotischeren") Texten zu versuchen (z. B. „Tumsifuni" auf Suaheli). Wenn der Text sicher genug sitzt, kann zum Schluss auch versucht werden, dass zeitgleich jeder in der Sprache singt, zu der er am meisten Lust hat – pfingstliche Sprachenvielfalt in Reinkultur, da ja alle wissen, was gemeint ist.

Segen, s. S. 135

Antje Gottwald

Monatlicher Kindergottesdienst
VI Lasst uns freuen und fröhlich sein   Psalm 118,24–29; Apostelgeschichte 2 i. A.

Psalm 118 ist ein Festtagspsalm, der zur Liturgie unseres Pfingstfestes gehört. Die erfahrene Hilfe Gottes lässt den Tag zu einem Fest werden für alle, die sich zu Gott bekennen und ihm danken. Das Pfingstgeschehen wird in der Apostelgeschichte in bewegten Bildern erzählt. Durch den Heiligen Geist, der sich in Flammen auf sie setzt, werden die Jünger ermutigt. Ihre Enttäuschung und Unsicherheit wird verwandelt in große Freude und Zuversicht.

Der *Gestaltungsvorschlag für den 15. Mai* (S. 144) verbindet den Psalmtext und das Pfingstgeschehen in einer lebendigen *Erzählung* (S. 145). Die Freude drückt sich im *Singen* vieler fröhlicher Lieder aus; s. auch das *Lied zum Psalm* S. 141. Das Lied „Hallelu, hallelu" nimmt die *Sprachenvielfalt* von Pfingsten auf (s. o.). Dazu kann eine *HALLELUJA-Girlande* gebastelt werden (S. 146), die über den Tag hinaus den Gottesdienstraum schmückt.

Zeichnung: Katrin Lange

VII

Lied: Wurzeln, die mich halten, s. S. 160

Liturgischer Text: Psalm 1, Übertragung
s. S. 158

**Abraham – Wurzeln und
Wachsen in Gottes Treue**

Sonntag	Text/Thema	Art des Gottesdienstes Methoden und Mittel
22.5.2016 Trinitatis	1. Mose 12,1–9 Wo sind meine Wurzeln?	Gottesdienst mit Kindern; einen Baum entdecken, Körperübung, Erzählung, Gespräch, Altar bauen, Schnur, Draht, Glassteinchen, Blüten, weißes Tuch, Kerze, Bibel u. a., Bildbetrachtung „Stammbaum Jesu" (S. Köder), eigenen Stammbaum des Glaubens gestalten
29.5.2016 1. Sonntag nach Trinitatis	1. Mose 13,1–12a.18 Wurzeln geben Halt und Haltung	Gottesdienst mit Kindern; Beobachtung zum Baum, Körperübung, Heu, Stroh, interaktive Erzählung, Gespräch, Fußabdrücke in Modelliermasse/Gips
5.6.2016 2. Sonntag nach Trinitatis	1. Mose 18,1–16 und 1. Mose 21,1–7 Wurzeln geben Wachstum	Gottesdienst mit Kindern; Psalm mit Bewegungen, Spiel, Erzählung, Figuren (Kopiervorlage) oder Kegelfiguren, Kopiervorlage Terebinthenbaum, Gespräch, Wurzelbild beschriften, Spiele zu „Lachen"
12.6.2016 3. Sonntag nach Trinitatis	1. Mose 22,1–9 Wenn ich mich entwurzelt fühle	Gottesdienst mit Kindern; Psalm mit Bewegungen, Erzählung (auch als Anspiel), Gespräch, Gestaltung: mit Farben/Wachsmalern ausdrücken, was Abraham/Isaak erlebt hat

Monatlicher Kindergottesdienst
Wo sind meine Wurzeln? (1. Mose 12,1–9) s. S. 171

22. Mai 2016

Trinitatis

1. Mose 12,1–9

Wo sind meine Wurzeln?

Lieder: Gott lässt wachsen, leben einen Baum, RPP 1992/3, S. 58; Wer sich auf Gott verlässt (Psalm 1), LJ 633, LZU 93, Dir sing ich mein Lied 289, Bibelhits 81; Wer Gottes Wort hört und lebt danach (Psalm 1), KiKiHits 20, Mit dem Friedenskreuz d. d. Kirchenjahr 47

Liturgischer Text: Psalm 1

Zum Thema und zum Text

Ein Baum braucht Wurzeln, um sich in der Erde zu verankern. Die Wurzeln geben dem Baum Halt und über sie nimmt er Wasser und Nährstoffe auf. Diese Themenreihe fragt nach den Wurzeln und verknüpft dieses Bild mit der Geschichte von Abraham und Sara. Vielleicht regt sie auch uns an zu fragen: Wo sind meine Wurzeln? Was gibt mir Halt und Kraft im Leben? Wo findet meine Seele Nahrung?

Der vorgeschlagene Bibeltext erzählt von Abraham und Sara. Sie waren mit Abrahams Vater und seinem Neffen Lot aus der Stadt Ur aufgebrochen, um nach Kanaan zu ziehen. Tatsächlich blieben sie aber in der Stadt Haran im Zweistromland und fanden dort eine neue Heimat (1. Mose 11,27–32). Nun fordert Gott Abraham auf, erneut aufzubrechen und alles hinter sich zu lassen. Abraham soll in ein Land ziehen, das Gott ihm zeigen will. Gott verheißt ihm eine große Nachkommenschaft und seinen Segen, der ihn begleiten wird und der sich auch auf seine Nachkommen und darüber hinaus auf den ganzen Erdkreis auswirken soll. Abra-

ham lässt sich auf diese Verheißung Gottes ein und zieht los mit Sara und seinem Neffen Lot.

Als Abraham Gottes Weisung hört, ist er schon alt. Über seine Lebenssituation in Haran erfahren wir nichts, nur dass er und Sara kinderlos sind (1. Mose 11,30). Vielleicht hatten sie sich darauf eingerichtet, ihren Lebensabend in Haran zu verbringen. Vielleicht hatten sie dort Freunde gefunden, Geschäftsbeziehungen geknüpft, Ansehen und Wohlstand erworben. Vielleicht hatten sie dort Wurzeln geschlagen. Aber vielleicht gab es in Abraham auch immer noch den alten Traum vom Aufbrechen, vom Weiterziehen, vom Lande Kanaan, in das damals sein Vater mit ihnen hatte ziehen wollen. Vielleicht denken sie auch: Was haben wir zu verlieren?

Abraham und Sara tauschen ihre Sesshaftigkeit wieder gegen das Nomadenleben ein. Sie ziehen mit ihren Viehherden weiter von Rastplatz zu Rastplatz, immer dahin, wo es Wasser und Nahrung gibt. Ihre ganze Habe führen sie mit sich. Wo sie Rast machen, bauen sie ihre Zelte auf. Auf jede Rast folgt ein weiterer Aufbruch. Sie vertrauen darauf, dass Gott sie auf ihrem Weg begleitet. Immer wieder baut Abraham Altäre und betet zu Gott in der Wüste. So durchziehen sie das Land Kanaan, das Gott Abraham zeigen wollte. Das Land wird nicht Abrahams Eigentum. Doch Gott verheißt erneut: „Deinen Nachkommen will ich dies Land geben." Diese zweite Verheißung Gottes hört Abraham in Sichem an der Eiche More. Als Antwort darauf baut Abraham dort einen Altar, um die Stelle zu kennzeichnen, an der Gott ihm erschienen war. Wir bauen heute Altäre als Orte des liturgischen Handelns. Der Altar ist Ort des Gebetes und der Tisch, um den sich die Gemeinde beim Abendmahl versammelt. Vom Altar wird der Segen gesprochen, die aufgeschlagene Bibel ist Kennzeichen für die Gegenwart Gottes.

Der Text und die Kinder

Abraham wird uns vorgestellt als ein Mensch, der tief im Glauben verwurzelt ist. Er vertraut Gottes Segensverheißung und zieht seine Kraft und Zuversicht aus seinem Glauben. Er weiß nicht, was kommt und wohin sein Weg ihn führt, aber er geht los und vertraut darauf, dass Gott mit ihm geht. So wird Abraham zum Vorbild, zum Glaubensvater der Religionen. Er wird selbst zur Wurzel. Auch Kinder brauchen Vorbilder im Glauben. Sie sind angewiesen auf Menschen, die ihnen von Gott erzählen, mit ihnen beten, Lieder singen, in die Kirche gehen ... Welche Menschen sind für sie wichtig geworden in ihrem Leben? Wer vermittelt ihnen Halt, Geborgenheit und Zuversicht? Das Bild vom Stammbaum Jesu von Sieger Köder kann ein Impuls sein, mit Kindern über ihren eigenen Glaubensstammbaum nachzudenken.

Die meisten Kinder wissen sicher noch nichts von der Lebensweise der Nomaden. Es ist ja auch ganz anders als ihr eigenes Leben. Daher geht die Erzählung ausführlich darauf ein, was den Alltag der umherziehenden Nomaden prägte: das Unterwegssein, das Ankommen am Rastplatz, das Leben in Zelten und unter freiem Himmel, das Leben in einer Sippe.

Wo es möglich ist, sollte der Kindergottesdienst draußen stattfinden, am besten auf einer Decke unter einem großen Baum auf dem Kirchplatz oder im Pfarrgarten.

Gestaltungsvorschlag für jüngere und ältere Kinder

Einen Baum entdecken

Ein Baum mit seinen Wurzeln ist das Symbol für diese Themenreihe. Wenn der Gottesdienst im Freien stattfindet, kann man die Kinder selbst einen großen Baum entdecken lassen. Kann man die Wurzeln sehen? Wie weit reichen sie wohl in die Erde? So weit wie die Äste in den Himmel reichen?! Wie fühlt sich die Rinde an? Wie dick ist der Stamm? Kann einer allein ihn mit den Armen umfassen? Wie alt mag der Baum sein? Wie sehen die Blätter aus? Was ist es für ein Baum?

Findet der Kindergottesdienst drinnen statt, kann man als Alternative ein Foto eines alten Baumes an die Wand projizieren und sich mit den Kindern im Halbkreis darum setzen. Wer hat, kann auch eine Wurzel mitbringen, die im Kreis herumgegeben, betrachtet und befühlt werden kann.

Körperübung

Wir freuen uns an dem Baum in der Mitte und wollen nun selber einmal Baum sein: Wir stellen uns mit den Füßen fest auf den Boden – so wie die Wurzeln in die Erde reichen. Unsere Wurzeln geben uns Halt. Keiner kann uns wegschubsen, so fest stehen wir. Unsere Beine sind der Stamm – stark und biegsam zugleich. Probiert es aus! Unsere Arme – die Äste und Zweige – recken sich nach oben zum Himmel. Unsere Finger – die Blätter – zappeln im Wind und spielen mit ihm. Die Sonne scheint über uns. Wir strecken uns ihr entgegen und werden ganz groß.

Nun stampfen wir mit den Füßen und schütteln unsere Arme aus und sind nicht mehr ein Baum, sondern wieder ein Mensch, der hüpfen und springen kann.

Lied: Gott lässt wachsen, leben einen Baum

Erzählung

Es ist ein heißer Tag. Ruben hält die Hand über die Augen und blinzelt in die Sonne. Er hat Durst. Sie sind schon seit heute Morgen unterwegs. Hastig trinkt er einen Schluck aus der Wasserflasche und reicht sie an seine jüngere Schwester Mirjam weiter. „Hoppla, halt fest!" Fast wäre die Wasserflasche vom Kamel gefallen. Ruben kann sie gerade noch auffangen. Es schwankt aber auch ganz schön hier oben. Die Kamelstute schaukelt bei jedem Schritt wie ein Schiff auf dem Wasser. „Pass auf, dass die Kleinen nicht aus den Körben fallen!", ruft die Mutter Ruben zu. Der schaut zu den Zwillingsbrüdern hinüber. Sie lachen ihn aus ihrem Korb fröhlich an. Die Körbe mit den Kindern sind an den Kamelhöckern befestigt. Ruben braucht keinen Korb mehr, er ist groß genug, um selbst auf einem Kamel zu reiten.

„Wie lange noch? Wann sind wir endlich da?", fragt Mirjam den Bruder. „Bestimmt gibt Onkel Abraham bald das Zeichen zum Halten. Du weißt doch, er ist der Älteste, er bestimmt, wo wir Rast machen und unser Lager aufbauen." „Ja, ich weiß. Kannst du ihn sehen?" Ruben richtet sich ein wenig auf. Ganz vorne an der Spitze ihrer Karawane kann Ruben Abraham auf seinem weißen Kamel erkennen. „Er reitet ganz vorne mit Lot, unserem Vater ... Da, ich glaub, er hält an. Ja, er steigt vom Kamel. Jetzt geht er zu einem Baum hin. Es ist eine Eiche." „Was macht er dort?" „Ich weiß nicht. Ich glaube, er betet. ... Da, jetzt kommt er zurück zu den anderen. Er gibt das Zeichen, dass wir absteigen sollen. Wir sind da!"

„Endlich! Komm, hilf mir runter!" Ruben springt vom Kamel und lässt die Stute sich hinknien, damit Mirjam absteigen kann. Gemeinsam heben sie die kleinen Brüder aus ihrem Korb. Um sie herum herrscht schon geschäftiges Treiben. Ruben liebt diese Aufregung, wenn das Lager wieder neu aufgebaut wird. Überall ertönen Rufe. Die Knechte treiben die Schafe und Ziegen zur Tränke. Die Zeltstangen werden aufgerichtet und die Zeltplanen ausgebreitet. Die Mägde laden die Kamele ab und binden sie fest. „Kommt, wir schauen uns mal die Gegend an." Ruben und Mirjam nehmen die Kleinen auf den Arm und gehen zu der großen Eiche hinüber. Hier ist es etwas ruhiger. Im Schatten unter der großen

Eiche ist es angenehm kühl. Bewundernd streicht Mirjam über die Rinde. „Was für ein schöner Baum. Ob er wohl schon sehr alt ist?" Ruben nickt. „Wahrscheinlich. Schau doch, wie dick der Stamm ist!" „Und sieh mal die knorrigen Wurzeln! Kommt, wir spielen Kamel!" Mirjam setzt ihren kleinen Bruder auf eine gebogene Wurzel und schaukelt ihn hin und her, bis er lacht.

Doch da hören sie die Mutter rufen. „Kommt, es gibt Abendbrot!" Die meisten Zelte sind schon aufgebaut. Die Frauen haben aus den Vorräten ein einfaches Essen aus Brot, Käse und Milch zubereitet. Nach dem Abendessen bringt die Mutter die Zwillingsbrüder ins Bett. Ruben und Mirjam dürfen noch aufbleiben. Sie lauschen noch eine Weile dem Schlaflied, das die Mutter singt, aber dann huschen sie doch noch einmal aus dem Zelt. Die Sonne ist untergegangen und es ist kühl geworden. Die Knechte haben ein kleines Feuer angezündet. Alle haben sich um das Feuer unter der mächtigen Eiche versammelt. Abraham sitzt mit dem Rücken an den Stamm gelehnt. Er erzählt. „Komm", sagt Ruben, „Onkel Abraham erzählt wieder die Geschichte vom Aufbruch." Schnell laufen die Kinder zum Feuer hinüber und setzen sich zu den anderen in den Kreis. Ruben liebt diese Geschichte vom Aufbruch. Aber heute erzählt Abraham sie etwas anders als sonst.

„Früher lebten wir in Ur in Chaldäa. Aber mein Vater zog mit uns nach Haran und dort blieben wir. Wir wohnten dort lange Zeit. Wir haben uns dort eingerichtet, uns an das Leben und die Menschen in Haran gewöhnt. Viele von euch haben Freunde und Verwandte in Haran zurückgelassen." Ruben sieht, wie viele der Zuhörenden nicken und manche seufzen auch, als sie an die Freunde in Haran denken. Schon lange hatten sie sie nicht mehr gesehen. Ruben selbst kann sich kaum noch an die Zeit in Haran erinnern. „Gott hat uns damals nach Haran geführt. Aber dann sprach Gott zu mir: Verlass dein Vaterhaus und deine Heimat und geh in ein neues Land, das ich dir zeigen werde. Ich will dich zu einem großen Volk machen. Ich will dich segnen und du sollst ein Segen für andere sein."

Diese Stelle in der Geschichte gefällt Ruben besonders. Er findet es abenteuerlich und mutig von Abraham, einfach aufzubrechen und in ein fremdes Land zu ziehen. Doch Abraham erzählt schon weiter: „Heute Mittag, als wir hier ankamen, ging ich zu dieser Eiche. Ich betete zu Gott und er sprach zu mir: Abraham, sieh dich um. Dieses Land will ich deinen Nachkommen geben." Lautes Gemurmel erhebt sich: „Was denn, dieses Land wird einmal uns gehören?" „Es ist gutes Weideland." „Ob das den Kanaanitern gefällt, die hier leben?" „Sicher werden sie uns vertreiben!" „Von wessen Nachkommen redet Abraham eigentlich. Er und seine Frau Sara sind alt. Sie haben keine Kinder!" „Wir sind doch nur eine kleine Sippe. Wie können wir einmal ein großes Volk werden?"

Da hebt Abraham die Hand und es wird still in der Runde. „Ich weiß, ihr fragt euch, woher ich meine Zuversicht nehme. Seht her! Schaut euch diese Eiche an. Ihre mächtigen Wurzeln haben sich tief ins Erdreich gegraben. Sie geben ihr Nahrung.

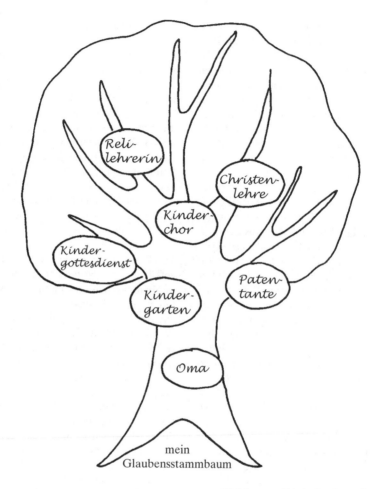

mein
Glaubensstammbaum

Zeichnung: Friederike Creutzburg

Sie geben ihr Halt. Kein Sturm kann diese Eiche umlegen, solange sie tief verwurzelt ist. So ist es auch mit Gott. Wenn wir ihm vertrauen und an seinen Verheißungen festhalten, dann können wir allen Lebensstürmen trotzen. Wir sind Nomaden. Wir wissen nicht, was der morgige Tag uns bringt. Wir werden weiterziehen durch dieses Land. Aber wir können darauf vertrauen: Gott hat uns her-

geführt. Er wird auch mit uns gehen. Lasst uns hier einen Altar für Gott bauen. Wir wollen ihm danken, dass er bei uns ist und uns segnet."

Ruben sieht, wie sein Vater Lot zustimmend nickt: „Ja, wir wollen uns morgen früh wieder hier versammeln und einen Altar bauen und Gottesdienst feiern. Jetzt ist es spät geworden. Lasst uns schlafen gehen." Nach und nach erheben sich alle und gehen zu den Zelten hinüber. Rubens Mutter steht plötzlich hinter ihm. „Kommt, Kinder, es ist Schlafenszeit. Morgen ist auch wieder ein Tag". Als Ruben unter seiner Schlafdecke liegt, muss er an Abraham denken. Leise flüstert er zu Mirjam: „Hoffentlich verschlafe ich nicht, ich will unbedingt beim Altarbauen helfen."

Einen Altar bauen

Mit den Kindern kann unter dem Baum ein kleiner Altar errichtet und geschmückt werden. In der Natur lassen sich viele Dinge finden, die man dafür verwenden kann: Steine, Zweige, Rinde, Blumen, Moos und Blätter ... Wo nicht so viel zu finden ist, kann man selbst einiges bereithalten: Draht, Schnur, kleine Glassteinchen, Blüten, ein weißes Tuch, eine Kerze im Glas, eine Bibel ... Am Altar können alle noch einmal das Lied singen: Gott lässt wachsen, leben einen Baum. Man kann mit den Kindern Teelichte in Gläsern anzünden und auf den Altar stellen. Dabei können die Kinder eigene (Dank-)Gebete sprechen.

Stammbaum des Glaubens

Wer den Gottesdienst drinnen feiert oder mehr Zeit zur Verfügung hat, kann mit dem Bild: „Stammbaum Jesu" von Sieger Köder arbeiten. Es zeigt in kräftigen Farben einen Baum, in dem verschiedene Gestalten der Bibel dargestellt sind. Es ist eine freie Version zum Stammbaum Jesu. Ganz unten im Stamm kniet Abraham mit ausgebreiteten Armen. Er ist der Stammvater des Glaubens. Über ihm sind Jakob, der von der Himmelsleiter träumt, Mose

mit den Gesetzestafeln und König David mit der Harfe dargestellt. Darüber betet Josef, der Vater Jesu. Sein Blick ist auf das Jesuskind gerichtet, das, von Maria gehalten, ganz oben in der Baumkrone zu sehen ist. Auf der anderen Seite weist Johannes der Täufer mit ausgestrecktem Arm auf das Kind. Sie alle können uns zeigen, in welch langer Geschichte des Glaubens wir über die Jahrtausende hinweg stehen. Wir sind verwurzelt im Glauben all derer, die uns lange vorausgegangen sind.

(Dieses Bild kann man ansehen und bestellen bei www.versacrum.de; Verlag am Eschbach; kleine Bildchen oder Pfarrbriefmäntel, je 100 Stück für ca. 10 Euro. Es ist zu finden z. B. in: Die Bilder der Bibel von Sieger Köder, hg. v. Gertrud Widmann, Schwabenverlag, S. 145, dort mit Bildbeschreibung; Kinder-Bibel mit Bildern von Sieger Köder, Verlag Kath. Bibelwerk, S. 83.)

Das kann uns dazu anregen, über unser eigenes Leben nachzudenken. Welche Menschen, welche Glaubensvorbilder waren und sind für uns wichtig? Die Kinder malen und schreiben auf Medaillons aus Papier, wer ihnen von Gott erzählt hat und wo sie etwas vom Glauben erfahren. Diese Medaillons können in einer Gemeinschaftsarbeit in einen großen Baum geklebt werden (s. Zeichnung; auf der CD gibt es den Stammbaum zusätzlich ohne Medaillons). Es kann auch jedes Kind individuell seinen Glaubensstammbaum gestalten. (Dazu ist die vorherige Beschäftigung mit dem Bild von Sieger Köder nicht unbedingt nötig.)

Friederike Creutzburg

29. Mai 2016
1. Sonntag nach Trinitatis

1. Mose 13,1–12a

Wurzeln geben Halt(ung)

Lieder: Die Kerze brennt: LH 2, KG 28, MKL2 21, KiKiHits 9, LB 378; Eingeladen zum Fest des Glaubens, LB321; Kindermutmachlied, LB 349, KG 150, LJ 624, MKL 100, LH 26, KiKiHits 25; Vater Abraham: Sein Ruhm, unsere Freude 130; Wurzeln, die mich halten, s. S. 160; Kommt, wir pflanzen den Hoffnungsbaum, LZU 61; Abraham, Abraham, verlass dein Land: EG 311, LJ 171, KG 160; Halte zu mir guter Gott: LH 82, KG 8, LJ 549, LB 362, KiKiHits 10, MKL 52; Vom Anfang bis zum Ende, Du bist Herr Kids 194, LB 369

Liturgischer Text: Psalm 1, Übertragung s. S. 158

Zum Thema

„Die Bäume mit tiefen Wurzeln sind die, die hoch wachsen" (Frédérik Mistral). Die Wurzel eines Baumes sorgt dafür, dass die Pflanze im Boden gut verankert ist und mit genügend Nährstoffen aus der Erde versorgt wird. Einen Baum mit kräftigen Wurzeln bringt so leicht nichts aus dem Gleichgewicht. Je tiefer seine Wurzeln reichen, desto sturmfester ist die gesamte Pflanze. Sie geben ihr den nötigen Halt. In Psalm 1 wird der im Glauben verwurzelte Mensch als ein fruchtbringender Baum beschrieben. Seine Wurzeln halten ihn an diesem rechten Ort und sorgen dafür, dass er seinen Stand nicht verliert. Wo uns unsere Wurzeln in Gefahrenmomenten vor dem Sturz bewahren, wächst das Vertrauen in die eigene Standfestigkeit und schrumpft die Furcht. Aus der Erfahrung des Gehaltenwerdens entwickelt sich so auch eine bestimmte Haltung: ein vertrauensvoller Optimismus, der angstfreie Offenheit gegenüber Neuem einschließt.

Doch längst nicht jeder Ort eignet sich, um dort Wurzeln zu schlagen. Es braucht den richtigen Grund, mit dem die Wurzeln sich verbinden. Neutestamentliche Anknüpfungspunkte bieten hierbei der Schlussteil der Bergpredigt „Vom Haus auf dem Felsen" (Mt 7,24–27) und das Gleichnis vom vierfachen Ackerfeld (Mk 4,1–9 par). Wurzeln sind aber auch etwas, das man nicht auf Anhieb sieht. Sie bleiben dem außenstehenden Betrachter verborgen, es sei denn, er beginnt nach ihnen zu graben.

Auch unsere eigenen Wurzeln können schnell in Vergessenheit geraten, wenn wir uns ihrer nicht ab und zu vergewissern. Deshalb ging es im vorherigen Kindergottesdienst darum, sich der eigenen Wurzeln bewusst zu werden. Dabei kann es hinderlich sein, wenn man in den falschen Dingen zu tief verwurzelt ist. Denn woran unsere Wurzeln festhalten, davon kommen wir auch nur schwer wieder los. Wenn wir uns zu fest an einem Ort, einer Sache oder auch einem Besitz verwurzeln, werden wir unbeweglich und abhängig. Doch gerade das Gegenteil ist bei Abraham der Fall. Im Glauben verwurzelt zu sein, macht ihn in seinen Entscheidungen deutlich flexibler. Weil er im Vertrauen auf Gott seine Heimat gefunden hat, ist es ihm egal, an welchen Ort er mit seinen Männern zieht. Sein Glaube gibt ihm diese Sicherheit.

Zum Text

Wurzeln brauchen oft eine lange Zeit, um zu wachsen. Solches Gottvertrauen wie das Abrahams kommt selten über Nacht. Auf die große Segensverheißung für Abraham und seine Nachkommen in 1. Mose 12,1–9 folgt deshalb zunächst eine Erfahrung, die zum Wachstum dieser „Glaubenswurzel" Abrahams führt. Abraham und seine Frau werden vor dem ägyptischen Pharao bewahrt, obwohl dieser gar nicht vorhatte, ihnen zu schaden. Es ist ein Zeichen der uneingeschränkten Solidarität Gottes mit Abraham und eine erste Erfüllung seiner Verheißung aus 1. Mose 12,2. Aus dieser unfreiwilligen Konfrontation mit dem Pharao geht Abraham gestärkt hervor, denn er hat erfahren, dass Gott sein Wort hält.

Zu Beginn unseres Textes wird sein Wohlstand nochmals betont. Er kann als äußerlicher Ausdruck seiner im Glauben gewonnenen Freiheit gesehen werden, die ebenfalls Teil der göttlichen Verheißung ist. Durch diese Erfahrung ermutigt, wagt Abraham, den Konflikt mit Lots Hirten anzusprechen. In diesem Gespräch wird die im Vertrauen auf Gott gewonnene Freiheit deutlich, welche es ihm erlaubt, völlig uneigennützig zu handeln, indem er Lot die freie Wahl des Landes überlässt. Abraham ist bereits so fest im Glauben an Gott verwurzelt, dass er Lot ohne Missgunst oder eigene Zukunftsängste die wasserreichen Gebiete am Jordan abtritt. Diese vertrauensvolle Einstellung Abrahams gegenüber Gott entspricht dabei dem Verhalten, das Jesus bei der Bergpredigt in der Rede „Vom Schätzesammeln und Sorgen" (Mt 6,19–34) von seinen Nachfolgern fordert.

Das Thema, der Text und die Kinder

Der symbolische Übertrag von den Wurzeln eines Baumes auf die eigene Haltung im Leben ist gerade für jüngere Kinder noch eine große Herausforderung. Die eigene Standfestigkeit ist hingegen direkt am eigenen Körper erfahrbar. Auf diese Weise kann vermittelt werden: Wenn du mit beiden Beinen fest im Glauben stehst, ist es schwer, dich zum Fallen zu bringen.

In diesem Kindergottesdienst sollen die Kinder durch das Erleben von Gottes Geschichte mit Abraham selbst ermutigt und gestärkt werden. Deshalb stehen erlebnisorientierte Elemente im Vordergrund dieses Entwurfs.

Gestaltungsvorschlag für jüngere und ältere Kinder

Begrüßung
Wir feiern unseren Kindergottesdienst, im Namen des Vaters, der uns Füße gegeben hat, mit denen wir durchs Leben gehen,

im Namen des Sohnes, der uns wieder auf die Beine hilft, wenn wir den Halt verlieren,
und im Namen des Heiligen Geistes, der uns die Kraft gibt, um sicher zu stehen. Amen

Lied: Die Kerze brennt *oder* Eingeladen zum Fest des Glaubens (nur Refrain)

Wechselgebet nach Psalm 1 (Übertragung)
Liturg: Gesegnet seid ihr, die ihr euch auf Gott verlasst und eure Hoffnung auf ihn setzt.
alle: Ich bin stark wie ein Baum mit Wurzeln, die mich halten.
Liturg: Der gepflanzt ist am frischen Wasser und täglich weiter wächst und gedeiht.
alle: Ich bin stark wie ein Baum mit Wurzeln, die mich halten.
Liturg: Dem rechtzeitig reife Früchte wachsen und seine Blätter verwelken nicht.
alle: Ich bin stark wie ein Baum mit Wurzeln, die mich halten.
Liturg: Gott gibt euch Kraft und macht euch Mut, weil ihr ihm vertraut.
alle: Ich bin stark wie ein Baum mit Wurzeln, die mich halten.
Liturg: Denn ihr habt eure Wurzeln im Gauben an Gott.
alle: Ich bin stark wie ein Baum mit Wurzeln, die mich halten.
Liturg: Ohne Gott sind wir wie Heu oder Stroh, das ein Windhauch wegpusten kann.
alle: Ich bin stark wie ein Baum mit Wurzeln, die mich halten.
Liturg: Gesegnet seid ihr, die ihr euch auf Gott verlasst und eure Zuversicht auf ihn setzt.
alle: Amen

Thematische Hinführung

Falls das Wetter und der Ort es erlauben, kann dieser Gottesdienst im Grünen, im Halbkreis um einen großen alten Baum gefeiert werden. Zur Einstimmung auf das Thema wird ausprobiert, wie leicht Heu oder Stroh, das nicht mehr mit der Erde verwurzelt ist, vom Wind oder den Kindern weggepustet werden kann. Im Vergleich dazu können die Kinder erst einzeln, dann gemeinsam versuchen einen großen, gut verwurzelten Baum umzustoßen. Wo dies nicht draußen möglich ist, können Bilder von einem standfesten Baum (möglichst eine Eiche wegen des großen und dichten Wurzelsystems) gezeigt werden. Vielleicht kann auch eine alte Baumwurzel besorgt werden, die in die Kreismitte oder vor den Altar gelegt wird.

Eine Körperübung, die drinnen und draußen gleichermaßen durchgeführt werden kann, zeigt den Kindern, wie wichtig ein fester Stand für die eigene Sicherheit ist: Die Kinder stellen sich im sicheren, leicht breitbeinigen Stand hin. Ihre Füße stehen fest und sicher auf dem Boden. So als wären sie Wurzeln, die sich mit dem Untergrund verbinden und ganz tief in die Erde hineinreichen. Sie strecken die Arme wie eine Baumkrone in die Höhe. Wenn ein Sturm aufkommt, beginnen zuerst die Blätter zu rascheln (mit den Fingern wackeln). Wird der Sturm stärker, wackeln die Äste bald mit (mit den Arme „winken"). Ist der Sturm besonders stark, biegt sich manchmal sogar der Baumstamm im Wind (mit dem Oberkörper nach vorne und hinten pendeln). „Wie lange könntet ihr wohl so stehen? Wie fühlt sich das an?"

Dann stellen sich alle Kinder auf ihre Zehenspitzen, so als hätten sie kaum

Wurzeln, die sie mit dem Untergrund verbinden, und wiederholen die Körperübung. „Was war anders? Wie lange habt ihr durchgehalten?"

Interaktive Erzählung des Bibeltextes

Hinweise: Die Kinder stellen sich im Kreis auf. Der Erzähler muss so stehen, dass alle ihn sehen können.

Zur Einstimmung auf die Erzählung kann an dieser Stelle das „Vater Abraham"-Lied mit den dazugehörigen Bewegungen gesungen werden. (Hier ist die Liedversion mit dem folgenden Text gemeint: Vater Abraham hat viele Kinder, viele Kinder hat Vater Abraham. Ich bin eins von ihnen, und eins bist du; so preisen wir den Herrn. Melodie s. z. B. youtube)

Dann erzählt der Erzähler die Geschichte und macht die Bewegungen vor, die die Kinder im Kreis nachmachen:

Wir sind zusammen mit Abraham und seinem Neffen Lot unterwegs durch das große weite Land Kanaan. (alle gehen im Kreis rechtsherum) Abraham hat viel von Gott geschenkt bekommen. Gott hat es ihm versprochen und hat sein Versprechen gehalten. Abraham ist jetzt ein reicher Mann. Wenn man alles Geld und Gold auf einen Haufen legt, dann ist es sooo groß.
(mit den Händen einen „Berg" in der Luft nachzeichnen)
Aber Abraham ist nicht nur reich an Geld. Er hat auch viele Menschen, die ihm folgen. So wie wir. (im Kreis herumzeigen)
Und Abraham gehören auch viele Tiere. Er hat Ziegen und Schafe, die während der Reise ständig blöken und meckern.

(„Määääh" rufen)
In seiner Herde sind außerdem viele Bullen und Kühe.
(„Muuuh" rufen)
Er hat sogar Esel dabei, die laut „IA" rufen.
(„Iaah" rufen)
Den ganzen Tag über wandern wir so mit Abraham und seinen Tieren durch das Land.
(links herum laufen)
Abends, wenn es dunkel wird, setzen wir uns hin, um Pause zu machen und zu schlafen. (hinsetzen und gähnen)
Gut ausgeruht geht es dann am nächsten Tag weiter. (räkeln, aufstehen, rechts herum gehen)
Es werden immer mehr Menschen und Tiere um uns herum.
Manchmal sind die Tiere so laut, das man sein eigenes Wort kaum verstehen kann.
(beim Laufen laut „Muuh, Määh und IA" rufen)
Und außerdem wird es immer enger, so dass wir kaum noch Platz zum Gehen haben. Es geht immer langsamer vorwärts.
(nur noch schleichend vorwärts gehen)
Ständig stoßen Abrahams Hirten mit den Hirten von Lot zusammen.
(Kopf gegen die erhobene Handfläche stoßen)
„So geht das nicht weiter", denkt sich Abraham und schüttelt den Kopf.
(Kopf schütteln)
Er ruft seinen Neffen Lot herbei.
(„Lot" rufen)
„Hier ist nicht genug Platz für so viele Menschen und Tiere", sagt Abraham. „Wir müssen uns trennen. Such dir aus, wo du mit deinen Leuten und Tieren hingehen willst, ich gehe dann in die andere Richtung", schlägt er Lot vor.

Wurzeln, die mich halten

© Text und Melodie: Tobias Crins

1. Wenn es drau-ßen stürmt und kracht, hat mir das manch-mal
2. Wenn ich mal al - lei - ne bin,_ ist das jetzt nicht mehr
3. A - bra - ham hat Gott ver-traut. Hat nicht auf lo - sen

1. Angst ge-macht. Doch heut denk ich an A - bra-ham, der
2. ganz so schlimm. Denn dann denk ich an A - bra-ham, der
3. Sand ge-baut. Drum mach ich es wie A - bra-ham, der

Refrain

1.–3. im - mer wie-der Mut von Gott be-kam. Denn ich hab Wur-zeln, die mich

hal - ten.__ Hab fes-ten Grund auf dem ich steh. Mein Gott ist

bei mir al - le Zei - ten. Er hält mich fest, wo ich auch geh.

bei xx klatschen

Ein Begleitsatz zum Lied findet sich auf der CD.

Lot schaut sich nach allen Seiten um. (einmal im Kreis drehen) In der Ferne entdeckt er eine Gegend mit vielen Bäumen, Sträuchern und Blumen.

(Hand an die Stirn zum Ausguck halten) Dort gibt es genug Gras für die Tiere und Beeren und Früchte für seine Leute. Also verabschiedet er sich von

Abraham, klopft ihm auf die Schulter (rechtem Nachbarn auf die Schulter klopfen) und geht mit seinen Leuten und Tieren dorthin.
Abraham schaut in die andere Richtung.
(Hand an die Stirn zum Ausguck halten)
Dort sieht er keine Bäume, auch keine Sträucher und Blumen. Aber er erinnert sich daran, dass Gott ihm versprochen hat, dass er ihm hilft und für ihn sorgt. Deshalb hat er keine Angst und geht mit festen Schritten in die andere Richtung.
(gemeinsam stampfen)
Denn er weiß: Gott ist immer bei mir, wohin ich auch gehe.
Damit verabschieden wir uns für heute erstmal von Abraham und seiner Geschichte.
(zum Abschied winken)

Lied: Wurzeln, die mich halten

Kreative Vertiefung: Fußabdrücke
Abraham hatte einen festen Stand. Den konnte nichts so leicht umpusten. Ein Zeichen dafür, dass auch die Kinder fest und sicher stehen, ist ihr Fußabdruck. „Je fester ihr steht, desto tiefer drückt er sich in die Erde hinein." Als Erinnerung an Abrahams standhaften Glauben gestalten die Kinder Fußabdrücke in sogenanntem Trittschaum, der auch im medizinischen Bereich eingesetzt wird, um dreidimensionale Abdrücke zu erstellen (Kosten pro Schachtel für zwei Abdrücke ca. 2,50 €). Dazu treten die Kinder einfach in die Masse, die bereits bei leichtem Druck nachgibt und so einen Fußabdruck formt. Der Trittschaum wird üblicherweise in einer fußgroßen Schachtel geliefert, deren Außenseite die Kinder mit ihrem Namen beschriften und durch Bekleben oder Bemalen mit dem Motiv des fest verwurzelten Baums verzieren. Möglich ist auch Gips-Modelliermasse zum Anrühren oder Reliefmasse. Dafür einen passenden Schuhkarton-Deckel mit Alufolie auskleiden. Ältere Kinder können mit Permanentstiften einen passenden Bibelvers daraufschreiben, z. B. „Gott spricht: Ich lasse dich nicht fallen und verlasse dich nicht" (Josua 1,5).

Fürbitten (mit Liedruf: „Halte zu mir, guter Gott", nur 1. Strophe)
Herr, unser Gott,
wir danken dir dafür, dass du uns Kraft und Sicherheit gibst durch dein Versprechen immer bei uns zu sein. Wie Abraham wollen auch wir darauf vertrauen, dass du dein Versprechen hältst und für uns da bist, wenn wir dich brauchen. Mit dir an unserer Seite brauchen wir uns nicht zu fürchten. Darum rufen wir zu dir:
Halte zu mir, guter Gott …

Manche Kinder sind unsicher, weil sie Angst davor haben, dass die Größeren und Stärkeren sie ärgern. Wir bitten dich: Mach ihnen Mut und gib ihnen einen sicheren Stand, damit sie sich trauen mitzuspielen und zu reden. Gott wir brauchen dich und darum rufen wir zu dir:
Halte zu mir, guter Gott …

Viele Menschen sind traurig, weil sie große Sorgen haben. Manche sind krank, andere haben keine Familie mehr und wieder andere haben kein Geld.
Für diese Menschen bitten wir, dass sie die Hoffnung auf dich nicht aufgeben. Hilf du ihnen wieder auf die

Beine zu kommen. Für sie rufen wir zu dir, Gott:
Halte zu mir, guter Gott …

Zusammen sprechen wir das Gebet, dass alle Christen auf der Welt kennen und sprechen:
Vater unser …

Segenslied: Vom Anfang bis zum Ende

Segen

Gott gebe dir Wurzeln, die dich halten.
Er gebe dir festen Boden, wohin du auch gehst.
Er sei bei dir jetzt und für immer und schenke dir Frieden.
So segne und behüte dich Gott, der Vater, der Sohn und der Heilige Geist. Amen

Tobias Crins

---

5. Juni 2016
2. Sonntag nach Trinitatis

1. Mose 18,1–16.21,1–7

Wurzeln geben Wachstum

Lieder: Dass dein Wort in meinem Herzen starke Wurzeln schlägt, Feiert Jesus 140, Unser Liederbuch 329, Feiern und Loben 101; Geh unter der Gnade, Feiert Jesus 1 254; Komm, Herr, segne uns, EG 170, LJ 116, MKL 22, LB 82; Abraham, verlass dein Land, KG 160, LJ 171; Geh, Abraham, geh, Singt mit uns 138, Sein Ruhm, unsere Freude (1997) 20, Songs junger Christen2 160

Liturgischer Text: Psalm 1 (nach: Gib mir Wurzeln, lass mich wachsen); Übertragung von Psalm 1, s. S. 158

Zu Thema und zum Text

Wir hören eine Geschichte aus der Zeit der Nomaden. Aus wandernden Viehhirten wurde das wandernde Gottesvolk. Die Erzählungen von den Erzeltern berichten von den Anfängen. „Ein wandernder Aramäer war mein Vater." (5. Mose 26,5) Dieses erste geschichtliche Glaubensbekenntnis des Volkes Israel führt zu Abraham zurück. Das Volk Gottes war ständig unterwegs. Abraham – heute würde man ihn vielleicht als Wirtschaftsflüchtling bezeichnen – zieht von Ur in Chaldäa (heute Irak) über das Gebiet vom heutigen Syrien zunächst nach Haran, dann über den Libanon ins Land Kanaan (Israel, Palästina). Bis in die Ebenen von Jericho geht dieses Gebiet. In der Nähe von Hebron lässt sich Abraham nun nieder, er steht an der Stufe zum

Sesshaftwerden. Er hat größere Herden, lebt zwar noch im Zelt, aber seine und Saras Wurzeln werden sich hier neu entwickeln. In der Höhle Machpela (heute Hebron, Palästina) wird Abraham später ein Stück Land kaufen, um darauf seine Frau zu beerdigen.

In diese Situation hinein spricht der Text. Er erzählt eine für unsere Ohren exotische Geschichte aus einer Welt, die wir nicht aus eigener Erfahrung kennen. Wir leben in Häusern, in einem festen sozialen Gefüge. Das tägliche Leben ist kein Kampf um die Existenz und wir wandern und schlagen im Urlaub gelegentlich unsere Zelte auf. Das wandernde Gottesvolk erlebt im Ersten Testament (AT) einen Gott, der mitgeht, der begleitet, der zu Besuch kommt und Boten vorbeischickt. Diese Bilder sind wichtig, wenn wir verstehen wollen, von welchen Menschen die Bibeltexte zuerst berichten und an welche Leser sie sich richteten. Die Erzählungen aus 1. Mose sollten das Volk Israel in einer Blütezeit des Wohlstandes als Wirtschaftsregion daran erinnern, wo seine Wurzeln sind, im einfachen bedrohten Leben, wo Gott in der Wüste erscheint.

Sie sollten auch den Menschen im babylonischen Exil Mut machen, durchzuhalten und darauf zu vertrauen, dass sie einmal in ihre Heimat zurückkehren dürfen. Die ersten Leser dieser Texte erinnern sich grundsätzlich an die Verheißungen Gottes und das hält sie im Glauben, es schafft Identität und soll vor Überheblichkeit schützen. Wir Christen, die in dieser Tradition stehen, dürfen daraus etwas lernen. Beim näheren Hinsehen können wir hinter unserem grellbunten Leben, in dem wir versuchen gute Christen zu sein, ein Zelt mit Sara wahrnehmen und Abraham

davor, den Gott besucht, um ihnen eine existenzielle Verheißung mitzuteilen. In aller Ruhe, mittags, im Schatten, ohne vorherige Email, SMS oder Netzwerkankündigung geschieht es. Gott kommt selbst vorbei.

Bei den Bäumen im Hain von Mamre könnte es sich um einen Terebinthenbaum (eine Terpentin-Pistazie, bis 5 m hoch) oder um Steineichen (ein ausladender Charakterbaum, bis 20 m hoch) gehandelt haben.

Der Text und die Kinder

Die Kinder hören von einer Familiengeschichte, die von ihren Themen her erst einmal logisch ist. Abraham ist der Kümmerer für die Familie. Er organisiert das Leben einer Gruppe von Menschen, die immer nur eine Zeit lang ihre Zelte aufschlagen und dann weiterziehen.

Die beiden Hauptmotive der Erzählung sind für Kinder gut nachvollziehbar: Zum einen, einen Ort zu finden, an dem man sich wohlfühlt (und sein Zelt gerne aufschlagen würde), und zum anderen, dass aus diesem Ort eine Heimat wird, ein Platz, an dem man Wurzeln schlagen möchte. Dies geschieht in der Geschichte durch den Besuch Gottes und mit der Ankündigung für Sara, die nun „ihren Platz" im Leben finden wird. Ohne Kinder war die Frau in der damaligen Zeit nicht viel wert und ohne Halt. Ein dritter Aspekt, dass sich Kinder gern besuchen lassen und selbst mit Vergnügen Besuche machen, erhöht die Spannung. Wer kommt zu Besuch? Kann Gott zu Besuch kommen? – Das könnte ein Einstieg für ein theologisierendes Gespräch sein.

Gestaltungsvorschlag für jüngere und ältere Kinder

Lied: Geh, Abraham geh

Psalm 1
(Dazu stehen die Kinder fest auf dem Fußboden und machen die Bewegungen eines Baumes mit.)

Vorstellungsspiel
Jedes Kind erhält einen Holzkegel, Wattekegel, Naturkorken oder Ähnliches und gestaltet ihn als seine eigene Spielfigur.
Die Leiterin legt die Vorlage des Baumes (kopiert, A3) auf den Tisch und bittet die Kinder:
Stell dich den anderen vor, Name, Alter, Familienmitglieder, Wohnort ... (Auswahl nach Alter der Kinder treffen).

Stell deine Spielfigur an deinen Lieblingsplatz im Bild. Wo möchtest du gerne sein? Warum hast du dich dort hingestellt? Die Kinder können benennen: Ich sitze auf dem Ast, um einen guten Überblick zu haben. Ich bin an der Wurzel, weil sie Lebenskraft für den Baum gibt. Ich bin im Zelt, dort ist es gemütlich ...

Vorbereitung der Erzählung
Die Leiterin hat auch 6 Kegelfiguren dabei: Abraham, Sara, Isaak und dann noch 3 gleich aussehende Figuren der Besucher (Gott) oder die Figuren aus der Vorlage werden benutzt. Der Besucher wird 3 x kopiert.
Abraham und Sara werden benannt. Der Baum wird nun zur „Terebinthe von Mamre".

Erzählung
Abraham und Sara sind weitergezogen und wohnen jetzt mit ihren Herden von Schafen, Ziegen und Rindern und mit ihren Hirten und Dienerinnen in Mamre. Unter einem riesigen Terebinthenbaum haben sie ihre Zelte aufgeschlagen. In der Nähe gibt es genügend Wasser für Menschen und Tiere.
Es ist gerade Mittagszeit und Abraham ruht sich im Schatten des Zeltes aus.
(Abraham an das Zelt stellen)
Sarah hat drinnen zu tun.
(Sara in das Zelt stellen)
Hier wird sie nun für eine Weile leben, bis sie wieder weiterziehen. Manchmal ist sie traurig und denkt: „Ich habe wirklich nichts zu lachen. Ich bin nun schon alt und Abraham auch. Und noch immer haben wir kein Kind bekommen. Ein Kind würde mir feste Wur-

Abraham

Isaak

Sara

Besucher

Besucher

Besucher

Zeichnungen: Katrin Lange

zeln geben, so wie diesem Baum da draußen."

Abraham blinzelt in die Ferne und sieht auf einmal eine Gestalt. Er springt auf und läuft ihr entgegen. Da sieht er, dass es drei Wanderer sind, fremde Besucher.

(Abraham und die 3 Besucher begegnen sich)

„In dieser Mittagshitze sind sie unterwegs", denkt Abraham und sagt: „Gruß und Verehrung, euch Fremden, kommt näher und bleibt ein wenig zur Rast."

(Besucher gehen unter den Baum und Abraham geht zu Sara ins Zelt)

„Schnell Sara, bereite Brot und Fleisch vor, wir haben Gäste."

Abraham bringt Wasser für ein kühlendes Fußbad für die Besucher. Er holt Milch und Sahne und bewirtet die Fremden mit allem.

(Abraham und 3 Besucher sitzen am Baum)

Der Besuch lässt es sich schmecken. Dann fragen sie Abraham und jetzt spricht Gott durch sie. „Wo ist Sara, deine Frau?"

Abraham antwortet: „Drüben im Zelt ist sie."

Gott redet weiter durch die Männer: „Dann höre, in einem Jahr besuche ich dich wieder und dann wird Sara einen Sohn haben."

Sara ist zum Zelteingang gekommen (Sara an den Zeltrand rücken)

und hat alles gehört. Sie schlägt sich mit der Hand auf den Mund. Beinahe hätte sie losgeprustet. Und dann lacht sie auch leise, weil sie denkt: „Lachhaft, ich soll einen Sohn haben, in meinem Alter? Aber irgendwie hat es Gott ja immer versprochen. War das Gottes Stimme eben?"

Gott fragt Abraham: „Warum lacht Sara?"

Jetzt traut sich Sara aus dem Zelt. (Sara zu den anderen stellen)

„Ich habe nicht gelacht", sagt sie. Sie weiß, dass das nicht stimmt. Sie ist verwirrt, weil sie nicht an einen Sohn glauben kann. Gott schmunzelt. (Die Männer schmunzeln.)

Der Besuch ist längst wieder fort. (die 3 Besucher wegnehmen)

Gott hat sein Versprechen gehalten. Sara wird schwanger und nach neun Monaten bekommt sie einen Sohn. Sie strahlt und nennt ihn: Isaak, Gott lacht.

(Isaak steht neben Sara und Abraham)

Alle Hirten und Dienerinnen freuen sich mit und sagen: Jetzt hat Sara etwas zu lachen.

Sara ist sich sicher: „Nun habe auch ich feste Wurzeln hier, so wie der Baum, weil Gott mich gesegnet hat. Meine Familie kann nun wachsen."

Sie stellt sich vor, wie Isaak aufwächst. Und jetzt lacht sie Freudentränen.

Gespräch mit Frageimpulsen für Ältere

– Was gibt dir Wurzeln?

Familie, Freunde, Liebe, Gott/Jesus, der mein Freund ist, die Kirchengemeinde, unsere Kindergottesdienstgruppe ...

– Wann haben Menschen keine Wurzeln mehr?

im Krieg, wenn sie aus ihrem Land fliehen müssen, wenn keiner freundlich mit ihnen ist, wenn Menschen keine Hoffnung haben ...

– Können wir uns gegenseitig helfen, damit wir alle starke Wurzeln bekommen?

Freundlichkeit, Offenheit, Toleranz, Vertrauen auf Gott, Geschichten von Gott hören ...

Aktion: Auf das Bild werden nun diese Dinge in die Wurzeln geschrieben.

Wenn Gott zu Besuch kommt:
Wie stellst du dir das vor?
Wo würdest du ihn empfangen?
Was würdest du Gott fragen wollen?

Gestaltungsaktionen für Jüngere (evtl. auch für Ältere)

Der Lachteppich

Wir testen, wie wir aussehen, wenn wir lachen. Fotos für den Kigo-Raum können mit vorheriger Erlaubnis der Eltern gemacht und später zu einer Collage (Lachteppich) zusammengestellt werden. Auch Zeichnungen mit lachenden Gesichtern wären möglich.

Lachen gibt uns Freudenwurzeln

Wir erzählen uns etwas, das unglaublich, witzig (aber wahr) ist und testen, ob die anderen darüber lachen können. (Für ganz Kleine ist das zu schwierig.)

Lach-o-mat (Waschmaschinenspiel)

Ein Kind ist der Lach-o-mat. Es steht da und bewegt sich nicht. Ein Kind ist der Käufer, der versuchen soll, den Lach-o-mat zu bedienen. (Das Kind geht erst einmal hinaus.) Ein Kind ist der Verkäufer, der mit der Gruppe festlegt, wo der Lach-o-mat an- und ausgeschaltet wird. Beispiel: Anschalten: auf die Nase (sachte) drücken, Ausschalten: rechten Arm heben.

Der Käufer kommt herein und hat 3 Versuche, herauszufinden, wo und wie an- und abgeschaltet wird. Gelingt ihm das Anschalten, macht der Lach-o-mat lachende Geräusche, wird er ausgeschaltet, steht er wieder still. Grundregel: Dem „Lach-o-maten" darf man nicht weh tun.

Gebet

Lieber Gott, gib uns feste Wurzeln, damit wir im Leben gut wachsen können. Schenke uns Freunde und Menschen, die uns dabei helfen. Mache die wieder glücklich, die ihre Wurzeln verloren haben. Schenke uns die Bereitschaft dabei mitzuhelfen. Amen

Im Kreis verabschieden wir uns:

Segen

Der Segen Gottes, der Abraham begleitet hat, begleite auch uns.
Der Segen Gottes, den Sara erfahren hat, erfreue auch unser Herz.
Der Segen Gottes, der Menschen Halt und Kraft gibt, wurzele auch in unserem Leben.

Katrin Lange

12. Juni 2016
3. Sonntag nach Trinitatis

1. Mose 22,1–19

Wenn ich mich entwurzelt
fühle ...

Lieder: s. die Liedvorschläge S. 162

Liturgischer Text: Psalm 1 (nach: Gib mir Wurzeln, lass mich wachsen); Übertragung von Psalm 1, s. S. 158

Zum Thema

Das Leben von Abraham und seiner Familie ist stets ein Leben mit Brüchen und Entwurzelungserfahrungen wie Auszug, Wirtschaftsflucht nach Ägypten, der Weg des wandernden Nomaden, dem Gott maximal Wegmarkierungen setzt. Gott bleibt dennoch unverfügbar, nur die Handelnden repräsentieren seinen Willen, indem sie Brüche zulassen und immer wieder neu beginnen im großen Vertrauen. Das macht sie zu Trägern der göttlichen Verheißung, des göttlichen Segens.

Beide, Abraham und Sara, haben oft nichts zu lachen, bis ins hohe Alter hinein. Nun stellt Gott Abraham auf eine Probe, die (wieder) existenziell ist. Sie bedarf einer Vorbereitung. Der „Aufbruch", die „vorbereitete Reise" von der in 2. Mose 22 berichtet wird, ist erst einmal eine Herausforderung für den Leser, trotz der Anmerkung in V. 1a. Eine kleine Karawane macht sich auf den Weg: Abraham, Isaak, zwei Knechte, die den Esel mit Brennmaterial führen. Abraham geht es nicht gut, sein Kind ist bedroht. Es kann ihm nicht gut gehen, so mutmaßen wir.

Abraham wird geprüft, vielleicht weil er mit seinen „Familienangehörigen" auch nie zimperlich umging. Er mutete Sara eine Menge zu, zweimal sollte sie die Ehe mit ihm verleugnen, um sein Leben zu schützen (1. Mose 12 und 20) und auch Hagar und Ismael, seinen Erstgeboren, schickte er „in die Wüste" (1. Mose 21). Doch nun geht es nicht mehr um die anderen, es geht um Abraham. Er könnte lebensmüde sterben, aber Gott möchte da noch ein Wort sprechen: „NEIN, streck deine Hand nicht aus!"

Das Thema und die Kinder

Die Kinder haben im letzten Kindergottesdienst erfahren, dass sich die Verheißung Gottes erfüllt hat. Im hohen Alter haben Abraham und Sara einen Sohn bekommen, Isaak. Vorher hatte Sara nichts zu lachen, aber jetzt schien alles gut zu werden. Doch nun hat Abraham nichts zu lachen. Er scheint entwurzelt zu werden. Das, was Kindern große Sorgen macht, tritt hier auf einmal ein. Eine Prüfung, die ganz schwer ist. Ein Kind ist bedroht: Isaak. Kinder wissen, dass ihre Eltern um sie besorgt sind. Manchmal erleben sie auch eine „Überfürsorge", die sie einschränkt. Aber das Grundvertrauen in die Eltern ist vorhanden, zu ihnen kann man (fast) immer kommen. Wenn das Vertrauen in die Eltern erschüttert ist, dann beginnt das ganze Weltbild zu wanken. Ihre Wurzeln halten sie nicht mehr. Überforderung der Jüngeren und Prüfungsdruck der Älteren ist auch den Kindern im Kindergottesdienst nicht fremd. Abraham vertraut Gott bedingungslos. Er hinterfragt nicht Gottes Anweisungen. Gott mutet ihm zu, völlige Entwurzelung zu erleben.

Mit älteren Kindern oder einem Kindergottesdienstteam kann die Geschichte inszeniert werden. Hat man die Möglichkeit, die Lichtverhältnisse zu ändern, sind im Text Hinweise enthalten.

Gestaltungsvorschlag für jüngere und ältere Kinder

Lied: Geh, Abraham geh

Psalm 1
(Dazu stehen die Kinder fest auf dem Fußboden und machen die Bewegungen eines Baumes mit.)

Einstiegsaktion
Das Bild „Terebinthe von Mamre" vom vergangenen Sonntag wird wieder hingelegt. Die Figuren, Abraham, Sara und Isaak stehen unter dem Baum.
Frageimpuls: „Schaut euch die Familie an: Abraham, Sara und Isaak. Sie leben hier noch immer und ihnen geht es gut. Saras Wunsch ist in Erfüllung gegangen, sie fühlt sich verwurzelt hier mit ihrer Familie."

Jedes Kind kann einen Satz sagen zu einer der Personen: Ich denke an Abraham, weil er auf Gott vertraut hat. Ich denke an Isaak, weil er auf der Welt sein darf ...

Erzählung
Erzählerin: Abraham, Sara und Isaak leben noch immer bei der großen Terebinthe. Ihr Leben ist schön, sie haben Isaak und können ihn aufwachsen sehen. Er ist nun schon zehn Jahre alt. Da passiert eines Tages etwas Seltsames.
(Das Bild der Ödnis wird über das des Baumes gelegt.)
Gott spricht zu ihm. (Gottes Stimme kann von jemandem gesprochen werden, den die Kinder nicht sehen.)
Gott: Abraham! (Abraham schaut sich um, nach allen Seiten, nach oben.)
Abraham: Ja!
Gott: Ich habe eine Aufgabe für dich, Abraham.
Abraham: Hier bin ich.
Gott: Geh auf den Berg Morija und nimm Isaak, deinen Sohn, mit.
Abraham: Gott? Ich verstehe dich nicht. Was willst du, Gott, das ich tun soll?
(Das Licht im Raum wird etwas gedimmt.)
Gott: Geh, Abraham, belade einen Esel mit Brennholz und nimm zwei Knechte mit.
Erzählerin: Und Abraham machte es so. Dann rief er Isaak und sie zogen los. Drei Tage mussten sie wandern. Dann waren sie nahe an der Stelle, die Gott gesagt hatte. Abraham sagte zu den Knechten:
Abraham: Bleibt hier, ich will ohne euch weiterziehen, um auf dem Berg zu beten und zu opfern. Nur Isaak nehme ich mit.

Zeichnung: Katrin Lange

Erzählerin Als sie auf dem Berg ankamen, fragte Isaak:

Isaak: Vater, wir sind einen langen Weg gegangen. Sind wir hier, an diesem besonderen Ort, um ein Tier zu opfern?

Abraham: Ja, mein Sohn.

Isaak: Wir haben Brennholz dabei und Feuersteine, aber welches Tier wirst du aussuchen, ich sehe keinen Schafbock.

Abraham: Gott wird uns das Tier zeigen.

(Das Licht wird noch etwas dunkler gedimmt.)

Erzählerin: Und Abraham suchte einen Stein und baute mit Brennholz einen Altar. Als er fertig war, sagte er:

Abraham: Komm her, mein Sohn, hierher zum Feuer.

Erzählerin: Da hörte Abraham eine Stimme, die rief:

Gott: Abraham, Abraham!

Abraham: Hier bin ich.

(Das Licht wird etwas heller.)

Gott: Stopp! Strecke deine Hand nicht aus! Isaak soll leben.

Ich habe dich angesehen und du hast meine Prüfung bestanden. Ich schaue dir ins Herz. Und mein Segen soll auf dir bleiben. Deine Nachkommen sollen so viele werden, wie Sterne am Himmel und wie Sandkörner im Meer. Ein großes Volk soll aus dir hervorgehen, weil du auf meine Stimme gehört hast.

(Das Licht ist wieder hell.)

Erzählerin: Da ging Abraham und fand einen jungen Schafbock und brachte ihn zum Opfer dar. Danach kehrte Abraham mit Isaak und seinen Knechten zurück. Abraham erinnert sich manchmal an die vergangenen Tage und dann nennt er den Ort auf dem Berg „Gott sieht". Darüber ist er froh geworden.

Gespräch mit Älteren
Habt ihr denn Fragen zur Geschichte?
Wie war euch zumute beim Hören?
Was macht Abraham Sorgen und was macht ihn froh? Konnte er auf seine Wurzeln noch trauen?
Was macht Isaak Sorgen und was macht ihn froh?
Wie handelt Gott?

Auf das **Bild der Ödnis** können nun die eigenen gestalteten (Spiel)-Figuren aus dem vergangenen Kindergottesdienst gestellt werden und Sorgen und Freuden der Kinder benannt werden.
Sorgen – Wo habe ich schon mal meinen Halt, meine Wurzeln, verloren?
Freude – Wo habe ich mich fest verwurzelt gefühlt?

Gestaltung
Versucht, nur mit Farben (Wachsmaler) auszudrücken, was Abraham und Isaak auf dem Berg Morija erlebt haben.

Gespräch mit Jüngeren
Wann wurde das Licht dunkel und wann wurde es hell?
Was ist passiert?
Was macht Abraham Sorgen und was macht ihn froh?
Was macht Isaak Sorgen und was macht ihn froh?
Was macht uns Sorgen und was macht uns froh?

Lied: Komm, Herr, segne uns

Segen
Es segne uns Gott, der uns sieht und unser Leben hell macht,
der uns starke Wurzeln gibt, so dass wir gut versorgt sind. Amen

Katrin Lange

Monatlicher Kindergottesdienst

VII Wo sind meine Wurzeln? 1. Mose 12,1–9

Abraham wird uns vorgestellt als ein Mensch, der tief im Glauben verwurzelt ist. Er vertraut Gottes Segensverheißungen und zieht seine Kraft und Zuversicht aus seinem Glauben. So wird Abraham zum Glaubensvorbild für uns, zur Wurzel, in der wir verankert sind. Wie sieht der Glaubensstammbaum der Kinder aus? Wer vermittelt ihnen Halt, Geborgenheit und Zuversicht?
Der **Gestaltungsvorschlag für den 22. Mai** (S. 150) bietet vielfältige Ideen für einen monatlichen Kindergottesdienst: **einen Baum entdecken** (S. 151), eine **Körperübung** (S. 152), eine **Erzählung**, die ausführlich darauf eingeht, was das Leben der Nomaden prägte (S. 152), einen **Altar bauen** (S. 155), eine **Bildbetrachtung** zum „Stammbaum Jesu" von Sieger Köder und die Gestaltung eines eigenen **Glaubensstammbaums** (S. 155).

Jesus lehrt, predigt und heilt

Zeichnung: Sabine Meinhold

VIII

Lied: Wer ist denn dieser Jesus, KiKi-Hits 21, Mit dem Friedenskreuz durch das Kirchenjahr S. 48, Jesusgeschichten mit dem Friedenskreuz 36, (neue Strophen: GoKi 2014)

Jesus lehrt, predigt und heilt

Liturgischer Text: Psalm 36

Sonntag	Text/Thema	Art des Gottesdienstes Methoden und Mittel
19.6.2016 4. Sonntag nach Trinitatis	Matthäus 6,25–34 Jesus lehrt: Sorgt euch nicht!	Gottesdienst mit Kindern (und Erwachsenen); Mitmach-Geschichte, Gespräch, Gedicht schreiben, Fabel und Bibeltext, Sorgenpüppchen, Stoffreste, evtl. Stoffmalfarben, Kugeln aus Styropor/Holz/Watte, Fingerfarbe, mit den Fingern drucken
26.6.2016 5. Sonntag nach Trinitatis	Matthäus 13,31–32 Jesus predigt: So ist das Himmelreich!	Gottesdienst mit Kindern (und Erwachsenen); Erzählung mit Körperübung, Gespräch, Aktualisierung mit Symbolen und gesprochenem Kehrvers, Samen in Tontöpfen aussäen, Erde, Kresse o. a.; Plakat gestalten oder Bild mit Straßenkreide „Senfkorn – Baum"
3.7.2016 6. Sonntag nach Trinitatis	Matthäus 8,1–3 Jesus heilt: Du wirst gesund!	Gottesdienst mit Kindern; Gespräch mit Erzählfigur, Erzählung, Papierwolke mit 2 Psalmworten, hellblaues Tuch, Bilder mit Zuckerkreide malen

Monatlicher Kindergottesdienst
Jesus predigt: So ist das Himmelreich! (Matthäus 13,31–32)   s. S. 187

19. Juni 2016

4. Sonntag nach Trinitatis

Matthäus 6,25–34

Jesus lehrt: Sorgt euch nicht!

Lieder: Heut ist ein Tag, an dem ich singen kann, LJ 555, KG 1; Lasst uns miteinander, MKL 23, LJ 403, KG 189, KiKiHits 2, LB 147; Die Vögel unterm Himmel, LJ 495, EG regional

Liturgischer Text: Psalm 36

Zum Text

Die Worte über das Sorgen in Matthäus 6 sind ein Teil der Bergpredigt, die die Kapitel 5 bis 7 umfasst. In der Bergpredigt entfaltet Jesus Gedanken dazu, wie Menschen ihm nachfolgen können, und er beschreibt ihren Auftrag. Dabei stellt er die geltenden Maßstäbe auf den Kopf, wenn er zum Beispiel den Sanftmütigen die Erde anvertraut oder Gesetzen eine neue Deutung gibt. Jesu Worte über das Sorgen bilden ein Gegengewicht. Wer Jesus nachfolgt, muss nicht nur sein Leben und seine innere Haltung verändern, also große Anstrengungen auf sich nehmen, er wird auch neu vertrauen lernen, dass Gott für ihn sorgt und ihm gibt, was er braucht.

Der Text und die Kinder

Kinder sind oft wunderbar sorglos und voller Vertrauen auf das Leben. Aber Kinder haben und kennen auch Sorgen – das ist ihr Zugang zum Text. Sprichwörtlich ist die Rede von der sorglosen Kindheit, dennoch tragen Kinder Sorgen mit sich herum und spüren diese auch ihren wichtigsten Lebensbegleitern ab. Kinder erleben die Sorge um das Geld in den Familien, sie sorgen sich darum, anerkannt zu werden, wenn sie sich nicht kleiden können wie andere. Sie sehen in den Medien oder auf der Straße Menschen, die obdachlos sind und Hunger haben. Sie nehmen die Bedrohung von Menschen, Tieren und Natur wahr.

In der Begegnung der Kinder mit den Worten Jesu wird es eine besondere Herausforderung sein, diese Sorgen nicht ans Licht zerren zu wollen, sondern den Kindern einen Raum zu geben, dass sie ihre Sorgen benennen, aber auch für sich behalten können. Sie können darauf vertrauen, dass Gott ihre Sorgen sieht und ihnen beisteht.

Bausteine für einen Gottesdienst mit jüngeren Kindern und Erwachsenen

Material

(Plüsch-)Tiere: Eichhörnchen, Igel, Stoffreste, Kugeln aus Styropor, Holz oder Watte, Wollfäden, Stoffmalstifte

Eröffnung

Ich seh' dich, du bist da.
Jetzt nehme ich dich wahr!

Ich schau dich richtig an
Und wink mit meiner Hand!
(Alle winken sich zu.)

Ich seh' dich, du bist da.
Jetzt nehme ich dich wahr!
Ich schau dich richtig an
und schüttel dir die Hand!
(Alle begrüßen sich gegenseitig, indem
sie sich die Hand schütteln.)

Begrüßung neuer Kinder bzw. Familien

Lied: Heut ist ein Tag, an dem ich singen kann; Lasst uns miteinander

Gebet zum Anfang
Es ist Sommer.
Gott, danke für die Wärme.
Wir freuen uns, wenn wir über eine
Wiese laufen können. Sie ist so schön.
Hier kann ich Blumen und Schmet-
terlinge finden.
Das Gras riecht so gut nach Sommer
und nach Leben.
Die Käfer krabbeln zwischen den
Halmen.
Die Vögel fliegen hin und her und
singen.
Wir sind so froh.
Danke, Gott, dass du uns siehst.
Du weißt, was wir brauchen, und
schenkst es uns. Amen

Mitmach-Geschichte
Auf einer Wiese wuchsen viele Blumen. Erst gab es Regen, dann schien
die Sonne. Die Nächte hatten keinen
Frost mehr gebracht. Die Blumen
konnten wachsen und groß werden.
Ihre Blüten öffneten sich. Sie schaukelten im Wind und hielten die kleinen Gesichter in die Sonne.
(Wenn das vorgemacht wird, werden
die Kinder spontan oder auf Einladung
mitschaukeln und die Gesichter nach
oben recken.)
Am Morgen kam ein Eichhörnchen
vorbei.
(ein Eichhörnchen, z. B. ein Plüschtier
wird gezeigt)
Das Eichhörnchen machte bei den
Blumen halt: „Ihr könnt doch nicht
einfach hier so herumstehen. Ihr
müsst Nüsse suchen, denn irgendwann ist der Sommer vorbei und
dann braucht ihr Vorräte."
Die Blumen tranken ein wenig von
dem Morgentau, der sich auf das
Gras gelegt hatte.
Später kam ein Igel vorbei (die Kinder
bekommen den Igel zu sehen). Auch
er blieb bei den Blumen stehen und
sagte: „Ihr müsst Schnecken jagen
und von den Kirschen essen, so viele
ihr finden könnt. Ihr müsst euch ein
Polster anfressen, das euch wärmt,
wenn es kalt wird."
Die Blumen reckten ihre Gesichter
der Sonne entgegen und nahmen die
Wärme in sich auf.
(Die Kinder recken ihre Gesichter in die
Sonne.)
Dann kam eine Schar Spatzen vorbei. Sie flogen über die Köpfe der Blumen hinweg und zwitscherten: „Ihr
müsst euch ein Nest bauen. Dann seid
ihr sicher, wenn der Sturm kommt."
Die Blumen hielten ihre Köpfe in
den Wind und schaukelten leise hin
und her.
(Die Kinder schaukeln sacht.)
An einer solchen Wiese ist Jesus
einmal stehengeblieben. Viele Menschen begleiteten ihn. Jesus sah die
Blumen am Wegrand stehen. Sie ge-
fielen ihm. Er freute sich an ihnen.
Er sah sie sich ganz genau an. Dann
sagte er: „Schaut euch diese Blumen
an. Von ihnen könnt ihr lernen. Sie

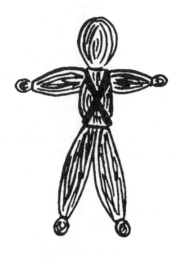

können keine Vorräte anlegen. Sie haben kein Haus. Sie haben nur ihre Hoffnung, dass es regnet und die Sonne für sie scheint und dass der Wind über sie hinwegstreicht. Gott gibt ihnen alles, was sie brauchen. Darum sage ich euch: Nehmt euch ein Beispiel an den Blumen und macht euch weniger Sorgen. Vertraut Gott. Denn Gott sieht euch, und er gibt euch, was ihr braucht."

Lied: Die Vögel unterm Himmel

Impuls für Eltern und Erwachsene im Familiengottesdienst
Diese Geschichte ist eine gute Geschichte für Kinder und für Erwachsene. Denn wir kennen das wohl nur zu gut: Dass wir uns viele Sorgen machen, Sorgen um das Heute, Sorgen um die Zukunft. Sorgen ist eigentlich ja etwas Gutes. Wir sorgen füreinander, wir sorgen für uns selbst und für diese Erde. Aber die Sorgen sollen uns nicht beherrschen; sie sollen nicht die Macht haben, unsere Tage zu verdunkeln und uns die Freude und die

Gelassenheit zu rauben. Wir wissen nicht, was kommen wird. Aber eins ist gewiss: Gott wird uns geben, was wir brauchen. Das können wir von den Blumen lernen. Und das können wir von den Kindern lernen, die oft so wunderbar sorglos und voll Vertrauen sind.

Fürbitten
mit dem gesungenen Kehrvers „Die Vögel unterm Himmel, die Spatzen und die Raben, die sagen uns, wir sollen nicht zu viel Sorgen haben."
Welche Sorgen gibt es? Die Kinder können laut aussprechen, was für Sorgen sie kennen oder bei anderen wahrnehmen. Dazwischen singen wir immer wieder den Kehrvers. Am Ende halten wir eine Stille, in der jede und jeder insgeheim Gott seine Sorgen anvertrauen kann.

Kreative Vertiefung in einem Kindergottesdienst

Ältere Kinder können ein kleines *Gedicht* schreiben, dessen Aufbau vorgegeben ist.

Sorgen sind wie _____.
Sie _____.
Aber wenn _____,
dann sind die Sorgen weg.

Beispiele helfen den Kindern, selbst kreativ zu werden. Im Nachdenken darüber, was ihre Sorgen vertreibt, wird ihnen bewusst, dass sie ihren Sorgen nicht hilflos ausgeliefert sind, sondern Ressourcen und Erfahrungen haben, um mit ihnen umzugehen.

Sorgen sind wie schwere Wolken.
Sie machen es dunkel.

Aber wenn die Sonne kommt,
dann sind die Sorgen weg.

Sorgen sind wie Tage allein.
Sie machen mich traurig.
Aber wenn Mama mich umarmt,
dann sind die Sorgen weg.

Der **Bibeltext** wird von den älteren Kindern gelesen und evtl. mit der folgenden **Fabel** in Beziehung gesetzt.

Fabel: Die Grille und die Ameise

Den ganzen Sommer lang musizierte die Grille auf dem Feld. Die Ameise war im Sommer sehr fleißig. Sie sammelte Vorräte für den Winter. Als der Winter kam, hatte die Grille nichts zu essen.In ihrer Not erinnerte sich die Grille an die fleißige Ameise. Die Grille ging zur Ameise und bat sie um ein paar Körner. Die Ameise fragte die Grille: „Was hast du den ganzen Sommer über getan?" Die Grille antwortete: „Ich habe fleißig Musik gemacht." „Dann tanze und musiziere weiter!", riet ihr daraufhin die Ameise und verschloss die Tür. (Jean la Fontaine, 17. Jh.)
(Der Schluss kann auch von den Kindern gefunden werden.)
Buchhinweis: E. Tharget, K. Leupold, Die Grille und die Ameisen (Bilderbuch, ISBN 978-3876277141)

Sorgenpüppchen

Ältere Kinder können ein Sorgenpüppchen basteln. Es erinnert die Kinder daran, dass es gut tut, Sorgen auszusprechen. Wenn sie dem Sorgenpüppchen ihre Sorgen anvertrauen, wird auch Gott sie hören.
Zum Basteln der Sorgenpüppchen benötigen die Kinder Stoffreste und eine Kugel aus Styropor, Holz oder Watte

für den Kopf. Weiße Stoffreste können erst mit Stofffarbstiften bemalt werden. Der Stoff wird über die Kugel gelegt, so dass diese verborgen ist und unterhalb der Kugel mit einem Wollfaden zugebunden, so dass ein Kopf und ein Körper entsteht (s. Zeichnung).

Oder: dicke Wollfäden zusammenlegen und so abbinden, dass Kopf, Arme und Beine entstehen (s. Zeichnung S. 176).

Für Jüngere

Die Kinder drücken Blumenmotive mit **Fingerfarbe** auf eine grüne Unterlage (s. Zeichnung)

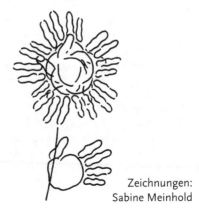

Zeichnungen:
Sabine Meinhold

Segen

Gott segne dich mit der Zuversicht der Vögel,
die ihr Lied singen, obwohl es noch dunkel ist.
Gott segne dich mit dem Vertrauen der Blumen,
denn er gibt dir, was du brauchst.
Gott segne deine Tage mit der Buntheit der Blumen,
nicht grau, sondern voller Farbe soll dein Leben sein. Amen

Teile dieser Gestaltungsvorschläge wurden in Abwandlung veröffentlicht in: Monika Lehmann-Etzelmüller, Minikirche, Neukirchener Verlagsgesellschaft 2014.

Monika Lehmann-Etzelmüller

---

26. Juni 2016
5. Sonntag nach Trinitatis

Matthäus 13,31–32

Jesus predigt:
So ist das Himmelreich!

Lieder: Vom Aufgang der Sonne, KG 169, EG 456, LB 442; Alles muss klein beginnen, KG 46, LJ 474, MKL 155; Wer ist denn dieser Jesus, (bes. Str. 4) KiKiHits 21, Friedenskreuz S. 48, Jesusgeschichten mit dem Friedenskreuz 36, (neue Strophen GoKi 2014); Gott, dein guter Segen, KG 220, LJ 382, KiKiHits 58, LH 53

Liturgischer Text: Psalm 36

Zum Text

Die Geschichte vom Senfkorn ist ein Gleichnis. Gleichnisse sind Geschichten, in denen Jesus einfache, alltägliche Begebenheiten oder Situationen aufgreift, um einen theologischen Gedanken zu erklären. In mehreren Gleichnissen erklärt Jesus anhand von Bildern, die seine damaligen Zuhörer leicht nachvollziehen können, was das Himmelreich ist. Jesus bezeichnet damit das Reich Gottes, das mit seinem Kommen angebrochen, aber noch nicht vollendet ist. Das Reich Gottes beginnt ganz klein, es ist unscheinbar und leicht zu übersehen, aber aus diesem kleinen Anfang entsteht etwas Großes, das nicht aufzuhalten ist. Mit dem Gleichnis ermutigt Jesus seine Zuhörerinnen und Zuhörer, kleine Anfänge zu achten und ihre eigenen Möglichkeiten, am Reich Gottes mitzuwirken, nicht gering zu schätzen.

Das Senfkorn, das winzig klein ist, aber zu einem großen Baum wächst, ist nur eines der Bilder, die Jesus verwendet, um das Himmelreich zu beschreiben. In unmittelbarer Nachbarschaft des Textes vergleicht Jesus das

Himmelreich u. a. mit einem Sauerteig, der den übrigen Teig durchdringt, mit einem Schatz, den ein Mensch findet, oder mit einer Perle, für die er alles andere hergibt.

Der Text und die Kinder

Das Bild vom Senfkorn wird die Kinder unmittelbar ansprechen. Dass aus einem kleinen Samenkorn etwas Großes wachsen kann, haben sie schon beobachtet oder als kleine Gärtner schon selbst miterlebt. Die Schwierigkeit des Textes liegt für die Kinder darin, den Zusammenhang mit dem Himmelreich bzw. dem Reich Gottes zu erkennen und den Grundgedanken, dass das Reich Gottes klein beginnt, aber unaufhaltsam wächst nachzuvollziehen. Eine besondere Herausforderung ist, zu vermeiden, dass die Kinder dem Missverständnis nachgehen, Gottes Reich sei im fernen Himmel. Gottes Reich beginnt mitten in unserer Welt, in unserem Leben. Wenn wir uns einander zuwenden und uns helfen, wird seine Liebe spürbar.

Bausteine für einen Gottesdienst mit jüngeren Kindern und Erwachsenen

Eröffnung s. S. 174

Begrüßung neuer Kinder bzw. Familien

Lied: Vom Aufgang der Sonne
Wir singen das Lied viermal und drehen uns dabei in die vier Himmelsrichtungen.
Vom Aufgang der Sonne
(die Arme beschreiben einen weiten Halbkreis)

bis zu ihrem Niedergang
(wir gehen in die Hocke)
sei gelobet der Name des Herrn, sei gelobet der Name des Herrn
(wir bleiben in der Hocke und klatschen den Takt mit, am Ende stehen wir auf und wenden uns in einer Vierteldrehung in die andere Himmelsrichtung)

Gebet zum Anfang
In Gottes Namen sind wir hier,
(wir breiten die Arme weit aus)
wir singen, spielen und sprechen mit dir.
(wir halten die geöffneten Hände nach oben)
Wir bitten dich um deinen Segen.
(wir kreuzen die Arme vor der Brust)
Behüte uns auf allen Wegen.
(wir formen mit den Händen ein Dach über dem Kopf)
Amen

Zum Gleichnis vom Senfkorn
Die Geschichte wird anhand einer **Körperübung** erzählt. Alle Kinder stehen im Kreis bzw. alle stehen auf. Wer erzählt, bittet die Kinder, bei allen Bewegungen mitzumachen.

Jesus hat einmal eine Geschichte erzählt.
Das Himmelreich ist Gottes Reich.
(mit den Händen einen weiten Bogen in die Luft malen)
Das Himmelreich ist da, wo Gott regiert.
(auf die Zehenspitzen stellen und ganz groß machen)
Das Himmelreich ist der Ort, wo Gott uns ganz nah ist.
(die Arme etwa in der Körpermitte mit nach oben geöffneten Händen ausbreiten)

CD

Zeichnungen: Sabine Meinhold

Das Himmelreich ist wie ein winzig kleines Senfkorn.
(mit Daumen und Zeigefinger zeigen, wie winzig klein das Senfkorn ist)
Ein Mensch sät es aus.
(mit den Händen vorgestellt Samenkörner aussäen)
Das Senfkorn ist das kleinste unter allen Samenkörnern.
(auf dem Boden ganz klein machen)
Wenn es aber gewachsen ist,
(langsam nach oben kommen)
dann ist es größer als die anderen Sträucher.
(sich ganz groß machen)
Dann ist es ein Baum.
(die Arme weit ausstrecken)

CD

Alle Vögel am Himmel fliegen herbei.
(mit den Armen die Flugbewegungen imitieren)
Die Vögel bauen Nester in den Zweigen.
(mit den Händen ein Nest formen)

Gespräch
Im Kreis überlegen wir, aus welchen ganz kleinen Anfängen noch etwas Großes wird. Dazu können Bewegungen ausgedacht werden.
Beispiele: Aus kleinen Kindern werden große. Babys wachsen ganz schnell und können bald laufen. Aus winzigen Eiern entstehen Hühner. Aus dem kleinen David wurde der große König. Omas Hefeteig ist anfangs ganz klein und geht immer weiter auf.

Die **Geschichte** wird wiederholt.
Jesus sagt, dass auch bei uns Gottes Reich beginnt in kleinen Anfängen.

Aktualisierung mit gesprochenem Kehrvers (dazu können vier Symbole gelegt oder in einen gemalten Baum gehängt werden, s. Zeichnungen)
Ich habe mit einem anderen Kind gespielt, und jetzt sind wir beste Freundinnen.
Alle: Gott ist uns nah.
Ich habe im Urlaub ein anderes Kind kennen gelernt und wir schreiben uns jede Woche einen Brief.
Alle: Gott ist uns nah.
Wenn es Streit gibt und einer geht einen kleinen Schritt auf den anderen zu, dann vertragen sich Menschen wieder.
Alle: Gott ist uns nah.
Manchmal hat ein Mensch eine Idee, wie man anderen helfen kann, und dann machen ganz viele mit.
Alle: Gott ist uns nah.

Impuls für Eltern und Erwachsene
Vielleicht kennen Sie auch solche Tage. Solche Phasen im Leben, in denen Sie sich klein fühlen und wenig zutrauen. Da fehlt die Energie für große Kraftakte. Das Leben ist so kompliziert geworden – wie soll ich da nur herausfinden? Aufgaben bauen sich wie ein Turm auf – wie soll ich das nur schaffen? Und der Mut ist auch gerade ausgegangen. Vom Glauben ganz zu schweigen.

Gott ist ein Gott der kleinen Anfänge. Das höre ich in der Geschichte vom Senfkorn. Gott ist ein Gott kleiner Anfänge. Er erinnert uns daran, dass große Dinge sich aus kleinen Anfängen entwickeln. Er macht uns Mut, den kleinen Anfängen zu trauen. Ich kann nicht gleich die ganze Welt verändern. Aber ich kann heute etwas tun, damit es ein bisschen heller wird. Ich kann diesen riesigen Konflikt nicht lösen. Aber ich kann einen winzig kleinen Schritt gehen auf einen anderen Menschen zu. Ich kann nicht gleich die große Liebe in mir entfachen. Aber ich kann mit einer liebevollen Geste einem Menschen zeigen, dass ich ihn mag.

Fürbitten (mit der ersten Strophe in Abwandlungen des Liedes „Kleines Senfkorn Hoffnung" als Kehrvers)

Manchmal ist meine Hoffnung klein,
klein wie ein Senfkorn.
Lass meine Hoffnung wachsen, Gott.
Wir singen: Kleines Senfkorn Hoffnung …

Manchmal ist der Friede klein,
klein wie ein Senfkorn.
Lass den Frieden wachsen, Gott.
Wir singen: Kleines Senfkorn Frieden …

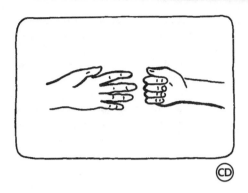

Manchmal ist mein Mut klein,
klein wie ein Senfkorn.
Lass meinen Mut wachsen, Gott.
Wir singen: Kleines Senfkorn Mut …

Weitere Wörter können auf Zuruf der Kinder eingesetzt oder vom Team vorher überlegt werden.

Kreative Vertiefung in einem Kindergottesdienst
– In bereitgestellten kleinen Tontöpfen mit Erde können die Kinder **Samenkörner** (z. B. Sonnenblumen, Kresse) **aussäen**.
– Oder ein kleines Senfkorn wird auf ein großes **Plakat** geklebt und die Kinder malen möglichst großformatig einen Baum, der aus dem Senfkorn entsteht.

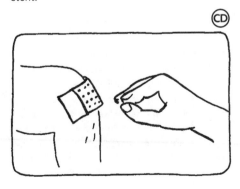

– Schön ist auch ein **Fensterbild**, wenn die Räumlichkeiten das erlauben oder

– ein Bild auf dem Hof mit **Straßenkreide**.

Lied: Gott, dein guter Segen ist wie ein weiches Nest (das ist die 6. Strophe des Liedes „Gott, dein guter Segen"

Segen

Gott lasse dich wachsen wie ein Samenkorn.
Die Sonne soll über deinem Weg scheinen
und deine Tage hell machen.
Du sollst immer genug Liebe haben,
damit du nicht vertrocknest.
Du sollst den Wind auf dem Gesicht spüren,
und Gott selbst sei dir Sonne und Licht.
Amen

Monika Lehmann-Etzelmüller

---

3. Juli 2016
6. Sonntag nach Trinitatis

Matthäus 8,1–3

Jesus heilt:
Du wirst gesund!

Lieder: Schweige und höre, KG 202, MK 347, GoKi 2005; Du verwandelst meine Trauer in Freude, KG 198, MKL 9, LJ 508, KiKiHits 12, LH 64; Ein Segen, KiKiHits 49 (mit Bewegungen)

Liturgische Texte: Psalm 77,3 (Meine Seele will sich nicht trösten lassen); Psalm 30,12 (Du hast meine Klage verwandelt in einen Freudentanz)

Zum Text

Matthäus richtet seinen Blick auf Jesus, der von Gott geschickt wurde, um die Menschen auf Gottes zukünftiges Reich neugierig zu machen. Durch Jesu Lehren und sein Handeln wird deutlich, dass er mit besonderen Gaben und Vollmachten von Gott für diese Aufgabe ausgestattet ist. Etwas Wichtiges soll geschehen. Die Menschen müssen für Gottes nahendes Reich, Matthäus nennt es auch Himmelreich, aufmerksam gemacht werden. Nachdem Jesus in der Bergpredigt zu den Menschen gesprochen hat und die Lebensweise des Einzelnen im Mittelpunkt standen, wird Jesus nun in den folgenden Versen aktiv und handelt. Dabei wendet er sich den alltäglichen Sorgen der Menschen zu. Im vorliegenden Text reicht er beispielgebend dem Aussätzigen seine

Hand, einem Verstoßenen, einem aus einer Randgruppe der Gesellschaft. Ein Aussätziger ist eine Person, die ganz unten angekommen ist, ohne Chancen auf Integration.

Aussatz bezeichnet zu damaliger Zeit viele Arten von ansteckenden Hautkrankheiten. War jemand davon betroffen, so hieß es „war es ihm unmöglich in Gottes Nähe zu kommen und am Heil Gottes teilzuhaben". Aussätzige mussten sich fern von allen Menschen halten, galten als unrein und unberührbar, von Gott gestraft und deshalb nur von ihm auch heilbar. So lebten diese Menschen verzweifelt und ohne jede Hoffnung im Abseits, vom alltäglichen Leben ausgeschlossen. Und nun geschieht es: Jesus und auch der Aussätzige durchbrechen im vorliegenden Text die von der Gesellschaft aufgestellten Schranken. Der Kranke macht den ersten Schritt. Mutig und entschlossen fällt er vor Jesus auf die Knie. Sein Glaube und sein Vertrauen sind stark. Er setzt alles auf eine Karte. Und seine Hoffnung wird nicht enttäuscht. Denn Jesus zögert nicht, als er den Aussätzigen sieht. Er handelt. Es wird nun klar, seine Worte und Lehren aus der Bergpredigt haben Hand und Fuß. Jesus hört dem Kranken zu und berührt ihn. Er richtet ihn auf, und holt ihn damit aus seiner Isolation heraus. Er führt ihn in die Gesellschaft, in das Leben zurück, denn aus den Worten des Aussätzigen spürt er die große Sehnsucht nach Gesundung und nach Gemeinschaft. Ohne viele Worte geschieht nun die Wiedereingliederung des Ausgegrenzten. Mit der Integration, dem Wunsch eines jeden im Abseits lebenden Menschen, bekommt die Geschichte ein „Happy End".

Der Text und die Kinder

Kinder kennen ansteckende Krankheiten wie Masern, Windpocken oder Scharlach und wissen, dass daran erkrankte Kinder nicht mit anderen Kindern zusammen sein dürfen. Wenn ein z. B. an Neurodermitis erkranktes Kind im Kindergottesdienst ist, muss diese Krankheit erklärt werden (nicht ansteckend!). Dabei ist besondere Sensibilität nötig. Die Kinder könnten auch fragen, warum nicht jeder gleich die nötige Hilfe bekommt. Es gibt auch Probleme, die nicht von Gott gelöst werden.

Was bedeutet es ausgegrenzt zu werden, zuschauen zu müssen und nicht mittun zu dürfen? Wie fühlt es sich an, als Mensch zweiter Klasse behandelt oder gar nicht beachtet zu werden? Kinder können das gut nachempfinden und kennen solche Situationen aus ihrer Alltagswelt. Ursachen dafür können ihre soziale Herkunft, eine vermeintliche Schwäche oder Zurückhaltung, Unsicherheit oder körperliche Versehrtheit sein. Oft grundlos werden Kinder zu Außenseitern z. B. in der Schulklasse oder beim Spielen auf dem Schulhof. Verunsicherung und Schmerz darüber sitzen bei den betroffenen Kindern tief. Die Sehnsucht nach Sicherheit und Geborgenheit wächst.

Auf der anderen Seite lassen sich Kinder schnell für Menschen in Notsituationen sensibilisieren. Das Bedürfnis, etwas gegen solche Situationen zu tun ohne lange nachzudenken und abzuwägen, das Bedürfnis sofort einzugreifen, könnte auch Sache der Kinder sein. Erleichternd wird für sie daher die rasche Zuwendung und Hilfe durch Jesus wirken.

Es wäre gut, wenn die Kinder nach dem Hören dieser Verse, vielleicht an einem der nächsten Treffen, daran weiterarbeiten und sich mit folgenden Fragen auseinandersetzen könnten:
– Mit welchen Kindern fällt mir Gemeinschaft leicht? Warum?
– Gibt es Kinder, die Außenseiter in eurer Klasse/Gruppe sind? Wenn ja – warum?
– Was kann ich tun, um diese Kinder zu integrieren?
– Was können ausgegrenzte Kinder tun, um mitzuhelfen, dass alles gelingt?
(vgl. den Gestaltungsvorschlag vom 7.8.2016, S. 214)

Gestaltungsvorschlag für jüngere und ältere Kinder

Vorbereitung

– mit Psalm 77,3 bedruckte weiße Papierwolke, auf der Rückseite ist Psalm 30,12 gedruckt
– Herstellung von Zuckerkreide: Die farbig sortierte Kreide wird ca. 4 Stunden in Zuckerlösung gelegt (1/4 Liter Wasser und 3–4 Esslöffel Zucker).
– Billiges Haarspray für evtl. spätere Fixierung der Farben besorgen, große Blätter (mindestens A3) in dunklen Farben
– gestaltete Mitte des Stuhlkreises Hellblaues Tuch, darauf liegt die weiße Wolke.
Eine brennende Kerze steht in der Mitte des Tuches.

Begrüßung

Lied: Schweige und höre

Hinführung

Die Mitarbeiterin liest das ausliegende Psalmwort laut vor. Sie bittet die Kinder zu überlegen und evtl. für alle zu formulieren, ob und wann in ihrem Leben sie sich so untröstlich fühlten.
Anschließend stellt die Mitarbeiterin eine Erzählfigur auf das Tuch. (Die Figur lässt die Arme und den Kopf hängen.) Sie sagt dazu: Manchmal fühle ich mich schlecht. Dann denke ich: Niemand kann mich trösten. Meine Arme und Beine beginnen zu schmerzen, mein Kopf wird schwer. Meine Gedanken sind dunkel. Ich fühle mich kraftlos. Gibt es jemanden, der mir helfen kann?
Nun sind die Kinder an der Reihe und dürfen Ähnliches formulieren.
Mögliche Beispiele könnten sein:
– Wenn ich an meine kranke Oma denke, dann könnte ich weinen...
– Mit meiner Freundin habe ich mich gestritten. Ich fühle mich einsam. Mir geht es schlecht.
– Wenn meine Eltern sich streiten, dann würde ich mich am liebsten verstecken.
– Oft passiert es. Alle in meiner Klasse lachen über mich. Das tut mir weh.
– Schon wieder habe ich in Mathe versagt. Ich schaffe es einfach nicht.

Die Mitarbeiterin wiederholt zum Abschluss: Manchmal fühle ich mich schlecht. Dann denke ich: Niemand kann mich trösten. Meine Arme und Beine beginnen zu schmerzen. Mein Kopf wird schwer. Meine Gedanken sind dunkel. Ich fühle mich kraftlos. Gibt es jemanden, der mir helfen kann?

Erzählung

Da steht Simon. Er hat Jesus genau zugehört. Jedes Wort hat er verstanden, was dieser Mann für besondere Dinge über das Himmelreich Gottes erzählt hat. Und Simon hat gespürt: „Von diesem Jesus geht eine besondere Kraft aus. Der redet nicht einfach so daher, der meint es auch so. Ja, diesem Jesus könnte ich vertrauen", denkt er. Aber nun muss sich Simon auf den Heimweg machen. Eine lange Zeit hat er hier versteckt hinter dem großen Busch gestanden. Und so viele Menschen sind zum Berg gekommen. Den ganzen Tag sind sie herbeigeströmt, um Jesus zu hören. Zum Glück machen sich die meisten jetzt wieder auf den Nachhauseweg. Niemand hat Simon bisher bemerkt. Das ist auch gut so. Darauf ist er stolz. „Wie komme ich nur jetzt ganz schnell und unbemerkt wieder zurück in die alte Hütte?" Er macht sich Sorgen. Denn für Simon ist es gefährlich hierher zu den Menschen zu kommen.

Seit ungefähr einem halben Jahr wohnt Simon nicht mehr bei seinen Eltern, sondern in der alten Hütte vor dem Dorf. Dort leben alle, die diese schlimme Hautkrankheit haben und die niemandem zu nahe kommen dürfen, weil sie ansteckend ist. Das hat der Priester nach der Untersuchung im Nachbarort gesagt und der hat ihn dann auch anschließend in die alte Hütte geschickt. Der Priester sagte, Gott hätte Simon diese Krankheit als Strafe geschickt. Aber Simon ist sich keiner so schweren Schuld bewusst. Viele einsame Nächte und Tage sind seither vergangen. Viele Tränen hat Simon geweint.

Die vielen Bläschen überall an seinem Körper fangen gerade wieder an zu jucken. Doch er darf nicht daran kratzen, denn sonst platzt die

Zeichnung: Beate Jagusch

Haut auf und blutet. Das ist schlimm. Das tut weh. Aber noch viel schlimmer ist, dass er nun nicht mehr zum Dorfplatz gehen kann. Schon lange hat er seine Freunde nicht mehr gesehen. Er würde doch so gern mit ihnen einmal wieder Fußball spielen oder auf den großen Maulbeerfeigenbaum klettern. Niemand von ihnen hat ihn bisher besucht, nicht mal seine Eltern und die vier Geschwister sind gekommen. Simon kommen Tränen. Er muss schlucken.

Dann haben ihm die anderen eines Tages von diesem besonderen Mann Jesus erzählt. Heute nun war er hierher gekommen und hat Jesus zugehört. Viele Stunden lang. Es war ihm, als hätte dieser besondere Mensch direkt zu ihm gesprochen. Und Simon hat jedes Wort verstanden: Vom Himmelreich Gottes und welches Glück den Menschen dort geschenkt wird. Und – den Armen gehört das Reich Gottes. Die Trauernden werden getröstet, die Hungrigen werden gesättigt, die Barmherzigen werden Barmherzigkeit finden und den Sanftmütigen wird die Erde gehören.

Simon erinnert sich weiter an Jesu Worte: „Bittet und es wird euch ge-

Zeichnung: Beate Jagusch

geben. Sucht und ihr werdet finden. Klopft an und es wird euch aufgemacht. Habt Vertrauen", so hat Jesus gesagt. Simon träumt: „Wenn Jesus doch hier vorbeikommen und mich sehen würde. Der würde bestimmt nicht an mir vorübergehen. Der würde mich nicht wegstoßen!" Das fühlt Simon. Dann könnte alles wieder gut werden. „Dann wäre ich so glücklich wie in Gottes Himmelreich ..."

Nun ist es still geworden. Der Platz, auf dem eben noch so viele Menschen standen, ist leer. Da steht plötzlich Jesus vor ihm. Simon zögert – halt, er darf doch nicht ... Er fällt auf die Knie. Es bricht aus ihm heraus: „Jesus, ich weiß es! Ich habe dir zugehört! Du kannst mir helfen! Wenn du es willst, werde ich wieder gesund!" Und dann geht alles sehr schnell. Jesus streicht ihm mit seiner Hand über den Kopf. Dann fasst er Simon an den Händen und richtet ihn auf. „Ja, ich will es. Du sollst wieder gesund sein!"

Da durchströmt neue Lebenskraft seinen Körper. Simon schaut auf seine Hände. Seine Arme und Beine, ja sein ganzer Körper ist nun vom Ausschlag befreit. Simon ist kerngesund. Jetzt darf er wieder bei seinen Eltern und Geschwistern im Dorf wohnen.

„Danke, Jesus!" ruft er. Simon möchte tanzen, so glücklich ist er.

Kanon: Du verwandelst meine Trauer in Freude

Gespräch
Währenddessen wird die Wolke umgedreht und das Psalmwort 30,12 sichtbar. Gemeinsam überlegen die Kinder, welche Empfindungen die Erzählfigur in der Mitte des Tuches jetzt ausdrücken müsste. Anschließend wird die fröhliche und tanzende Figur in die Mitte gestellt.

Gebet
Herr, du kennst jeden und jede von uns. Das tut gut.
Und ich freue mich, dass du bei uns bist und uns helfen willst.
Ich habe dann ein gutes Gefühl und das gibt mir viel Kraft, wenn ich traurig bin und mich verlassen fühle.
Wenn ich Angst habe und wenn ich nicht mehr weiter weiß, dann bist du es, der mir neuen Mut gibt.
Danke, dass wir zu dir sprechen dürfen und uns auf dich verlassen können.
Du kennst unsere Namen, wir brauchen uns nicht zu fürchten. Amen

Der **Kanon** wird wiederholt.

Aktion
Von dieser Freude und Dankbarkeit sollen auch die Zuckerkreidebilder erzählen, die nun im Anschluss gemeinsam gemalt werden. Die Kinder können einzeln oder auch gemeinsam auf dem dunklen Papier malen. Die Zuckerkreide zerbröselt leicht, also nicht so sehr beim Malen aufdrücken. (Die Kreide kann zum Malen später im-

mer wieder angefeuchtet werden.) Die Leuchtkraft der Zuckerkreide bestärkt das Thema.

Die fertigen Bilder können mit Hilfe einer kleinen Ausstellung und mit dem Psalmwort 30,12 der Gemeinde gezeigt werden oder auch den nächsten Gottesdienst bereichern.

Lied zum Abschluss: Ein Segen (evtl. mit Bewegungen)
Die Kinder stehen im Kreis und fassen sich während des Liedes an den Händen.

Beate Jagusch

Monatlicher Kindergottesdienst

VIII Jesus predigt: So ist das Himmelreich! Matthäus 13,31–32

Mit dem Gleichnis vom Wachsen des Senfkorns verkündet Jesus den Anbruch des Gottesreiches. Es ist zunächst klein und wächst unscheinbar im Verborgenen. Aber am Ende wird es unvergleichlich groß sein. Auf diese Verheißung dürfen wir vertrauen.

Der **Gestaltungsvorschlag für den 26. Juni** (S. 178) bietet eine Erzählung des Gleichnisses mit einer **Körperübung** (S. 179). In einer **Aktualisierung mit Symbolen** wird übertragen, wie das Reich Gottes bei uns wächst. Das Lied „Kleines Senfkorn Hoffnung" kann mit wechselndem Text der ersten Strophe gesungen werden (Kleines Senfkorn Mut, Frieden, Freude, Geduld ...; S. 181). Kreative Ideen: **Plakat** oder **Fensterbild** gestalten, Bild auf dem Hof mit **Straßenkreide** – Thema: Vom Senfkorn zum Baum; **Samen in Tontöpfe aussäen** (S. 181).

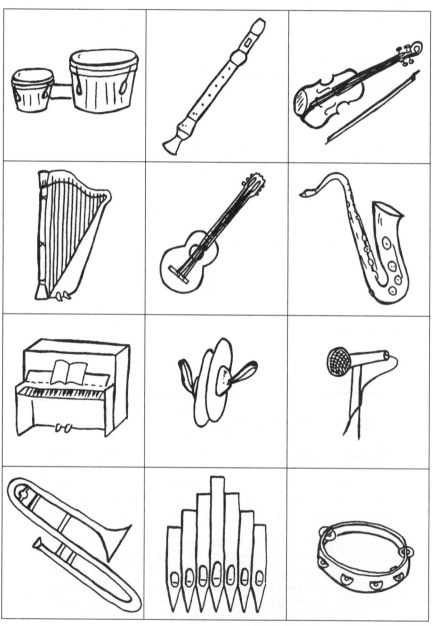

Idee und Zeichnung: Sabine Meinhold

Lied: Singt Gott, unserm Herrn, KG 172, MKL2 13, Thuma Mina 3

Liturgischer Text: Psalm 150, s. S. 191

Sonntag	Text/Thema	Art des Gottesdienstes Methoden und Mittel
10.7.2016 7. Sonntag nach Trinitatis	Gott in der Pop-Musik Psalm 150 Für jüngere Kinder: EG 503 Geh aus, mein Herz	Gottesdienst m. Kindern (u. Erwachsenen); Erzählung, Lieblingslieder, Psalm vertonen, Psalm als Rap, Musikbeispiele, Gespräch: Gott und Jesus in Liedern; Lied hören, singen und zu einzelnen Strophen malen, Rätsel: Buchstabengitter
17.7.2016 8. Sonntag nach Trinitatis	Stars, die ich toll finde 2. Mose 20,2–3 Für jüngere Kinder: 1. Mose 15,5+6 (Abrahamverheißung)	Gottesdienst m. Kindern (u. Erwachsenen); Erzählung, Gespräch, Bilder von „unbe- kannten" Stars: Mutter Theresa u. a.), Collage: Unsere „Stars"; Erzählung, Lied: Weißt du, wieviel Sternlein stehen, Grußkarte kleben
24.7.2016 9. Sonntag nach Trinitatis	Wir machen selbst Musik 2. Mose 5,20+21 Für jüngere Kinder: 2. Mose 14,19–31 (Auszug aus Ägypten); s. auch die Vorschläge zum 17.1.2016 (S. 29)	Gottesdienst m. Kindern (u. Erwachsenen); Erzählung, Gespräch, neue Musik zum alten Text finden, Body-Percussion, Erzählung, Trommeln/Rasseln bauen, Dosen mit Luftballons bespannen, Reis/ Sand/Erbsen, Rhythmus-Spiele
31.7.2016 10. Sonntag nach Trinitatis	Wir machen einen Film Psalm 100 Für jüngere Kinder: Lk 17,11–19 (Heilung der 10 Aussätzigen; Thema „Danken")	Gottesdienst m. Kindern (u. Erwachsenen); Erzählung, Gespräch, mit Handy einen Vi- deoclip drehen („Ein Clip zum Lob Gottes") Erzählung, „DANKE" durchbuchsta- bieren, kneten, wofür gedankt wird, Fimo, Psalm 100 mit Gesten darstellen

Monatlicher Kindergottesdienst
Was hat das mit Gott zu tun? Popmusik – Stars – Film s. S. 211

10. Juli 2016

7. Sonntag nach Trinitatis

Gott in der Pop-Musik

Psalm 150

Lieder: Ein Halleluja-Lied, z. B. Hallelu, hallelu, KG 193, KiKiHits 71, LJ 389, LB 39, JMT2 024; Lieblingslieder der Kinder

Liturgischer Text: Psalm 150 (s. S. 191)

Zum Text

Die Psalmen sind erst zu späterer Zeit bei ihrer Zusammenstellung aufgeschrieben worden. Viele von ihnen waren fester Bestandteil von Gottesdiensten. In ihnen wurde thematisiert, was die Menschen in ihrem Alltag mit Gott erlebten. Die Psalmen waren lebendiges Liedgut, wurden immer wieder verändert und aktualisiert.

Der Psalm 150 ist der letzte in der Bibel. Nach all dem, was in den zum Teil sehr unterschiedlichen Psalmen vorher thematisiert wurde: Freude, Trauer, Leid, Wut, Verlassensängste, den krönenden Abschluss bildet ein lautes Loblied, das auffordert, viele unterschiedliche Instrumente zu Hilfe zu nehmen, um Gott zu loben. Jede und jeder, der atmet, soll Gott loben. (Ich höre deshalb auch im Hintergrund eine Katze miauen und einen Hund bellen.)

Zum Thema

Wer das Thema des Sonntags „Gott in der Pop-Musik" bei Google eingibt,

kann viele interessante Vorträge zum Thema entdecken. Leider sind die Ausarbeitungen schon etwas älter, sodass die Liedbeispiele nicht aktuell sind. In seinem Vortrag „Religiöse und biblische Motive in säkularer Popmusik. Eine Herausforderung und Chance christlicher Verkündigung" schreibt Gerd Buschmann (www.theomag.de/27/gb3. htm) „Gott ist längst in den Charts, ..." und verweist auf den christlichen Hintergrund vieler Interpreten und deren Lieder. Hier nur zwei Beispiele: Der „Earth Song" von Michael Jackson ist ein Gebet für die Erde, und in „What if God was one of us" beschreibt Joan Osborne, wie es sein könnte, wenn Gott unter uns wohnt. Wo kommt Gott in den heutigen Texten vor, vielleicht nicht unbedingt namentlich genannt, aber durchaus mitgemeint?

Ich möchte noch ein Beispiel nennen, das einen anderen Aspekt beschreibt: Das Lied „I will follow him" wird im Musical „Sister act" zu einer Glaubensaussage: „Ich werde ihm (Jesus?) überallhin folgen." Dabei ist das Lied ursprünglich ein Liebeslied aus den 30er Jahren.

Der Text und die Kinder

Gott loben mit allem, was uns zur Verfügung steht! Das heißt doch auch: Krach machen dürfen, krächzen, schreien, johlen. Das heißt auch: Gott mit Melodien loben dürfen, die in einem Gottesdienst der Erwachsenen auf Unverständnis stoßen würden (?). Und das heißt: Tanzen in allen Variationen, die Kinder mögen.

Ich wünsche mir, dass die Kinder angesteckt werden von der Aufforderung, so Gott zu loben! Die Psalmen hatten immer einen Bezug zum Alltagsleben der Menschen: Also sollte auch das Leben der Kinder in diesem Kindergottesdienst vorkommen!

Das Thema und die Kinder

Wenn ich von Kindern zwischen 8 und 12 Jahren ausgehe, so grenzen sich diese gerne und vehement von allen Liedern ab, die sie zum Beispiel im Kindergarten gelernt haben (mit Ausnahme von „Halte zu mir, guter Gott": dies bleibt bei uns bis zum Vorkonfirmandenalter ein Hit in den Gottesdiensten). Sie lieben es, in anderen Sprachen zu singen, und sich mit ihren Lieblingsliedern an ihren Stars und Sternchen zu orientieren. Ich finde es erstaunlich, wie breit dabei der Musikgeschmack gefächert ist: Bei den Lieblingsliedern der Kinder ist jede Musikrichtung vertreten, die aktuell in den Charts und darüber hinaus zu finden ist: Volkstümliches, Schlager, Rap, Hip Hop, Pop und Rock.

Auch wenn die Vorliebe eines Musikstücks meist von der Melodie oder dem Interpreten beeinflusst ist, ist es wichtig, zusammen mit den Kindern die entsprechenden Texte kritisch anzuschauen: Wisst ihr überhaupt, was ihr da singt?

Bausteine für einen gemeinsamen Gottesdienstbeginn mit Kindern und Erwachsenen

Eröffnung

Wäre Gott ein Lied, wie schön wäre es, er wäre die Lieblingsmelodie von uns allen.
Wäre Jesus ein Liedtext, wie schön wäre es, wenn wir alle ihn gerne singen würden.
Wäre der Heilige Geist ein Rhythmus, wie schön wäre es, wir hätten ihn alle im Blut.
Deshalb feiern wir Gottesdienst im Namen des Vaters, des Sohnes und des Heiligen Geistes. Amen

Psalmgebet frei nach Psalm 150

Eine: Lobt Gott!
Alle: Halleluja

Eine: Lobt ihn in den Kirchen und in den Straßen. Wo auch immer ihr seid:
Eine: Lobt Gott!
Alle: Halleluja

Eine: Lobt ihn für alles, was er getan hat. Lobt ihn für seine Größe und Herrlichkeit!
Eine: Lobt Gott!
Alle: Halleluja

Eine: Lobt ihn mit Posaunen und Keyboard, lobt ihn mit Blockflöten und Schlagzeug.
Eine: Lobt Gott!
Alle: Halleluja

Eine: Lobt ihn in Deutsch und in allen Sprachen, die ihr kennt. Lobt ihn mit leisen und mit lauten Tönen.

Eine: Lobt Gott!

Alle: Halleluja

Eine: Lobt ihn mit eurem Singen und Tanzen. Lobt ihn mit eurem Atem, mit Gesten und Bewegung.

Eine: Lobt Gott!

Alle: Halleluja

Es folgt ein den Kindern bekanntes Halleluja-Lied, z. B. Hallelu, Hallelu

Gestaltungsvorschlag für ältere Kinder

Eröffnung/Psalm s. S. 191

Erzählung

Die Klassenfahrt zum Abschluss der Grundschulzeit steht an. Es geht in die Jugendherberge in N. N. (hier eine in Ihrer Nähe einfügen!) Freitagmorgen treffen sich die Schülerinnen mit ihrem Gepäck um 8 Uhr auf dem Parkplatz der Schule. Alle sind schon ganz aufgeregt: Eine Woche weg von zu Hause. Und Herr Rübesam fährt mit. Der ist klasse und der heimliche Schwarm vieler Mädchen. Als weibliche Begleitperson ist Frau Knitter dabei. Die ist eigentlich auch ganz nett, aber manchmal ist sie so wie ihr Name sagt: etwas knitterig.

Pünktlich kommt der Bus. Die Koffer werden unten ins Gepäckabteil gestellt, dann strömen die Kinder in den Bus. Nach dem üblichen Hin und Her („Ich will aber neben Malte sitzen!") und einem Machtwort von Frau Knitter kann es endlich losgehen.

Der Bus ist kaum drei Minuten gefahren, als die ersten CDs nach vorne gegeben werden. Aber der Busfahrer („Ihr könnt mich Max nennen.") greift zum Mikrophon und sagt, dass er keine CDs der Kinder spielen wird: „Bei dem, was ihr so hört, kann ich mich nicht auf den Verkehr konzentrieren. Außerdem hört sowieso jeder von euch was anderes. Ihr habt doch sicherlich Walkmans, oder wie die Dinger heute so heißen. Nehmt am besten euer Telefon, ein paar Ohrstöpsel und hört so eure Lieblingsmusik."

Sandra wendet sich an ihre Freundin und Sitznachbarin Svea: „Finde ich eigentlich ganz O.K. Stell dir nur vor, wir müssten jetzt Metallica hören oder die Ärzte." „Die finde ich eigentlich ganz gut", meint Svea. „Ich hab die sogar auf meinem I-pad. Willst du mal hören?" Sie holt ihr I-pad mit den Earplugs raus und reicht einen Stöpsel an ihre Freundin. Auch die meisten anderen Kinder haben inzwischen Stöpsel in den Ohren und lauschen ihrer Lieblingsmusik.

„Sind sie eigentlich auf dem neuesten Stand, was die Kinder so an Musik hören?", fragt Frau Knitter Herrn Rübesam. „Bei einigen weiß ich es. Manchmal guck ich abends auf youtube nach, um wenigstens einigermaßen auf dem neuesten Stand zu sein. – Da kommt mir eine Idee: Wir könnten doch heute Abend mal mit den Kids darüber reden, was zur Zeit so angesagt ist. Würde mich auch interessieren."

Und so machen sie es. Nach dem Abendbrot in der Jugendherberge treffen sich all um 20 Uhr im Gruppenraum. Als die Kinder gebeten werden, ihre Lieblingsband oder ihren Lieblingsinterpreten zu nennen, fallen so einige Namen, die Frau Knitter noch nie gehört hat. Sie beschließen spontan, das Programm für den nächsten Vormittag zu ändern. Die Kinder sollen sich in Kleingruppen je nach Musikgeschmack zusammenfinden und sich mit Melodie und Text eines Liedes auseinandersetzen, auf das sie sich geeinigt haben: Was wisst ihr über das Leben des Sängers oder der Gruppe? Worum geht es in dem Text? Stehen Text und Musik zueinander in Beziehung? Geht es euch nur um die Melodie und ist euch der Text egal? Findet ihr das Lied nur gut, weil es eure Lieblingssängerin singt?

Einige Kinder stöhnen, aber die meisten finden die Idee gut. Schnell haben sich die Gruppen gefunden und entschieden, welche Lieder sie nehmen wollen. Herr Rübesam verspricht, diese im Internet zu suchen und die entsprechenden Texte auszudrucken.

Als schließlich alle in ihren Betten liegen, sind Sandra und Svea noch lange wach. Sie tauschen sich über die neuesten Infos über Lady Gaga aus, von der beide große Fans sind. Den anderen Kindern scheint es ähnlich ergangen zu sein, denn am nächsten Morgen sieht man viele müde Gesichter. Aber als es dann in die Kleingruppen geht, sind alle schnell wieder munter. Herr Rübesam geht nacheinander in jede Gruppe und spielt die entsprechenden Melodien auf seinem Smartphone vor, sofern die Kinder nicht sowieso die Melodien auf ihren Handys haben.

Nach einer kurzen Pause werden dann die Kinder gebeten, im Plenum ihre Ergebnisse vorzustellen. Sandra und Svea können voller Stolz erzählen, dass sie auf wikipedia gelesen haben, dass Lady Gaga 2011 ein Album mit dem Titel „Born This Way" herausgebracht hat, auf dem drei Titel sind, in denen Jesus vorkommt. Im anschließenden Gespräch mit Herrn Rübesam wird schnell klar, dass gerade bei den englischen Texten oft erst durch die genaue Übersetzung deutlich wird, worum es in dem Lied eigentlich geht. Die Kinder sind erstaunt, wie oft von Gott und Jesus die Rede ist in Liedern, die in den Charts rauf und runter gespielt werden.

Besonders beeindruckt sind sie, als Herr Rübesam seinen Lieblingssong vorspielt: „Jesus" von der Gruppe Queen. Er hat in der Nacht noch eine Übersetzung des englischen Textes angefertigt und liest ihn den Kindern vor. Keiner von ihnen hätte vermutet, dass es in dem Lied um die Heiligen drei Könige geht, die einem Stern folgen, um den neugeborenen König aufzusuchen.

„Ich glaube, ich sollte in Englisch besser aufpassen", sagt Svea leise zu Sandra, aber da in dem Moment niemand anderes redet, haben den Satz alle gehört und fangen an zu lachen. Denn Svea ist nicht die Einzige, die in diesem Moment einen solchen Gedanken hat.

Beim Mittagessen sind sich die meisten Kinder einig: Diese Klassenfahrt ist spitze!

Umsetzung mit älteren Kindern

– Die Kinder machen es so wie in der Erzählung: Unter den oben erwähnten Fragestellungen beschäftigen sie sich mit ihrem derzeitigen Lieblingslied.

– Auch die Psalmen sind Lieder, die häufig in Gottesdiensten gesungen wurden: Wie würden sie klingen, wenn man sie mit einer aktuellen Melodie unterlegen würde?

– Die Kinder vergleichen den Text „ihres" Liedes mit dem Psalm 150: Gibt es Ähnlichkeiten? Wo liegen die Unterschiede? (Dazu das Psalm-Projekt im Internet aufsuchen; s. auch die Volx-Bibel, eine Bibel in Jugendsprache).

– Wer mag, versucht den Psalm als Rap umzusetzen und vorzutragen. Dazu ein Beispiel: Im Buch „Du, höre! Psalmen entdecken, Singen, Beten, Predigen. Materialbuch 117, (erhältlich bei der Ev. Kirche in Hessen und Nasau, www.zentrum-verkuendigung.de) findet sich ein Rap zu Psalm 10 von Jan Moritz Baltruweit, den man auf der beiliegenden CD hören und in der Playbackversion nachsingen kann.

Umsetzung für Jüngere

Die jüngeren Kinder hören und singen das **Lied** „Geh aus, mein Herz und suche Freud" (EG 503).

Sie malen **Bilder** zu den einzelnen Strophen. Diese werden dann hintereinander auf eine Tapetenrolle geklebt.

Zum Schluss wird das Lied noch einmal gesungen und währenddessen die entsprechenden Zeichnungen betrachtet. (So können die Kinder außerdem die Strophen schneller lernen.)

In Anlehnung an Psalm 150 überlegen die Kinder, womit sie Gott loben wollen: Jedes Kind sucht sich ein **Musikinstrument** aus und malt es auf. Die „fertigen Instrumente" werden ausgeschnitten und auf einem großen Karton zu einem Orchester zusammengeklebt. (s. auch die Malvorlagen S. 188).

Das **Orchester** begleitet die nochmalige Lesung des Psalms: Entweder spielen die Kinder ihr Instrument pantomimisch oder sie machen die entsprechenden Geräusche.

Bei mehreren Durchgängen kommen dabei verschiedene Dirigenten zum Einsatz.

Eine Idee, die sich auch für den vierten Sonntag eignet!

Buchstabenrätsel

Im Buchstabengitter müssen 16 Musikinstrumente gefunden werden (s. S. 211).

Birgitt Johanning

17. Juli 2016
8. Sonntag nach Trinitatis

Stars, die ich toll finde
2. Mose 20,2–3

Lieder: Einfach spitze!, KiKiHits 15, LH 17, Kindern feiern Jesus 3, LB 348, JMT 161; Das ist Swing, KiKiHits 76

Liturgischer Text: Psalm 48, s. S. 196

Zum Text

Ähnlich wie ein König, der zu Beginn seines Wirkens eine Regierungserklärung abgibt, verkündet Gott seinen Willen in den Zehn Geboten, nachdem er sich auf dem Berg Sinai den Menschen offenbart hat. (Erstaunlich, dass sich der Psalm des Sonntags vor diesem Hintergrund viel verständlicher liest: Lesen Sie Psalm 48 in Ihrer Bibel nach!)

Schon in sehr frühen Kommentaren zu dieser Bibelstelle finden sich Beschreibungen dazu wie: Gott bringt mit seinen Geboten Licht in das dunkle Chaos unserer Beziehungen. Kunstvoll formuliert nehmen die Zehn Gebote Bezug auf das ganze Leben eines Menschen, bzw. eines Volkes. Gott stellt sich vor und verweist gleichzeitig auf die enge Bindung, die er mit den Menschen eingehen will: Er will mein Gott sein, er, der sein Volk aus der Sklaverei in Ägypten befreit hat.

Was er dafür verlangt? Er will der einzige Gott sein, zu dem wir eine Beziehung haben.

Das Thema und die Kinder

„Menschen ‚toll' zu finden, ist in Ordnung, Menschen anzuhimmeln wird gefährlich, ich kann mich für sie begeistern, solange ich sie nicht an Gottes Stelle setze." (Plan für den Kindergottesdienst, S. 234) Jungen im 3. Grundschulalter (KU3) begeistern sich für ihren favorisierten Fußballverein mit seinen Stars, Mädchen schwärmen für einen Sänger, eine Sängerin oder ein Musikgruppe. (2016 werden andere in den Charts „angesagt" sein.) Die Grenzen zwischen der kulturellen Welt der Kinder und der Erwachsenen verschwimmen immer mehr: DSDS, The Voice Kids und diverse andere Castingshows werden von Kindern und Erwachsenen gesehen, teilnehmende Erwachsene wie Kinder versuchen hierdurch, zu „Ruhm und Ehre" zu kommen. Auch wenn der Markt boomt, was Kinderlieder, -filme und -literatur angeht, so überschneiden sich die Vorlieben der Kinder immer mehr mit denen von Erwachsenen.

Mit Merchandising (von Bettwäsche über Stiftebox bis hin zu T-Shirts und Base-Caps) wird versucht, Kinder als Kunden an eine bestimmte „Marke" zu binden. Viele Väter und Mütter scheinen dem hilflos ausgeliefert zu sein. Umso wichtiger ist es, mit den Kindern darüber ins Gespräch zu kommen, was ihren „Star" eigentlich so besonders macht, wie weit Verehrung hier gehen darf und ab wann sie gefährlich wird.

Bausteine für einen gemeinsamen Gottesdienstbeginn mit Kindern und Erwachsenen

Eröffnung

Wer von euch weiß, was das englische Wort „Star" auf Deutsch heißt?
Heute geht es um Sterne,
um solche, die hell leuchten, weil wir sie bewundern,
um die, die langsam verblassen, weil sie ihre Leuchtkraft verlieren,
um Sterne, die nicht mehr gesehen werden, weil sich kaum jemand an sie erinnert,
und um Gott, der heller leuchtet als alle Sterne, die wir kennen.

Deshalb feiern wir Gottesdienst
im Namen Gottes: Er ist für jeden von uns da. Das sollen wir nie vergessen!
Im Namen Jesu Christi, der von sich gesagt hat: Ich bin das Licht der Welt: Jesus will jeden von uns zum Leuchten bringen.
Und im Namen des Heiligen Geistes: Er sorgt dafür, dass jede und jeder von uns zu einem Star/Stern werden kann.
Im Namen des Vaters, des Sohnes und des Heiligen Geistes. Amen
Unsere Hilfe kommt von Gott, der alles geschaffen hat, auch die Sterne.

Lesung

Die Epistel des heutigen Sonntags ist im Gottesdienst der Erwachsenen aus dem Epheserbrief, Kapitel 5,8b–14 und beginnt mit den Worten: „Lebt als Kinder des Lichts!" Dies kann ein guter Anknüpfungspunkt sein, um das Thema des Kindergottesdienstes anzusprechen, bzw. einzubeziehen.

Psalmgebet in Anlehnung an Psalm 48 (der Psalm dieses Sonntags)

Eine: Gott, du bist groß.
Du willst uns alle beschützen!
Alle: Wir wollen Gott loben!

Eine: Gott, du bist bekannt auf der ganzen Welt. Überall können wir Zeichen deiner Gegenwart erkennen.

Eine: Gott, du bist groß.
Du willst uns alle beschützen!
Alle: Wir wollen Gott loben!

Eine: Gott, du bist gerecht.
Deshalb willst du nicht, dass Menschen ungerecht handeln.

Eine: Gott, du bist groß. Du willst uns alle beschützen!
Alle: Wir wollen Gott loben!

Eine: Gott, du bist gütig. Bei dir sollen alle Menschen in Frieden leben können.

Eine: Gott, du bist groß.
Du willst uns alle beschützen!
Alle: Wir wollen Gott loben!

Eine: Gott, du bist zeitlos. Du willst uns führen und leiten für immer und ewig.

Eine: Gott, du bist groß.
Du willst uns alle beschützen!
Alle: Wir wollen Gott loben!

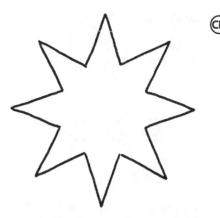

Zeichnung: Sabine Meinhold

Gestaltungsvorschlag für ältere Kinder

Eröffnung/Psalm s. S. 196

Erzählung
(Bitte ersetzen Sie den hier erwähnten „Star" durch einen aktuellen! Zurzeit – 2015 – ist Helene Fischer durch alle Generationen hindurch „angesagt"!)

Jenny kann es nicht fassen: Helene Fischer kommt zu einem Konzert in ihre Nachbarschaft! Und zwar schon übermorgen! Das Konzert wurde kurzfristig angesetzt, als Benefizkonzert für die Menschen, die in Südeuropa durch eine große Überschwemmung all ihr Hab und Gut verloren haben. (Bitte ersetzen Sie nach Möglichkeit dieses Ereignis durch ein aktuelles.) Jenny ist ein großer Fan der Sängerin, was man sofort sieht, wenn man ihr Zimmer betritt: Helene Fischer, wohin man schaut: Poster an den Wänden, Bettwäsche, Bildbände, CDs, Stiftebox, T-Shirts, Schlafanzug: Wohin man schaut, blickt einen Helene Fischer an. Jenny gibt ihr gesamtes Taschengeld für diese Dinge aus, sodass sie mal wieder pleite ist.

Aber sie will unbedingt zu diesem Konzert, sie muss einfach hin. Die Frage ist nur: Wie?

Vielleicht weiß Johanna Rat. Johanna ist Jennys beste Freundin und der einzige Mensch, den sie kennt, der versteht, warum Helene Fischer so wichtig für sie ist. In der Schule sagt sie schon gar nichts mehr, weil die Jungen sie sonst ärgern und läs-

tern würden, und von ihren Eltern erntet sie nur Kopfschütteln für ihre Leidenschaft.

Aber Johanna versteht sie. Sie kennt die Texte der Lieder genauso auswendig wie Jenny, beide sammeln zusammen jeden Schnipsel, den sie in Illustrierten über Helene Fischer finden können. Jenny setzt sich an ihren Computer und nimmt Kontakt zu ihrer Freundin auf. Zum Glück ist diese online. Die beiden beratschlagen, wie sie es schaffen können, zu dem Konzert zu kommen. Woher sollen sie das Geld für die Karten bekommen? Und wie kann man die Eltern überlisten? Denn dass diese es nicht erlauben werden, zu dem Konzert zu fahren, ist beiden Mädchen sonnenklar. Also was tun?

O.K., sie könnten sich gegenseitig ein „Alibi" geben, indem sie behaupten, bei der jeweils anderen übernachten zu wollen. Aber die finanzielle Frage ist da schon schwieriger, noch dazu, weil es dringend ist. Wie schnell wird ein solches Konzert ausverkauft sein! Da ist guter Rat teu-

Mutter
Theresa

er! Da hat Johanna eine Idee: Ihre Schwester steht kurz vor dem Abitur, und für die Abschlussfeier haben die Jugendlichen Geld gesammelt. Johanna hat zufällig beobachtet, dass ihre Schwester das ganze Geld hinten in ihrer Sockenschublade verstaut hat, um es sicher verwahren zu können. „Und du meinst, wir können da einfach was von nehmen?", schreibt Jenny. „Klar!", antwortet Johanna, „das ist so viel, da fällt es gar nicht auf, wenn wir die 150 € für die beiden Karten nehmen."

Schreibpause. – Zehn Minuten später eine neue Nachricht von Johanna, in der sie Jenny mitteilt, dass sie eben telefonisch zwei Karten reserviert hat! Die beiden könnten

Mahatma
Gandhi

doch in den nächsten Tagen jeweils ihre Großeltern anpumpen, um das Geld – hoffentlich rechtzeitig – zurückzulegen.

Nun gibt es kein Zurück mehr!

In dieser und der nächsten Nacht kann Jenny kaum schlafen. Um was es in der Schule geht, bekommt sie nicht mit. Die Mathearbeit: Schwamm drüber! Bestimmt vergeigt. Den Besuch bei Tante Margret vergessen? Kann ja mal vorkommen. Aber ist ja auch egal: Alles was zählt, ist dieses Konzert.

An besagtem Nachmittag machen sich die beiden Mädchen dann auf den Weg. Sie hatten sich geeinigt, dass sie offiziell bei Johanna übernachten, da deren Eltern an dem Abend eingeladen sind und so nicht mitbekommen, wann in der Nacht die Mädchen nach Hause kommen. Johanna hatte von dem Geld für die Abifeier noch 50 € zusätzlich für Zugkarten und anderes, was sie noch brauchen würden, abgezweigt. So wird es hoffentlich noch für ein Taxi für die Heimfahrt reichen.

Das Konzert ist unbeschreiblich, weshalb ich nichts weiter dazu sagen kann. Beide Mädchen sind im siebten Himmel. Sie sind sogar ihrem Idol so nahe gekommen wie noch nie. In der Pause hatte Helene Fischer Autogramme gegeben. Da mussten die Mädchen natürlich zuschlagen, die neueste CD kaufen und signieren lassen.

Erst als sie nach dem Konzert vor der großen Halle stehen, wird ihnen klar, dass sie keine Ahnung haben, wie sie jetzt nach Hause kommen sollen: Die Eltern anrufen und klein beigeben? Die große Schwester anrufen und gestehen? Oder Tante Margret? Jenny bringt es auf den Punkt: „Egal, wen wir anrufen, das gibt bestimmt Ärger! Was sollen wir nur tun?"

Gespräch
– Die Kinder überlegen sich (in Kleingruppen), wie die Geschichte zu Ende geht.
– Im Anschluss folgt ein Gespräch, wieweit die Verehrung eines „Stars" gehen darf: Wo sind Grenzen? Warum?
– Die Kinder besprechen das 1. Gebot. (Lesen Sie hierzu meine Überlegungen zum Abschnitt „Das Thema und die Kinder".)

Unbekannte Stars
In der Mitte liegen Bilder von Mutter Theresa, Mahatma Gandhi, Nelson Mandela, evtl. Malala (Friedensnobelpreis 2014) ...
Kennt ihr diese Menschen? Was wisst ihr über sie? Sind sie auch Stars? Was ist ihr Verdienst (im doppelten Sinn des Wortes)?
Es gibt auch viele Stars im Verborgenen. Wer fällt euch da ein? (Feuerwehrmann, Ärzte ohne Grenzen, ehrenamtliche Helfer, Familienangehörige ...)

Gestaltung und Gespräch
Vorbereitete gelbe Sterne aus Tonpapier werden von den Kindern mit den Namen der „Stars" beschriftet, die sie toll finden. Auch können sie aus Illustrierten „Stars" ausschneiden, die zurzeit „angesagt" sind. Die Sterne werden auf einen dunkelblauen Hintergrund geklebt. Es folgt ein Gespräch darüber, was an diesen Menschen so toll ist.
Gut wäre es, wenn eine Mitarbeiterin ein Smartphone (oder eine andere Marke) zur Hand hätte, um Musikbeispiele, Videoclips oder die homepages der „Stars" oder deren Auftritt auf facebook (oder ähnlichem) aufzurufen.

Nelson Mandela

Interessant wäre auch ein Gespräch darüber, wen die Kinder früher toll fanden, und warum jetzt nicht mehr, oder ob das Geld, das die Stars verdienen, angemessen ist (zum Beispiel im Vergleich mit solchen Menschen, die körperlich schwer arbeiten müssen).

Gestaltungsvorschlag für jüngere Kinder

Den Kindern wird die Geschichte von der Abrahamverheißung (1. Mose 15,5+6) aus einer Kinderbibel (z. B. Bibelbilderbuch 1, S. 64–67, Dt. Bibelgesellschaft) vorgelesen.
Menschen können wie Sterne sein: Sie können leuchten und anderen den Weg zeigen, sie können aber auch matt fun-

Malala Yousafzai

keln oder hinter einer Wolke verborgen sein.

Lied: Weißt du, wie viel Sternlein stehen (EG 511).
Vielleicht hat eine der Mitarbeiterinnen eine Spieluhr mit diesem Lied, die sie mitbringen kann.

Gespräch
Wer sind Sterne für euch? Wer erleuchtet euer Leben oder das Leben von anderen?

Kreativ
Die Kinder gestalten Grußkarten: Auf einen blauen Hintergrund wird ein gelber Stern (aus Gold- oder Tonpapier) geklebt. Die Kinder nennen Personen, denen sie gerne diese Karte schenken möchten. Die Mitarbeitenden schreiben auf die Rückseite: N. N. (hier Namen einfügen), du bist mein Star! (Das könnten auch ältere Kinder tun.)

Birgitt Johanning

24. Juli 2016
9. Sonntag nach Trinitatis

Wir machen selbst Musik
2. Mose 15,20+21

Lieder: Halleluja, preiset den Herrn, KG 193, KiKiHits 71, LJ 389, LB 39, JMT2 024; Im Lande der Knechtschaft (Mirjam-Lied), EG regional, LJ 439; Kommt herbei, LJ 445, KG 176, EG regional, LB 18; Ich lobe meinen Gott, der aus der Tiefe, EG regional; KG 112; LJ 560 LB 35; Wir haben Gottes Spuren festgestellt, LJ 642; EG regional, MKL2 121, LB 230, SvH 73; Was hast du denn für Talente, KiKiHits 19

Liturgischer Text: Psalm 96, s. S. 201

Zum Text

Die Haut einer Trommel muss dünn sein, um richtig schwingen zu können. Auch Mirjam, die Schwester des Mose hatte vielleicht eine dünne Haut: Zusammen mit ihrem anderen Bruder Aaron hatte sie gegen die ausländische Frau des Mose gestichelt, woraufhin sie von Gott sieben Tage lang mit Aussatz bestraft wurde. Diese dünnhäutige Frau ist es, die nach dem Durchzug der Israeliten durch das Schilfmeer zur Pauke greift und das ganze Volk zum Musizieren, Singen und Tanzen anstiftet. Sie nutzt die Haut der Pauke, um ihrer Freude über die Rettung Ausdruck zu verleihen. Das Lied der Mirjam ist einer der ältesten Bibeltexte überhaupt.

Zum Thema

Heute haun wir auf die Pauke! Musik ist in allen Kulturen, auf der ganzen Welt ein beliebtes Ausdrucksmittel, sowohl im kultischen und religiösen, wie auch im öffentlichen und privaten Bereich. Mit Musik kann man Trauer oder Freude, aber auch Einsamkeit ausdrücken. Auf dem Fußballplatz wie im Gottesdienst schafft Singen Gemeinschaftsgefühle. Nicht nur die Werbung nutzt eingängige Melodien, um Inhalte zu transportieren. Mit welchen Melodien können wir in unseren Kindergottesdiensten die froh machende Botschaft transportieren?

Das Thema und die Kinder

Schon im Mutterleib nehmen wir Musik wahr. Jedes Kind wächst mit Musik auf. Der Markt für kindgerechte Lieder boomt. Kleine Kinder singen sehr gerne. Aber je älter sie werden, desto schwieriger wird es, Lieder zu finden, die alle gut finden. (vgl. auch die Ausführungen zum 1. Sonntag, s. S. 191)

Bausteine für einen gemeinsamen Gottesdienstbeginn mit Kindern und Erwachsenen

Eröffnung

Wir feiern Gottesdienst
im Namen Gottes, der die Melodie eines jeden Lebens kennt,
im Namen Jesu Christi, der uns hilft, harmonisch miteinander umzugehen,
und im Namen des Heiligen Geistes, der uns in Bewegung bringen will.
Im Namen des Vaters, des Sohnes und des Heiligen Geistes. Amen
Unsere Hilfe kommt von Gott, der Himmel und Erde gemacht hat.

Lesung

In der Evangeliumslesung des Sonntags geht es um das Gleichnis von den anvertrauten Talenten. Wo liegen unsere Talente? Fördern wir sie oder lassen wir sie verkümmern? Gibt es vielleicht verborgene Talente, die es wert sind, entdeckt zu werden? Passend zum Inhalt der Lesung wird anschließend gesungen:

Lied: Was hast du denn für Talente

Psalmgebet in Anlehnung an Psalm 96

Im Sonntagspsalm, Psalm 40, ist von einem Menschen die Rede, der von Gott aus großer Not errettet wurde und dann sagt: „... er hat mir ein neues Lied in meinen Mund gegeben, zu loben unseren Gott!" Von daher bietet es sich an, mit den Kindern einen Psalm zu beten, in dem das Singen ausdrücklich erwähnt wird, wie zum Beispiel Psalm 81 oder den bekannteren Psalm 96, den man mit neuen Worten und Gedanken folgendermaßen beten könnte:

(Eine: Wenn wir immer nur die alten Lieder singen: Wer will uns dann noch hören?
Wenn wir keine neuen Melodien ersinnen: Wer will dann noch mit uns singen?)
Alle: Lasst uns Gott ein neues Lied singen, indem wir erzählen, was er alles für uns getan hat!
Eine: Mit Liedern können wir die Menschen in ihren Herzen erreichen. So verstehen sie vielleicht, wie groß und wie wunderbar Gott ist!
Alle: Lasst uns Gott ein neues Lied singen, indem wir erzählen, was er alles für uns getan hat!

Eine: Lieder können zu gesungenen Gebeten werden. Eine gute Melodie kann ansteckend sein und Menschen ermuntern, mitzusingen.

Alle: Lasst uns Gott ein neues Lied singen, indem wir erzählen, was er alles für uns getan hat!

Eine: Tragen wir dazu bei, dass die ganze Schöpfung singt zum Lob Gottes.

Alle: Lasst uns Gott ein neues Lied singen, indem wir erzählen, was er alles für uns getan hat!

Eine: Deshalb lasst uns in vielen Sprachen singen:

Lied: Halleluja, preiset den Herrn
(Bei der Gruppeneinteilung kann man variieren: Alte und Junge, Mitarbeitende und Kinder, Grundschüler der einen und der anderen Schule ...)

Gestaltungsvorschlag für ältere Kinder

Eröffnung/Psalm s. S. 201

Erzählung
Wie an jedem Wochentag steht Frau Werner zusammen mit vielen anderen Müttern vor der Grundschule, um ihre Tochter abzuholen. Da kommt Frau Meyer auf den Schulhof.

Frau Werner freut sich: „Hallo, schön sie zu sehen. Alles in Ordnung bei ihnen?"

Frau Meyer bleibt bei ihr stehen: „Eigentlich ja, aber heute Morgen war ein Brief von der Musikschule in der Post: Die erhöhen schon wieder die Preise!"

Frau Werner nickt: „Stimmt, hab ich in der Zeitung gelesen. Ich wusste gar nicht, dass Sascha dort Unterricht hat. Welches Instrument spielt er denn?"

„Sascha wollte ja unbedingt Gitarre lernen. Nur im Moment hat er so gar keine Lust zu üben", seufzt Frau Meyer.

„Bei meiner Mirjam wechselt es im Moment ständig: Erst wollte sie Keyboard lernen, dann Querflöte und seit gestern ist es Saxophon!"

Da wird Frau Werner plötzlich lebhaft von hinten umarmt: „Mama, ich weiß jetzt, was ich für ein Instrument lernen will."

„Hallo, meine Große! Da bin ich aber gespannt. Doch sag zuerst mal Frau Meyer ‚Guten Tag'." Die Mutter schiebt das Mädchen vor sich.

Höflich gibt Mirjam der anderen Frau die Hand: „Hallo, Frau Meyer, vielleicht kann ich ja dann mit Sascha zusammen zur Musikschule gehen."

„Das würde mich freuen", meint Frau Meyer, „aber für welches Instrument hast du dich denn jetzt entschieden?"

Mirjam strahlt über das ganze Gesicht und meint: „Schlagzeug! Ich will Schlagzeug spielen lernen."

Die beiden Frauen schauen sich wortlos an.

Da kommt Sascha dazu und fragt Mirjam: „Na, hast du es ihr schon erzählt?"

„Ja, hat sie", sagt Frau Werner, „aber wieso weißt du denn davon? – Wisst ihr was? Sollen wir nicht noch zusammen in die Eisdiele gehen?" Sie schaut Frau Meyer bittend an. „Dann können die beiden ganz in Ruhe erzählen, wieso meine Tochter plötzlich Schlagzeug spielen will."

„Au ja", rufen beide Kinder aus einem Mund. „Gute Idee!"

„Einverstanden", meint Frau Meyer, „ich wollte bei dem warmen Wetter sowieso erst heute Abend kochen."

Die vier machen sich auf den Weg in die Fußgängerzone. Sascha und Mirjam geben ihren Müttern ihre Schulranzen und laufen ein Stück vor.

„Womit wir wieder beim Thema Musikschule wären", lacht Frau Meyer, „Schlagzeug üben ist nicht gerade eine Freude für die Nachbarn."

„Warten wir es erst mal ab. Ich bin jetzt doch sehr gespannt, wie meine Tochter auf dieses Instrument gekommen ist."

Als sie in der Eisdiele ankommen, haben Sascha und Mirjam schon an einem Tisch draußen Platz genommen. Beide haben eine Eiskarte in der Hand und studieren eifrig die Angebote.

Als die vier schließlich ihre Bestellungen aufgegeben haben, ergreift Frau Werner das Wort: „Also Mirjam, nun erzähl schon. Erst sollte es Keyboard sein, dann Querflöte, dann Saxophon und jetzt plötzlich Schlagzeug. Wie kommst du darauf?"

Mirjam beginnt zu erzählen: „Wir hatten doch heute Religion. Da nehmen wir zur Zeit die Mosegeschichten durch. Und heute ging es um den Durchzug durchs Schilfmeer."

„Und wie die Ägypter alle abgesoffen sind", wirft Sascha ein, „echt krass!"

„Aber das war doch nur, damit die Israeliten alle gerettet werden konnten." Mirjam schaut ihn entrüstet an. „Und nachdem alle heil am anderen Ufer angekommen sind, haben sie getanzt und gesungen. Und Moses Schwester hat dazu die Pauke geschlagen. Das will ich auch. Wo ich doch genauso heiße wie sie."

In diesem Moment kommt die Bedienung mit den Eisbechern. Alle vier essen schweigend.

Nach einer Weile fragt Frau Meyer: „Kennst du denn sonst noch jemanden, der Schlagzeug spielt?"

Mirjam überlegt einen Moment. Dann wird sie plötzlich rot im Gesicht und sagt: „Der Johannes spielt doch Schlagzeug!"

„Wer ist das denn", fragt Frau Meyer.

„Das ist der Sozialarbeiter im Jugendzentrum", erklärt Frau Werner. „Das bringt mich auf eine Idee: Mirjam, was hältst du davon, wenn du Johannes fragst, ob er dir eine Schnupperstunde gibt? Dann kannst du ausprobieren, ob das überhaupt was für dich ist!"

Mirjam tut so, als ob sie völlig darauf konzentriert ist, den Rest Eis aus ihrem Becher zu löffeln, damit die anderen nicht merken, wie begeistert sie von dieser Idee ist.

Dann schaut sie aber doch ihre Mutter strahlend an und meint: „O. K., find ich gut!"

Vertiefung mit den älteren Kindern

Mirjamlied

Die Kinder werden gebeten, sich mit dem Text des Mirjamliedes auseinanderzusetzen:

Wie muss man ihn verändern, um ihn singen zu können? Wie muss man ihn formulieren, um ihn rhythmisch sprechen zu können? Welche bekannte Melodie passt dazu?

Schön wäre es, wenn der Kirchenmusiker der Gemeinde diese Arbeitsphase unterstützen kann.

Zeichnung: Sabine Meinhold

Lied: Im Lande der Knechtschaft
Das Lied hat einen unterschiedlichen Schwierigkeitsgrad: Die Strophen sind schwierig; sie sollten von einem Mitarbeitenden gesungen werden. Den zweiten Teil können die älteren Kinder gut mitsingen. Beim „La, la" können dann auch die Jüngeren mitschmettern. Auf jeden Fall sollte eine Trommel oder eine Cachon zur Unterstützung des Gesangs geschlagen werden.

Ein alter Choral in neuem Gewand
Die Kinder beschäftigen sich mit einem Choral aus dem Gesangbuch. Passt die Melodie zum Text? Wie müsste man sie singen/verändern, damit die Kinder Spaß daran haben, ihn zu singen. Wo ist der Text unverständlich?
Ein Beispiel: „In dir ist Freude" (EG 398): Die ursprüngliche „Tanzmusik" wurde 1591 komponiert und erst 7 Jahre später mit einem Text versehen. Die Kinder überlegen sich Situationen, in denen man dieses Lied singen kann und schreiben einen aktuellen Text dazu.

Body-Perkussion
Die Kinder probieren aus, welche unterschiedlichen Geräusche sie auf ihrem Körper schlagen/machen können:
– in die hohle oder die geöffnete Hand schlagen
– auf die Oberschenkel klopfen

– mit der flachen Hand vor den geöffneten Mund klatschen (erst nur etwas geöffnet, dann immer weiter), dabei ein Geräusch machen
– Wir begleiten das Lied „Kommt herbei" mit Körperinstrumenten
– Wie klingt es, wenn man auf den Tisch, den Stuhl, die Wand klopft, erst mit der flachen Hand, dann mit der leicht geöffneten, zum Schluss mit der Faust?

Rhythmus-Spiel
Jedes Kind überlegt sich ein Klopfgeräusch. Dann stellt es seinen Klopfrhythmus der Gruppe vor. Alle anderen machen dieses Geräusch nach. Nachdem alle Kinder dran waren, fängt eines wieder an und alle anderen machen dazu ihren eigenen Rhythmus.
Sollten die Geräusche nicht zueinander passen, versuchen die Kinder, ihr eigenes Klopfen so zu variieren, dass sich ein harmonischer Rhythmus ergibt. Dieser wird erst leise, dann immer lauter gespielt, erst langsam, dann immer schneller.

In immer mehr Gemeinden und Städten gibt es Trommelgruppen und -workshops, die auch von vielen Kindern besucht werden: Laden Sie eine Gruppe in den Kindergottesdienst ein, um zusammen mit den Kindern zu trommeln.

Gitter-Rätsel „Instrumente" s. S. 211

Gestaltungsvorschlag für jüngere Kinder

Die **Geschichte vom Auszug aus Ägypten** wird mit einer Kinderbibel erzählt (s. auch Reihe 1, zum 17. Januar).

Im Anschluss basteln die Kinder einfache **Trommeln**, z. B. aus leeren Yoghurtbechern, Blechdosen, Babymilchpulverdosen, mit Luftballons bespannt.

Oder jedes Kind erhält ein Überraschungs-Ei: Nachdem die Schokolade gegessen und der Inhalt begutachtet wurde, füllen die Kinder die gelben Behältnisse mit Sand, Reis oder Erbsen.

So erhalten sie ein **Rhythm-Egg**, welches zum Beispiel in zukünftigen Kindergottesdiensten beim Singen eingesetzt werden kann.

Rhythmus-Spiel, s. o.

Memory, s. S. 188

Birgitt Johanning

---

31. Juli 2016
10. Sonntag nach Trinitatis

Wir machen einen Film
Psalm 100

Lieder: Nun jauchzt dem Herren, alle Welt, EG 288; Heut ist ein Tag, an dem ich singen kann, LJ 555, KG 1; Singt Gott, unserm Herrn, KG 172; MKL2 13, Thuma Mina 3, Die Herrlichkeit des Herrn, KG 173, EG regional, LJ 366, LB 150, JMT 19; Ich lobe meinen Gott, der aus der Tiefe mich holt, KG 112, LJ 560, EG regional, LB 35; Danke, EG 334, LB 151, LJ 193, MKL 39, KG175

Liturgischer Text: Psalm 100, s. S. 206

Zum Thema „Danken"

Wenn ich meinem Patenkind etwas schenke, ohne dass es sich bedankt, bin ich enttäuscht. Warum eigentlich? Erwarte ich eine „Belohnung" für meine Überlegungen, womit ich ihm eine Freude machen kann? Und wie ist das mit Gott? Ist er auch enttäuscht, wenn/weil wir Menschen uns so wenig bei ihm bedanken? Nur allzu oft nehmen wir all das, was er uns schenkt, als selbstverständlich hin, ohne weiter darüber nachzudenken. Wir sollten uns öfter bei Gott bedanken, ganz automatisch, ohne dazu ermutigt werden zu müssen.

Das Thema „Danken" und die Kinder

Wer sich bei einem Kind für etwas bedankt, sieht anschließend meist in ein strahlendes Gesicht, in dem sich auch Stolz widerspiegelt. Das Kind freut sich über ein Dankeschön, das von Herzen kommt, ist es doch viel mehr als nur ein Wort: Man wird beachtet, wahr- und ernst genommen. Dieses kleine Wort schafft Beziehung. Und dies alles gilt für Erwachsene ganz genauso.

Ich erlebe aber auch, dass Kinder von Erwachsenen mehr oder weniger streng ermutigt werden, sich zu bedanken, also sich bedanken „zu müssen". Danken muss von Herzen kommen, aus tiefstem Herzen, um authentisch zu sein.

Zum Thema „Film"

Immer mehr Kinder und Jugendliche filmen mit ihren Handys kurze Clips, tauschen sie anschließend untereinander und stellen sie ins Netz. Leider ist das Bloßstellen von anderen (verbunden mit Mobbing) dabei immer noch ein großes Thema. „Ein Clip zum Lobe Gottes kann hier ein lustvolles Gegenprogramm bieten." (Plan für den Kindergottesdienst, S. 235)

Um eine Idee dafür zu bekommen, worum es gehen soll, bietet der 100. Psalm ein gutes Beispiel. Sicherlich muss der Psalm in die heutige Lebenswelt der Kinder „übersetzt" werden, um zu verstehen, worum es geht.

Bausteine für einen gemeinsamen Gottesdienstbeginn mit Kindern und Erwachsenen

Eröffnung

Im Namen Gottes: Er hat uns geschaffen.
Im Namen Jesu Christi: Er ist unser Bruder.
Im Namen des Heiligen Geistes: Er hilft uns, die richtigen Worte zu finden.
Im Namen des Vaters, des Sohnes und des Heiligen Geistes. Amen

Psalmgebet frei nach Psalm 100
(Die Kinder werden gebeten, nach dem Vers „Jauchzet dem Herrn, alle Welt!" zu jauchzen und zu jubeln, je lauter, desto besser! Sie können auch klatschen oder mit den Füßen auf dem Boden trampeln.)

Eine: Jauchzet dem Herrn, alle Welt!
Kinder jauchzen

Eine: Die Menschen auf der ganzen Welt sollen Gott loben.
Alle Menschen sollen Gott danken: in Afrika, in Asien, in Amerika, in Australien, in Europa:

Eine: Jauchzet dem Herrn, alle Welt!
Kinder jauchzen

Eine: Die Menschen spüren, dass der Herr allein Gott ist.
Er ist stärker als alle, die Macht haben.

Eine: Jauchzet dem Herrn, alle Welt!
Kinder jauchzen

Eine: Gott hat uns alle geschaffen und ist für jeden von uns da!

Eine: Jauchzet dem Herrn, alle Welt!
Kinder jauchzen

Eine: Lobt und dankt Gott, nicht nur in unseren Gottesdiensten, sondern auch in unserem Alltag: zu Hause, auf dem Spielplatz, in der Schule und im Kindergarten:

Eine: Jauchzet dem Herrn, alle Welt!
Kinder jauchzen

Eine: Gott ist freundlich zu uns.
Das war er schon zu unseren Eltern, Großeltern und allen, die vor uns da waren.
Und er wird es sein zu unseren Kindern, Enkeln und allen, die nach uns kommen.

Eine: Jauchzet dem Herrn, alle Welt!
Kinder jauchzen

Es folgt ein den Kindern bekanntes Halleluja-Lied.

Psalmlied

Im Evangelischen Gesangbuch findet sich unter der Nummer 288 der Psalm 100: Eine sehr alte Melodie wurde hier mit einem Gedicht aus dem 17. Jahrhundert verbunden. Die Melodie erscheint auf den ersten Blick langweilig, je nachdem, wie sie gespielt, bzw. gesungen wird. Aber allein durch das Klatschen oder Schnipsen auf den „Off-Beat", also die jeweils zweite Zählzeit (2 und 5), kommt Schwung in die Melodie. Fröhlich gespielt eignet sich dieses Lied sogar zum Schunkeln!

Zum Kennenlernen der Melodie wird diese zunächst leise gesummt, dann mit „Lala" oder ähnlichem in normaler Lautstärke gesungen, bis schließlich der Kirchraum vom Jauchzen der Gemeinde erfüllt wird!

Gestaltungsvorschlag für ältere Kinder

Erzählung

„Und? Was sagt man?"

Julian muss sich sehr zusammenreißen, höflich zu bleiben. Er kann diesen Satz nicht mehr hören: „Und? Was sagt man?"

Schließlich ist er kein kleines Kind mehr. Aber vielleicht können Großmütter einfach nicht aus ihrer Haut. Also streckt er Herrn Niklas brav seine Hand hin – natürlich die rechte, wie es sich gehört! – und sagt: „Vielen Dank!"

Seine Großmutter nickt zufrieden. Sie ist stolz auf ihren Enkel. Dass ihr Nachbar Herr Niklas Julian seine Briefmarkensammlung schenkt, ist schließlich etwas ganz Besonderes!

„Du brauchst dich nicht zu bedanken", meint jedoch Herr Niklas, „schließlich bin ich froh, wenn meine Briefmarken in gute Hände kommen. Weißt du, die Marken auf den ersten Seiten habe ich von meinem Vater geschenkt bekommen. Die sind schon sehr alt! Da sind einige kleine Schätze bei."

„Und ich kann wirklich bei ihnen klingeln, wenn ich noch Fragen zu den Marken habe?", fragt Julian. „Bei den australischen kenn ich mich nämlich überhaupt nicht aus!"

„Klar, ich freue mich, wenn du kommst. Seit ich Rentner bin, habe ich ja viel Zeit. Und wenn du Lust hast: In zwei Wochen ist in Dortmund eine große Briefmarkenbörse. Da können wir doch zusammen hinfahren", meint Herr Niklas.

„Au ja, sehr gerne, danke für das Angebot. Ich muss nur noch meinen Vater fragen, ob ich mitdarf. Aber es sind ja noch Ferien!" Julian merkt gar nicht, dass er sich ganz automatisch bedankt hat. „So, jetzt muss ich aber los, Papa will heute Abend Lasagne machen, und er hasst es, wenn ich zu spät komme."

„Ja, dann Tschüs, mein Junge, und grüß meinen Sohn von mir!", sagt die Großmutter.

Julian verabschiedet sich von den beiden. Dann schiebt er den dicken Ordner mit den Briefmarken vorsichtig in seine Fahrradtasche und schwingt sich in den Sattel.

Während er in Gedanken versunken nach Hause radelt, merkt er, dass sein Magen knurrt: Hmm, Lasagne. Hoffentlich hat sein Vater ordentlich Käse draufgestreut!

Als er mit seinem Vater beim Abendessen sitzt, erzählt Julian freudestrahlend von seinem neuen Besitz, und ihm bleibt fast der Bissen im Hals stecken, als sein Vater sagt: „Und, hast du dich auch richtig bedankt?"

„Mensch Papa", nuschelt er schließlich, nachdem er den Bissen endlich runtergeschluckt hat, „du nicht auch noch! Ich geh nicht mehr in die Grundschule, sondern nach den Ferien auf die Gesamtschule."

„Das heißt, du bist jetzt erwachsen?", schmunzelt sein Vater.

„Mach dich nicht lustig über mich! Wenn ich es bis jetzt noch nicht gelernt habe, mich immer angemessen zu bedanken, dann hast du in deiner Erziehung etwas falsch gemacht." Julian wird langsam sauer: „Apropos, mein lieber Papa, hast du dich eigentlich inzwischen bei Merles Mutter bedankt, dass sie mich gestern mit ins Freibad genommen hat, weil du plötzlich zu einem Termin musstest?"

„Schuldig im Sinne der Anklage! Ich muss sie gleich noch anrufen! Gut, dass du mich daran erinnert hast! Aber jetzt lass uns schnell zu Ende essen. Gleich kommt doch dieser Film im Fernsehen, den du so gerne sehen wolltest." Julians Vater nimmt sich noch etwas von der Lasagne auf seinen Teller. Beide essen schweigend zu Ende. Jeder ist in seine Gedanken vertieft. Wenn sie wüssten, dass sie über genau dasselbe nachdenken, würden sie sich ja vielleicht darüber austauschen:

Warum vergessen wir eigentlich manchmal, uns zu bedanken? Und warum sind wir enttäuscht, wenn wir anderen etwas Gutes tun und sich derjenige nicht sofort bedankt, obwohl wir es doch gerne getan haben? War es früher für die Menschen selbstverständlicher, sich zu bedanken?

Als die Glocken der Uhr von Sankt Vinzenz die 8. Stunde einläuten, sind sie mit dem Essen fertig. „Geh du ruhig schon Nachrichten gucken, ich räum ab", sagt Julian.

„O. K.!" Der Vater verschwindet ins Wohnzimmer.

Als Julian das dreckige Geschirr in die Spülmaschine geräumt und den Tisch abgeputzt hat, geht auch er nach nebenan. Er setzt sich mit einem Saft auf die Couch, und plötzlich sagen Vater und Sohn gleichzeitig: „Danke!" Sie müssen lachen.

„Und wofür?", fragt der Vater.

„Du zuerst", meint Julian.

„Also ich sage Danke fürs Tischabräumen."

„Und ich dafür, dass du heute Abend mein Lieblingsessen gemacht hast, das war richtig lecker!"

Julian lehnt sich zufrieden zurück. Gleich fängt der Film an.

Vertiefung

Gespräch

Zunächst sollten sich die Kinder über ihre Erfahrungen mit Videoclips austauschen: Welche mögen sie? Wie oft sehen sie sich welche an? Kennen sie jemanden, der andere mit seinen heimlichen Aufnahmen ärgert (Thema Mobbing)? Es kommt hier auf eine vertrauensvolle Atmosphäre an!

Einen Clip planen und drehen

– Die Kinder überlegen sich in Kleingruppen, wie sie das Thema Danken in einem kurzen Videoclip umsetzen wollen: In Nah- oder Großaufnahmen, in Spielszenen, mit lebenden Personen oder ganz abstrakt. Wie kann man Freude und Dank ausdrücken? (Wo eine Verkleidungskiste vorhanden ist, sollte diese zur Verfügung gestellt werden.)

– Zudem suchen sie nach einer passenden Überschrift für ihren Clip.

– Vielleicht können auch Motive und Sätze des Psalms eine Rolle spielen, wie zum Beispiel „Gehet zu seinen Toren ein": Auf eine kurze Filmsequenz über das Leben draußen vor der Kirche folgt der Einzug in die Kirche. Der Clip endet mit einem Bild des Altars.

– Eine Gruppe kann sich überlegen, wie man das Vorlesen des Psalms 100 darstellen kann, ohne dass es langweilig wirkt.

– Die fertigen Clips werden den anderen vorgespielt.

– Vielleicht ist es ja möglich, einen gelungenen Clip auf die Homepage der Kirchengemeinde zu stellen.

– Viele ältere Kinder haben inzwischen Handys mit eingebauter Kamera. Vielleicht gibt es in Ihrer Gemeinde eine Videokamera, die Sie sich ausleihen können?

Gestaltungsvorschlag für die jüngeren und Grundschulkinder

Biblische Geschichte

Die jüngeren und mittleren Kinder beschäftigen sich mit einer biblischen Geschichte, in der es um das Danken geht, wie zum Bespiel die Heilung der zehn Aussätzigen (Lukas 17,11–19). Erzählungen finden sich dazu in:
Eckart zur Nieden, Die Kinderbibel, Verlag SCM R. Brockhaus, S. 329ff; Neukirchener Kinder-Bibel, S. 233f.

Kneten

Im Anschluss kneten sie mit Fimo (oder anderer Knetmasse) Dinge, für die sie Gott danken möchten. Die fertigen Kunstwerke werden in das abschließende Fürbittengebet aufgenommen.

Danke-Lied

Alternativ können einzelne Strophen des Danke-Liedes dazu erdacht und gesungen werden.

Danke buchstabieren

Die einzelnen Buchstaben des Wortes DANKE werden untereinander auf ein großes Blatt Papier geschrieben: Welche Wörter, Dinge, ... fallen euch ein, deren Anfangsbuchstaben zu diesem Wort passen, wofür ihr dankbar seid?

Zum Beispiel: Dauerwurst, Apfel, nette Menschen, Krankenschwester, Essen (Die Mitarbeitenden sollten sich hier im Vorfeld passende Begriffe überlegen.)

Die jüngeren Kinder malen ihre Begriffe hinter die entsprechenden Buchstaben.

Psalm 100 darstellen

Die Kinder überlegen sich Gesten und Bewegungen zu den einzelnen Abschnitten des Psalms 100 aus der Eingangsliturgie. Dann wird der Psalm wiederholt und von den Kindern dargestellt:

1. Die Erdkugel wird auf Tonpapier gemalt, auf die sich dann alle Kinder stellen. (Vielleicht hat auch jemand Puppen/Figuren mit unterschiedlicher Hautfarbe, die auf das Blatt gestellt werden können.)

2. Mit dem Finger zum Himmel zeigen.

3. Die Kinder zeigen auf alle Anwesenden und auf sich.

4. Verschiedene Gesten: Beten, die Arme jubelnd hochreißen ...

5. Den anderen freundlich die Hand geben, grinsen, lachen ...

Birgitt Johanning

Monatlicher Kindergottesdienst

IX Was hat das mit Gott zu tun? Popmusik – Stars – Film

Was hat das, womit sich ältere Kinder in ihrer Freizeit gerne beschäftigen, mit Gott zu tun? Kommt Gott in ihren Lieblingsliedern, im Film, den sie gerne sehen, vor? Was ist den Musikstars wichtig, wofür stehen sie? Wir nehmen die Lebenswelt der Kinder positiv auf und setzen die Lieder, Stars, Filme und eigene Musik in Beziehung zu biblischen Psalmen und Texten.

Die Vorschläge sind für ältere Kinder gedacht. Je nach Interessenlage der Kinder kann der Schwerpunkt auf einem der vier Themen der Reihe liegen und es kann dazu aus den Gestaltungsvorschlägen ausgewählt werden: Gott in der Popmusik (S. 190); Stars, die ich toll finde (S. 195); Wir machen selbst Musik (S. 200), Wir machen einen Film (S. 205). Möglich ist auch, dass in einer zahlenmäßig großen Gruppe, z. B. bei einem Kindergottesdiensttag, kleine Workshops zu den einzelnen Themen gebildet werden

Für jüngere Kinder gibt es alternative Erzähl- und Gestaltungsvorschläge, u. a. zum Auszug aus Ägypten (2. Mose 14,19–31) mit dem Schwerpunkt: „Musik machen" (S. 204) oder zur Heilung der zehn Aussätzigen (Lk 17,11–19) mit dem Schwerpunkt „Danken" (S. 209).

Rätsel: Buchstabengitter

O	B	O	E	S	P	A	U	K	E	R
T	R	O	M	P	E	T	E	L	U	G
H	A	N	D	O	C	R	I	A	F	I
A	T	I	P	S	E	O	L	V	A	T
R	S	C	H	A	L	M	E	I	G	A
F	C	H	E	U	L	M	G	E	O	R
E	H	O	R	N	O	E	R	R	T	R
G	E	I	G	E	F	L	O	E	T	E

In diesem Buchstabengitter
kannst du 16 Musikinstrumente finden. → ↓ ↑

Bratsche – Cello – Fagott – Floete – Geige – Gitarre –
Harfe – Horn – Klavier – Oboe – Orgel – Pauke – Posaune –
Schalmei – Trommel – Trompete

Das Kronenkreuz der Diakonie

Zeichnung: Sabine Meinhold

Lied: Tragt in die Welt nun ein Licht,
MKL 132, LfK2 6, LJ 327, LH 277

Liturgischer Text: Psalm 113 (nach: Dir
kann ich alles sagen, Gott)

**Gottes Recht
für die Schwachen**

Sonntag	Text/Thema	Art des Gottesdienstes Methoden und Mittel
7.8.2016 11. Sonntag nach Trinitatis	2. Mose 22,20–26 Ich stehe auf ihrer Seite	Gottesdienst mit Kindern; Erzählung, Gespräch, Geschichte weiterdenken, Regeln für das Miteinander finden, Plakat mit Text und Zeichnungen: „Ich stehe auf ihrer Seite"
14.8.2016 12. Sonntag nach Trinitatis	5. Mose 15,1–2.9.11 Öffne deine Hand weit für sie	Gottesdienst mit Kindern; Spiel, Spielsteine: Spielgeld oder Schokogeldstücke/Steine/Holzstäbchen, Schuhkarton, 1 Würfel, Erzählung, Sprechvers mit Orffinstrumenten oder gerappt, Gespräch
21.8.2016 13. Sonntag nach Trinitatis	Matthäus 20,1–15 Ich gebe, was sie zum Leben brauchen	Gottesdienst mit Kindern (und Erwachsenen); Erzählung mit 8 Folienbildern, Tageslichtprojektor, Leinwand, Dialogpredigt, Wandfries oder Leporello aus 8 Bildern, Schoko-Goldstücke für alle
28.8.2016 14. Sonntag nach Trinitatis	Matthäus 25,31–40 In ihnen begegnest du mir	Gottesdienst mit Kindern; Gespräch, Erzählung in 5 Briefen, 5 Briefumschläge, Postkarten zum Verschicken gestalten: Ich habe neulich Gott getroffen!, Geschichte, Foto, Bild, Collage, Stifte, Kleber, das Kronenkreuz der Diakonie

Monatlicher Kindergottesdienst
In ihnen begegnest du mir (Matthäus 25,31–40) s. S. 233

7. August 2016
11. Sonntag nach Trinitatis

2. Mose 22,20–26

Gottes Recht für die Schwachen: Ich stehe auf ihrer Seite

Lieder: Ja, Gott hat alle Kinder lieb, MKL 20, Einfach Spitze 138; Brich mit den Hungrigen dein Brot, EG 420, MKL 65, LJ 232, LB 301; Einer, der sein Kleid abgibt, MKL 68; Schwarze, Weiße, Rote, Gelbe, MKL 95, LJ 606 ; Wir sind Kinder einer Erde, LJ 644, MKL 107; Geh mit mir, damit es wahr wird, LH2 273 (Bewegungslied)

Liturgischer Text: Psalm 126

Zum Text

Unter dem Leitbild der „Option für die Armen" hat die lateinamerikanische Theologie der Befreiung seit den 1970er Jahren eine kirchliche Praxis und eine theologische Grundlegung geprägt, die nach wie vor hoch aktuell ist. Die Kernforderung der Theologie der Befreiung war und ist, dass ein wahrhaftiger christlicher Glaube immer ein Engagement für den Nächsten und hier insbesondere für den Armen verlangt. Diese theologische Grundlage beruht nicht nur auf dem Neuen Testament, sondern auch auf der hebräischen Bibel, dem Alten Testament. Die für diese Kindergottesdiensteinheit zugrunde gelegten Verse sind dafür ein Beispiel.

2. Mose 22,20–26 befinden sich am Schluss des sogenannten Bundesbuches, welches die älteste Rechtssammlung des Alten Testaments ist. Es umfasst Sammlungen und Regeln zur Verehrung Gottes und zum Zusammenleben des Volkes Israel. Ursprünglich bestand die Rechtssammlung aus verschiedenen Büchern, welche vielleicht um das Jahr 700 v. Chr. in Jerusalem zu einem Buch zusammengefasst wurden. Damals war das Nordreich (Is-rael) von den Assyrern erobert worden und viele Flüchtlinge strömten in das Südreich, nach Juda. In dieser Situation wurde an die Solidarität und Barmherzigkeit der Bewohner von Juda appelliert. Milde, Rücksicht, Gleichheit und Solidarität mit den Armen werden als zentrale Grundwerte des Zusammenlebens herausgestellt. Die Armen – im hebräischen Text sind es wörtlich die Mageren und Geduckten), die Fremden, die Witwen und Waisen werden ausdrücklich unter Gottes Schutz gestellt. Das Volk Israel wird bei der Aufforderung, diese Gesetze zu befolgen, auch daran erinnert, dass es sich selbst einmal in einer Unterdrückungssituation in Ägypten befunden hat. In Vers 24f wird (wie auch in 3. Mose 25,35–38 und 5. Mose 23,20f) zudem das Zinsverbot hervorgehoben, hier mit der Begründung, solidarisch zu handeln: Wenn einem Bedürftigen Geld geliehen wird, dürfen keine Zinsen erhoben werden! Sonst könnte dieser in eine Schuldenspirale geraten. An einem konkreten Beispiel wird entfaltet, wie Schuldner nicht unter Druck gesetzt werden dürfen: Elementare Bedürfnisse, wie ein Mantel zum Schutz vor der Kälte in der Nacht, dürfen nur zeitweise und

nicht über Nacht gepfändet werden. Denn Gott – so die Begründung dieser Schutzgesetze – ist ein gnädiger Gott, der die Schreie der Bedürftigen erhört.

Der Text und die Kinder

Der Blick auf die soziale Gesetzgebung für das Volk Israel kann eine Anregung sein, mit den Kindern darüber nachzudenken, welche Regeln für ein gutes Zusammenleben der Menschen aus der Perspektive der Kinder z. B. für die konkrete Kindergottesdienstgruppe oder die Kirchen- bzw. Ortsgemeinde wichtig sind. Was denken die Kinder darüber, wer in der gegenwärtigen Gesellschaft gesetzlichen Schutz braucht? Wichtig ist mir, dass die Kinder nicht mit moralischen Forderungen zu Themen zur Verantwortung gezogen werden, die für sie noch schwer fassbar sind. Kinder lassen sich zwar gut ansprechen, wenn es um Themen wie Gerechtigkeit, Mitgefühl und Solidarität geht – aber diese Offenheit der Kinder darf auch nicht missbraucht und instrumentalisiert werden. Die Kinder können und sollten in diesem Alter nicht für etwas verantwortlich gemacht werden, das nicht von ihnen verschuldet wurde. Zudem muss beachtet werden, dass Kinder entwicklungspsychologisch „Gerechtigkeit" anders diskutieren als Erwachsene: Ihre Gerechtigkeitsvorstellungen basieren je nach Alter vorwiegend auf materiell-pragmatischen Grundlagen und sind mit Gehorsam und der Sanktionierung von Ungerechtigkeit verbunden. Gerechtigkeit als Fairness, die das Wohlergehen aller Menschen zum Ziel hat und daher den „Schwachen" besondere Unterstützung zukommen lassen muss, kann aus entwicklungspsycho-logischen Gründen dem Gerechtigkeitsempfinden von jüngeren Kindern widersprechen. Aber sie können verstehen, dass Gott die Schwachen schützt und wir deshalb auch ein Herz für sie haben sollen.

Gestaltungsvorschlag für jüngere und ältere Kinder

Hinführung zum Thema „Wie wollen wir im Kindergottesdienst miteinander umgehen?"

Erzählung

Frau Meier ist in Eile, mal wieder ist sie zu spät von zu Hause aufgebrochen. Fast jeden Sonntag passiert ihr das: Das Läuten der Glocken ist schon zu hören, doch sie ist erst am Marktplatz und hat noch fünf Minuten Weg vor sich. Wieder wird sie erst in der letzten Minute zum Gottesdienst kommen! Frau Meier versucht, etwas schneller zu gehen, doch in ihren schicken Schuhen und dem schweren Mantel ist das nicht so einfach. Sie kommt an der Bushaltestelle vorbei und wird von einem Jungen angesprochen, der dort herumsteht: „Kannst du mir mal sagen, wann der nächste Bus der Linie 15 fährt?" Frau Meier bleibt stehen. Auch wenn sie es eilig hat, dem Jungen will sie helfen. Sie schaut auf den Fahrplan und sieht, dass die Linie 15 ein Nachtbus ist. „Der fährt nur in der Nacht" erklärt sie, „wo willst du denn hin?" Der Junge zögert, dann zeigt er Frau Meier einen Ausweis, der es ihm gestattet, alle Linien kostenlos zu nutzen. Frau Meier liest in dem Ausweis auch, dass der Junge Erik heißt und acht Jahre alt ist. Erik sagt: „Ich wollte nur mal so rumfahren, bis zur Endhaltestelle und wieder zurück." Frau Meier schaut sich den Jungen genauer an: Er sieht durchgefroren aus und ist eindeutig zu dünn angezogen. „Was willst du jetzt tun?", fragt Frau Meier. „Ich weiß nicht", sagt Erik, „ich soll erst wieder zum Mittagessen nach Hause kommen." Frau Meier sieht auf ihre Uhr und sagt: „Ich gehe zum Gottesdienst, der ist dort drüben in der Kirche. Warst du schon mal da drin?" Erik schüttelt den Kopf. „Da gibt es auch einen Kindergottesdienst. Dort ist es wenigstens warm. Hast du Lust, auch dorthin zu gehen?", fragt Frau Meier. Erik überlegt kurz und fragt: „Und wenn es mir da nicht gefällt?" „Dann kannst du jederzeit wieder gehen", sagt sie. Erik nickt.

Auf dem Weg zur Kirche fragt er, was im Kindergottesdienst gemacht wird. Frau Meier erklärt, dass dort Geschichten erzählt, Lieder gesungen und gebastelt wird. „Singen mag ich nicht so, aber basteln tu ich gerne", sagt Erik, während sie die Kirche erreichen. Die Glocken haben inzwischen aufgehört zu läuten, in der Kirche erklingt die Orgel. Erik sieht sich interessiert um. Frau Meier tippt ihm auf die Schulter und zeigt auf eine Bankreihe in der Mitte der Kirche. Als sie sitzen, nickt Frau Meier einigen Bekannten, die in den umliegenden Bankreihen sitzen, freundlich zu. Sie spürt, dass sich viele über das Kind an ihrer Seite wundern, doch sie kümmert sich nicht darum. Flüsternd erklärt Frau Meier Erik, was gerade passiert – denn Erik ist zum ersten Mal in seinem Leben in einem Gottesdienst und es ist alles ganz fremd für ihn. Dann werden die Kinder zum Kindergottesdienst eingeladen. Zögernd steht Erik auf und geht mit den anderen Kindern hinaus in den Kindergottesdienstraum.

Gesprächsimpulse

Wie könnte die Geschichte weitergehen? Was könnte Erik im Kindergottesdienst erleben? Was erfahren wir über Erik? Wenn ihr Erik wärt, wie würdet ihr euch fühlen? Wie ist es, wenn man irgendwo ganz fremd ist? Was würdet ihr euch wünschen?

Wie ist es für eine Gruppe, wenn ein Kind dazukommt? Was kann schwierig sein? Was kann schön sein? Mit den Kindern können Ideen entwickelt werden, wie wir Fremde oder andere Schwache bei uns willkommen heißen können.

Bewegungslied (mit jüngeren Kindern): Geh mit mir, damit es wahr wird

Vertiefung (mit älteren Kindern)

In der Bibel stehen verschiedene Texte: Es gibt Erzählungen, Gebete und auch Gebote. Von den zehn Geboten habt ihr vielleicht schon gehört? Aber es gibt noch viel mehr Texte in der Bibel, die davon erzählen, wie die Menschen zusammenleben sollen. In einem der ältesten Texte der Bibel werden die Israeliten aufgerufen, gerecht zu Fremden, Witwen und Waisen (evtl. erklären) zu sein. Damals herrschte Krieg in den Nachbarländern und es kamen viele Flüchtlinge in das Land.

Lesung des Bibeltextes 2. Mose 22,20–26 aus einer modernen Bibelübersetzung

Gott, so steht es in der Bibel, ist auf der Seite der Menschen, die Hilfe brauchen. Er möchte, dass sie freundlich aufgenommen werden.

Was bedeutet das für uns? Wo begegnen uns Fremde?

Wer zählt bei uns zu den Schwachen? (Kranke, Alte, Einsame, Kinder, Fremde, Arme) Wo wird Kindern in Not bei uns geholfen? Was gehört zum Leben unbedingt dazu? Wie hilft die Diakonie?

Gestaltungsidee

Die Kinder überlegen, welche Regeln für ein gutes Miteinander sie im Kindergottesdienst (Schule, Kindergarten, im Ort) wichtig finden. Gemeinsam wird ein Plakat gestaltet, auf dem diese Regeln durch Texte und Zeichnungen veranschaulicht werden. Das Plakat könnte das Thema dieses Sonntags „Ich stehe auf ihrer Seite" aufnehmen.

Fürbitte (evtl. KG, S. 347 Schlussgebet; Fürbittengebet S. 227)

Vaterunser, Segen

Angela Kunze-Beiküfner

---

14. August 2016

12. Sonntag nach Trinitatis

5. Mose 15,1–2,9–11

Öffne deine Hand weit für sie

Lieder: Kommt herbei, singt dem Herrn, LJ 445, KG 176, EG regional, LB 18; Lasst uns miteinander, MKL 23, LJ 403, KG 189, , KiKiHits 2, LB 147; Du verwandelst meine Trauer in Freude, MKL 9, LJ 508, KG 198, KiKiHits 12, LH 64

Liturgischer Text: Psalm 113 (nach: Dir kann ich alles sagen, Gott)

Zum Text

Der vorliegende Text beschreibt ein sozialökonomisches Verfahren, das in Israel dazu dienen sollte, alle zwei Generationen den Verarmten und Verschuldeten zu einem sozialen Neuanfang zu verhelfen. Ob es nur einen Idealfall beschreibt oder wirklich so praktiziert wurde, wissen wir nicht. Das Sabbatjahr brachte demnach alle sieben Jahre Entschuldung für die Angehörigen des Volkes Israel, die Felder ließ man zur Regenerierung ein Jahr brach liegen. Das Jobeljahr (Jobel: Widder), gab es alle 50 Jahre (im Jahr nach den 7x7 Sabbatjahren). Das Erlassoder Jobeljahr begann an Jom Kippur (Versöhnungstag) und wurde mit dem Blasen des Widderhorns/Schofarhorns eingeleitet. Es diente dazu, alle Schulden zu erlassen und Land zurückzugeben. Das gelobte Land, das Gott seinem Volk zur Verfügung stellt, wird im alten Israel als Geschenk Gottes an Israel gesehen. So wie es beschrieben ist:

Spiel in Eigenbau; Fotos: Cornelia Georg

„Mein ist das Land, und ihr seid Fremdlinge und Gäste bei ihm". (Lev 25,23) So legt Gott neben dem Sabbatjahr, das alle sieben Jahre die Felder brach liegen lässt, fest, dass er das Land alle 50 Jahre zurückfordert. Damit erhielt jeder Israelit sein Land zurück, das er einmal durch Notlagen veräußern musste. Israeliten, die in Schuldsklaverei gefallen waren, wurden freigelassen. Verkaufte und verpfändete Grundstücke sind nach dieser Regelung dem ursprünglichen Besitzer bzw. an seine rechtmäßigen Erben zurückzugeben.

Soziologisch gesehen hat so jede 2. Generation die Chance eines Neuanfangs unabhängig von den Fehlern der Elterngeneration. Hier sind alle Israeliten gleich zu behandeln, d. h. der Sklave wird frei, der Landbesitzer gibt Land an die Landlosen, weil das Volk Israel Gottes Gabe, das gelobte Land, nur ge-

liehen hat. So wird deutlich: Menschliche Macht- und Besitzverhältnisse haben nicht ewig Bestand und jede Generation wird daran erinnert, dass sie auch nur Gast auf Gottes Grund und Boden ist.

Der Text und die Kinder

Kinder kennen es, dass sie etwas, das sie sich geborgt haben, zurückgeben müssen. Sie können die Erfahrung des Verleihens und Zurückgebens in verschiedenen Zusammenhängen machen. Hier lohnt es sich, diesen Erfahrungen nachzugehen. Wenn man die Erfahrungen in Beziehung zu dem Bibeltext setzt, erkennt man Gottes Ansinnen, den Rechtlosen zu neuem Recht, den Landlosen zu neuem bzw. ihrem alten Landbesitz zu verhelfen. Leider erfahren Kinder auch zunehmend, dass es Menschen gibt, die Schulden haben, die sie nicht zurückzahlen können. Hier ist es spannend zu schauen, inwieweit Schulden erlassen werden. Zu beachten ist die Gratwanderung, dass Schuldenerlass nicht gleichzeitig ein Freibrief für neue Verschuldungen darstellt.

Gestaltungsvorschlag für jüngere und ältere Kinder

Spiel zum Einstieg

„Warum immer ich?" (nach einer Idee von Bartl-Spiele; www.bartlshop.de oder www.1111Ideen.de) Material für den Eigenbau des Spiels: Schuhkarton, 1 Würfel, 7–10 Steine (Holzstifte, Nuggets, Schokogeldstücke o. Ä.) pro Mitspieler Auf einen leeren Schuhkarton werden 6 Felder mit den Zahlen 1–6 gemalt.

Lediglich bei der 6 wird ein Loch in den Deckel gemacht, damit dort etwas versenkt werden kann. Als Spielsteine dienen Schokogeldstücke oder Spielgeld (oder auch Holzstäbchen, Steine etc.).

Spielanleitung: Mit einem Würfel wird reihum gewürfelt. Jeder kann seine Steine loswerden, indem er, wenn er eine Zahl gewürfelt hat, seinen Stein auf diesem Feld platziert. Bei der 6 kann der eigene Stein versenkt werden. Jeder Platz von 1–5 kann nur mit einem Stein besetzt werden. Jeder Spieler kann so oft würfeln, wie er mag. Würfelt er eine Zahl, die schon besetzt ist, muss er alle Steine nehmen, die auf dem Spielfeld liegen und der Nächste ist dran. Jeder Spieler entscheidet, wieviel Risiko er eingehen will, denn je voller das Feld mit Steinen, umso geringer die Chance, noch einen Stein loszuwerden. Glück hat derjenige, dessen Vorspieler alles abräumen und zurücknehmen musste, weil er jetzt viele Chancen hat. Ziel ist es, alle Steine loszuwerden.

Vor dem Spiel sollte geschaut werden, wie viele Mitspieler es gibt. Bei 5–10 Mitspielern sollte jeder 7 Steine bekommen. Damit nicht zu lange gewartet werden muss, empfiehlt es sich in einer größeren Gruppe, Paare spielen zu lassen oder zwei Spielboxen aufzustellen.

Gespräch zum Spiel

Im Nachgang des Spieles wird besprochen, wie wenig Einfluss man oft auf das Spielergebnis hat. Der Verlierer kann womöglich kaum dafür, dass er am Ende noch so viele Steine hat, weil er eben Pech hatte oder die Mitspieler ihm immer eine voll besetzte Spielfläche angeboten haben.

Im Gespräch werden die verbliebenen Schuldensteine oder das Geld gezählt und die Kinder werden feststellen, wie ungerecht sie verteilt sind.

Erzählung

(Die folgende Strophe kann auch gesungen werden nach der Melodie von „Wir pflügen und wir streuen", EG 508, wenn man zunächst mit der Melodie des Refrains („Alle sieben Jahre") beginnt und dann erst die Melodie der Strophe singt: „Und alle fünfzig Jahre".)

Alle sieben Jahre,
so kündet Gott es an,
werd'n Schulden dem erlassen,
der nicht bezahlen kann.
Und alle fünfzig Jahre,
das ist das große Glück,
bekommt, wer es verloren,
sein altes Land zurück.
Wer sich verkaufen musste
gar in die Sklaverei,
der kommt im Jobeljahr,
weil Gott es will, bald frei.

Im alten Israel lebten die Menschen von dem, was ihre Äcker und Weideflächen ihnen gaben. Samuels Familie war eine von ihnen. Sie hatten Schafherden, Ziegenherden und lebten zufrieden miteinander. In einem Jahr hatte die Herde von Samuels Onkel aber zu wenig Nachwuchs. Die Lämmer waren gestorben und Samuel spürte, wie sein Onkel sich große Sorgen machte: „Wie soll ich meine Familie satt kriegen? Ich kann keine Milch verkaufen und kein Schaffell tauschen, wenn ich etwas brauche."

Bei Samuels Nachbarn hatte ein Hagelschlag die Ernte vernichtet. Die Nachbarn klagten: „Was können wir dafür, dass das Wetter uns so hart mitspielt? Unser ganzes Getreide ist in einer Nacht vernichtet worden, wir können nur einen kleinen Teil ernten." Samuel merkte, wie unsicher seine Nachbarn und sein Onkel wurden. „Sollen wir uns etwas borgen, um für das neue Jahr Saatgut zu haben? Schon vor drei Jahren mussten wir uns Geld borgen, weil die Ernte nicht ausreichend war. Was ist, wenn wir das geborgte Geld nicht zurückzahlen können?"

„Was sollen sie bloß machen?", fragte Samuel seine Mutter immer wieder. „Wenn sie sich Geld borgen und es nicht zurückgeben können, was wird dann?"
Die Mutter begann zu erzählen: „Kennst du das alte Lied?
Alle sieben Jahre,
so kündet Gott es an,
werd'n Schulden dem erlassen,
der nicht bezahlen kann.
Und alle fünfzig Jahre,
das ist das große Glück,
bekommt, wer es verloren,
sein altes Land zurück.
Wer sich verkaufen musste
in die Sklaverei,
der kommt im Jobeljahr,
weil Gott es will, bald frei.

Als Gott uns vor langer Zeit in dieses Land geführt hat, hat er uns das Land gegeben. Aber es gehört uns nicht. Alles, was das Land uns gibt, die Ernten, die Erträge, die Tiere in unseren Herden, sie sind ein Geschenk von unserem Gott. Er hat uns das Land nur geliehen und Gott will, dass wir denen helfen, die in Not geraten. Und es passiert, dass Menschen Missernten haben und sich Geld borgen müssen, um neues Saatgut für das nächste Jahr zu kaufen. Aber Gott will, dass allen Menschen geholfen wird, die verschuldet oder unverschuldet in

Not geraten sind. Alle sieben Jahre gibt es ein Sabbatjahr. Da werden denen die Schulden erlassen, die sie nicht zurückzahlen können. Gott will es so." Samuel staunt. „Da müssen Onkel Aaron und die Nachbarn keine Furcht mehr haben."

Samuel überlegt. „Aber was ist mit den Menschen, die als Sklaven für andere arbeiten, weil sie Schulden hatten? Ich glaube, bei Simon im Haus gibt es welche." „Nun", antwortet die Mutter „im nächsten Jahr ist ein Jobeljahr. Zum Versöhnungstag werden die Schofarhörner geblasen und alle Menschen wissen: Jetzt sind sieben mal sieben Jahre vorbei und im Jobeljahr kommen Sklaven frei. Und die, die einem anderen ihr Land geben mussten, weil sie Schulden hatten, bekommen es einfach zurück. Sie können neu anfangen und sind frei."

„Das hat Gott sich aber gut ausgedacht!", staunt Samuel. „Kannst du mir das Lied noch einmal singen, Mama?" „Gern, mein Sohn:
Alle sieben Jahre,
so kündet Gott es an,
werd'n Schulden dem erlassen,
der nicht bezahlen kann.
Und alle fünfzig Jahre,
das ist das große Glück,
bekommt, wer es verloren,
sein altes Land zurück.
Wer sich verkaufen musste
in die Sklaverei,
der kommt im Jobeljahr,
weil Gott es will, bald frei."

Jobel-Rap

Im Anschluss kann mit den Kindern der Kehrvers als Sprechchor (auch gerappt) geübt werden. Dazu eignen sich Orffinstrumente oder ein einfacher Klatschrhythmus zum Untermalen.

Gespräch und Idee zum Spiel „Warum immer ich?"
Man kann auch noch eine Runde das „Warum immer ich"-Spiel spielen und an einem gewissen Punkt einen „Schuldenschnitt" bei den Verlierern machen. Gemeinsam wird überlegt, inwiefern die Kinder in ihrem Lebensumfeld einen „Schuldenerlass" machen können.
– Möchte ich, dass man mir „Schulden" erlässt? Wie würde sich das anfühlen?
– Steckt jemand in meiner Schuld? Wie mag der sich fühlen?
– Und wie ändert sich unsere Beziehung, wenn ich ihm/ihr die Schulden erlasse?

Gebet
Guter Gott! Du willst, dass niemand in Schulden versinkt. Dafür danken wir dir. Lass uns immer wieder auf andere zugehen und ihnen ihre Schulden erlassen. Gib allen Menschen eine Chance, dass sie neu anfangen können! Amen

Cornelia Georg

---

21. August 2016

13. Sonntag nach Trinitatis

Matthäus 20,1–15

Ich gebe, was sie zum Leben brauchen

Lieder: Vom Aufgang der Sonne, EG 456, MKL 36, KG 169, LB 442; Gott liebt diese Welt, EG 409 (Str. 1, 2, 8), LB 252, LJ 227, MKL 50; Danket, danket dem Herrn, MKL 4; Mein Gott, das muss anders werden, MKL 24, KG 194, LJ 598, LH 18; Danke, EG 334, LB 151, LJ 193, MKL 39, KG175; Er hält die ganze Welt in seiner Hand, MKL 45; Ubi caritas (Wo die Liebe wohnt) EG regional; Gottes Liebe ist so wunderbar, KG 146

Liturgischer Text: Psalm 113,2–7 (Dir, kann ich alles sagen, Gott); Daniel 9,18 (für das Fürbittgebet)

Zum Text

Arbeitssuchende gehörten zum Bild des damaligen Palästina. Morgens wurden die Arbeiten verteilt, der damals gängige Tagelohn wurde vereinbart und die Arbeiter waren für diesen Tag eingestellt. So weit war nach dem Arbeitsrecht alles korrekt. Eine Anzahl Arbeiter schuftet von früh bis spät in der Hitze des Tages im Weinberg für den ausgemachten Lohn.

Bei der zweiten Gruppe legt sich der Arbeitgeber auf keinen bestimmten Geldbetrag fest. Vereinbart wird, was rechtens ist. Dies geschieht auch in der sechsten und in der neunten Stunde. Dass noch Arbeiter kurz vor Arbeitsschluss eingestellt werden, war zwar eher ungewöhnlich, aber nicht unmöglich. Und damit sind diese Letzten schon etwas Besonderes. Er schickte auch sie, allerdings ohne ein finanzielles Versprechen in seinen Weinberg. Sie gingen und arbeiteten – eine Stunde, und dann war Feierabend. Und dann das Empörende, das Anstößige, das Unerwartete: Die zuletzt Gekommenen werden genauso bedacht wie die, die zwölfmal mehr geschuftet haben, dazu noch in der Hitze des Tages. Natürlich empören sich die frühen Arbeiter darüber und murren.

Der Besitzer des Weinberges reagiert ganz souverän: Ich habe euch kein Unrecht getan. Ihr habt den vereinbarten Lohn bekommen. Kann ich mit meinem Eigentum nicht machen, was ich will? Ob die Arbeiter sich von diesen Worten überzeugen ließen, ist aus dem Text nicht zu lesen. Er endet offen.

Diese Geschichte, die Jesus seinen Jüngern erzählt, ist ein Gleichnis aus einem Zyklus von verschiedenen Gleichnissen über das Himmelreich. Wie wird es sein, wenn Gott seinen Himmel oder sein Reich auf der Erde aufbaut? Wir hören von einem Gott, der Menschen das gibt, was sie Tag für Tag zum Leben benötigen. Gott schenkt gerechten Lohn für alle, der sich nicht nach unseren menschlichen Maßstäben messen lässt und der nach menschlichem Gerechtigkeitssinn nicht verstanden wird. Jesus will dennoch seine Jünger und in der Folge auch uns ermutigen und anstoßen, einfach einmal mit Gottes Augen zu schauen. Wir können die Güte Gottes in seiner Weitherzigkeit annehmen, der uns noch viel mehr schenkt als gerechten Lohn.

Der Text und die Kinder

Das Gleichnis ist wunderbar bildhaft, klar geschildert und sehr verständlich, so dass Kinder sich sofort damit auseinandersetzen werden. Natürlich wird auch ihr Gerechtigkeitssinn rebellieren. Die meisten Kinder pochen darauf, dass gerechte Maßstäbe angesetzt werden und klagen diese auch ein. Da kann es schon mal zu Auseinandersetzungen kommen, wenn man z. B. eine Spielregel ignoriert oder jemandem etwas zu schnell vergibt, was noch nicht vollends geklärt ist.

Um sie in das Gleichnis hineinzunehmen, möchte ich versuchen, dass sie sich in die Rolle derer versetzen, die zuletzt mit der Arbeit begonnen haben. Was erleben die Letzten? Was erfahren sie von Gott? Oftmals ist es ja so, dass wir, und ich denke auch die Kinder, uns eher in der Rolle der Ersten sehen. Die Perspektive wechseln, in die Schuhe des anderen steigen, die Gefühle erahnen, kann eine wertvolle Erfahrung werden. Diese Spannung auszuhalten und zu schauen, was daraus erwächst, empfinde ich als einen spannenden Prozess, der sicherlich etwas von Gottes Güte und Gerechtigkeit erahnen lässt. Dazu soll der Gottesdienst ein Anstoß sein.

Gestaltungsvorschlag für einen Gottesdienst mit Kindern und Erwachsenen

Vorbereitung und Material

Die Bilder werden mit Beamer gezeigt oder auf Overheadfolien kopiert und auf diese Weise präsentiert (Leinwand oder andere Projektionsfläche wird benötigt). Eine Wanduhr (aus Pappe, o. Ä.) sollte für alle gut sichtbar sein. Ein Geldstück (z. B. 2 Euro) und Schokoladengeldstücke.

Im Vorfeld sollte sich eine Person auf die Erzählerrolle vorbereiten.

Der Psalm und der Text aus Daniel 9,18 (für die Fürbitte) wird auf dem Liedblatt abgedruckt.
Für den Text Matthäus 20,1–15 wurde die Übersetzung der Basisbibel verwendet.

Eingangsvotum

Wir feiern diesen Gottesdienst im Namen des Vaters und des Sohnes und des Heiligen Geistes. Amen
Unsere Hilfe kommt von dem Herren, der Himmel und Erde gemacht hat.

Begrüßung/Lied

Psalm 113,2–7 mit Kehrvers

(Der Kehrvers kann auch gesungen werden, EG 456)
Kehrvers: Vom Aufgang der Sonne bis zu ihrem Niedergang sei gelobet der Name des Herrn!

Über alle Grenzen hinweg,
im Himmel und auf Erden,
bist du, Gott, für uns da.
Kehrvers

Du schaust hinab in die Tiefe,
zu denen, die ganz unten sind,
klein und nicht beachtet.
Kehrvers

Den Armen richtest du auf
und setzt ihn neben den Reichen.
In deinen Augen sind beide gleich.
Kehrvers

Niemand ist wie du,
im Himmel nicht und auf Erden.
Denn du bist ewig.
Kehrvers
Amen

Eingangsgebet/Lied

Erzählung

(An der Stelle der Evangeliumslesung)
Erzähler: Was ich heute erlebt habe, das glaubt ihr nicht! Das war einfach genial. So was hatte ich noch nie erfahren. Ich glaube immer noch, dass ich das vielleicht nur geträumt habe. Aber ich habe ja das Geldstück noch in der Hand.
(zeigt es hoch)
Also kann es kein Traum gewesen sein.
Das ist heute die gute Nachricht. Das ist also heute das Evangelium. Evangelium heißt übersetzt: gute Nachricht. Doch hört und seht selbst:

Es ist morgens 6.00 Uhr. (Uhr stellen)
Bild 1
Ein Grundbesitzer zog am frühen Morgen los, um Arbeiter für seinen Weinberg einzustellen. Er einigte sich mit den Arbeitern auf einen Lohn von einem Silberstück für den Tag. Das war der gängige Lohn. Dann schickte er sie in seinen Weinberg.

Bild 2
Um die dritte Stunde, da ist es 9.00 Uhr (Uhr stellen), ging er wieder los. Da sah er noch andere Männer, die ohne Arbeit waren und auf dem Marktplatz herumstanden. Er sagte zu ihnen: „Ihr könnt auch in meinen Weinberg gehen. Ich werde euch angemessen dafür bezahlen."

Bild 3
Später, um die sechste Stunde, da ist es 12.00 Uhr (Uhr stellen), und dann noch einmal um die neunte Stunde, da ist es 15.00 Uhr (Uhr stellen), machte der Mann noch einmal das Gleiche.

Bild 1

Bild 2

Bild 3

Bild 4

Bild 5

Bild 6

Bild 7

Bild 8 Zeichnungen: Luise u. Susanne Schill

Bild 4

Als er um die elfte Stunde, da ist es 17.00 Uhr, (Uhr stellen) noch einmal losging, traf er wieder einige Männer, die dort herumstanden.

Er fragte sie: „Warum steht ihr hier den ganzen Tag untätig herum?"

Sie antworteten ihm: „Weil niemand uns eingestellt hat!"

Da sagte er zu ihnen: „Ihr könnt auch in meinen Weinberg gehen!"

Bild 5

Am Abend, da ist es 18.00 Uhr (Uhr stellen), sagte der Besitzer des Weinbergs zu seinem Verwalter: „Ruf die Arbeiter zusammen und zahl ihnen den Lohn aus! Fange bei den Letzten an und höre bei den Ersten auf!"

Bild 6

Also kamen zuerst die Arbeiter, die um die elfte Stunde angefangen hatten. Sie erhielten ein Silberstück. Zuletzt kamen die an die Reihe, die als Erste angefangen hatten.

Sie dachten: „Bestimmt werden wir mehr bekommen!" Doch auch sie erhielten jeder ein Silberstück.

Bild 7

Als sie ihren Lohn bekommen hatten, schimpften sie über den Grundbesitzer.

Sie sagten. „Die da, die als Letzte gekommen sind, haben nur eine Stunde gearbeitet. Aber du hast sie genauso behandelt wie uns. Dabei haben wir den ganzen Tag in der Hitze geschuftet!"

Da sagte der Grundbesitzer zu einem von ihnen:

Bild 8

„Guter Mann, ich tue dir kein Unrecht. Hast du dich nicht mit mir auf ein Silberstück als Lohn geeinigt? Nimm also das, was dir zusteht und geh! Ich will dem Letzten hier genauso viel geben wie dir. Kann ich mit dem, was mir gehört, nicht machen, was ich will? Oder bist du neidisch, weil ich so großzügig bin?"

Erzähler (weiter ohne Folien; er hält sein „Silberstück" für alle sichtbar hoch): „Ja, und nun habe ich das Geldstück und bin immer noch ganz überrascht, glücklich und dankbar. Lohn für meine Familie und mich für einen ganzen Tag! Wie ist das nur möglich? Ein wunderbares Geschenk ist das."

Lied

Dialogpredigt

G: (Gottesdienstleiter/in): Es ist wirklich sehr erstaunlich, wie der Besitzer des Weinberges den Lohn verteilt hat. Ich kann mir richtig gut vorstellen, wie die Ganztagsarbeiter gewettert haben. Vielleicht würde ich das genauso machen, wenn ich dabei gewesen wäre.

Aber, ich finde, das letzte Bild, das wir gesehen haben, wir können es auch noch einmal einblenden, sagt eigentlich alles: Vertrag ist Vertrag! Nimm dein Geld und geh! (Bild 8)

Erzähler: (kommt mit seinem Geldstück nach vorn) Ich hatte ja auch gedacht, wenn ich nur so kurz gearbeitet habe, wieviel werden dann wohl die anderen bekommen. Ist doch ganz normal: viel Arbeit – viel Lohn, wenig Arbeit – wenig Lohn? Nein das stimmt nicht. Ich bekam ja einen Tageslohn. Das ist hier ganz anders gelaufen. Irgendwie ist alles auf den Kopf gestellt.

G: Ich will dir auch sagen warum. Du hast vorhin den ersten Satz von der Geschichte nicht erzählt. Der erste Satz heißt: Das Himmelreich gleicht einem Grundbesitzer.

Erzähler: Das Himmelreich?

G: Ja, oder du kannst auch sagen: Wenn Gott sein Reich auf der Erde aufgebaut hat. Wenn es für alle Gerechtigkeit gibt. Wenn es Frieden gibt auf der Erde. Wenn alle das haben, was sie zum Leben brauchen. Wenn sich Menschen trotz aller Unterschiede verstehen und akzeptieren. Wenn Menschen sich darauf verlassen, dass Gott die Welt in seiner Hand hält.

Erzähler: Na, dann habe ich heute aber ein Stück Himmelreich erlebt.

G: Also, das glaube ich auch. Ich denke, das passiert schon sehr selten, dass ein Stück vom Himmelreich sichtbar oder erlebbar wird. Und weil das so selten ist, erzählt Jesus dieses Gleichnis, diesen Vergleich, mit ganz alltäglichen Dingen, damit wir Menschen verstehen, wie es sein könnte oder wie es einmal sein wird auf der Welt.

Darin liegt eine große Hoffnung: Was immer auch geschehen mag: Gott sorgt für alle, auch für die, die aus irgendeinem Grund erst später kommen, auch für die, die nicht so viel schaffen. Er sorgt ebenso für die Starken, die einen langen Atem haben und sich abrackern im Weinberg.

Erzähler: Klingt ziemlich gut, was du da sagst.

G: Ja, ich rede ja auch von Gottes Reich auf der Erde. Du hast ein besonderes Geschenk bekommen. Du hast ein Stück vom Himmelreich erlebt.

Vielleicht kommt irgendwann eine Gelegenheit, dass du etwas schenken kannst. Selbst etwas schenken ist auch ein Stück vom Himmelreich. Ich wünsche dir einen guten Tag mit deinem großen Glück.

Erzähler: Oh, ja, danke.

(geht zurück und wirft sichtbar fröhlich das Geldstück von einer Hand in die andere)

G: So kann es gehen, sagt Jesus. Wir dürfen gespannt sein auf Gottes Reich und seine Gerechtigkeit, die hin und wieder sichtbar wird.

Und Gottes Zuwendung und Fürsorge, die unser Verstehen übersteigt, bewahre und öffne unsere Herzen und Sinne. Amen

Lied

Fürbittgebet

Gott, treuer Vater und Schöpfer,
wir erleben Tag für Tag eine Welt,
in der wir vieles nicht verstehen.
Wir erleben Unrecht, Streit, Unfriede.
Unsere Sehnsucht nach deiner Gerechtigkeit ist groß.

Wir bitten dich:
Hilf Armen zu ihrem Recht.
Lass die Starken die Ängste der Schwachen verstehen.
Wir bitten gemeinsam: (Daniel 9,18)
Wir stehen vor dir mit unserem Gebet und vertrauen nicht auf unsere Gerechtigkeit,
sondern auf deine große Barmherzigkeit.

Wir bitten dich
für alle, die hungern, die frieren,
für alle, die allein sind und einsam,
für alle, die krank sind,
für alle, die sich fürchten.
Lass sie ein Stück von deinem Himmel erfahren.

Wir bitten gemeinsam:
Wir stehen vor dir mit unserem Gebet
und vertrauen nicht auf unsere Ge-
rechtigkeit,
sondern auf deine große Barmherzig-
keit.

Wir bitten dich
für alle, die gerne teilen,
für alle, die anderen Wärme und
Freude geben,
für alle, die jemanden trösten.
Lass sie erfahren, dass sie das Himmelreich näher bringen.
Wir bitten gemeinsam:
Wir stehen vor dir mit unserem Gebet
und vertrauen nicht auf unsere Ge-
rechtigkeit,
sondern auf deine große Barmherzig-
keit.

Und wir bitten für uns:
Bleibe uns nah,
öffne uns die Augen
für den Menschen neben uns.
Gemeinsam beten wir, wie wir es von
Jesus wissen: Vater unser …

Lied

Segen

Der Herr segne dich und behüte dich.
Der Herr lasse sein Angesicht leuchten über dir und sei dir gnädig.
Der Herr erhebe sein Angesicht auf
dich und gebe dir Frieden.

Hinweise für einen Kindergottesdienst

– Hier kann der Schwerpunkt auf die
Foliengeschichte gelegt werden.
– Im Anschluss kann man gemeinsam
darüber ins **Gespräch** kommen. (Was
haben die verschiedenen Arbeiter im
Weinberg gedacht? Wie haben sie sich
gefühlt? Welches Bild gefällt dir am besten, welches nicht?)
– Gut wäre es, mit den Kindern die
Geschichte nachzuspielen, um die
Intensität der Verkündigung zu erleben
(und nach langem Zuhören Bewegung
zu ermöglichen).
– Die Foliengeschichte kann kopiert
als **Leporello** oder **Wandfries** zusammengeklebt und gestaltet werden.
– An alle Beteiligten könnte ein
„**Schoko-Silber/Goldstück**" verteilt
werden.
– Aus den Liedern sollten die **Kinderlieder** ausgewählt werden.
– Das **Fürbittgebet** sollte dann ohne
den Daniel-Text kindgemäß vereinfacht
werden, z. B. mit dem Kehrvers: Gott,
wir vertrauen auf deine Hilfe.

Carmen Ilse

28. August 2016

14. Sonntag nach Trinitatis

Matthäus 25,31–40

In ihnen begegnest du mir

Lieder: Ein neuer Tag beginnt, GoKi 2010, SvH 126, LB 435, Kommt, atmet auf 0163, Singt mit uns 293, Wenn der Himmel unser Herz erreicht, GoKi 2015, Einfach nur so 15 (Religiöse Kinderlieder von R. Horn); Segne uns mit der Weite des Himmels, KG 142, LB 360, LJ 416, LH 51, KiKiHits 50

Liturgischer Text: Psalm 113 (nach: Dir kann ich alles sagen, Gott)

Zum Text

Gerechtigkeit! Das Matthäus-Evangelium ist das ethische Evangelium des Neuen Testaments. An Jesus Christus glauben heißt, Gottes Willen zu tun. Gerechtigkeit! Das Thema zieht sich durch das Evangelium: Gott tritt ein für die Schwachen. Die Endzeitrede (Mt 23–25) dient, wie die anderen großen Reden auch (Bergpredigt, Aussendungsrede, Gleichnisrede, Gemeinderede), der Entschleunigung und Konzentration. Achtung, sagt der Evangelist, hier geht es ums Ganze. Hört, glaubt – und lebt danach!

Das 25. Kapitel handelt vom Reich Gottes und den letzten Dingen: Vorbereitung, Engagement, tätige Nächstenliebe. In den Versen 31–40 wird eine Gerichtsverhandlung beschrieben, bei der deutlich wird: Es geht um alles. Jesus, der Menschensohn, sitzt auf dem Thron. Er führt ein strenges Regiment. Radikal werden die Gerechten von den Ungerechten getrennt. Gesegnete zur Rechten (Mt 25,34) – Verfluchte zur Linken (Mt 25,41). Reich Gottes rechts – ewiges Feuer links. Gerichtet wird knallhart, kompromisslos. Und gerichtet wird vor allem danach, wie die

Menschen gelebt haben. Ich bin hungrig gewesen und ihr habt mir zu essen gegeben … Was ihr getan habt einem von diesen meinen geringsten Brüdern, das habt ihr mir getan (Mt 25,35f.40). Was für eine Pointe! Für andere da zu sein heißt, für Gott da zu sein. Anderen geholfen haben heißt: Gott geholfen haben. Weil Gott für die Schwachen eintritt. Das muss kein großes Ding sein, das passiert im Alltag, ganz beiläufig: miteinander leben. Und miteinander leben führt zum Reich Gottes.

Die Szene vom Weltgericht kann erschrecken, soll sie aber nicht. Was in ihr steckt, ist die Botschaft: Nichts ist folgenlos! Es ist nicht egal, wie wir leben. Diese Erkenntnis soll nicht Angst machen, sondern Mut – und Beine. In den anderen begegnest du mir – in ihnen triffst du mich, sagt Jesus. Also: Augen auf! Ohren auf! Und Herz auf!

Der Text und die Kinder

Ein Mädchen, fünf Jahre alt, sieht sehr lange und sehr konzentriert aus dem Fenster, der Blick Richtung Himmel. Nach einer ganzen Weile sagt es: „Ich möchte den lieben Gott endlich mal sehen! Und dann will ich UNO mit ihm spielen."

Den lieben Gott sehen, ihn treffen, endlich mal, das wünschen sich viele und vermutlich nicht nur Kinder. Wo wohnt Gott und wie sieht er aus? Man kann diesen Wunsch kleinreden oder für unorthodox halten, aber die Sehnsucht danach, Gott mal zu fassen zu kriegen, in seiner Nähe zu sein, als wäre er wirklich einer von nebenan, die ist da. Die Szene vom Weltgericht greift dies auf erstaunliche Weise auf: Wann haben wir dich gesehen? Haben wir dich gesehen? Wir haben Gott gesehen? Unvorstellbar. Wir haben Gott gesehen! Im Hungrigen, der nicht ignoriert wird, im Durstigen, im Fremden, im Nackten, im Kranken, im Gefangenen – da haben wir Gott gesehen. Das muss man erstmal begreifen.

Wir können Gott nicht sehen – aber etwas von Gott, das können wir sehen. Im anderen, im Typ von nebenan, der Hartz IV kriegt und da nicht mehr rauskommt, im Bettler vor der neuen Einkaufspassage, in der Frau, die das Ansprechen verlernt hat, weil sie selber seit Jahren nicht mehr angesprochen wird. In allen steckt ein bisschen Gott.

Gott ist nicht sichtbar. Gott ist sichtbar. Und beides stimmt. Diese Spannung lässt sich nicht auflösen. Gott sei Dank. Mit dieser Spannung müssen wir leben, und damit sollen wir leben. Als wäre Gott wirklich einer von nebenan, obwohl er gleichzeitig ein ganz anderer ist.

Nicht Gericht und Strafe, nicht die Angst davor, am Ende aussortiert zu werden, soll im Mittelpunkt des Gestaltungsvorschlages stehen, sondern die Sehnsucht nach Gott, die Frage: Wann haben wir dich gesehen? und die Poin-te: Etwas von Gott lässt sich in anderen Menschen entdecken. Mitten im Alltag, mitten unter denen, die Hilfe brauchen.

Gestaltungsvorschlag für ältere Kinder (8 bis 12 Jahre)

(Baustein für jüngere Kinder s. S. 233)

Begrüßung

Lied: Ein neuer Tag beginnt, 1–4

Hinführung

Folgende Gegenstände liegen in der Mitte: Fernglas, Lupe, Kinderbibel.

Gespräch

„Warst die ganze Nacht mir nah, dafür will ich danken" – das haben wir eben gesungen.
Wie wäre es, Gott mal zu sehen? Geht das? Wo würdet ihr Gott suchen?

Im Gespräch mit den Kindern wird überlegt, wo man Gott suchen und finden kann, und ob die Gegenstände eine Hilfe, eine Seh- oder Lese-Hilfe, dafür sein könnten: Fernglas: die Ferne näher ranholen (den Himmel oder Menschen von der anderen Seite der Welt); Lupe: das Kleine groß machen (Gott lässt sich in kleinen Dingen entdecken); Bibel: Irgendwo in den Geschichten muss Gott doch drinstecken.

Impuls: Gottsucher sein – das geht am besten, wenn man nicht allein suchen muss. So wie Greta. Greta hat Glück. Denn sie hat einen Großvater, mit dem sie sich Briefe schreibt. Ziemlich oft sogar. Und weil beide so viel wie möglich von der Welt verstehen wollen (und von Gott auch), schicken sie sich gegenseitig ihre Fragen und denken zusammen nach.

Briefe von Greta und ihrem Großvater
(Die einzelnen Briefe werden aus Briefumschlägen gezogen und vorgelesen.)

1. Brief, von Greta

Lieber Großvater,
Du wirst Dich wundern, dass ich Dich nicht mehr Opa nenne. Ich habe nachgedacht: Ich finde es schöner, Dich Großvater zu nennen. So habe ich nämlich nicht nur einen Vater (Du weißt, ihn sehe ich nicht oft), sondern auch noch einen großen Vater, also einen Großvater. Und das bist Du! Und ich dachte mir, dass ein großer Vater ja noch viel mehr von der Welt versteht als ein Vater. Denn er lebt ja schon länger und hatte mehr Zeit zum Nachdenken. Logisch, oder?
Ich verrate Dir jetzt mal was. Den lieben Gott, den würde ich gerne mal sehen. Du weißt, ich glaube fest daran, dass es ihn gibt. Aber sehen würde ich ihn trotzdem gern! Ich habe mit meiner Schwester darüber gesprochen, aber Du weißt ja, sie ist noch ganz schön klein. Und weißt Du, was sie gesagt hat? Sie möchte mit dem lieben Gott mal UNO spielen. UNO! Mensch-ärgere-dich-nicht würde auch gehen, hat sie gesagt. Also. Ich möchte nicht mit ihm spielen. Ich würde ihm ganz viele Fragen stellen. Ich möchte mal wissen, wie Gott so ist. Und was er sich wünscht. Und was er braucht. Er wird doch auch was brauchen? Was denkst Du?
Deine Greta

2. Brief, vom Großvater

Meine liebe kleinegroße Greta,
Dein Brief war wie immer eine Freude für mich! Erstmal will ich Dir sagen, dass ich sehr gern Dein Großvater bin. Dein großer Vater. Das gefällt mir. Und vielleicht hast Du Recht: Dein Großvater lebt schon eine ganze Weile und macht sich so seine Gedanken. Am liebsten mit Dir zusammen!

Ich verrate Dir jetzt auch mal was. Ich würde den lieben Gott auch gern mal sehen. Sehr gern sogar. Und ich glaube, dass es vielen so geht. Aber die meisten reden wohl nicht darüber. Manchmal, wenn ich etwas Schönes erlebe, dann ist mir so, als ob Gott ganz in der Nähe ist. Er ist natürlich nicht sichtbar, aber da ist er irgendwie trotzdem. Als Du und Deine Schwester geboren wurdet, da war das so. Und als Deine Großmutter gestorben ist und eine lange, lange Zeit danach, da war das auch so: Ich war nicht allein. Gott war irgendwie auch da. Würde ich mich sonst heute wieder so an allem freuen können? Ich denke nicht. Du merkst schon: Wenn wir von Gott reden, sagen wir oft: irgendwie. Weil wir es nicht ganz klar ausdrücken können. Weil Gott eben nicht ganz so klar für uns ist. Also: Sehen würde ich ihn auch gern mal.
Deine Frage gefällt mir: Was würde sich Gott wünschen? Und was braucht er? Ich bin sicher, auch Gott braucht etwas. Vielleicht hat er dafür uns? Ich muss ein bisschen nachdenken. Dein Großvater
PS: Du hast gar nicht geschrieben, wie es bei Euch im Haus so läuft. Ich bin gespannt!

3. Brief, von Greta

Lieber Großvater,
also denken wir beide noch ein bisschen nach? Machen wir!

Du hast ja gefragt, wie es bei uns im Haus läuft. Es läuft. Walter aus dem 1. Stock sammelt Pfandflaschen, wie immer. Ich glaube, er hat nie genug Geld. Er kauft selten ein, und wenn, dann immer dasselbe! Immer das billigste Brot. Das muss doch nach ein paar Tagen hart sein? Ein bisschen tut er mir leid. Er riecht zwar komisch und aus seiner Wohnung riecht es auch komisch, und manchmal schreit er rum und spricht mit sich selbst.

Da müssen wir auch mal lachen, aber trotzdem: Jetzt tut er mir doch leid. Jedenfalls habe ich ihm letztens, als er fürchterlichen Husten hatte und ich noch etwas Taschengeld, eine Tüte Hustenbonbons in seinen Briefkasten gesteckt. Und einen Zettel: Gute Besserung, Walter! Greta aus dem 3. Stock. Und gestern hat er mir vom Balkon aus zugewunken, nur so ein klitzekleines bisschen, aber ich hab's genau gesehen.

Und nebenan ist eine Frau eingezogen. Merkwürdig ist das. Sie spricht nicht! Man hört nichts aus ihrer Wohnung. Sie ist immer freundlich, wenn wir uns sehen, aber sie sagt einfach nichts. Ich glaube, sie ist schüchtern. Vielleicht traut sie sich nicht? Aber ich habe mich getraut! Ich weiß nicht, warum, aber in der letzten Woche war ich mutiger als sonst. Ich habe einen kleinen Zettel geschrieben und ihr den heimlich unter der Tür durchgeschoben. Darauf stand: Hallo, ich wohne nebenan. Greta. Ich war gespannt, ob etwas passiert. Und zwei Tage später habe ich einen Zettel unter meiner Tür gefunden! Mit dieser Nachricht: Hallo, ich heiße Lotte. Und ich wohne seit kurzem neben Dir. Wir haben ein paar Zettel ausgetauscht. Ich habe Folgendes erfahren:

Sie ist 73. Sie hatte mal einen Hund. Lotte ist traurig (ich weiß noch nicht, warum). Sie spricht nicht gern. Aber Schreiben geht. Lieber Großvater, ich finde das sehr aufregend. Mal sehen, ob Lotte und ich uns noch besser kennenlernen.
Deine Greta

4. Brief, vom Großvater

Meine liebe kleinegroße Greta,
ich staune! Über Dich und Walter und Lotte. Und dabei habe ich etwas herausgefunden. Du hast gesagt, Du würdest Gott gern mal sehen. Und ich glaube, Du hast ihn längst getroffen. Du hast Gott getroffen! Also, ein bisschen. Irgendwie. Denn in Walter steckt ein Stückchen Gott und in Lotte auch. Und die wohnen bei Dir nebenan. Also wohnt Gott auch bei Dir nebenan. Irgendwie. Du hast gefragt, was Gott sich wohl wünschen würde und was er braucht. Ich glaube ganz fest daran: Er braucht Dich! Er braucht meine kleinegroße Greta. Er braucht Leute, die nicht an Walter vorbeigehen, sondern ihm Hustenbonbons schenken. Er braucht Leute, die Lotte heimlich Zettel unter der Tür durchstecken. Er braucht Leute, die nach rechts und links sehen und anderen helfen. So einfach ist das. Gott braucht uns. Also, es bleibt spannend.
Dein Großvater

5. Brief, von Greta

Lieber Großvater,
ich habe Gott getroffen? Ich habe Gott getroffen! Irgendwie. Verrückt ist das. Und schön! Ich denke weiter darüber nach. Deine Greta

Gespräch über die Briefe

Lied: Wenn der Himmel unser Herz erreicht

Gebet
Manchmal, Gott, würden wir dich gerne sehen. Dann könnten wir dir Fragen stellen. Wir wollen so viel wissen! Wie siehst du aus? Brauchst du etwas? Und wovon träumst du? Manchmal, Gott, würden wir dich gerne treffen. Das könnt ihr, sagst du – geht zu denen, die Hilfe brauchen. Dort trefft ihr mich, dort bin ich auch. Wir bitten, Gott: Mach uns Beine! Öffne unser Herz, damit wir an den anderen und an dir nicht vorbeigehen. Amen.

Gestaltung
Es werden Postkarten gestaltet. Auf der Vorderseite steht: Ich habe neulich Gott getroffen! Die Rückseite kann gestaltet werden mit einer Fortführung des Satzes: am ... / in... – mittels Geschichte, Foto, Bild oder Collage. Die Kinder überlegen sich, an wen sie die Postkarte schicken werden.

Lied: Segne uns mit der Weite des Himmels, Str. 1+3

Segen

Ulrike Scheller

Baustein für einen Gottesdienst mit jüngeren Kindern

Eine Erzählung mit Fingerpuppen zu Mt 25,31–40 von E. und K. Müller findet sich in: Gottesdienste mit Kindern – Handreichung 2011, S. 202–205, das Material wird noch einmal auf der beiliegenden CD 2016 angeboten.

Monatlicher Kindergottesdienst

X In ihnen begegnest du mir Matthäus 25,31–40

Gottes Recht gilt besonders den Schwachen. Seine Gerechtigkeit ist dabei immer mit Barmherzigkeit verbunden. Beide sind Maßstab für das individuelle und gemeinschaftliche diakonische Handeln. In den sechs „Werken der Barmherzigkeit" wird konkret die Hilfe genannt, um lebensnotwendige Grundbedürfnisse des Menschen zu decken. Die Helfenden geben Gottes Barmherzigkeit weiter. In den Schwächsten begegnen sie Gott selbst.

Der Gestaltungsvorschlag für den 28. August (S. 229) beginnt mit einem Gespräch (S. 230), in dem mit den Kindern überlegt wird, wo man Gott suchen und finden kann. In einem Briefwechsel zwischen Kind und Großvater (fünf Briefumschläge) werden dazu Fragen gestellt und Antworten versucht. Postkarten können gestaltet werden zu dem Thema „Ich habe neulich Gott getroffen" (s. o.).

Für jüngere Kinder findet sich zusätzlich auf der CD eine Erzählung mit Fingerpuppen zu Mt 25,34–40 („Tiere erzählen", aus GoKi 2011), die dann von den Kindern gestaltet werden können. Siehe auch „Das Kronenkreuz der Diakonie" S. 212.

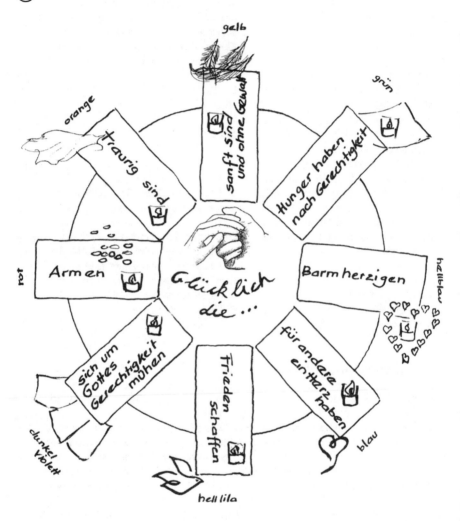

Zeichnung: Klaus-Dieter Braun

Lied: Lasst euch anstiften zur Freude, LH 256

Liturgischer Text: Psalm 103, Übertragung s. S. 255

Traum vom Leben – Voll das Leben

Sonntag	Text/Thema	Art des Gottesdienstes Methoden und Mittel
4.9.2016 15. Sonntag nach Trinitatis	Matthäus 5,1–12 Die Seligpreisungen – Worte vom Glück	Gottesdienst mit Kindern; Erzählung, Bodenbild mit 8 Stationen, Kerzenritual, Gespräch, Münzen/ Steine, Tücher, Korb, Teelichte im Glas, Fotos, Federn, kl. Herz für alle, Kordel, u. a.
11.9.2016 16. Sonntag nach Trinitatis	Matthäus 5,13 Vom Salz der Erde – Worte vom Salz	Gottesdienst mit Kindern; Erzählung, Gespräch, Salz probieren, Versuch mit Eiern und Salzwasser, Salzstreuer herstellen und verzieren, Klebepunkte, Schnipsel aus Klebefolie, Permanentstifte
18.9.2016 17. Sonntag nach Trinitatis	Matthäus 6,19–21 Vom Schätzsammeln – Worte vom Schatz	Gottesdienst mit Kindern; Gespräch, Erzählung, Schatztruhe, Feder, Kieselsteine, Spiele mit Steinen, Schatzkästchen basteln und verzieren
25.9.2016 18. Sonntag nach Trinitatis	Matthäus 5,43–48 Werkzeug des Friedens – Worte vom Frieden	Gottesdienst mit Kindern (und Erwachsenen); Streitgespräch mit zwei Figuren/ Personen), Kartons, Mauer bauen, Gespräch, biblische Erzählung (Lk 22,47–51, Gethsemane), Mauerstein beschriften

Monatlicher Kindergottesdienst
Vom Schätzesammeln – Worte vom Schatz s. S. 242

Zum Thema der ganzen Reihe

Schon immer haben sich Menschen gefragt, wie ein gelingendes Leben aussehen mag. Die Sehnsucht nach einem ausgefüllten Sein ist angesichts der vielen Herausforderungen groß, steht doch die Wirklichkeit unseren Vorstellungen von einem friedvollen Miteinander und einem gerechten Leben mit ihren ungleichen Bedingungen oftmals hart entgegen. Sind also Träume lediglich Schäume? Wie können wir unser Leben positiv gestalten? In der Bergpredigt gibt Jesus hilfreiche wegweisende Worte. Das Reich Gottes hat bereits hier auf Erden seinen Beginn, so sagt er. Gott ist nahe! Wir dürfen mit der Gewissheit leben, dass Gott uns stets zugewandt ist. Die ermutigenden Worte Jesu vermitteln Hoffnung. Wenn wir den Worten Jesu folgen, erfahren wir „voll das Leben".

Zum Text der ganzen Reihe

Die Bergpredigt (Mt 5–7) ist vom Evangelisten Matthäus als große zusammenhängende Rede Jesu niedergeschrieben worden. Er bezieht sich in seiner redaktionellen Arbeit – wie auch der Evangelist Lukas in der sogenannten „Feldrede" – auf vorliegende Spruchquellen (Logienquelle Q), der wohl authentische Aussprüche Jesu zugrunde lagen. Die Bergpredigt in der vorliegenden Form sollte jedoch weniger als zusammenhängende Rede Jesu mit dem Anspruch eines historischen Hintergrundes verstanden werden! Die Absicht von Matthäus ist es vielmehr, die Heilsbotschaft des bereits begonnenen Reiches Gottes zu verstärken.

Als Ort der Ansprache wählt Matthäus einen Berg mit freiem Blickfeld. Solch eine Erhöhung gibt die Möglichkeit, ungehindert gehört zu werden. Der Berg ist in der Bibel ein oft benutztes Bild, auch ein Sinnbild für die Verbindung von Himmel und Erde. (Am Sinai zum Beispiel war der Berg ein Ort der Offenbarung Gottes durch die Übergabe der Gesetzestafeln an Mose.) Jesus stellt mit einer neuen Ordnung die kommende Heilszeit in Aussicht. Somit erhält die Bergpredigt im Matthäusevangelium einen herausragenden Stellenwert.

Zunächst richtet Jesus die Worte an seine Jünger, ob auch darüber hinaus weiteres Volk seiner Rede zugehört hat, bleibt offen. Der Inhalt der großen Rede Jesu hat im Wesentlichen drei Schwerpunkte: Zunächst verkündet Jesus in den Seligpreisungen die Nähe Gottes. Insbesondere bedürftige Menschen, Schutzbefohlene dürfen sich des segnenden Gottes gewiss sein und dadurch ihr Glück erfahren. Im Anschluss an die Seligpreisungen werden Verhaltenregeln beschrieben, die helfen sollen, ein Gott zugewandtes Leben zu gestalten. Dazu benutzt Jesus Bildworte (Salz, Licht, Schatz ...). Der von Jesus benannte Zuspruch der Barmherzigkeit Gottes beinhaltet gleichsam die Aufforderung, selbst barmherzig zu sein. Die Menschen tragen mit ihrem Verhalten wesentlich zum Gelingen des Reiches Gottes bei, stehen in einer besonderen Verantwortung! Jesus verschärft die bereits bekannten, bestehenden Regeln: „Es ist euch gesagt – ich aber sage euch!" Diese Aussagen erfahren ihren Höhepunkt in der Ermutigung zur Feindesliebe. Diese Zuspitzung offenbart die besondere Denkweise und Herausstellung Jesu: Hier spricht ein

Auserwählter Gottes, der Vollmacht hat.

Für die Christen ist die Bergpredigt von zentraler Bedeutung. So manche Grundlage christlichen Handels wird von der Bergpredigt abgeleitet.

Klaus-Dieter Braun

4. September 2016
15. Sonntag nach Trinitatis

Matthäus 5,1–12

Die Seligpreisungen –
Worte vom Glück

Lieder: Ein jeder kann kommen, MKL2 28, LJ 512, LH2 204; Kindermutmachlied, KG 150, LJ 624, MKL 100, LH 26, KiKiHits 25; Selig seid ihr, LJ 608, EG regional, KG 127, MKL 96, LB 297; Tragt in die Welt nun ein Licht, EG regional, MKL 132, LJ 327, LZU 85, LH 277; So, wie ich bin, komme ich zu dir, GoKi 2004, LH2 210, Sagt Gott I 77

Liturgischer Text: Psalm 103, s. S. 255

Zum Text

In den Seligpreisungen beschreibt Jesus, wie das kommende Reich Gottes aussehen mag. Dabei greift er eine durchaus bekannte alte Tradition von Heilsbotschaften auf (z. B. Psalm 1,1 oder Sprüche 3,33). Jesus aber spricht vorbehaltlos allen Menschen Heil zu. Insbesondere Arme, Schwache, also die an dem Rand der Gesellschaft Lebenden, die Ausgestoßenen dürfen sich des Heils Gottes gewiss sein. Gerade in den Schwachen ist Gott nah.

Das Wort „selig" (in der Lutherübersetzung) beschreibt allerdings nur bedingt die Bedeutung des Wortes im griechischen Urtext „makarios". Man könnte auch anders sagen: „glücklich die, ..." Menschen, die zufrieden sind, die mit sich und Gott im Einklang leben, die Menschen, die auf der Suche nach Gott sind. Glücklich, die bemüht sind, ihr Leben nach Gott auszurichten. Besonders sie werden das Heil Gottes erfahren. Auch der Wortstamm von „glücklich" meint gelingen.

Die ersten acht Seligpreisungen sind in der dritten Person verfasst. Die neunte dagegen nimmt eine Sonderstellung ein. Sie richtet sich direkt an die Jünger Jesu. Bereits hier wird der schwere künftige Weg in der Nachfolge angedeutet. Jedoch ist bereits der Segen Gottes darübergestellt. Demut, Sanftmut, Gerechtigkeit üben, Frieden stiften, mit anderen Trauer und Freude teilen, bereit sein, wegen des Glaubens an Jesus verfolgt zu werden – Worte an die Jünger. Doch geht die Ansprache Jesu über den Bereich der Jünger in seinem Umfeld weit hinaus! Mit den Seligpreisungen wird durch Jesus eine neue Lebensperspektive eröffnet: Alle Menschen dürfen auf die Zusage Got-

237

tes hoffen. Alle, die auf Gott hoffen und den Worten Jesu folgen, dürfen sich glücklich schätzen!

Der Text und die Kinder

Kinder haben zumeist einen ausgeprägten, noch unverstellten Blick für Gerechtigkeit. Es widerspricht ihren Bedürfnissen nach Geborgenheit und Nähe, wenn sie im alltäglichen Umfeld erleben müssen, wie Menschen aufgrund ihres Andersseins gemaßregelt, ungerecht behandelt oder gar ausgeschlossen werden. Rasch jedoch werden die noch unbelasteten Erfahrungen, werden positiv besetzte Werte aufgeweicht. Die erlebte Welt mit ihren Vorgaben und oftmals unbarmherzigen Rahmenbedingungen steht dem Grundbedürfnis nach Harmonie oft entgegen. (Aber nicht alles ist in die Kinder hineingetragen. Manches kommt auch aus ihnen selbst.) Ungeklärte Spannungen aufgrund von Streit sind für Kinder schwer auszuhalten. Franz-Josef Degenhardts gesellschaftskritisches Lied aus den Siebzigern „Spiel nicht mit den Schmuddelkindern" spiegelt nach wie vor recht treffend wider, wie Beeinflussungen durch Erwachsene durch Vorbehalte, Vorurteile, Ansprüche und Regelvorgaben Kinder beeinflussen.

Jesu Worte haben da eine ganz andere Dimension: So, wie du bist, darfst du zu ihm kommen, bei Gott sind alle Menschen gleich geliebt. Allen Menschen in ihrer Unterschiedlichkeit steht das Himmelreich offen! Ganz gleich, wer du bist, du bist bei Gott wertgeschätzt. Das zu wissen, macht Mut. Allen, die auf Gott hoffen und seinem Wort folgen, dürfen sich glückselig wissen.

Gestaltungsvorschlag für jüngere und ältere Kinder

Kinder sollten Schritt für Schritt in die doch recht umfangreiche Themeneinheit der Seligpreisungen gelenkt werden. Schließlich ist zu bedenken, dass jeder Benennung eine entsprechende Aussage von Jesus folgt: „denn …". Daher bietet es sich an, die Worte Jesu stationsweise zu entfalten. Wichtig erscheint mir dabei, dass die Kinder die Jesusworte nicht allein aus der Distanz betrachten. Auch die eigenen persönlichen Anteile sind einzubeziehen!

Für den Gang durch die Seligpreisungen habe ich eine Rahmenerzählung als Übertragungshilfe entwickelt, die sowohl die Welt der Kinder als auch die biblische Textvorlage aufgreift. Zur Gestaltung der Stationsfelder (s. Zeichnung S. 234) ist es gut, einen Sitzkreis einzurichten, der ausreichend Platz zur Auslegung der Stationen vorsieht. Der/die Erzählende muss zur weiteren Gestaltung ungehindert um das Bild gehen können.

Entfaltung/Erzählung
Lied: Ein jeder kann kommen (mit symbolischen Bewegungen) oder Kindermutmachlied

Erzählende Hinführung zum Thema
Heute geht es mal wieder hoch her, in der Klasse 2b: Streit! Es wird immer lauter. „Die ist doch doof!" „Ist sie nicht", so streiten sich zwei Kinder. In der Klasse ist eine Neue, Selina, heißt sie. Ein wenig schüchtern sitzt sie neben Fin. Bei Fin war gerade noch ein Platz frei. Selina ist noch nicht lange in Deutschland. Auch wenn sie die deutsche Sprache schon ganz gut versteht, das Sprechen fällt

ihr schwer. Andere machen sich über sie lustig. Fin spürt, das ist ungerecht. Selbst sein bester Freund Jonathan stimmt in das Auslachen mit ein. „Aber so geht das doch nicht weiter", denkt er bei sich. „„Warum nur sind alle so gemein zu Selina?"" Er weiß inzwischen, dass es ihre Familie hier nicht leicht hat, noch immer hat Selinas Vater keine Arbeit. Verstört sitzt Selina an ihrem Schultisch. Hilfesuchend sieht sie Fin an. Vier Kinder stehen da und feixen. „Ich möcht so gern einen Freund oder eine Freundin haben!", hat Selina neulich dem Fin zugeflüstert. „Ausgerechnet mir erzählt sie das. Was hat das wohl zu bedeuten, was wird Jonathan dazu sagen? Die lachen mich doch aus!", denkt Fin.

Die Unterrichtsstunde beginnt, „Reli" steht auf dem Plan. Die Religionslehrerin betritt den Klassenraum. Frau Herbst spürt schon länger, was in der Klasse los ist. Heute hat sie sich etwas Besonderes ausgedacht. Sie hat einen kleinen runden Tisch mitgebracht, auf den sie sich draufstellt. „Was soll denn das?", murmelt Kia zu Sofie. „Ich möchte euch heute mal von hier oben begrüßen. Jetzt kann ich euch alle gleich gut sehen. Setzt euch in einem Halbkreis zu mir – ach ja, und lasst der Selina auch Platz!", fügt sie noch hinzu. Neugier macht sich breit. Dann wird es mucksmäuschenstill. „So hat es Jesus damals auch gemacht, als er seinen Freundinnen und Freunden etwas Besonderes sagen wollte. Er stieg auf einen Berg und setzte sich. Alle konnten ihn gut hören und verstehen." Frau Herbst setzt sich nun auch auf den Tisch.

„Tja, und dann begann Jesus zu erzählen. Aber er erzählte nicht eine Geschichte, sondern sprach vom Reich Gottes." Einige Kinder kräuseln ihre Nasen. „Von was?" „Schon immer sehnen sich die Menschen nach Frieden, nach einer Welt, in der mehr Gerechtigkeit ist. Aber viele Menschen werden eher belächelt, sie werden ausgestoßen, missachtet. Besonders die Armen und Kranke, die Flüchtlinge haben es da schwer. Bei Gott ist das anders.

Jesus begann seine große Rede mit einer frohen Botschaft: Gott will Frieden. Glücklich und selig dürfen all die Menschen sein, die sich bemühen, Gott zu suchen, die Gott vertrauen." (Fortsetzung s. unten)

Entwicklung eines Bodenbildes mit 8 Stationen

Der Erzähler breitet mittig ein größeres rundes weißes (Kett-)Tuch aus. Die für die Mitte vorgefertigte Pappscheibe wird aufgelegt: „Glücklich sind ...", dazu die segnenden Hände (s. Zeichnung S. 234).

(1) rotes Feld: *Glücklich sind die Armen – denn ihnen gehört das Himmelreich.* Reichtum allein macht uns nicht glücklich.

Aktion: Erz. legt goldglänzende Steine (oder Münzen) auf die Fläche, verdeckt mit seiner rechten Hand die Steine. Die rechte Hand wird umgedreht. Die linke legt in die offene Innenfläche die Steine und macht dann symbolische Gesten des Teilens. (Steine wieder ablegen) Erz. bittet ein Kind, aus einem Korb ein Teelicht herauszunehmen, ein zweites Kind zündet es an (im Glas mit langem Streichholz). Ein drittes Kind stellt das Licht auf das Stationenbild. Erz. legt nach und nach die weiteren Stationen, das Lichtritual bleibt ...

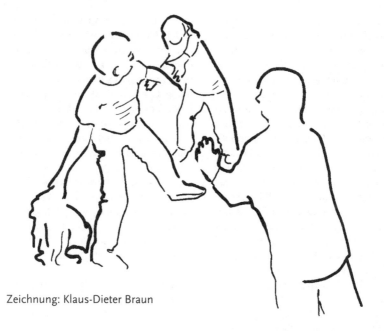

Zeichnung: Klaus-Dieter Braun

(2) orangfarbenes Feld: *Glücklich dürfen auch die Menschen sein, die traurig sind – denn sie sollen getröstet werden.* Frage an die Kinder: Was und wer kann Trost geben? (Schweigen zulassen). Erz. legt weißes Chiffontuch – dazu begleitend leises Singen zur Kerzenaktion mit dem Lied „Tragt in die Welt nun ein Licht".

(3) gelbes Feld: *Glücklich sind, die anderen Menschen sanft und ohne Gewalt begegnen – sie werden das Gesicht der Welt verändern.* Erz. reicht als Aktionssymbol einige Federn herum, Kinder spüren nach, wie zart und leicht, wie wohltuend die Berührung sein kann. Es folgt das Lichtritual.

(4) grünes Feld: *Glücklich, die Durst und Hunger nach Gerechtigkeit haben – denn Gott wird ihre Sehnsucht stillen.*

Impulsfrage: Kennt ihr das auch? Ihr wisst, da stimmt etwas nicht, da ist etwas Ungerechtes geschehen? Erz. legt zur Frage ein Auswahlbild/Foto zum Stationenfeld, evtl. beigefügte Zeichnung.
Im Anschluss eines kurzen (!) Austausches folgt wieder die Lichteraktion.

(5) hellblaues Feld: *Glücklich sind die Barmherzigen ...*
Aktion: Jedes Kind erhält ein kleines Herz. Gemeinsam wird nacheinander mit den kleinen Herzen eine größere Herzform gebildet. In die Mitte wird das Teelicht gestellt. Wer mag, nennt dabei Menschen, die Hilfe benötigen.

(6) blaues Feld: *Glücklich sind, die für andere ein Herz haben – denn sie sind nah bei Gott.* Aktion mit gemeinsamen Gesten: Wir fassen an unser Herz (die

Hände werden dabei über Kreuz aufeinandergelegt), spürt ihr euren Herzschlag? Jetzt öffnen wir, die Arme breiten sich aus, legt nun die Hände wieder auf den Schoß. Mit einem Band/einer Kordel wird die Form eines Herzes gelegt – Teelicht entzünden.

(7) hell-lila Feld: *Glücklich sind, die Frieden schaffen – denn sie sind Kinder Gottes.*
Aktion zu zweit, in Partnerschaft: Ein Kind ballt eine Faust, das andere versucht, die Faust behutsam zu öffnen (Bemerkung: Es geht, nur Geduld!) – Wechsel. Kurzer Austausch: Frieden ist da, wo Menschen ... Taubenbild mit weißem Kordelband legen – Teelicht entzünden.

(8) dunkel-lila Feld: *Glücklich sind auch die Menschen, die sich um Gottes Gerechtigkeit bemühen, aber deswegen beschimpft und verfolgt werden und leiden müssen.* Erz. legt zwei/drei Impulsfotos von (bekannten) Menschen aus, die sich um Gerechtigkeit bemüht haben (z. B. Mahatma Ghandi, Martin Luther King – Vorlagen dazu in W. Laubi / A. Fuchshuber: Kinderbibel), Kurzaustausch – anschließend Teelicht entzünden.

Lied: Tragt in die Welt nun ein Licht

Kurze Gedankenpause

Fortsetzung der Erzählung
Erzähler: Lasst mich meine Geschichte von Fin und Selina weiter erzählen: Frau Herbst hat die Rede von Jesus beendet. Sie schaut in die Runde. Einige aus der Klasse sind nachdenklich geworden sind. Die Pausenklingel ertönt. Alle laufen nach draußen.

Zeichnung: Klaus-Dieter Braun

Alle? Frau Herbst räumt ihren Tisch beiseite. Fin ist noch in der Klasse geblieben. „Das war doch damals, als Jesus gelebt hatte. Aber das ist doch schon so lange her." Die Lehrerin versteht, was Fin denkt. „Jesus meint mit seiner Rede auch uns heute! Er will uns Mut machen, auch barmherzig zu sein, anderen zu helfen, sich auch für ein friedvolles Miteinander einzusetzen, besonders da, wo Unrecht geschieht. Damit alle Menschen glücklich sein können." „Und niemand ausgeschlossen wird", murmelt Fin. Dabei fällt sein Blick aus dem Fenster auf den Schulhof. Er entdeckt Selina, die steht ganz allein. Entschlossen springt Fin aus dem Klassenraum. „Alles Gute!", ruft Frau Herbst noch hinter Fin her. Nachdenklich nimmt sie ihre Tasche. Was hat doch Jesus seinen Jüngern noch gesagt: „Auch wenn ihr um meinetwillen verspottet werdet, dürft ihr fröhlich und getrost sein, denn Gott ist mit euch." „Ach ja", seufzt die Lehrerin, „Jesu Worten zu folgen, kann glücklich machen – ist aber auch ganz schön anstrengend!" Wie Frau Herbst das wohl meint?

Abschlussgebet

Liturgischer Ruf: So, wie ich bin, komme ich zu dir

Guter Gott, es tut gut zu wissen, dass du den Armen und Schwachen besonders nah sein willst.

So, wie ich bin …

Guter Gott, Frieden ist wie eine Blume, die jeden Tag frisches Wasser braucht. Lass uns in Frieden miteinander leben!

So, wie ich bin …

Guter Gott, nicht alle Menschen mögen an dich glauben, manche machen sich auch lustig.

Gib uns Mut, von dir zu erzählen. So dürfen wir glücklich durchs Leben gehen.

So, wie ich bin …

Amen

Klaus-Dieter Braun

Monatlicher Kindergottesdienst

XI Voll das Leben Worte vom Glück, vom Salz, vom Schatz, vom Frieden

In der Bergpredigt entfaltet Jesus eine Perspektive, wie Leben gelingen kann. In den **Seligpreisungen** gilt die Verheißung: Wer arm ist vor Gott, der ist reich im Himmel. Im **Bildwort vom Licht/Salz** wird deutlich: Wenig kann eine große Wirkung haben. In den kleinen Dingen des Alltags wird Gott sichtbar, wenn wir von ihm erzählen. Die **Worte vom Schätzesammeln** weisen darauf hin: Das Leben ist kostbar. Wir brauchen keine Schätze zu sammeln. Die **Worte vom Frieden** bilden den Höhepunkt der Bergpredigt, sie sind grundlegend für die christliche Ethik. Das Gebot der Feindesliebe ist eine Herausforderung. In der Haltung der Christen soll sich Gottes besondere Liebe und Zuwendung zu uns Menschen widerspiegeln.

Jeder der vier Gestaltungsvorschläge dieser Themenreihe eignet sich einzeln für einen monatlichen Kindergottesdienst. Möglich ist aber auch, mit den Kindern einen Pilgerweg (vier Stationen) mit Pilgerheft und Pilgerstempel zu den einzelnen Worten der Bergpredigt zu gehen (Idee von Susanne Paetzold aus dem Textplan für den Kindergottesdienst 2015–2017, S. 253). An den Stationen werden die Texte gemeinsam gesprochen. Material für die Gestaltung der Stationen findet sich auf S. 239: das **Bodenbild** zum Glück; S. 245: **Versuche mit Salz**; S. 252: ein **Schatzkästchen** bekleben; eine **Werkzeugkiste** auspacken zu den **Worten des Franz von Assisi** „O Herr, mach mich zum Werkzeug deines Friedens" (S. 63). Von welchen Werkzeugen spricht Franziskus?

11. September 2016

16. Sonntag nach Trinitatis

Matthäus 5,13

Vom Salz der Erde –
Worte vom Salz

Lieder: Lasst euch anstiften zur Freude, LH2 256, Weihnachten ist nicht mehr weit, S. 2, Sei gegrüßt, lieber Nikolaus 70; Wir sind die Kleinen in den Gemeinden; LJ 428, MKL 105, KG 77, LH 35, LB 336

Liturgischer Text: Psalm 103, s. S. 255

Zum Text

Jesus benutzt ein Bildwort, das bereits zu seiner Zeit durchaus bekannt war. Hier bezieht er es besonders auf den Wirkungsbereich seiner Jünger und derer, die in seiner Nachfolge handeln. „Ihr seid ...“ enthält Zuspruch, birgt aber auch gleichsam die Aufforderung zum Handeln.

Salz ist ein kostbares Gewürz, es ist als Mineral für den Körper unentbehrlich. Wie der Körper ohne Salz nicht auszukommen vermag, so ist es auch mit dem Reich Gottes. Gottes Nähe ist überall da zu spüren, wo Christen sich einbringen. Schon eine kleine Prise kann viel bewirken. Speisen ohne Salz schmecken nicht. Der Wert des Salzes wird heutzutage oftmals unterschätzt, ist Salz doch zu einem stets verfügbaren billigen Allgemeingut in der Küche geworden. Bereits im 19. Jahrhundert entwickelte man Produktionsverfahren, um aus Salzbergvorkommen weltweit große Mengen Salz zu gewinnen. Noch im Mittelalter war die Aufbereitung von Salz ein aufwändiges Verfahren. Da war es üblich, aus Salzlaugen (Sole) das verwertbare Salz herauszusieden. Das gewonnene Speisesalz wurde über Handelswege – den so genannten Salzstraßen – mühevoll transportiert. Salz stand in seinem Wert dem Gold gleich: weißes Gold.

Salz war noch für andere Lebensbereiche wichtig. Für die Konservierung von bestimmten Nahrungsmitteln z. B. war Salz unentbehrlich, wobei auch hier Qualitäten unterschieden wurden. Und Salz, das bereits zu lange den Witterungen ausgesetzt war, verlor an Kraft und musste ersetzt werden. Auch zur Zeit Jesu wurde Salz aus salzhaltigen Gewässern gewonnen.

Der Text und die Kinder

Es ist schwer, den Wert einer Sache in seiner wahren Bedeutung einzuschätzen, wenn sie wie selbstverständlich jeden Tag zur Verfügung steht. Das verleitet mitunter auch zum gedankenlosen Gebrauch. Dazu gehören Wasser, Luft, dazu gehört auch das Salz. Doch was Salz alles vermag, ist auch für Kinder nachspürbar. Sie entwickeln bereits

Foto: Adelheid Schnelle

Probiert mal! Nur wenige Körnchen reichen, um ein Essen schmackhaft zu machen.
(Erz. bittet die Kinder, eine hohle Hand zu bilden. Vorsichtig lässt er/sie mit dem Streuer ein wenig Salz in die Handschale eines jeden Kindes rieseln.)
Stippt mal mit dem angefeuchteten Finger hinein. Probiert ... Mit Salz werden viele Dinge gewürzt. Stellt euch mal Pommes Frites ohne Salz vor! Auch auf das Frühstücksei wird gern etwas Salz gestreut. (kurzer Austausch) Aber Vorsicht! Eine versalzene Suppe möchte man nicht löffeln. Es kommt also auf die richtige Menge an.

Jesus hat in seiner großen Rede auf dem Berg gesagt: „Was das Salz für die Nahrung ist, das seid ihr für die Welt." Na, nun schaut euch noch einmal die Salzkörner an. Wir sollen wie das Salz sein? Wie Jesus das wohl gemeint hat? Es ist ein Bild, dass er benutzt hat, um etwas zu vergleichen.

Am besten, ich erzähle euch dazu eine kleine Geschichte. Den Jungen kennt ihr ja schon aus meiner vergangenen Erzählung.

schon im frühen Alter Geschmacksunterscheidungen. Um der Bedeutung von Jesu Bildwort auf die Spur zu kommen, kann hier angeknüpft werden.

Um eine kindgerechte Übertragung des Bildwortes Jesu zu ermöglichen, ist es gut, den Kindern die Kostbarkeit des Salzes zunächst über eigenes Probieren „schmackhaft" zu machen. Die Sachinformationen sollten eher spielerisch, nebenbei eingebracht werden. Wieder führt ein erzählerischer Rahmen, der auch eine Identifikationsbrücke bietet, in die sachlichen Erklärungen zum Thema Salz.

Gestaltungsvorschlag für jüngere und ältere Kinder

Lied: Lasst euch anstiften zur Freude (bes. Str. 1–3)

Gespräch und Aktion
Impuls: (Erz. schüttet aus einem Streuer Salz in eine kleinere Glasschale.)
Was ihr seht, ist Salz, kein Zucker. Salz ist für uns Menschen wichtig zum Leben!

Erzählung
Wie sehr hatte sich Fin schon auf die kommenden Tage gefreut. Seine Eltern sind verreist, zu einer Kur, so hatte es ihm die Mama gesagt. Nun darf er diese Zeit bei seinen Großeltern verbringen – mit Übernachtung! Das ist einfach großartig! Heute ist Sonntag. An diesem Tag gibt es bei Oma und Opa einen besonderen Brauch: Für jeden steht ein leckeres Frühstücksei auf dem Tisch. Das Ei ist bereits geköpft. Nur noch ein wenig Salz, das braucht Fin noch. Doch da ist es passiert, das kleine Salzfässchen ist umgekippt, der Deckel ist

dabei abgefallen. Eine ganze Menge von dem Inhalt liegt nun verschüttet vor ihm. „Na", lacht die Oma, „kann ja mal passieren. Ist nicht so schlimm. Früher allerdings wäre das was anderes gewesen!" „Früher?", will Fin wissen. „Ja, es gab Zeiten, da war Salz etwas ganz Kostbares. Es wurde auch das ‚weiße Gold' genannt."

„Nach dem Frühstück zeig ich dir mal was", mischt sich der Großvater geheimnisvoll ein. Als der Tisch geräumt ist, holt er eine ältere Schachtel hervor. Fin kennt sie bereits. In diesem Karton haben seine Großeltern Fotografien gesammelt.

„Schau mal, hier", die Oma schiebt Fin ein Bild zu. „Das ist Opa." „Ja", lacht Oma, „schau nur genau hin! Opa ist im Wasser. Er liegt auf dem Rücken und liest dabei eine Zeitung." „Geht das denn überhaupt?" „Da lag ich im Toten Meer. Das ist ein besonderer See in Israel. Der liegt fast vierhundert Meter tiefer als der Meeresspiegel ist. Das Wasser ist ganz stark salzhaltig. Solch ein Wasser kann tragen. Nur Fische, die können da nicht leben."

Die Oma steht auf, sie holt zwei Gläser und zwei Eier. „Wir machen mal 'nen kleinen Versuch …"

Erz. (unterbricht): Das können wir auch.

Experiment: Erz. stellt drei Gläser auf, zwei werden mit Wasser gefüllt. Nun wird ein rohes Ei vorsichtig (mit einem Esslöffel) in eines der mit Wasser gefüllten Gläser gelegt. Fazit: Es geht unter, bleibt am Boden liegen. Nun wird ein zweites Ei vorsichtig (mithilfe eines Löffels) in das noch leere Glas gelegt. Dem zweiten mit Wasser gefüllten Glas werden drei Esslöffel Kochsalz zugege-

ben. Die Kinder rühren dabei so lange, bis möglichst keine Salzkörner am Boden sind. Dieses Salzwasser wird jetzt in das noch leere Glas mit dem Ei gegossen = Das Ei hebt sich vom Boden ab.

(Tipp: Die rohen Eier in einer Eierpappe transportieren.)

„Klasse!", ruft Fin. „Opa als Ei. Können wir nicht heute Abend die Badewanne so mit Salz füllen. Dann schwebe ich." „Da wirst du eine Menge Salz brauchen. Für deine Haut wäre das auch nicht gut. Wir müssten dich anschließend tüchtig abduschen." Dann rückt der Großvater seine Brille ein wenig zurecht, das tut er immer, wenn er was Kluges sagen will. „Auch das Tote Meer diente früher, zur Zeit Jesu, zur Salzgewinnung. Man kann sich das ganz einfach vorstellen: Das salzige Wasser wurde in flache Behältnisse gepumpt. Wenn das Wasser durch die Sonne verdunstet war, blieben Salzkörner übrig. Jetzt musste es nur noch gereinigt werden, damit man Salz zum Kochen hatte. Der nicht so saubere Rest wurde für andere Zwecke gebraucht. Das alles war sehr mühsam, daher war Salz so kostbar!" Fin hört aufmerksam zu.

„Es ist noch gar nicht so lange her", erklärt der Opa weiter, „da gab es noch keine Kühlschränke, da wurde Fleisch oder Fisch in Salz gelegt. So war es länger haltbar. Doch Salz war teuer. Es musste von weither transportiert werden. Die Wege nannte man Salzstraßen. Die Leute sagten, Salz ist weißes Gold. Unruhig rutscht Fin hin und her. Wie spannend, denkt er sich. „Ich kenn da noch 'ne wichtige Sache mit Salz. Ratet mal!", ruft er, als sei er in einer Quizsendung.

(Erz. macht eine Pause).

Was mag er wohl gemeint haben? „Im Winter streut unser Nachbar immer Salz. Papa mag das nicht. Er sagt, das schadet der Natur. Aber der Nachbar sagt dann immer: Besser so gestreut, als dass jemand auf dem Eis ausrutscht. Papa sagt, Streukies reicht auch." „Jetzt habe ich aber auch ne Quizfrage", sagt der Opa. „Wozu könnte Salz noch gut sein?", dabei holt er tief Luft. „Es gibt Menschen, die an ihren Atemwegen erkrankt sind. Dann tut salzhaltige Luft gut. Dafür gibt es in manchen Orten Gradierwerke. Über große, mit Reisig verkleidete Wände tröpfelt Wasser. Wenn es verdunstet, atmen das die Leute ein. Weißt du was, wir machen heute Nachmittag einen Ausflug, um uns das anzusehen!"

Fin kann es kaum erwarten. Als sie angekommen sind, bemerkt er, wie sein Großvater aufgeregt mit dem Handy telefoniert. „Kommt!", ruft sein Opa. „Hier drüben ist unser Treffpunkt!" Treffpunkt – denkt sich Fin, wir sind doch schon da. Aber nun geht ihm ein Licht auf. Glücklich stürzt er sich in die Arme seiner Mutter. „Hallo mein Schatz! Ja", sagt sie, „hier bin ich für ein paar Tage. Der Arzt hat mir Salzluft empfohlen." Hinter einer der Gradierwände schaut vorwitzig ein weiterer bekannter Kopf hervor, Fins Vater. Oh, welche Freude! Gemeinsam steuern sie ein Cafe an. Fin darf sich ein großes Eis aussuchen. Übermütig ruft Fin dem Kellner hinterher: „Aber bitte ohne Salz!" Alle müssen lachen.

Am nächsten Tag gibt es gleich in der ersten Schulstunde Religion. Die Lehrerin, Frau Herbst, will mit den Kindern heute über ein besonderes Jesuswort nachdenken.

„Ihr seid das Salz der Erde". Das letzte Mal hatte Frau Herbst erzählt, dass Jesus auf einen Berg gestiegen ist, um zu den Menschen zu sprechen. Und eben das mit dem Salz hat Jesus erzählt. Wozu Salz gut sein kann, will die Lehrerin wissen? Fin kann gar nicht oft genug seinen Finger nach oben halten, so viel weiß er zu berichten. „Jesus hat ein Bild benutzt. Er wollte uns sagen: So soll es auch mit euch sein. Schon ein klein wenig Mühe kann etwas bewirken. Wenn wir uns für andere einsetzen, kann es auf unserer Erde gerechter zugehen." Fin wird nachdenklich. Neben ihm sitzt Selina, die hat er neulich geschützt, als andere sie gehänselt haben. „Bin ich jetzt auch so was wie ein Salzkörnchen?", denkt er bei sich. Frau Herbst unterbricht ihn in seinen Gedanken. „Jesus hatte seinen Worten etwas Wichtiges hinzugefügt: „Wenn aber das Salz seinen Geschmack verliert, ist es zu nichts mehr nütze." „Klar doch", sagt sich Fin. „Mit einem Mal ist es eben nicht getan. Puh, das ist aber wirklich nicht so einfach", dabei holt er tief Luft – und denkt dabei an seine Mama. Ja, Salz ist kostbar. Wie war das doch? Bereits einige wenige Körnchen Salz und gleich schmeckt alles viel besser. Na, das hat doch was! Schon stimmen die Kinder der Klasse in ihr Lieblingslied ein: „Wir sind die Kleinen in den Gemeinden." Alle singen kräftig weiter: „Wir sind das Salz in der Suppe der Gemeinde!" Dazu dürfen sie nach Herzenslust klatschen, stampfen, schnipsen: „Wir machen mit!" Bis in den Schulflur ist ihr Ruf zu hören. Die Kinder singen …

Lied: Wir sind die Kleinen

Abschlussaktion

Aus Überraschungseiern (oder ähnlichen Behältnissen) werden kleine persönliche Salzstreuer hergestellt. Tipp: Dazu bietet es sich an, zuvor ca. 5 Streulöcher bereits mit einer dicken Nadel vorgestochen zu haben. Den Kindern bleibt so Zeit für die Gestaltung der Salzstreuer z. B. mit Klebepunkten, Schnipseln von Klebefolie, Permanentstiften.

Gebet

Lasst uns Freudenstifter sein,
lasst uns Hoffnung weitergeben.
Mit unserer kleinen Kraft
wollen wir Gutes tun.
Denn du, Gott bist bei uns. Amen

Klaus-Dieter Braun

---

18. September 2016
17. Sonntag nach Trinitatis

Matthäus 6,19–21

Vom Schätzesammeln – Worte vom Schatz

Lieder: Lasst euch anstiften zur Freude, LH2 256, Weihnachten ist nicht mehr weit (Jöcker), S. 2, Sei gegrüßt, lieber Nikolaus 70; Ich habe tausend Wünsche, s. S. 249; Viele kleine Leute, SvH 67, KG 215, LJ 620, LB 340, KiKiHits 65; Herr, gib du uns Augen, die den Nachbarn sehn, GoKi 2014, EG regional

Liturgischer Text: Psalm 103, s. S. 255

Zum Text

Jesus wendet sich nicht ausdrücklich gegen Werte, die das Leben bereichern. Er verweist aber auf die Vergänglichkeit irdischer Güter: Motten oder Würmer zerfressen, Rost nagt, Diebe könnten stehlen. Auch Macht ist nicht auf Dauer haltbar. Was bleibt? Jesus deutet auf die Gefahr hin, dass materielle Dinge im Leben eine zu große Bedeutung bekommen könnten und somit den Blick auf Gott versperren, ja, auch von Gott entfernen. Die Sorgen, den erworbenen Reichtum halten zu wollen oder gar zu vermehren, nehmen zu. Wo hat da noch Gott seinen Raum?

An die Stelle der irdischen Reichtümer sollten himmlische Werte gesetzt werden. Werte, die uns von Gott gegeben sind, die Gott zum Inhalt haben. Dieser Schatz soll gepflegt und bewahrt werden, täglich aufs Neue. Solche Werte haben Bestand, weil sie eine Herzensangelegenheit sind! Daher Jesu Mahnung: Sammelt keine Schätze auf Erden. „Woran du dein Herz hängst, da ist dein Gott", so sagt es Martin Luther.

Der Text und die Kinder

Kinder erfahren sehr schnell die Bedeutung materieller Gaben. Die Kinderzimmer quellen oft über. Kinder sind rasch eingebunden in den Rausch des „mehr haben Wollens". Für die Wirtschaftsbranche haben sie als gegenwärtige und künftige Zielgruppe eine hohe Bedeutung. Sie werden mitunter geschickt, ja aggressiv umworben. All das bleibt ihnen nicht verborgen.

Genauso vermögen Kinder aber auch zwischen Gefühlswerten wie Freundschaft, Liebe, Vertrauen und anderen unbeständigen Gütern zu unterscheiden. Sie wissen oder erfahren, solche wertvollen Gaben gilt es zu pflegen. Wenn sie von einer Bezugsperson mit „Schatz" gerufen werden, spüren sie die emotionale Tiefe, die von dieser Aussage ausgeht. Wie aber entscheiden zwischen dem, was täglich an schönen Dingen im Leben geboten wird (die ja auch nicht gänzlich infrage gestellt werden, sondern kritisch betrachtet werden sollten) und den anderen – immateriellen – Werten, die wir als himmlisch umschreiben? Es ist daher förderlich und wichtig, mit Kindern über bleibende und vergängliche Werte nachzudenken. Denn da, wo dein Herz ist ... Schatzkisten haben etwas Faszinierendes. Hier sind zumeist ganz persönliche Dinge aufbewahrt. Ein lohnenswerter Ansatz ...

Gestaltungsvorschlag für jüngere und ältere Kinder

Lied: Lasst euch anstiften zur Freude

Hinführung

Der Erzähler hält in seiner Hand eine kleine Schatztruhe. (Kleine Schatztruhen aus unbehandeltem Holz können beim Verlag Junge Gemeinde oder bei Bastelverlagen bestellt werden.)
Impulsfrage: Stellt euch vor, wir fahren auf eine Insel. Was liegt dir besonders am Herzen, wen oder was möchtest du unbedingt mitnehmen?
Mit den Kindern gemeinsam sammeln, austauschen. Es gibt Schätze, die ich sehen und greifen kann, Gegenstände wie Kleidung, Spielsachen. Es gibt Schätze, die ich nicht sehen, aber beschreiben kann, wie Gesundheit, Frieden, Gerechtigkeit, Freude, Freundschaft. Auch Menschen können in meinem Herzen wie ein Schatz einen Platz bekommen. Es gibt Dinge, die mit der Zeit vergehen, und es gibt Dinge, die bleiben.

Lied: Ich habe tausend Wünsche
Rost also nagt am Auto, Kleidung kann von Motten zerfressen werden, Holz wird morsch und kann zerfallen, Spielzeug kaputt gehen, Geld könnte gestohlen werden. Damit müssen wir rechnen. Vieles werfen wir nach einiger Zeit weg!
Jesus hat uns gewarnt. „Sammelt nicht Schätze auf der Erde. Sammelt lieber himmlische Schätze bei Gott." Was meint Jesus damit? Wieder einmal könnte uns eine kleine Geschichte weiterhelfen.

Erzählung

Fin hat bald Geburtstag. Ein langer Wunschzettel liegt auf dem Tisch seiner Mutter. Sie seufzt ein wenig. Fins Zimmer ist schon so voll und wie oft geht was kaputt.
Tausend Wünsche ... Der besondere Tag rückt immer näher. Fin spürt

Ich habe tausend Wünsche

Text: Norbert Weidinger; © beim Urheber
Musik: Ludger Edelkötter; © KiMu Kinder Musik Verlag GmbH, 50259 Pulheim

Kehrvers

Ich ha - be tau-send Wün-sche, tau - send und noch mehr. Und

sind die Wün-sche dann er - füllt, so bleibt mein Herz doch leer. Und

sind die Wün-sche dann er - füllt, so bleibt mein Herz doch leer. 1. Ich

möch - te gern ein schnel-les Au - to für mich nur ganz al - lein. Und

hab ich es, dann frag ich mich: Muss es so groß denn sein? All -

mäh - lich nagt da - ran der Rost. Was bleibt am En - de mir als Trost?

2. Ich möchte gern ein Haus mit Garten
für uns ganz allein.
Und hab' ich es, dann frag ich mich:
Muss es so groß denn sein?
Allmählich bröckelt ab der Putz.
Was bleibt am Ende mir als Schutz?
Kehrvers: Ich habe tausend Wünsche ...

3. Ich möchte eine neue Erde
für Menschen groß und klein.
Dort sollte Platz für Elefant,

Löwe und Tiger sein.
Kein Krieg macht diese Welt kaputt.
Kein Mensch legt sie in Schrott und Schutt.

Kehrvers: Ich habe tausend Wünsche,
tausend und noch mehr.
Doch wenn sich dieser Wunsch erfüllt,
dann bleibt mein Herz nicht leer,
doch wenn sich dieser Wunsch erfüllt,
dann bleibt mein Herz nicht leer.

die Aufregung. Heute besucht er seine Großeltern. Was er sich wohl von ihnen wünschen soll? Opa stellt geheimnisvoll eine alte Zigarrenschachtel auf den Tisch, Oma bringt buntes Papier, Schere und Kleber. „Das soll eine Schatzkiste werden. Nicht irgendeine, nein, deine, ganz für dich allein. Als ich so klein war wie du, da bewahrte ich viele Dinge auf, die mir besonders am Herzen lagen. Wir dachten, vielleicht kannst du ja darin deine Geschenke aufbewahren." „Aber Opa!", lacht Fin. „Wie sollen die denn da alle rein passen? Weißt du, ich bekomme doch soooo viel!" Dabei werden seine Arme immer länger. „Ich hab doch tausend Wünsche!" Die Schatztruhe ist wirklich ein schönes Schmuckstück geworden. Fin ist ganz stolz, er will sie aber zunächst niemandem zeigen. Das ist nun sein Schatzkästchen.

Der große Tag ist gekommen. Seine Mutter hat zur Überraschung mit den Geschenkkartons einen Turm gebaut, hoch und bunt. „Stell dich doch einmal hinter den Turm", sagt die Mutter zum Geburtstagskind. Fin ist nicht mehr zu sehen, die Geschenke sind „überragend". „Tja", bemerkt die Mutter, wo ist denn mein Schatz? Fin, wo bist du, ich kann dich nicht sehen!" Übermütig hüpft Fin immer wieder hoch. „Hier bin ich!", dann verschwindet sein lachendes Gesicht wieder. Gerade ist er noch einmal gesprungen, da sieht er, dass auf dem Geschenketurm noch etwas liegt: ein Zettel und darauf drei Kieselsteine. Merkwürdig. Aber Mutter lüftet das kleine Geheimnis der Steine: „Ein ganzer Spieltag – eine besonderes Geschenk für dich!" Fin jubelt, ein Tag in einem Vergnügungspark?!

Die Mutter schweigt und lächelt. „Und der gefaltete Zettel?" „Vater hat ihn heute Morgen heimlich unter die Steine gelegt." Es ist ein Computerausdruck, eine Mail. „Der Patenonkel Tobias hat seinen Besuch angesagt. Von Neuseeland aus ist er auf einer vierwöchigen Reise durch Europa und kommt uns eine Woche besuchen." „Aber da sind doch Ferien!" „Gerade deshalb, so haben wir viel Zeit miteinander." Das ist Überraschung pur. Fin vergisst sogar für einen Augenblick den Turm. Rasch rennt er in sein Zimmer. Das Papier landet mitsamt den Steinen sogleich in seiner neuen Schatzkiste. Ach, wenn doch solch ein schöner Tag nicht so schnell vergehen würde. Einige Spielgeräte haben bereits ihren Geist aufgegeben, manches ist inzwischen langweilig geworden. Schade! Aber Fotos erinnern noch …

Fin öffnet seine Kiste. Richtig, die Steine! Er erinnert seine Eltern an ihr Versprechen. „Na denn, gleich morgen", ruft Papa. „Darf ich meine Freunde mitnehmen?" „Dem steht nichts im Wege, wenn sie dürfen." Rasch telefoniert Fin. Alles ist geklärt und es kann losgehen. Doch nicht ein Vergnügungspark ist das Ziel, der Vater parkt an einem sonnigen Waldstück. Eine voll bespickte Picknicktasche steht im Kofferraum und – ein kleiner Korb mit Kieselsteinen. Die fröhlichen Steinspiele wollten kein Ende nehmen. Himmlisch! Selig und glücklich fällt Fin schwer wie ein Stein abends ins Bett.

Erz. unterbricht. Einige der Steinspiele könnten wir hier ja auch mal probieren.

Steinspiele (z. B. Mühlespiele, Hüpfspiele, Titschen, Bild legen; Spielbeschreibungen s. CD)

Steinchenfangen

Ein lustiges Reaktionsspiel, mit etwas Glück und Geschicklichkeit:
Auf den abgebeugten rechten Unterarm legt man – möglichst nahe am Ellbogengelenk – einen Kieselstein. Dann schnellt das Kind den Arm nach vorn und versucht, den Stein mit seiner rechten Hand im Flug zu fangen.
Nach einer gewissen Übung macht es Spaß, die Anzahl der Steinchen zu erhöhen.

Zeichnung: Klaus-Dieter Braun

Fortsetzung der Erzählung

Gerade als Fin am Einschlafen ist, klingelt es an der Wohnungstür, der Patenonkel Tobias! Welch wundervolle Zeit steht bevor, eine ganze Woche! Am nächsten Tag ist Sonntag. Vater drängelte zum früheren Aufstehen. Ein wenig müde setzt sich Fin an den gedeckten Tisch. Sein Onkel soll neben ihm sitzen. „Wir wollen heute Vormittag gemeinsam in die Kirche gehen, heute ist ein Gottesdienst für Groß und Klein", sagt der Vater. Fin murrt. Jetzt ist sein Onkel schon mal da, und? Nichts mit Spielen! „Der Familiengottesdienst hat natürlich auch ein Thema", ergänzt seine Mutter noch. „Wo dein Schatz ist, wird auch dein Herz sein." „Schatz, Herz", denkt sich Finn. Sie finden einen guten Platz. Zunächst singt ein Kinderchor „Herr, gib du uns Augen, die den Nachbarn sehn".
(Erz. stimmt mit den Kindern in das Lied ein.)

„Doch da, Fin fasst es nicht, steht sein Onkel auf und geht nach vorn. Die Pfarrerin begrüßt ihn als einen besonderen Gast. Onkel Tobias darf aus seiner Heimat Neuseeland berichten. Genauer gesagt, von einem diakonischen Haus, in dem viele Menschen sich um fast erblindete Kinder kümmern. Sie wollen helfen, dass die Kinder wieder sehen können. „Eine kleine Klinik also", denkt sich Fin. Onkel Tobias hat auch Fotos mitgebracht. Fin sieht fröhliche Gesichter. „Dafür schlägt mein Herz! Sie alle sind mein Schatz!" So endet der Onkel den kleinen Vortrag. Die Gemeinde ist beeindruckt. Zunächst herrscht Stille, dann ist da Applaus. Jetzt folgt die Predigt. Tobias hört gar nicht mehr zu. Er ist nur noch stolz auf „den Besuch aus Neuseeland". Kaum hat der Onkel neben ihm Platz genommen hat, da tasten zwei Hände zueinander. Fin spürt, wie sein Patenonkel kurz und kräftig seine Hand drückt. Dabei zwinkert er Fin liebevoll zu. „Zu Hause erzähl ich dir noch mehr davon", flüstert er. Am Ausgang wird für die kranken Kinder um Spenden gebeten, Fin sieht, dass viele Geldscheine in den Kollektenkorb gegeben werden.

Wie schnell eine Woche vergehen kann. Fin hat sich zum Abschied einen Wunsch ausgedacht. Er bittet seinen Onkel um eine Bereicherung für seine persönliche Schatzkiste. Am Tag der Abreise zückt Onkel Tobias eine bunte Feder. „Die ist von einem Vogel aus unserem Land. Wenn du daran pustest, fliegen deine Gedanken zu mir. Unsere Ureinwohner in Neuseeland pflegen bis heute solche alten Bräuche."

Abends nach der Abreise ist es im Haus wieder ganz ruhig. Fin streicht über die Feder, zart pustet er. Ihm wird es ein wenig schwer ums Herz. Vorsichtig legt er die Feder auf den Zettel im Schatzkästchen. Er denkt an die blinden Kinder, sieht alles vor sich. Ach, wenn es doch nicht so weit weg wäre … Wenn ich groß bin, will ich auch helfen. Seine Gedanken wandern, wandern auch zu seinen Großeltern. Die habe ich auch in mein Herz aufgenommen. Morgen besuche ich sie. Noch einmal lugt er in die hübsch verzierte Kiste. Da sind auch die drei Steine neben der Feder. Ob auch seine zwei besten Freunde Steine aufbewahren mögen? Vielleicht hat Opa ja noch 'ne Kiste für seine Freundin Selina über und noch eine dritte für … Weiter kommt Fin nicht mehr. Die Augen fallen ihm zu. Glücklich ist er eingeschlafen. Sein Vater steht am Bett. „Na, mein kleiner Schatz, schlafe schön", flüstert der Vater zärtlich.

Aktion

Erz.: So viele Holzkisten habe ich nicht. Aber jeder könnte ein eigenes kleines Schatzkästlein falten. Zuvor bemalen wir es, schmücken es bunt aus (Anleitung s. CD; oder www.besserbasteln.de)

Lied: Viele kleine Leute

Gebet

Guter Gott,
gib mir ein wachsames Auge, damit ich Wichtiges von Unwichtigem zu unterscheiden lerne.
Gib mir ein offenes Ohr, damit ich höre, wo unsere Hilfe nötig ist.
Gib mir ein weites Herz, damit ich offen bin für Freundschaft und Liebe.
Denn wo du bist, da soll auch mein Schatz sein.
Gott gebe uns allen seinen Frieden.
Amen

Klaus-Dieter Braun

Lieder: Die Kerze brennt, KG 28, MKL2 21, KiKiHits 9, LB 378; Mein Gott, das muss anders werden, LH 18, MKL 24, KG 194, LJ 598, LH 18; Da berühren sich Himmel und Erde, MKL2 132, LB 2, LH 27, Kommt, atmet auf 75, SvH 120; Herr, gib mir Mut zum Brückenbauen, EG regional, LJ 552; MKL 75, Frieden wünsch ich dir, LH 58

Liturgischer Text: Psalm 103 (Übertragung, s. S. 255)

Zum Thema

Das Gebot der Feindesliebe markiert einen Höhepunkt christlicher Ethik. Die Frage nach der Möglichkeit der praktischen Umsetzung der Bergpredigt, die seit der Reformationszeit die Auslegung dieser Rede von Jesus begleitet, greift nicht selten das Gebot der Feindesliebe heraus, um zu zeigen, dass eine Umsetzung der Prinzipien, die hier aufgestellt werden, nicht oder nur bedingt möglich ist.

Das Gebot wird mit der Aufstellung eines Gegensatzes eingeführt. Dabei wird das Gebot der Nächstenliebe aus dem Alten Testament mit einem dort nicht zu findenden Aufruf zum Hass auf die Feinde verbunden. Das ist problematisch, weil damit der Eindruck entsteht, dass das Alte Testament den Hass auf die Feinde propagiert. Vielmehr soll die Formulierung den Gegensatz verschärfen, der nun durch Jesus aufgebaut wird („Ich aber sage euch ..."). Die Feindesliebe, zu der Jesus auffordert, schließt natürlich die Liebe zum Freund nicht aus. Die Liebe zum Freund soll aber eine solche Quali-

tät haben, dass sie die Liebe zum Feind miteinschließt.

Die Aufforderung zur Feindesliebe ist mehr als die Weisung zum korrekten Umgang mit Feinden, wie sie sich in den modernen internationalen Abkommen über die Kriegsführung finden. Hier geht es nicht darum, einen Feind menschenwürdig zu behandeln, sondern ihn als Menschen in der Gestalt anzunehmen, wie wir das mit einem Freund auch machen. Das wird deutlich an der Aufforderung zum Gebet für Verfolger, die der Urgemeinde sehr deutlich vor Augen standen, sowie in den beiden Aufforderungen, die an die Feldrede bei Lukas angelehnt sind: Segen für die, die verfluchen, und Bitte für die, die beleidigen und verfolgen.

Die Haltung, aus der diese uns oft fremde Art im Umgang mit Feinden oder auch Kontrahenten erwächst, ist unsere Gotteskindschaft. Wir können nicht Kinder Gottes sein und die Welt um uns herum bleibt, wie sie war oder ist. Weil Gott uns annimmt und liebt, obwohl wir ihn immer wieder enttäuschen, soll sich diese Liebe auch in unseren menschlichen Verhältnissen niederschlagen.

Die Sätze, die den Redeabschnitt von der Feindesliebe beenden, unterstreichen das: Die Liebe zum Freund ist der menschliche Normalfall, der auch bei den Menschen gilt, die von Gott und seinem Sohn nichts wissen. In der Haltung der Christinnen und Christen soll sich Gottes Liebe und Zuwendung zu uns Menschen widerspiegeln. Weil diese Liebe menschliche Vorstellungen von Zuneigung sprengt, ist die Aufforderung zur Feindesliebe die Aufforderung dazu, die neue, andere Qualität der Liebe Gottes in der Welt erlebbar werden zu lassen.

Das Thema und die Kinder

Nicht jeder Mensch hat Feinde. Aber jeder Mensch hat Erfahrungen im Umgang mit Konflikten. Zu diesen Erfahrungen gehört, dass im Konflikt Haltungen wie Zuneigung oder Liebe fehl am Platz sind und auch nicht unbedingt weiterführend sind. Nicht selten kommt es bei der Verschärfung von Konflikten zur Anwendung von verbaler oder auch körperlicher Gewalt. Wir halten das für normal, selbst um den Preis, dass ein mit Gewalt gelöster Konflikt den Keim des nächsten in sich bergen kann oder wir tatsächlich einen Feind gewonnen haben. Wir wissen, dass die Lösungen von Konflikten, die auf der Anwendung von Gewalt beruhen, nicht nachhaltig sind.

Auch im Miteinander von Kindern werden Auseinandersetzungen nicht immer friedlich ausgetragen. Wie schnell reagiert ein Kind in einem Konflikt mit einem anderen mit dem Satz: „Jetzt bist du nicht mehr mein Freund bzw. meine Freundin." Kinder werden von anderen aus der Gemeinschaft ausgegrenzt, beschimpft oder körperlich attackiert. Oftmals sind Kinder darin sogar unbarmherziger als Erwachsene. Und sie fühlen sehr intensiv, was es heißt, ausgeschlossen und ungeliebt zu sein. Immer wieder kann man in Gruppen erleben, wie sehr Kinder, die von den anderen ausgeschlossen werden, um die Zuwendung und Liebe der Gruppe ringen. So ist es auch für Kinder von nicht zu unterschätzender Wichtigkeit, dass es immer wieder neu Anstöße gibt, Menschen, mit denen wir Konflikte oder Spannungen haben, anders zu begegnen als mit Distanz, Ablehnung oder gar Gewalt.

Um das Gebot von der Feindesliebe für die Kinder nicht nur als Aufforderung stehen zu lassen, haben wir im Gottesdienstentwurf die Begebenheit der Gefangennahme Jesu im Garten Gethsemane (Lukas 22,47–51 oder Matthäus 26,47–52) als erzählte Geschichte hinzugenommen. Hier wird deutlich, wie Jesus selber mit Menschen umgeht, die eigentlich seine Feinde sind: Der Verräter Judas wird bei Matthäus als Freund bezeichnet, dem Soldaten, der ihn festnehmen will, wird das Ohr geheilt. Jesus erwartet nicht nur von den Menschen etwas, sondern er lebt es ihnen vor, gibt ihnen ein Beispiel aus dem eigenen Leben.

Bausteine für einen Gottesdienste mit Kindern und Erwachsenen

Die hier angebotenen Bausteine können in einem Familiengottesdienst verwendet werden oder als Anregungen für einen Kindergottesdienst dienen.

Die Kinder sitzen im Kreis auf großen Kartons (Kirchentagshocker oder große Kisten), die dann im Gespräch zum Bau einer Mauer Anwendung finden.

Votum

Wir feiern diesen Gottesdienst
im Namen Gottes, der uns lieb hat, so wie wir sind,
im Namen Jesu Christi, der wie ein guter Freund uns immer wieder die Hand reicht,
und im Namen des Heiligen Geistes, der uns die Kraft schenkt, auf Menschen zuzugehen und ihnen zu verzeihen.

Lied: Die Kerze brennt

Psalm 103 (in freier Übertragung)

Gott, wir loben dich und wollen nicht vergessen, was du für uns getan hast.
Alle unsere Schuld vergibst du uns und nimmst uns barmherzig in deine Arme. Du lässt uns wieder fröhlich werden, wenn wir traurig sind, und schenkst uns neue Kraft.

Gott, wir loben dich und wollen nich vergessen, was du für uns getan hast.
Du hilfst uns, wenn uns Unrecht geschieht, du bist geduldig mit uns und du trennst dich nicht von uns im Zorn. Du rechnest uns nicht immer wieder unsere Vergehen vor, sondern gibst uns die Chance, neu anzufangen.

Gott, wir loben dich und wollen nicht vergessen, was du für uns getan hast.
Du hast uns lieb, die wir dir vertrauen. Du bist bei uns wie Mutter und Vater, du kennst uns in allem, was wir tun. Du hast uns so lieb, wie wir sind.

Gott, wir loben dich und wollen nicht vergessen, was du für uns getan hast.

Streitgespräch von Anton und Rahel

(zwei Mitarbeiter oder z. B. zwei Playmobil- oder andere Figuren)

A: Hallo Rahel, schau mal, was ich heute für ein schönes Auto mitgebracht habe. Sieht es nicht toll aus? Und es fährt ganz schnell.
R: Das sieht ja wirklich schön aus, aber musst du deshalb so angeben?
A: Ich gebe doch gar nicht an. Aber du hast sicher nicht so ein schönes neues Auto.
R: Nee, habe ich nicht. Brauche ich auch nicht.
A: Willst du mal mit meinem spielen? Aber pass auf, dass du es nicht kaputt machst.
(Rahel nimmt das Auto in die Hand und schiebt es von rechts nach links, dabei fällt ein Rad ab.)
A: Spinnst du! Jetzt hast du es kaputt gemacht.
R: Gar nicht, das war schon kaputt, ich habe es nur geschoben.
A: Du blöde Ziege! Mein tolles Auto. Jetzt gib es mir zurück, los!
R: Ich habe doch gar nichts gemacht. Du hast es mir doch gegeben.
A: Ich? Du wolltest es haben und hast es kaputt gemacht. Geh weg! Jetzt bist du nicht mehr meine Freundin!
(Beide Figuren werden in die Mitte gesetzt mit einem größeren Abstand dazwischen und mit dem Rücken zueinander.)

Lied: Mein Gott, das muss anders werden

Gespräch und Aktion

„Habt ihr auch schon einmal eine ähnliche Situation erlebt, wo aus Freunden plötzlich Feinde wurden, wo ihr im Streit euch getrennt habt?"

Für jede genannte bzw. erzählte Begebenheit wird ein Karton zwischen Anton und Rahel aufgebaut. So entsteht während des Gespräches eine Mauer zwischen den beiden, eine Mauer des Hasses, der Wut, der Unversöhnlichkeit. (bei Playmobil-Figuren reichen Bauklötze)

„Jesus hat das damals zu seiner Zeit auch erlebt und den Menschen etwas dazu gesagt:"

(Textbänder werden vor die Mauer gelegt.)

Liebt eure Feinde!

Seid gut zu denen, die euch hassen!

Bittet für die, die euch beleidigen!

Das ist nicht leicht. Stellt euch noch einmal eure genannten Situationen vor und dann kommt da einer und sagt: „Sei gut zu dem, der dich gerade beschimpft hat!" Das ist sehr schwer.

„Habt ihr Ideen, wie das aussehen kann, wie man die Mauer zwischen Anton und Rahel wieder kleiner werden lassen kann?"

Für jede Idee, die im Gespräch entsteht, wird ein Karton wieder weggenommen. Als Letztes werden die beiden Figuren umgedreht, dass sie sich wieder anschauen.

Lied: Da berühren sich Himmel und Erde

Menschen zu lieben, die einen hassen oder ablehnen, das ist sehr schwer. Jesus fordert uns trotzdem dazu auf. Er sagt: „ Ihr seid Gottes Kinder und Gott hat euch so lieb, dass ihr von seiner Liebe etwas weitergeben könnt und sollt." Aber er sagt es nicht nur, er hat es selbst auch gemacht in seinem Leben.

Biblische Erzählung

(Lukas 22,47–51 *oder* Matthäus 26,47–52)

Jesus war nach dem gemeinsamen Abendmahl mit seinen Jüngern in den Garten Gethsemane gegangen, um dort mit Gott zu reden. Als eine längere Zeit vergangen war, hörten sie jemanden in den Garten kommen. Es waren einige der Hohepriester und Ältesten des Volkes mit ihren Knechten. Sie brachten Ketten und Schwerter mit, weil sie Jesus gefangen nehmen wollten. Bei ihnen war einer der Freunde von Jesus, der hieß Judas. Der hatte den Hohepriestern versprochen: „Ich verrate euch, wer von den Männern im Garten Jesus ist, dann könnt ihr ihn gefangen nehmen. Der, dem ich zur Begrüßung einen Kuss gebe, der ist es."

Als sie sich nun am Rand des Gartens gegenüberstanden, ging Judas auf Jesus zu und sagte: „Ich grüße dich, mein Meister." Und er küsste ihn. Jesus wusste, warum Judas das tat, aber er sah seinen Freund an und antwortete: „Mein Freund, dazu kommst du hierher?"

Die Knechte aber griffen Jesus und wollten ihn festnehmen. Da nahm einer der Freunde von Jesus, die noch dicht bei ihm standen, sein Schwert und schlug dem einen Knecht sein Ohr ab. Er wollte nicht, dass sein Freund Jesus gefangen genommen wird. Jesus sah das und sagte: „Stecke dein Schwert weg, wer mit dem Schwert schlägt, wird selber durch das Schwert umkommen! Meinst du, ich brauche deine Hilfe? Ich könnte doch Gott um Hilfe bitten." Dann wandte er sich dem Knecht zu, legte ihm wieder das Ohr an und heilte ihn.

Jesus redet seinen Verräter mit „Freund" an und heilt den Knecht, der ihn gefangen nehmen will. Auch wir können versuchen, Menschen, die uns unfreundlich und ablehnend behandeln, nicht mit Hass zu begegnen. Da wir dazu sehr viel Mut und Kraft brauchen, wollen wir Gott um seine Hilfe bitten mit dem

Lied: Herr, gib mir Mut zum Brückenbauen

Aktion

Jedes Kind bekommt eine Pappschachtel in Form eines Mauersteins (um die Verbindung zur Mauer in der Geschichte von Anton und Rahel herzustellen) und hat die Möglichkeit diese auf der einen Seite mit trennenden Dingen, auf der anderen Seite mit verbindenden Dingen zu gestalten. Als Schachtel eignet sich eine beklebte große Streichholzschachtel.

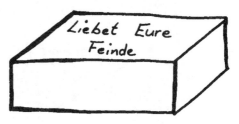

Zeichnung: Sabine Meinhold

Vorderseite
z. B. Tränen, trauriges Gesicht
Faust, kaputtes Spielzeug …

Rückseite
z. B. Sonne, Hände, sie sich halten,
Blumenstrauß, Geschenk,
lachendes Gesicht …

Auf der Oberseite der Schachtel (des Mauerteils) steht der Satz: Liebt eure Feinde! (im Vorfeld durch die Mitarbeitenden vorbereitet).
So nehmen die Kinder eine Erinnerung an das Gespräch und die Aufforderung Jesu an uns Menschen mit in ihren Alltag.

Vaterunser

Segen

Gott der Herr segne und behüte uns, er schenke uns Kraft, das Gute zu tun, und Freude am Leben. Amen

Lied: Frieden wünsch ich dir

Elisabeth und Karsten Müller

Zeichnung: Angela Jagusch

Menschen in Gottes Schöpfung

Lied: Viele Menschen können viele Sachen, s. S. 261

Liturgischer Text: Psalm 104

Sonntag	Text/Thema	Art des Gottesdienstes Methoden und Mittel
2.10.2016 19. Sonntag nach Trinitatis/ Erntedank	1. Mose 1,1–2,4a Gottes Schöpfung	Gottesdienst mit Kindern (und Erwachsenen); Gestaltete Erzählung, 7 oder 12 Kartons, Gegenstände/Bilder aus der Schöpfungsgeschichte
9.10.2016 20. Sonntag nach Trinitatis	1. Mose 2,4b–3,24 Menschen im Paradies	Gottesdienst mit Kindern; Bodenbild: Garten Eden, Erzählung, Korb mit Obst, Adam und Eva gestalten (Pappe), Lied mit Bewegungen, Gespräch
16.10.2016 21. Sonntag nach Trinitatis	1. Mose 4,1–16 Kain und Abel	Gottesdienst mit Kindern; Süßigkeiten – Neid, 3 Glasgefäße, 3 Krüge, gefärbtes Wasser (rot/grün), Gespräch, Wutkissen bemalen, Stoffmalfarbe
23.10.2016 22. Sonntag nach Trinitatis	1. Mose 8,22–9,17 i. A. Gottes Versprechen – Noah und der Regenbogen	Gottesdienst mit Kindern; Lied „Noah hat ein Riesenschiff gebaut", Erzählung, Erzählfigur Noah, Stofftaschentuch, Regenbogen aus Tüchern oder Karton, Herzen beschriften, Leporello

Monatlicher Kindergottesdienst
Gottes Schöpfung – Noah und der Regenbogen (1. Mose 8,22–9,17 i. A.)   s. S. 283

2. Oktober 2016

19. Sonntag nach Trinitatis/ Erntedank

1. Mose 1,1–2,4a

Staunen über Gottes Schöpfung

Lieder: Viele Menschen können viele Sachen, s. S. 261; Es ist nichts von selbst gekommen, Kommt, atmet auf 19, Du bist Herr Kids 41; Alles, was atmet, alles, was lebt (= Refrain von: Der See, der den Himmel spiegelt), Unser Liederbuch 437, Jesus unsere Freude 606; Vielen Dank für die Sonne, Einfach Spitze 17 (cap-music), JMT2 032; Ein dickes Dankeschön, Einfach Spitze 58, JMT 2 021; Er hält die ganze Welt (neue Strophen s. S. 263), Kommt, atmet auf 039, KG 143, LJ 517, MKL 45

Liturgischer Text: Psalm 8 oder Psalm 23

Zum Text

Am Anfang der Bibel finden wir zwei verschiedene Schöpfungsberichte, die von verschiedenen Autoren geschrieben wurden und zu unterschiedlichen Zeiten entstanden. Unser Schöpfungsbericht entstand wahrscheinlich 550 v. Chr. (Priesterschrift) im babylonischen Exil. Damals musste sich das Volk Israel mit dem Glauben der Babylonier und ihrer Kultur auseinandersetzen, was sich auch in unserem Text widerspiegelt. Auffällig ist vor allem die Betonung der Ordnung der Schöpfung, z. B. der 7-Tage-Rhythmus oder die Wiederholung „Gott schuf" und „es war gut." Sonne und Mond, welche in Babylon als Götter verehrt werden, sind bei ihm nur Geschöpfe Gottes.

Dieser Schöpfungsbericht ist also eine Art Glaubensbekenntnis. Dabei ist es nicht so wichtig, wie viele Jahrmillionen es gedauert hat, bis alles so war, wie wir es heute kennen. Wichtig ist, dass Gott es war, der das alles geschaffen hat.

Der Text und die Kinder

Kinder sind in der Natur gern als kleine Forscher unterwegs. Sie entdecken dabei manchmal mehr als wir Erwachsenen. Die Schöpfung ist so vielfältig. Unfassbar, was Gott da alles entwickelt hat, z. B. 5 000 bis 10 000 wandernde Tierarten; Zitronenfalter, die bei minus 20 °C im Eis überleben können; eine Mücke, deren Flügel 62 760 mal in der Minute schlagen, oder einen Rhinozeros Käfer, der das 850-fache seines eigenen Gewichtes tragen kann. Da kann ich nur staunen. Und das ist auch mein Schwerpunkt für diesen Kindergottesdienst. Vielen Kindern wird die Schöpfungsgeschichte bekannt sein.

Viele Menschen können viele Sachen

Text und Melodie: Margret Birkenfeld
© 1996 Musikverlag Klaus Gerth, Asslar

1. Vie - le Men-schen kön-nen vie - le Sa - chen, a - ber ei - ne Blu - me

Refrain

kön - nen sie nicht ma - chen. Das kann nur Gott al - lein,

es soll ge - lo - bet sein, nur Gott al - lein!

2. Viele Menschen können viele Sachen,
aber einen Vogel können sie nicht machen.
Das kann nur Gott ...

3. ... aber einen Goldfisch können sie nicht machen.
Das kann nur Gott ...

4. ... aber schönes Wetter können sie nicht machen.
Das kann nur Gott ...

5. ... aber Mond und Sterne können sie nicht machen,
Das kann nur Gott ...

6. ... dich ein reines Herz, das können sie nicht machen.
Das kann nur Gott ...

Weitere oder andere Strophen erfinden.
Mit Bewegungen singen.

Bausteine für einen Gottesdienste mit Kindern und Erwachsenen

Zur Schöpfungsgeschichte

Gestaltete Erzählung

Dazu können Geschenkkartons mit Gegenständen/Bildern aus der Schöpfungsgeschichte ausgepackt werden, z. B. einer mit einem Globus, einer mit Steinen ... erst einen Karton auspacken, dann ein Stück lesen, wieder einen Karton auspacken, weiterlesen ... nach und nach entsteht ein Schöpfungsbild. Hier sind es 12 Kartons. Man kann aber auch mehrere Dinge zusammenpacken, um die Zahl 7 (für die Schöpfungstage) zu erreichen.

(Globus oder Weltkarte)
Am Anfang schuf Gott den Himmel und die Erde, die ganze Welt. Alles, was es gibt, kommt von Gott. Er hat es gemacht.

(Steine und Sand)
Auf der Erde war es zuerst wüst und leer.

(Lampe)
Es war ganz finster. Gott rief: „Es werde Licht!" Da wurde es hell. Und Gott sah, dass es gut war.

(Wasserkocher)
Gott sagte: „Über der Erde soll sich der blaue Himmel wölben. Von der Erde soll Wasserdampf aufsteigen und sich in den Wolken sammeln."

(Schale mit Erde, Schale mit Wasser)
Dann sagte Gott: „Hier soll Land sein und dort Meer. Das Wasser soll nicht die ganze Erde überfluten."

(Blumen, Zweige, Korb voll Gras, Früchte, auch Zapfen usw.)
Dann sagte Gott: „Auf der Erde sollen grüne Pflanzen wachsen: Gras, Kräuter, Büsche und Bäume. Es sollen Blumen blühen und Früchte reifen." Und Gott sah, dass es gut war.

(Kerzen oder Teelichte)
Gott sagte: „Am Himmel sollen Lichter sein!" Er machte die Sonne für den Tag. Er machte für die Nacht den Mond und die Sterne. Und Gott sah, dass es gut war.

(Muscheln, Seesterne, Foto von Fischen)
Gott sagte: „Im Wasser soll sich Leben regen!" Er machte die Fische. Er machte alles, was im Wasser lebt, auch die Muscheln und die Seesterne.

(Federn oder Fotos von Vögeln)
Gott sagte: „In der Luft soll sich Leben regen!" Er machte die Vögel, die über die Erde fliegen, die großen und die kleinen. Und Gott sah, dass es gut war.

(Plüschtiere, Tierfotos oder Playmobil-Tiere)
Gott sagte: „Auch auf dem Land soll sich Leben regen!" Er machte die vielen Tiere, die auf dem Land leben. Und Gott sah, dass es gut war. Er sagte zu den Landtieren und zu den Vögeln und zu den Fischen: „Vermehrt euch! Breitet euch über die ganze Erde aus!"

(Kind, Puppen oder Kinderfotos)
Gott sagte: „Jetzt will ich etwas schaffen, das mir ähnlich ist. Ich will Menschen machen." Und er schuf die

Menschen nach seinem Bild, er schuf Mann und Frau. Gott sagte zu den Menschen: „Vermehrt euch und breitet euch über die Erde aus! Ich setze euch über die Fische und über die Vögel und über alle anderen Tiere. Ich vertraue sie eurer Fürsorge an." Gott sah alles an, was er geschaffen hatte. Und Gott sah: Es war alles sehr gut.

(Kuschelkissen)
Dann ruhte Gott. Er sagte: „Ich habe alles vollendet. Jetzt ruhe ich. Auch die Menschen sollen einen Ruhetag halten, einmal in jeder Woche. Da sollen sie mich, ihren Schöpfer, preisen." So hat Gott Himmel und Erde erschaffen.

Zu dem Text: Gott erschafft die Welt (aus „Das große Bibelbilderbuch", gemalt von Kees de Kort)
Während gelesen wird
– können Erwachsene den Kindern die gehörten Bilder auf den Rücken malen, z. B. Sonnenstrahlen, Bäume ..., langsam lesen
– kann eine Präsentation mit Schöpfungsfotos (oder Dias zum Bilderbuch) laufen, z. B. im Gottesdienst; beim Lesen Pausen machen

Lied: Gott hält die ganze Welt in seiner Hand
Das Lied lässt sich umdichten: z. B.
„Gott schuf die Sonne und den Mond durch sein Wort."
„Zum Schluss schuf er die Menschen, Mann und Frau."
„Danach ruhte er sich aus, am sieb'ten Tag."

Fotos: Marit Seidel

Weitere kreative Bausteine (bes. für einen Kindergottesdienst)

Gott macht uns Geschenke:
Dankgebet
Jedes Kind darf eine Erntegabe vom Altarplatz zum Kindergottesdienst mitnehmen. Wir schauen uns die Gaben an und sprechen ein Dankgebet.

Gottes Welt ist wunderbar:
Spaziergang
Wir machen einen Spaziergang durch den Park und sammeln kleine Wunder Gottes. Man kann auch etwas im Zimmer verstecken. Die Zapfen, Kastanien, bunte Blätter o. ä. werden dann im

Zeichnung: Marit Seidel

Kindergottesdienstraum auf den Boden oder einen Tisch gelegt, können mit Erntegaben ergänzt oder zum Basteln verwendet werden, z. B. Laubbilder kleben oder Blätter zu Kränzen fädeln (s. Foto).

Schöpfungsbild gestalten

Wir gestalten ein gemeinsames großes Schöpfungsbild – große runde Pappe mit Steinen, Sand, Blättern, Zweigen, Trockenfrüchten usw. bekleben. Alternative: Jedes Kind legt sein eigenes Bild, z. B. auf einen Pappteller oder eine Tortenpappe. Es kann auch auf einem Plastik-Blumentopf-Untersetzer eine Landschaft gestaltet werden. Hier kann man ein Teelicht integrieren (s. Foto).

Weltkugel-Kekse oder Sterne und Mond backen

Runde Kekse backen oder kaufen, mit blauem und grünem Zuckerguss (siehe Land und Meer) verzieren.

Die Welt ist zum Staunen

Drei Wunder der Schöpfung zeigen, z. B. eine duftende Blüte, ein lebendiges Tier, ein Kind, welches eine Begabung vorführt.

Foto-Rätsel

Bilder von Gottes Schöpfung zeigen (Kalenderblätter, „Die Welt von oben" oder Bildbände aus der Bibliothek) – entweder nur anschauen oder „Rate, was das ist?" spielen (Obst, Tiere, Bäume …).

„Dankstelle" basteln

Gott beschenkt uns jeden Tag. Wir haben Grund zum Danken. Wir basteln einen Aufsteller „Dankstelle" mit kleinen Klebezetteln, auf die man ein Dankgebet schreiben kann (s. Zeichnung).

Spiele

– Tiere raten, z. B. „es hat sechs Beine, rote Flügel und frisst gern Blattläuse"
– Mein rechter, rechter Platz ist leer, ich wünsche mir den Seestern her. (Tiere, Berge, Bäume, Flüsse)
– Ringlein, Ringlein, du musst wandern (statt Ring einen kleinen Stein, Kastanie o. a. verwenden).

Marit Seidel

9. Oktober 2016

20. Sonntag nach Trinitatis

1. Mose 2,4b–3,24

Menschen im Paradies

Lieder: Du hast uns deine Welt geschenkt, LJ 502, EG regional, Dir sing ich mein Lied 215, LB 355; Du bist da, wo Menschen leben, KG 147, LJ 498, MKL 42, LB 169, KiKiHits 28; Der Herr denkt an uns, GoKi 2015, JMT1 195, JMT 2 138, Feiern und Loben 47, Singt mit uns 116, Unser Liederbuch 156

Liturgischer Text: Psalm 104

Zum Text und Thema

Viele Menschen stören sich daran, dass in der Bibel scheinbar widersprüchliche Geschichten nebeneinander stehen. So scheint es auch bei der Paradieserzählung des Jahwisten des heutigen Sonntags zu sein, die den Anfang der Welt ganz anders erzählt als die Schöpfungsgeschichte der Priesterschrift des vergangenen Sonntags. (Alttestamentliche Forscher nehmen an, dass es mindesten vier verschiedene Autoren gegeben hat, die im Alten Testament ihre Spuren hinterlassen haben. Einer davon wird Jahwist genannt, da er für den Gottesnamen generell JHWH benutzt.)

Man muss sich klar machen, dass die Erzählungen der Bibel Jahrhunderte lang nur mündlich weitergegeben wurden. Sie unterscheiden sich, je nachdem von wem und in welcher Umgebung sie erzählt wurden, über welche Sinnfragen nachgedacht wurde und welche konkreten Erfahrungen mit Gott gemacht wurden. Als dann die vielen verschiedenen Geschichten nach und nach aufgeschrieben und schließlich zusammengefasst wurden, kam es zu Überschneidungen und scheinbaren Widersprüchen. Wenn wir die Bibel aber als eine Sammlung von Glaubenszeugnissen lesen, so lösen sich diese Gegensätze auf.

Die Geschichte vom Paradies ist der Beginn des jahwistischen Geschichtswerks, das möglicherweise einige hundert Jahre älter als die Priesterschrift ist (Schöpfungserzählung des vergangenen Sonntags. Beide Erzählstränge wollten den Vätergeschichten, beginnend mit Abraham, die so genannte Urgeschichte voranstellen, um die Erwählung des Volkes Israel in den Horizont der gesamten Menschheitsgeschichte hineinzustellen. Geht es der Priesterschrift vor allem um die ordnende Hand Gottes in der Welt, so ist der Jahwist darum bemüht, die allgemein menschlichen Erfahrungen von Not, Mühsal, Angst und Hoffnung theologisch aufzuschlüsseln. Deshalb steht am Anfang das Bild eines reinen unverhüllten Lebens vor Gott. Darauf folgt aber ein Prozess der ständig wachsenden Entfernung von ihm, so dass sich die Menschen immer tiefer in ihre eigene Schuld verstricken (Sündenfall – Brudermord – große Flut –Turmbau zu Babel). Gott bestraft die Menschen zwar immer wieder, lässt sie aber auch seine bewahrende Barmherzigkeit erfahren. Mit Abraham setzt Gott schließlich einen Neuanfang, der die Kluft zwischen Gott und den Völkern der Welt überwinden soll.

es einzugehen. Eine letztendliche Antwort auf das „Warum?" gibt es aber nicht. Nur dies, dass Gott uns mit all unseren Schwächen liebt und immer für uns da ist, wenn wir uns an ihn wenden und bereit für eine Umkehr sind.

Der Text, das Thema und die Kinder

Es würde im Kindergottesdienst zu weit führen, wenn man die gesamte Paradiesgeschichte erzählen würde. Denn dann müsste man nach dem vergangenen Sonntag auf die verschiedenen Erzählstränge eingehen, um die scheinbaren Widersprüchlichkeiten zu erklären (s.o.). So ist es durchaus legitim und vertretbar, das Leben der Menschen im Paradies als Weiterführung der Schöpfungsgeschichte zu erzählen, so dass ein großer Teil des zweiten Kapitels wegfällt und der Schwerpunkt auf dem dritten Kapitel liegt: Gott hat alles sehr gut erschaffen (in Anlehnung an Kapitel 1). Die Menschen und alle Geschöpfe leben in Einklang und Harmonie miteinander und mit Gott im wasserreichen Garten der „Freude" (hebr. Eden), in dem alles wächst und gedeiht und den die Menschen pflegen und schützen sollen.

Diese Erzählung vom paradiesischen Urzustand des Menschen dient dem Jahwisten und damit auch dem heutigen Kindergottesdienst aber nur als Hintergrund für sein eigentliches Anliegen, nämlich der Frage nach dem Gut und Böse, nach dem Umsorgtsein und der Mühsal, nach der Gängelung und der Freiheit und all den Widersprüchlichkeiten, mit denen die Menschen schon immer und bis heute leben. Diese Gegensätze erleben die Kinder täglich auch bei sich. Darauf gilt

Gestaltungsvorschlag für jüngere und ältere Kinder

Material

„Garten Eden" (gestaltet nach den Möglichkeiten vor Ort); zwei Pappfiguren, Vorderseite weiß, Rückseite grau), rotes Tuch, ein Baum aus Pappe (s. Zeichnungen, farbliche Gestaltung frei) Ein Stuhlkreis ist vorbereitet. In der Mitte liegt ein gestalteter Garten Eden je nach den Möglichkeiten vor Ort bzw. in Anlehnung an die gestaltete Mitte des vergangenen Sonntags (also z. B. eine Tücherlandschaft mit Holz- oder anderen Figuren: Bäume, Blumen, Tiere oder verschiedene Fotos/Bilder oder ein Plakat eines schönen Gartens oder ein echter kleiner „Kistengarten" ...). In dieser Mitte liegen am Rand zwei einfache weiße Figuren aus Pappe.

Begrüßung

Wir feiern unseren Kindergottesdienst im Namen des Vaters, der unsere Welt sehr gut erschaffen hat,
und im Namen seines Sohnes Jesus, der uns Gottes unendliche Liebe gezeigt hat,
und im Namen des Heiligen Geistes, der uns immer wieder die Kraft gibt, das Gute zu tun. Amen

Eingangslied: Du hast uns deine Welt geschenkt (i. A.: 3–4 Strophen mit „großen" Schöpfungswerken, wie z. B. Meere/Länder, Berge/Täler)

Zeichnung: Elke Sonntag

Die Kinder bekommen Gelegenheit, sich zur gestalteten Mitte zu äußern und noch einmal vom letzten Sonntag zu erzählen.
Der Leiter/die Leiterin (L) nimmt die beiden Figuren in die Hand und beginnt zu erzählen.

Erzählung

Ja, den Menschen ging es gut in Gottes Schöpfung. Gott hatte alles sehr gut gemacht. Es war ein Garten der Freude, in dem die Menschen leben durften. In der Bibel steht, Adam und Eva, so hießen die ersten Menschen, lebten im Paradies, im Garten Eden. Es war alles wunderschön. Überall gab es kleine Bäche und Flüsse, alles wuchs herrlich: Blumen, Sträucher und viele Bäume, die leckere Früchte hatten. Adam und Eva mussten sich keine Sorgen um ihr Essen machen. Überall gab es genug zu essen und sie

hatten Freude, den Garten zu bebauen und zu bewahren.
(L schreibt mit einem Filzstift auf die Figuren in Brusthöhe „Adam" bzw. „Eva" und malt ihnen jeweils zwei Augen und einen lachenden Mund.)

Lied: Du hast uns deine Welt geschenkt (i. A.: Die Kinder schlagen für die Strophen verschiedene Gartenfrüchte vor, z. B. Äpfel/Birnen, Pflaumen/Himbeeren; je nach Möglichkeit könnte man am Ende des Liedes einen Korb mit verschiedenen Früchten in die Mitte stellen; das muss aber nicht sein.)

Gott freute sich, dass es Adam und Eva so gut ging, dass sie alles zum Leben hatten, was sie brauchten.
(L legt die beschrifteten Figuren auf ein locker gelegtes rotes Tuch.)
Gott hatte sie sehr lieb, denn er hatte sie ja so wie alle Tiere und Pflanzen

Zeichnung: Elke Sonntag

und die ganze Welt geschaffen. Sie sollten alles gut bewahren und durften alles frei im Paradiesgarten machen. Fast alles.
(kurze Pause)
Von einem Baum, der mitten im Garten stand, sollten sie nichts essen.
(L legt den Baum aus Pappe neben das rote Tuch.) Gott hatte zu ihnen gesagt: „Von allen Bäumen dürft ihr essen, aber von diesem einen nicht. Wenn ihr davon esst, werdet ihr nicht mehr nur das Gute kennen, so wie jetzt, sondern ihr werdet dann auch das Böse kennen lernen, zu dem auch das Sterben und der Tod gehören.“
(kurze Pause)
Gott vertraute den Menschen. Und Adam und Eva wollten auf das hören, was Gott ihnen gesagt hatte. Sie spürten, dass Gott nur das Beste für sie wollte und dass sein Verbot bestimmt gut und richtig war. Aber, ihr könnt

es euch bestimmt schon denken. Was passiert, wenn etwas verboten ist?
(L fordert die Kinder auf zu erzählen, was sie schon mit Verboten erlebt haben. Warum es sinnvolle Verbote gibt und man sich trotzdem nicht daran hält und es vielleicht dadurch zu Unfällen o. ä. gekommen ist, z. B. nicht auf eine heiße Herdplatte fassen, nicht im überfüllten Schulflur rennen, nicht bei Rot über die Straße gehen.)

So erging es auch Adam und Eva mit den verbotenen Früchten. Alle, bis auf die eine, durften sie essen, alles schmeckte gut, aber die Versuchung, von dem einen verbotenen Baum zu essen, wurde immer größer. Eines Tages ging Eva im Garten spazieren und kam an dem Baum vorbei. Eine Schlange schlängelte sich durch die Äste und es kam Eva so vor, als ob die Schlange mit ihr reden wollte.

(L malt eine Schlange in den Baum oder dreht den auf der Rückseite vorbereiteten Baum um, auf dem nun die Schlange zu sehen ist.)

Und die Schlange sagte genau das, was Eva in ihrem Herzen selbst dachte: „Willst du nicht doch einmal eine Frucht abpflücken? Ihr Menschen solltet auch das Böse kennen lernen. Es ist bestimmt besser, wenn ihr alles kennt. Gott kennt ja auch alles. Eva, iss von den leckeren Früchten, dann wirst du so sein wie Gott und auch alles wissen."

Eva wollte gerne klug sein und alles kennen und wissen und so pflückte sie tatsächlich eine Frucht ab.

(L macht eine pflückende Bewegung an der Frucht am Kopf der Schlange.)

Sie aß ein Stück davon.

(kurze Pause)

Dann streckte sie Adam die Frucht hin und sagte: „Iss, das macht dich klug." Und auch Adam aß von der Frucht.

In diesem Augenblick sahen beide, dass sie nackt waren. Das hatten sie vorher nie bemerkt. Sie schämten sich und flochten sich schnell aus Feigenblättern Schürzen, die sie sich umbanden. Sie wurden ganz traurig und bekamen Angst. Diese Gefühle hatten sie vorher noch nie gehabt. (L. dreht beide Figuren um, die Rückseiten der Figuren sind grau.) Sie dachten: „Wir haben Gott enttäuscht. Wir hatten doch genügend Früchte. Nun ist nichts mehr wie vorher."

Sie wollten sich vor Gott verstecken, aber als Gott nach ihnen rief, wussten sie, dass sie ihm antworten mussten. Gott fragte sie: „Habt ihr von dem Baum des Wissens gegessen?" Adam wollte sich rausreden und

schob die Schuld auf Eva: „Sie hat mir die Frucht gegeben." Und Eva? Sie schob die Schuld auf die Schlange: „Die Schlange hat mich überredet, die Frucht zu essen." So ergeht es uns auch oft. Wenn wir etwas falsch gemacht haben, wollen wir am liebsten, dass jemand anderes Schuld daran hat.

(Je nach Situation und Zeit könnten die Kinder eigene Erfahrungen einbringen.)

Ja, wie oft sagen wir: „Der hat auch geschubst" oder „Der hat angefangen". Aber wir selbst haben auch einen Anteil an dem Streit, der Gemeinheit oder der verbotenen Tat. Wir sind nicht immer nur lieb, sondern auch immer wieder böse. Das ist so. Und dann kann man sich nicht einfach rausreden. Dann muss man zu dem stehen, was passiert ist.

Adam und Eva mussten das auch tun. Sie konnten nicht länger in dem schönen Garten bleiben. Sie mussten von nun an selbst auf einem Acker ihre Nahrung anbauen und hart dafür arbeiten und sich um alles selbst kümmern. Gott schenkte ihnen zum Abschied gute und warme Kleider für dieses harte Leben. Adam und Eva waren dankbar dafür. Sie spürten, dass Gott auch außerhalb des Gartens bei ihnen sein würde.

(in Anlehnung an W. Pioch, Die neue Kinderbibel, Agentur des Rauhen Hauses, Hamburg 1989)

Lied: Du bist da, wo Menschen leben

Gespräch (mit älteren Kindern)

Gott ist bei uns, gerade auch, wenn wir Fehler gemacht haben. Dafür könnten die Kinder Beispiele nennen.

Gebet

Gott, du bist immer da, wo wir Menschen leben. Du kennst uns und weißt, dass wir immer wieder das Gute vergessen und das Böse tun. Gib uns den Mut, zu unserer Schuld zu stehen und dafür um Verzeihung zu bitten. Wenn uns Böses widerfährt, gib uns die Kraft, den anderen zu entschuldigen. Hilf uns, das Gute zu tun, damit wir in guter Gemeinschaft untereinander und mit dir leben können.
Deshalb wollen wir gemeinsam beten: Vater unser

Segen

Abschlusslied: Der Herr denkt an uns

Mögliche Abschlussaktion

Jedes Kind bekommt ein A4-Blatt mit den Umrissen der beiden **Figuren**. Die Kinder können Adam und Eva und deren Umgebung selbst gestalten. Sind die beiden noch im Paradies? Arbeiten sie schon auf dem Acker? Sehen sie fröhlich, nachdenklich, traurig aus? Im **Gespräch** beim Malen kann man noch einmal die verschiedenen Abschnitte der Erzählung Revue passieren lassen.
Falls ein **Korb mit Früchten** in die Mitte gestellt wurde, können diese nun gemeinsam gegessen werden.
Alternativ: Bei viel Zeit kann jedes Kind seinen **Garten Eden im Schuhkarton** gestalten mit Steinen, ausgeschnittenen Figuren, Tieren und Pflanzen (evtl. Heißkleber verwenden, wo es nötig ist).

Elke Sonntag

---

16. Oktober 2016
21. Sonntag nach Trinitatis

1. Mose 4,1–16

Kain und Abel

Lieder: Kain und Abel, Bibelhits 09; Komm, Herr, segne uns, EG 170,LJ 116, MKL 22, LB 82; Bewahre uns, Gott, EG 171, KG 213, LJ 117, LB 81; Verleih uns Frieden gnädiglich, EG 421, LJ 234

Liturgischer Text: Psalm 104

Zum Text

Dieser Bibeltext steht am Anfang des Genesisbuches (1. Mose) und ist Teil der biblischen Urgeschichte. Wie auch in den Texten zur Schöpfung und zum Paradies, mit denen das Alte Testament beginnt, geht es hier nicht um konkrete historische Vorfälle in der Frühgeschichte der Menschheit, sondern um Wesensaussagen über die Menschen insgesamt.

Die Geschichte selbst ist sehr alt und wird oft der ältesten (vorpriesterlichen) Erzählschicht im Genesisbuch zugeordnet. Sie schließt sich gedanklich an die ebenfalls alte Erzählung von der Urlüge der Menschheit (1. Mose 3) an. Im biblischen Denken ist es eine logische Entsprechung, dass jemand, der wie Gott sein will, eben auch Gewalt einsetzt, um sich selbst in den Vordergrund zu stellen.

Interessant ist, welche Rolle Gott in 1. Mose 4,1–16 spielt. Gott nimmt Abels Opfer freudig an, weil es ein Erstlingsopfer ist und symbolisiert, dass alles, was wir empfangen, Gottes Gabe ist. Kains Opfer dagegen schätzt Gott gering, obwohl der biblische Text nicht deutlich sagt, warum das so ist. Wichtig ist, dass Gott Kain nicht verwirft und den Mörder nicht tötet. Gott schickt Kain zwar in ein unstetes Leben, aber schenkt ihm ein Schutzzeichen, dass sein Leben bewahrt.

In der jüdischen Auslegung wird oft betont, dass der Brudermord chronologisch vor der Gabe der Zehn Gebote geschah, durch die Gott die Menschen vor bösen Taten schützen wollte. In der christlichen Auslegung erscheint Abel als Typos des Gerechten (Mt 23,35), sein vergossenes Blut wird auch mit dem Blut Christi verglichen (Hebr 12,24).

Der Text und die Kinder

Die Geschichte von Kain und Abel ist für Erwachsene oft schwer zu ertragen, weil wir täglich mit Gewalt und Nachrichten über Gewalt konfrontiert sind. Auch wissen wir, dass auch in uns Neid und Wut stecken, die vielleicht nicht zu Mord führen, aber eben doch da sind. Trotzdem und vielleicht gerade deshalb gehört diese Geschichte über die dunkle Seite der Menschen in den Erzählschatz der Bibel, der auch den Kindern

geschenkt ist und von uns weitergegeben werden soll.

Neid und Wut, Grausamkeiten unter Kindern, Streit zwischen Geschwistern oder das Gefühl, zu kurz zu kommen, kennen schon die Kleinsten. Während es nicht nötig und nicht angebracht ist, die Grausamkeit von 1. Mose 4,1–16 auszumalen, sollen die Gefühle Neid und Wut zur Sprache kommen. Dabei ist es wichtig zu zeigen, dass diese Empfindungen allgegenwärtig sind, dass es aber darauf ankommt, wie man mit ihnen umgeht. Wir sollen über unsere Gefühle herrschen und nicht sie über uns (1. Mose 4,7), das soll dieser Gottesdienstentwurf vermitteln.

Gestaltungsvorschlag für ältere Kinder

Willkommenslied zum Einstieg

3-Minuten-Aktion
Der Leiter/die Leiterin verteilt Süßigkeiten an einen Teil der Kinder. Sollten die Kinder nicht selbst meutern, fragt die Leiterin: „War das gerecht?"

Kreativer Einstieg zum Thema „Neid"
Vorbereitung: Der Leiter/die Leiterin hat drei gleich große voluminöse Glasgefäße (z. B. Blumenvasen, Kannen) und drei große Krüge mit eingefärbtem Wasser (2 mit roter Lebensmittelfarbe, 1 mit grüner Farbe) vorbereitet. (Bei den Farben rot und grün ist nicht an rot = Liebe gedacht, sondern eher an rot = Halt/Alarm/Ampel. Die Farben können auch anders gewählt werden.) Die leeren Glasgefäße stehen am Anfang in einem flachen Behälter auf dem Boden, sodass später nichts daneben geht, die Wasserkrüge gefüllt dahinter. Vor den

Zeichnung: Sabine Meinhold

Glasgefäßen liegen drei Schilder mit den Aufschriften „Neid", „Wut" und „Liebe".
Die Kinder sollen (ohne dass die Geschichte von Kain und Abel bereits vorgestellt wird!) erzählen, wann sie schon einmal richtig neidisch waren. Bei jeder Geschichte wird etwas mehr vom rotgefärbten Wasser in das Gefäß gegossen: „Schaut einmal, Neid haben wir alle schon einmal gespürt. Der Neid im Gefäß wird auch immer mehr."

Erzählung mit Gespräch und Vertiefung

(Vorbereitung: Jetzt werden alle drei Glasgefäße benötigt. Gut wäre es, wenn es sowohl einen Erzähler gäbe als auch einen Erwachsenen, der das Gespräch anleitet.)

Erzähler/in: Ich möchte euch eine Geschichte erzählen. Vor langer Zeit saßen zwei Hirten am Feuer, ein alter und ein junger. Die Arbeit des Tages war getan. Nun waren sie müde. Der alte Hirte hatte das Abendbrot bereitet, Linsensuppe und Brot.
Der junge Hirte sagte: „Großvater, erzähle mir eine Geschichte von früher. Du kennst doch so viele."
Der Alte lächelte. Der Junge konnte aber auch nie genug haben von seinen Geschichten. „Hab' ich dir schon von Gott erzählt, wie er die Erde geschaffen hat, die Wolken, die Tiere, die

Pflanzen und die Menschen?", fragte er.
„Ja, Großvater", antworte der junge Hirte, der sich gemütlich zurechtsetzte und die Decke um seine Schultern etwas fester zog.
„Und vom Paradies, wo es schattig ist, wo es genug Wasser und zu essen gibt?", fragte der Alte weiter.
„Ja, Großvater", erwiderte der Junge geduldig. Er ließ seine Augen noch einmal über das Tal schweifen, in dem sie Halt gemacht hatten.
„Und von den ersten Menschen? Von Adam und von Eva, die im Paradies lebten?"
„Ja," antwortete der Junge, der langsam ahnte, dass der Alte ihn testen wollte, ob er sich an die Geschichten der vergangenen Nächte erinnern konnte.
„Dann erzähle ich dir heute einmal von den Söhnen Adams und Evas. Zuerst wurde Kain geboren, dann Abel. Die beiden Brüder mochten sich, sie spielten miteinander und wuchsen gemeinsam auf. Als sie etwas älter geworden waren, wurde Kain ein Bauer wie sein Vater. Und Abel wurde ein Hirte."
Als der alte Hirte eine kurze Pause einlegte, unterbrach ihn der junge Hirte. „Zwei Brüder, Leute wie wir, was ist daran spannend?"
Der Alte sagte: „Warte ab."

Gesprächsleiter/in: Wir haben hier drei Gefäße. Sie zeigen Gefühle an. Das erste kennt ihr schon, es ist das Neid-Gefäß. Ihr wisst alle, dass wir oft neidisch sind, das habt ihr auch erzählt. Wenn wir neidisch sind, steigt der Neid in uns an. Nun haben wir noch zwei Gefäße dazugestellt: ein Wut-Gefäß und ein Liebe-Gefäß. Auch diese Gefühle kom-

men bei allen von uns vor, manchmal mehr, manchmal weniger. Was meint ihr? Welche Gefühle sind denn bis jetzt in der Geschichte zwischen Kain und Abel vorgekommen? War jemand neidisch? War jemand wütend? Gab es Liebe?
(Verschiedene Kinder füllen oder leeren die Gefäße mit Rot für Neid und Wut, mit Grün für Liebe. Die Kinder sollen selbst entscheiden, wieviel Flüssigkeit jeweils eingegossen wird.)
Dann lasst uns weiter auf die Geschichte des alten Hirten hören.

Erzähler/in: Der alte Hirte fuhr fort: „Als die erste Ernte eingefahren war und Kain und Abel ein ganzes Jahr gearbeitet hatten, war es Zeit, Gott für seine Gaben zu danken. Deshalb wollten sie Gott ein Opfer bringen."
„So machen wir es auch immer, stimmt's, Großvater?", unterbrach ihn der junge Hirte. „Alles kommt von Gott und deshalb geben wir einen Teil unseres Gewinns an Gott zurück. Als Dankeschön."
„So ist es, mein Junge", erwiderte der Alte. Er freute sich, dass der junge Hirte genau verstand, was ein Opfer war und warum man es Gott schenkte. „Höre zu, was in den alten Zeiten mit Kain und Abel geschah. Abel opferte Gott das erstgeborene Tier, so, wie es auch bei uns noch Sitte ist. Erst geben wir Gott Dank und der Rest ist für uns. Gott freute sich über Abels Opfer und über Abel."
„Und Kain?", fragte der junge Hirte, der schon ahnte, dass die Geschichte jetzt spannend wurde.
„Kain opferte auch etwas von seiner Ernte. Wir wissen nicht, warum, aber Gott freute sich weniger über Kains Opfer als über das Opfer von Abel. Und das hat Kain wütend gemacht."
„Und neidisch", fügte der junge Hirte hinzu. „Ich kenne das gut. Mein Bruder und ich haben einmal als kleine Kinder unseren Vater beschenkt. Ich gab ihm eine geschnitzte Holzfigur, mein Bruder eine aus Lehm. Vater gefiel die Lehmfigur meines Bruders. Oh, ich war so neidisch. Am liebsten hätte ich die blöde Figur meines Bruders zerbrochen. Aber was hat Kain getan?", fragte der Junge. „Hat er Gott was Besseres geopfert? Oder war er einfach nur sauer auf seinen Bruder?"
„Er hat seinen Bruder Abel aufs Feld gelockt und getötet." Der alte Hirte schwieg und auf dem Gesicht des jungen Hirten war Entsetzen zu sehen.

Gesprächsleiter/in: Unsere Gefäße müssen jetzt verändert werden, weil sich die Gefühle von Kain und Abel verändert haben. Wie hat sich der Neid verändert? Wie hat sich die Wut verändert? Und die Liebe?
(Jeweils ein Kind darf rotes und grünes Wasser dazugeben oder wegnehmen.)
Jetzt lasst uns noch darauf hören, wie die Geschichte zu Ende geht.

Erzähler/in: Schließlich räusperte sich der junge Hirte. Noch konnte man das Entsetzen in seinen Augen sehen. „Wie ging es weiter, Großvater?"
„Gott hat sich eingeschaltet. Er fragte Kain, wo sein Bruder sei. Und Kain sagte, er wüsste es nicht. Und Gott war traurig, entsetzt. Er musste Kain bestrafen. Gott schickte ihn fort von seinem Land."

„Gott hat ihn einfach nur weggeschickt? Ist das eine gerechte Strafe für eine solche Tat? Ich glaube nicht!"

„Sicher war das eine schlimme Strafe, dass Kain nicht mehr an dem Ort leben konnte, wo er geboren und aufgewachsen war. Aber noch eins hat sich Gott für Kain ausgedacht. Er machte ein Zeichen auf Kain", fügte der Alte hinzu.

„Ah, sodass jeder sehen würde, dass er ein böser Mensch war, stimmt's?" Der junge Hirte war nun etwas weniger empört.

„Nein, es war ein Schutzzeichen. Es zeigte allen, dass Kain immer noch unter Gottes Schutz stand und dass niemand ihm etwas Böses antun sollte."

„Gott hat den bösen Kain weiterhin beschützt?" Der junge Hirte hielt fast den Atem an. Er konnte nicht glauben, was er da hörte.

„So ist es, mein Sohn. So wie Gott auch dich und mich liebt, ob wir nun gut sind oder böse", sagte der weise Alte.

Gesprächsleiter/in: Noch einmal müssen unsere Gefäße verändert werden. Ist der Neid Kains jetzt größer oder kleiner geworden, was meint ihr? Wie hat sich Kains Wut verändert? Und die Liebe?
(Jeweils ein Kind darf Wasser hinzugießen oder ausschütten.)
Und wie ist es mit Gott? Was war bei Gott größer, die Wut über Kain oder die Liebe für ihn? (Ein weiteres Kind verändert die Wassermengen.)
Ein paar Sätze hat der alte Hirte noch zu erzählen. Hört zu.

Erzähler/in: Nach einer Weile sagte der Alte: „Manchmal habe ich auch das Gefühl, als ob zwei Gefühle wie Wölfe in meiner Brust kämpfen. Ein Wolf ist neidisch und böse und wütend. Ein Wolf ist sanft und liebevoll."

Da fragte ihn der junge Hirte: „Und welcher der beiden Wölfe wird den Kampf gewinnen?"

„Der Wolf, den ich füttere."
(Das Ende des Dialogs ist an eine indianische Erzählung angelehnt.)

Gesprächleiter/in: Neidisch sein, wütend sein, liebevoll sein – das sind Gefühle, die wir alle haben. Wichtig ist aber, was wir mit diesen Gefühlen machen. Bei Kain ist die Wut und der Neid übergelaufen.
(Die Leiterin gießt alles rote Wasser in die Glasgefäße ein, am besten so viel, dass es auch wirklich überläuft.)
Und deshalb war von seiner Liebe für seinen Bruder nichts mehr übrig.
(Die Leiterin leert das Gefäß mit dem grünen Wasser vollständig aus.)
Was meint ihr? Was können wir mit solchen Gefühlen wie Neid und Wut denn machen, sodass sie nicht überlaufen und Schaden anrichten?
(Jetzt sollen die Kinder ausführlicher zu Wort kommen. Jede Idee, wie man mit Neid und Wut umgeht, ist willkommen. Kommen wenige Ideen, können auch die Neidgeschichten vom Anfang noch einmal aufgegriffen werden. Am konkreten Beispiel kann man dann fragen, wie das Kind mit dem Neid in dieser Situation umgegangen ist. Die Neid- und Wut-Gefäße können bei jedem Vorschlag wieder geleert, das Liebe-Gefäß wieder gefüllt werden.)

Kreative Vertiefung: Wutkissen
Zur Verfügung stehen: kleine Kissenfüllungen und – am besten rote – Kissen-

Zeichnung: Sabine Meinhold

bezüge, z. B. von IKEA, auf denen die Umrisse des Ausmalbildes vorgezeichnet sind; Textilmalfarbe und Pinsel oder Textilmarker in verschiedenen Farben.

Wut und Neid sind normale Gefühle, die jeder von uns hat. Wichtig ist aber, dass diese Gefühle nicht überlaufen und Schaden anrichten. Ihr habt gute Dinge genannt, wie man mit solchen Gefühlen umgehen kann. Eine weitere Möglichkeit, Wut loszuwerden, ist ein Wutkissen. Wenn unsere Wut ganz groß ist, kann man das mit aller Kraft in die Ecke werfen, es boxen oder treten. Ihr werdet sehen, das hilft! Malt euer Wutkissen aus. Ihr dürft es, wenn es getrocknet ist, später mit nach Hause nehmen.

Friedens- oder Segenslied

Gebet
Liebender Gott, du magst uns so, wie wir sind. Sind wir wütend oder neidisch, liebst du uns. Sind wir sanft und freundlich, liebst du uns auch. Hilf uns, mit unseren Gefühlen besser umzugehen. Hilf, dass wir nicht zuschlagen, wenn wir wütend oder neidisch sind. Hilf, dass Frieden von uns ausgeht. Amen

Vaterunser, Segen

Claudia Bergmann

23. Oktober 2016
22. Sonntag nach Trinitatis

1. Mose 8,20–22; 9,12–17

Gottes Versprechen – Noah und der Regenbogen

Lieder: Noah hat ein Riesenschiff gebaut, s. S. 278; Solang die Erde steht (Lied und Tanz), GoKi 2011, S. 263, Kleine Leute, große Töne 107

Liturgischer Text: Psalm 104

Zum Text

Das ist das Zeichen des Bundes, den ich geschlossen habe zwischen mir und euch und allem lebendigen Getier bei euch auf ewig (1. Mose 9,12). Gott schließt einen Bund mit den Menschen und mit allen Lebewesen auf der Erde. Nie wieder sollen die Naturgesetze aus den Angeln gehoben werden. Solange die Erde steht, wird Gott dafür sorgen, dass Frost und Hitze, Saat und Ernte, Sommer und Winter, Tag und Nacht nicht aufhören werden (1. Mose 8,22). Der Bogen in den Wolken wird Gott an sein Versprechen erinnern (8,16). Hier stellt sich die Frage: Braucht Gott ein Zeichen, um sich zu erinnern? Der Bogen Gottes im Himmel ist für Gott zum Zeichen des Erinnerns und ist für uns zum Hoffnungszeichen geworden. Wir sollten unseren Text aber nicht ohne seinen Kontext betrachten. Der Zusage, dass auf ewig Gottes Bund errichtet ist, gehen Chaos und Zerstörung voraus. Diese Flut ist nicht „nur" eine Naturkatastrophe, vielmehr wollte Gott seine Schöpfung vernichten. Gott reute seine Schöpfung und er fällt sein Urteil über die Menschen und alles Getier auf Erden. Doch Gott bleibt seiner Reue nicht treu. Er rettet die Menschheit, denn einer (mit seiner Familie) hat überlebt. Um dieses Einen willen geht das Leben weiter.

Mit der Flut wird alles, was scheinbar so sicher war, weggerissen. Mir stellt sich die Frage: Worauf baue ich mein Leben auf? Auf Sicherheiten, die ich mir irgendwie schaffe, oder ist Gott die Sicherheit in meinem Leben? Noah erkennt, dass allein Gott seine Sicherheit ist. Aus diesem Erkenntnisprozess heraus, baut er Gott einen Altar. Er schafft so einen Ort der Anbetung. Nach alttestamentlicher Vorstellung ist der Altar auch ein Ort, an dem Gott Opfer gebracht werden, um ihn gnädig zu stimmen. Am Altar sind Gott und Mensch sich ganz nah. Bei allem, was der Mensch tut und plant, sollten das Reden mit Gott und die Ehrfurcht ihm gegenüber am Anfang stehen.

Der Altar ist zugleich ein Ort der Dankbarkeit. Dankbarkeit schenkt mir eine andere Sicht auf die Dinge. Mir wird klar, nichts ist in meinem Leben selbstverständlich. Ich bin und lebe um Gottes Gnade willen. Durch ihn bin ich versöhnt mit der Schöpfung. Gott überwindet das Böse mit Gutem.

Der Text und die Kinder

In unserem Text geht es um zwei entscheidende Dinge, Noahs Dank und Gottes Versprechen. Danke sagen fällt manchmal schwer. Noah dankt Gott, indem er einen Altar baut und Gott opfert. Er schafft einen besonderen Raum für Gott und erhält Gottes Versprechen. Darum wird mit den Kindern ein Altar gebaut. Dankbarsein ist für Kinder nicht selbstverständlich und muss eingeübt werden. Dankbarkeit schenkt eine Perspektive, in der sich nicht alles um das Kind selbst dreht und in der Gott einen Patz einnehmen kann. Freude und Dankbarkeit gehören zusammen. Erst im Doppelpack sind sie vollkommen und bewahren vor dem Vergessen und der Selbstverständlichkeit.

Noah erhält ein Versprechen von Gott. Kinder wissen darum, wie schwer es sein kann, Versprechen auch einzuhalten. Ein Versprechen kann vergessen werden. Was kann man dagegen tun? Gott selber hat für sich eine Lösung gefunden. Er hängt einen Bogen in die Wolken, dieser erinnert ihn an sein Versprechen. Was tun Kinder, wenn sie etwas nicht vergessen wollen? Dieser Frage wollen wir im Kindergottesdienst nachgehen.

Die Zusage Gottes, dass nie wieder Saat und Ernte, Frost und Hitze ... aufhören werden, schenkt Verlässlichkeit. Kinder sehnen sich danach. In unserer schnelllebigen Zeit brauchen Kinder etwas, auf das sie sich verlassen können. Verlässlichkeit schenkt ein Gefühl von Geborgenheit. Durch Gottes Bund erfährt Noah Geborgenheit. Gott macht Noahs Leben nach der Flut ruhig. Er stellt seine Füße auf festen Boden. Noahs Geschichte ist auch unsere Geschichte und die unserer Kinder. Kinder kennen Wogen der Angst, die sich aus Ängsten vor schlechten Noten, vor Krankheit, vor Bildern von Krieg und Zerstörung, vor Arbeitslosigkeit der Eltern oder vor einer Trennung der Eltern, speisen. Doch nach jedem Sturm kommt auch die Wende. Die Sonne scheint wieder. Gott schenkt festen Boden, auf dem der Mensch stehen kann. Kinder erfahren so, dass Gott auch ihnen festen Boden schenken will. Gott ist gegenwärtig, auch da, wo die Angst herrscht. Er kann sie bannen und er schenkt neues Leben und einen echten Neubeginn.

Gestaltungsvorschlag für jüngere und ältere Kinder

Vorbereitung
Mit dem Lied: „Noah hat ein Riesenschiff gebaut", beginnt unser Kindergottesdienst. Der Text des Liedes spricht in verdichteter Weise über das, was bisher geschehen ist. Als Alternative oder auch als Ergänzung zum Liedtext gibt es gemalte Bilder passend zu den einzelnen Strophen (auch als Leporello; in schwarz-weiß und farbig, s. CD). Das Lied: „Solang die Erde steht" kann und sollte man tanzen. Die Kinder sitzen zu Beginn im Kreis auf dem Fußboden.

Material: Erzählfigur (Noah), Bausteine, Regenbogen aus Karton oder Tüchern, Tuch, eine Vase mit Blumen, ausgeschnittene Herzen, Stifte, Kerzen

Noah hat ein Riesenschiff gebaut

© Text: Joachim Christian Rau; Melodie: traditionell

2. Noah lud 'ne Menge Tiere ein: Kakadu, Kamel und Warzenschwein,
Hase, Fuchs und Igel, Paar für Paar. Gut, dass Noahs Schiff so riesig war!
Ringsum nur wildes Wasser! Ringsum nur wildes Wasser!
Ringsum nur wildes Wasser, nur Wasser bis zum Horizont!

3. Eines Tages ging ein Ruck durch's Schiff und dann hing es auf 'nem Felsenriff.
Als der Wasserspiegel weiter sank, rief der alte Noah: „Gott sei Dank!"
Dann kam die weiße Taube. Dann kam die weiße Taube.
Dann kam die weiße Taube mit dem grünen Blatt zurück.

4. Endlich war die große Flut vorbei. Nun ließ Noah alle Tiere frei.
Gott sprach: Wünsche guten Neubeginn, und zum Zeichen, dass ich mit euch bin,
seht ihr den Regenbogen, seht ihr den Regenbogen,
seht ihr den Regenbogen von Zeit zu Zeit am Himmel stehn.

Votum

Wir beginnen unseren Gottesdienst im Namen des Vaters und des Sohnes und des Heiligen Geistes. Amen

Beginn: Erzähllied von Noah

Wir wollen heute mit einem Lied beginnen, das eine Geschichte erzählt.

Das Lied heißt: Noah hat ein Riesenschiff gebaut und alle haben es sich angeschaut.

(Zwischen den einzelnen Strophen können die Kinder ermuntert werden, eigenes Wissen über die Noahgeschichte, die den meisten Kindern bekannt sein müsste, einzubringen.)

Einstieg ins Thema

Der/die Leiter/in holt aus der Hosentasche ein Stofftaschentuch mit einem Knoten.

„Wisst ihr, was das ist?" (Antwort der Kinder abwarten.)

„Dieses Taschentuch ist noch von meiner Mutti. Heute nehmen wir Papiertaschentücher und darum wisst ihr auch nicht, was dieser Knoten in diesem Taschentuch zu bedeuten hat. Der Knoten sollte die Menschen früher an etwas Wichtiges erinnern. Zog man das Taschentuch dann aus der Hosentasche und wollte sich die Nase wischen, war es klar: Oh, ein Knoten, ich muss mich erinnern.

Was machst du, wenn du etwas Wichtiges nicht vergessen willst? Wie erinnerst du dich?" (Jetzt werden Beispiele der Kinder zusammengetragen, z. B. eine Eieruhr stellen, Zettel schreiben, Erinnerungsfunktion im Handy einstellen, usw.) Wenn ich etwas Wichtiges nicht vergessen will, dann schreibe ich es mir manchmal in die Hand. (Hand wird geöffnet) Heute steht in meiner Hand nur ein Wort: Geschich-te. Richtig, ich wollte euch ja eine Geschichte erzählen.

Erzählung für jüngere Kinder

(Auf dem Boden liegt ein Regenbogen aus Tüchern oder Tonkarton.)

Richtig, ich wollte euch ja eine Geschichte erzählen, oder besser gesagt, die Noahgeschichte weitererzählen. (Noah wird mit einer biblischen Erzählfigur dargestellt. Aber auch jede andere, als Noah verkleidete Puppe, kommt in Frage und wird jetzt in die Mitte gestellt.)

Hier seht ihr Noah. Alle Tiere sind freigelassen. Noah schaut sich um. Das Land, auf dem er steht, ist ihm so fremd. Es gibt viel zu tun. Doch womit soll er anfangen? Auf einmal weiß Noah, womit er anfangen wird. Er will zuerst Gott für seine Rettung danke sagen.

Und so beginnt er für Gott einen Altar zu bauen. (Bausteine zu einem Altar unter dem Regenbogen aufbauen.) Jetzt hat Noah einen Ort, wo er mit Gott sprechen kann. Hier ist es ganz leise. Nur die Vögel sind zu hören und ganz weit hinten eine Kuh. Noah lacht. Er freut sich und spricht vor Gott aus, worüber er sich freut und worüber er lachen muss. Das tut ihm so gut. Und dann erzählt er Gott noch, wovor er Angst hat. Jetzt spricht Gott zu Noah. Er sagt: „Noah, ich will dir ein Versprechen geben." Noah ist ganz still und gespannt. Er richtet seine Ohren ganz auf Gott. Was für ein Versprechen wird das wohl sein? Gott sagt: „Ich will dafür sorgen, dass Saat und Ernte, Frost und Hitze, Sommer und Winter, Tag und Nacht, niemals aufhören werden. Und ich will mein Versprechen nie vergessen. Schau, ich habe den Regenbogen in die Wol-

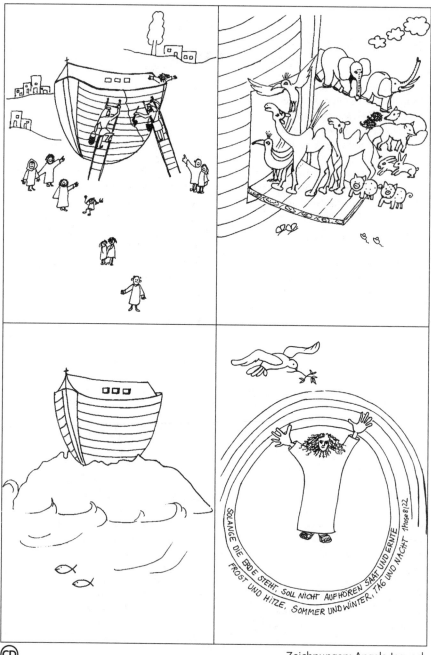

Zeichnungen: Angela Jagusch

CD

ken gesetzt. Immer, wenn ich den Regenbogen anschaue, wird er mich an mein Versprechen erinnern. Jetzt erst sieht Noah den Regenbogen. „Wie wunderschön dieser Regenbogen doch ist!", ruft er ganz laut. „Danke Gott, für den Regenbogen und für dein Versprechen." Dabei fängt Noah ein wenig an zu tanzen.

„Auch ich habe euch einen keinen Freudentanz mitgebracht." Es folgt eine Einladung zum Singen und Tanzen. Unser **Lied** „Solang die Erde steht" muss vielleicht erst eingeübt werden. Die Bewegungen zum Lied können vereinfacht werden. Das Abschlussgebet wird im Kreis, vor dem Regenbogen, gesprochen, dazu wird die Kerze angezündet.

Gebet
Danke, lieber Gott, für deinen Regenbogen. Danke, für die schönen Farben und danke, dass unsere Welt so bunt ist. Danke, dass du auf unsere Welt aufpasst. Amen

Für ältere Kinder
Zu Beginn haben wir in unserem Lied von Noah gesungen. Jetzt möchte ich euch erzählen, wie die Geschichte mit Noah weitergeht. Hört also gut zu.

Unser Lied hörte mit dem Regenbogen auf. Aber bevor der Regenbogen am Himmel erstrahlt, baut Noah dem Herrn einen Altar. Noah baut seinen Altar aus Steinen. Wir wollen jetzt auch einen **Altar bauen**. Wie könnte der aussehen? (evtl. Steine, Blumen, Holz, Tuch, Kerze o. a. bereithalten).

Was ist eigentlich ein Altar? Für Noah ist es ein besonderer Ort, an dem er Gott anbeten und ihm „Danke" sagen kann. Ein Ort, wo Gott ihm ganz nahe kommt. Ein Ort, wo Noah sein Herz vor Gott ausschüttet. Gott hört Noah und er sagt ihm etwas ganz Wichtiges. Gott sagt: „Ich weiß, dass die Menschen immer wieder Böses tun werden. Trotzdem will ich dir und allen Menschen etwas versprechen: Ich will nicht mehr die Erde verfluchen. Solange die Erde steht, soll nicht aufhören Saat und Ernte, Frost und Hitze, Sommer und Winter, Tag und Nacht." (nach 1. Mose 8,20–22) Was für ein Versprechen? Gott schenkt Noah etwas, auf das er sich verlassen kann. Die Angst vor einer neuen Flut kann jetzt endlich verschwinden. Noah darf nach vorne schauen. Er spürt auf einmal den festen Boden unter seinen Füßen. Er spürt, dass Gott ihn trägt.

Aktion: Herzen beschriften
(Jetzt nimmt der/die Erzählerin ein Herz.)

„Gott, ich will dir von meiner Angst erzählen. Ich nehme dieses Herz und schreibe dir auf, was mir Angst macht." Wenn ihr wollt, dürft ihr euch ein Herz nehmen und etwas aufschreiben oder aufmalen, dass euch Angst macht. Wir dürfen unser Herz vor Gott ausschütten. Gott kann unsere Angst verschwinden lassen.

Solang die Erde steht

Text: 1. Mose 8,22
Musik: Siegfried Macht
aus: Macht, Siegfried, Kleine Leute – große Töne
© Strube Verlag, München

Kanon für zwei Stimmen

So-lang die Er-de steht, soll nicht auf-hörn Saat und Ern-te, soll nicht

auf-hörn Frost und Hit-ze, Som-mer, Win-ter, Tag und Nacht.

Lied: Solang die Erde steht (mit Bewegungen/Tanz)

Die Noahgeschichte geht noch weiter. Gott sagt: „Der Bogen im Himmel ist das Zeichen des Bundes zwischen mir und den Menschen und zwischen mir und den Tieren auf der Erde.
Der Bogen am Himmel erinnert mich an das Versprechen, das ich dir heute gebe." (nach 1. Mose 9,12–17)

Gesprächsrunde: Was ist eigentlich ein Bund?
Ein Bund bindet etwas zusammen. Gott bindet sich mit seinem Versprechen an die Menschen. Wenn ein Mann und eine Frau heiraten, dann ist das auch ein Bund. Der Ehering ist das Zeichen, welches sie an ihren Bund erinnert, so wie der Regenbogen Gott an seinen Bund erinnert. Man könnte auch sagen, der Regenbogen ist wie der Knoten im Taschentuch, der Gott an sein Versprechen erinnern will. (Taschentuch noch einmal zur Hand nehmen.)

Aktion: Herzen beschriften
Unser Altar sieht schön aus, aber es fehlt noch etwas. (Eventuell sagen die Kinder, was fehlt)
Unser Dank fehlt. Ich nehme wieder ein Herz (andere Farbe) und schreibe Gott auf, wofür ich dankbar bin. Ihr könnt das auch tun, indem ihr es aufschreibt oder aufmalt.

Kerze anzünden

Gemeinsam wollen wir das **Vater-unser** beten. (Bewegungen s. CD)

Gebet/Segen

Vater, danke, dass du Noah bewahrt hast. Danke, dass du dich darum kümmerst, dass die Sonne scheint und dass es Nacht wird. Danke für Sommer und Winter.
Danke, dass ich für dich wichtig bin. Segne uns und alle anderen Menschen. Amen

Kreative Vertiefung

Wenn es die Zeit erlaubt, können die Lieder wiederholt werden. Die Kinder könnten auch das **Leporello** mit der Geschichte von Noah ausmalen. Die Bilder entsprechen dem Liedtext. Auf jeden Fall sollte das Leporello als Erinnerung an die Geschichte von Noah mit nach Hause genommen werden.

Angela Jagusch

Monatlicher Kindergottesdienst

XII Gottes Schöpfung: Noah und der Regenbogen 1. Mose 1,1–2,4a; 8,22–9,17 i. A.

Auf dem Hintergrund des Berichtes von der guten Schöpfung Gottes wird darüber nachgedacht, was die Erde gefährdet und was sie schützt. Der Bund Gottes mit Noah, als Bund mit allen Menschen und der ganzen Schöpfung ist Grundlage für ein gutes Leben unter dem Schutz und Segen Gottes. Zum Erntedankfest liegt der Schwerpunkt auf dem Dank für die Zusage Gottes, seine Schöpfung zu erhalten.

Der **Gestaltungsvorschlag für den 23. Oktober** (S. 276) eignet sich für einen monatlichen Kindergottesdienst. Ausgehend von dem **Erzähllied** mit gemalten farbigen **Bildern** „Noah hat ein Riesenschiff gebaut" (S. 278), wird den Kindern die Vorgeschichte vermittelt oder in Erinnerung gerufen. Die gestaltete Mitte zur den **Erzählungen** für Jüngere (S. 279) und Ältere (S. 281) zeigt einen Regenbogen. Das **Lied** „Solang die Erde steht" (S. 282) wird getanzt. **Herzen** der Angst und Herzen des Dankes in zwei unterschiedlichen Farben werden beschriftet (S. 281). Das **Vaterunser** kann mit Bewegungen (s. CD) gebetet werden. Die Bilder (in schwarz-weiß) zum Lied können ausgemalt, als **Leporello** zusammengeklebt und zur Erinnerung mitgenommen werden.

Zu Jesaja 65,17–25

Zeichnung: Hanna de Boor

Lieder: Wo Blumen den Asphalt aufbrechen, MKL 2; Ich will dem Herrn singen mein Leben lang (Kanon), EG 340, KG 191, LJ 197

Liturgischer Text: Psalm (nach Psalm 34,2–9 und Psalm 104,33), s. S. 287

Wenn die Nacht noch dunkel ist – die frohe Botschaft Jesajas

Sonntag	Text/Thema	Art des Gottesdienstes Methoden und Mittel
30.10.2016 23. Sonntag nach Trinitatis	Jesaja 61,1–11 Von Gottes neuer Welt	Gottesdienst mit Kindern; Thema „Gewand des Heils – Mantel der Gerechtigkeit", dazu: Gespräch, Spiel, Erzählung, Lied mit Bewegung, Umhang gestalten, Geschichte erfinden, Kreppbänder, Gewänder, Modezeitschriften
6.11.2016 Drittletzter Sonntag des Kirchenjahres	Jesaja 58,6–12 Brich mit dem Hungrigen dein Brot	Gottesdienst mit Kindern (und Erwachsenen); Erzählung „Der Rabe und das Licht", abgedunkelter Raum, Gespräch, Tageslichtprojektor, durchsichtige Wasserschüssel, Farbtropfen, „Gewänder des Lichts" gestalten, Rollenspiel, Märchen vom Licht
13.11.2016 Vorletzter Sonntag des Kirchenjahres	Jesaja 52,7–12 Die Freudenboten	Gottesdienst mit Kindern; Zeit-Spiele mit Stoppuhr und Würfel, Gewand des Freudenboten, Freudenbotschaft gestalten (A4 Bogen), darstellendes Spiel – 3 Szenen; Fest feiern
20.11.2016 Ewigkeitssonntag	Jesaja 65,17–25 Vom neuen Himmel und der neuen Erde	Gottesdienst mit Kindern; Erzählung, Gewand gestalten und als Erzählzelt einsetzen, Geschichten erfinden und erzählen, Kratzbilder, Wachsmaler, Holzstäbchen, Temperafarbe

Monatlicher Kindergottesdienst
Vom neuen Himmel und der neuen Erde (Jesaja 65,17–25)   s. S. 305

Zu den Texten der ganzen Reihe

Die Grundlage dieser Gottesdienstreihe bilden Texte aus dem Buch des Propheten Jesaja. In glänzendem Stil verfasst, kunstvoll gefügt und so poetisch, dass manche Passagen wie Lieder wirken, ist es ein besonderes Werk im Zusammenhang der Bibel. Verfasst wurde es vermutlich über einen Zeitraum mehrerer Jahrhunderte und nimmt damit verschiedene Phasen politischer Ereignisse in den Blick. Der erste Teil des Buches (Kap. 1–39) werden dem Propheten Jesaja zugeschrieben. Der politische Hintergrund seiner Predigt ist die Bedrohung Israels und Judas im 8. Jh. v. Chr. durch die Assyrer. Jesaja setzt sich aktiv für die Geschicke seines Landes ein. Er prangert die Treulosigkeit Israels gegenüber Gott an. Das Festhalten an Gott ist die einzige Möglichkeit zur Rettung. Die Kapitel 40–55 deuten auf einen anderen politischen Hintergrund. Jerusalem ist zerstört, die Israeliten sind im babylonischen Exil (6. Jh. v. Chr.). Trostworte werden formuliert und die Hoffnung, dass Jerusalem wieder hergestellt wird. Die Sehnsucht nach dem Messias ist präsent. Die Hoffnung, dass Gott als Retter zu den Menschen kommt, nimmt immer deutlicher Gestalt an. Die Verfasser des zweiten und dritten Teils des Buches stellen sich ganz in die Tradition des Propheten Jesaja. In den Kapiteln 56–66 ist der Neuanfang greifbar geworden. Es geht um Wiederaufbau und Erneuerung.

Die Texte, die für die vier Sonntage am Ende des Kirchenjahres gewählt sind, stammen aus dem zweiten und dritten Teil des Buches. Fragen nach sozialer und politischer Gerechtigkeit werden thematisiert. Hoffnung auf Neuanfang und die Gewissheit, dass der Retter kommt, sind tragende Gedanken der Texte. Sie geben Anregungen zum Nachdenken über die Gefährdung des Lebens und stellen sich damit in die Reihe der Verkündigungsschwerpunkte am Ende jeden Kirchenjahres. Zugleich machen sie Hoffnung auf das, was wachsen und werden kann. Sie machen den Lesern Mut, sich aktiv für das Neue einzusetzen. Damit liegt der Fokus nicht auf den Motiven des Abschieds, der Endlichkeit des Lebens und der Trauer, sondern bewusst auf Ermutigung und Neubeginn.

Die Texte und die Kinder

Die Komplexität der politischen, sprachlichen und theologischen Hintergründe des Jesaja-Buches stellen für die Arbeit mit Kindern eine besondere Herausforderung dar. Die Lebensumstände und gesellschaftspolitischen Hintergründe des Lebens in Israel und Juda vor 2500 Jahren sind den Kindern – vor allen Dingen den jüngeren – im Rahmen des Kindergottesdienstes schwer zu erschließen. Die Gefahr besteht, dass die Textaussagen weit entfernt bleiben und für das heutige Leben keine Relevanz bekommen.

Die Motive der sozialen Ungerechtigkeit und der Bedrohung des Friedens, die in den Texten eine besondere Rolle spielen, sind heute so brisant wie zu jeder Zeit. Die Kinder sind aktuell mit den Ereignissen im Weltgeschehen durchaus vertraut. Naturkatastrophen in Asien gehen ebenso wenig an ihnen vorüber wie Völkermord in Afrika oder die Not der Flüchtlinge auf der ganzen Welt. Zugleich stellt die permanente globale Informationsflut für die Menschen heute – insbesondere für die Kinder – eine deutliche Überforderung dar. Welchen Einfluss können Kinder auf das Weltgeschehen nehmen? Können die Forderungen der Texte damit zu einer ernsthaften Handlungsanregung für Kinder werden? Hinzu kommt, dass die Texte vor dem Hintergrund der Ereignisse der Abfassungszeit formuliert sind und damit einer Prüfung auf Übertragbarkeit bedürfen.

Alle vorgeschlagenen Texte enthalten Bilder, die typisch und menschlich sind. Diese Bilder sollen der Ausgangspunkt für den jeweiligen Gottesdienst sein. Mit ihrer Hilfe werden die Gedanken des Textes erschlossen, ins Gespräch gebracht und in Geschichten und kreativen Elementen vertieft. Das ermöglicht den Kindern, eine Verknüpfung mit ihrer eigenen Lebenswelt, ihren konkreten Fragen, Sorgen und Hoffnungen herzustellen. Sorgsam ausgewählte Textpassagen fließen in die Psalmen ein. Auf die Erschließung der gesamten Texte wird hier zugunsten der ausgewählten Motive und der Nähe zur Lebenswelt der Kinder verzichtet.

Gestaltungshinweise

In Jes 61,10 spielen die Motive „Gewand" und „Mantel" eine besondere Rolle. Dort wo die Rahmenbedingungen es möglich machen, kann ein Gewand (Umhang, Mantel o. ä., nicht zu klein) die gesamte Einheit begleiten. Es kann von den Leitenden im Vorfeld bereits gestaltet sein und dann jeweils an den entsprechenden Stellen im Gottesdienst zum Einsatz kommen. Denkbar ist auch, ihn in jedem Gottesdienst als Gruppenarbeit weiter zu gestalten. Die zeitaufwendigste, aber sicher nachhaltigste Variante ist, dass sich jedes Kind

ein eigenes Gewand gestaltet, das an jedem Sonntag weiterentwickelt wird und schließlich mit nach Hause genommen werden kann. Im letzten Gottesdienst kann das Gewand auch als Zelt verwendet werden.

Eingangsvotum

Wir sind hier zusammen.
Wir wollen gemeinsam singen und beten und feiern.
Wir wissen: Gott ist nahe. Er sieht und hört.
Wir wissen: Gott ist nahe. Er trägt und hält.
Wir wissen: Gott ist nahe. Er umhüllt und begleitet. Amen

Psalm (nach Psalm 34,2–9 + Psalm 104,33)

(Im Wechsel zu lesen – Kehrvers alle, Strophe eine/r. Die Psalmstrophen können durch alle Sonntage beibehalten werden. Der Kehrvers kann entsprechend der ausgewählten Verse für den jeweiligen Sonntag variieren.)

Ich will dem Herr singen mein Leben lang und meinen Gott loben, solange ich bin.
Ich singe mein Loblied für Gott.
Alle sollen es hören.
Ich singe mein Loblied für Gott.
Hört zu, ihr Reichen und ihr Armen.
Hört zu, ihr Traurigen und ihr Fröhlichen.
Ich will dem Herr singen mein Leben lang und meinen Gott loben, solange ich bin.
Ich singe mein Loblied für Gott.
Gott hat mich gesehen.
Ich hatte Angst.
Gott hat mich gehört.
Ich war traurig.
Gott hat mich getröstet.
Ich will dem Herr singen mein Leben lang und meinen Gott loben, solange ich bin.

Ich singe mein Loblied für Gott.
Gott beschützt und umhüllt.
Einer war in Not.
Gott hat ihm geholfen.
Eine war verzweifelt.
Gott hat sie gestützt.

Segen

Wir sind hier, Gott, und bitten dich.
Sieh und höre uns jeden Tag.
Hüll uns ein mit deinem Segen.
Wir sind hier, Gott, und bitten dich.
Trage und halte uns jeden Tag.
Hüll uns ein mit deinem Segen.
Wir sind hier, Gott, und bitten dich.
Begleite uns jeden Tag.
Hüll uns ein mit deinem Segen. Amen

Simone Merkel

30. Oktober 2016
23. Sonntag nach Trinitatis

Jesaja 61,1–11

Von Gottes neuer Welt

Lieder: Hüll mich ganz in deine Ruhe ein, s. S. 290; Grün, grün, grün sind alle meine Kleider, Volkslied

Liturgischer Text: nach Psalm 34 und Jesaja 61,10, s. S. 289

Zum Thema

Der Verfasser dieser Textpassage stellt sich selbst vor und macht seine Legitimation klar. Von Gott gesalbt und berufen, ist er beauftragt, die frohe Botschaft zu verkünden. Angesichts der politischen Situation, die vermutlich der Hintergrund dieses Textes ist, ist diese Botschaft stark und ermutigend. Die aus dem Exil Heimgekehrten (5.–4. Jh. v. Chr.) finden Jerusalem als Trümmerlandschaft vor. Es geht um Neuaufbau, Sicherung in sozialer Notlage, Ausgleich von Ungerechtigkeiten und damit Ermutigung zum Neuanfang und zum Leben. Gott wird dieses Recht verschaffen, so kündigt es der Prophet an. Einen generellen Schulderlass, ein Gnadenjahr Gottes kündigt er an. Die Bilder, die verwendet werden, überhöhen in jede Richtung. Doppelte Schande wird durch doppelten Besitz ausgeglichen. Der Prophet bestätigt den Bund zwischen Gott und den Menschen und er versichert den Menschen die Zusage des Segens. Der wird sich in Wohlstand und sozialer Gerechtigkeit zeigen. Das alles ist die Bestätigung der gegenseitigen Treue zwischen Gott und seinem

Volk. Mit der Danksagung, die sich in den Versen 10–11 anschließt, wird die Botschaft bestätigt. Es gibt keinen Zweifel daran, dass sich alles wie angekündigt auch verwirklichen wird.

Das Thema und die Kinder

Zerstörung und Wiederaufbau Jerusalems, Schuldsklaverei und Schuldenerlass aus der Zeit des dritten Jesaja gehören nicht zur Lebenswelt der Kinder. So sind die Einzelheiten der Textpassagen für die Kinder vermutlich schwer nachvollziehbar. Die Heilsbotschaften beziehen sich auf eine ferne Zukunft. Lange Zeitspannen sind besonders für jüngere Kinder nicht abzuschätzen. Motive, die sich in ferner Zukunft erfüllen oder ereignen sollen, können sie noch schwer einordnen.

Ein Motiv des Textes, das den Kindern durchaus nahe liegen könnte, findet sich in Jes 61,10: „Meine Seele soll jubeln über meinen Gott. Denn er kleidet mich in Gewänder des Heils, er hüllt mich in den Mantel der Gerechtigkeit." Sich selbst kleiden oder gekleidet werden gehört zum Alltagserleben. Was Kleidung bewirken kann, erfahren sie gerade in der kälteren Jahreszeit. Zugleich laden die Feste im November – Faschingsbeginn und Halloween – zum Experimentieren mit Kleidern ein. Durch Verkleidungen schlüpfen die Kinder in Rollen und erproben sie. Sie verwandeln sich und haben damit die Erlaubnis, probeweise anders zu handeln und anders zu reden. Auf diese Weise kann das Entdecken eines „Gerechtigkeitsmantels" oder eines „Heilsgewandes" den Kindern einen Zugang zur Botschaft des Jesaja ermöglichen.

Bausteine für einen Gottesdienst mit jüngeren oder älteren Kindern

Eingangsvotum, s. S. 287

Psalm (nach Psalm 34 + Jesaja 61,10)
Meine Seele jubelt über Gott.
Er kleidet mich in die Gewänder des Heils.
Er hüllt mich in den Mantel der Gerechtigkeit.
Ich singe mein Loblied für Gott. Alle sollen es hören.
Ich singe mein Loblied für Gott.
Hört zu, ihr Reichen und ihr Armen.
Hört zu, ihr Traurigen und ihr Fröhlichen.
Meine Seele jubelt über Gott.
Er kleidet mich in die Gewänder des Heils.
Er hüllt mich in den Mantel der Gerechtigkeit.
Ich singe mein Loblied für Gott.
Gott hat mich gesehen.
Ich hatte Angst.
Gott hat mich gehört.
Meine Seele jubelt über Gott.
Er kleidet mich in die Gewänder des Heils.
Er hüllt mich in den Mantel der Gerechtigkeit.
Ich war traurig.
Gott hat mich getröstet.
Ich singe mein Loblied für Gott.
Gott beschützt und umhüllt.
Einer war in Not.
Gott hat ihm geholfen.
Eine war verzweifelt.
Gott hat sie gestützt.
Meine Seele jubelt über Gott.
Er kleidet mich in die Gewänder des Heils.
Er hüllt mich in den Mantel der Gerechtigkeit.

Hüll mich ganz in deine Ruhe ein

Text und Musik: Jörg Swoboda
© Evangelische Verlagsanstalt, Berlin/Leipzig

2. War ich meinem Nächsten ein Problem,
ließ ich ihn allein mit seinem Sorgen;
Herr, ich seh die Schuld und bring sie dir.
Nimm die Last, trag sie mir.

3. Morgen fragen Augen mein Gesicht,
prüfen mich ob meine Worte Antwort.
Hilf mir, dass ich keinem, der in Not,
Steine geb, Stein statt Brot.

Kreative Ideen für jüngere Kinder

Spiel

Ein Umhang oder ein Gewand wird als besonderes Kleidungsstück eingeführt und vorgestellt. Es ist der „Umhang der Gerechtigkeit". Der Träger des Umhangs ist geschützt und kann auch andere unter seinen Schutz nehmen.

Gespielt wird das Spiel „Steh – geh". Alle Kinder laufen umher. Ein Kind ist „Fänger". Wer vom „Fänger" berührt wird, muss stehen bleiben. Der „Fänger" sagt dazu „Steh". Ein weiteres Kind wird „Umhang-Träger". Mit Berührung durch den Umhang können die Stehenden befreit werden. Das Wort „Geh" wird vom „Umhang-Träger" dazu gesagt. Zusätzlich kann unter dem Umhang Schutz gesucht werden. Wer unter dem Umhang steckt, darf nicht vom „Fänger" berührt werden.

Eine Spielrunde ist beendet, wenn alle Spieler stehen oder durch den Umhang geschützt sind. Der letzte freie Spieler wird zum „Fänger". Ein anderes Kind wird „Umhang-Träger".

Lied mit Bewegung: Grün, grün, grün Das Lied „Grün, grün, grün sind alle meine Kleider" wird eingeführt. Es kann gesungen und im Kreis getanzt werden. Vor jeder Strophe erhalten die Kinder Kreppbänder in der jeweiligen Farbe. Damit begeben sie sich symbolisch in die Rolle des jeweiligen Berufes. Zwischen den Strophen werden die Farben wiederholt. Die Kinder assoziieren, was zum jeweiligen Beruf gehört und machen sich die Kleidung bewusst. Ggf. können dazu Bilder gezeigt werden.

Nachgespräch

Wer trägt was? Warum tragen Menschen unterschiedliche Kleidung? Welche Bedeutung hat die Kleidung? Gibt es Kleidung, die Angst macht? Welche Kleidung stärkt und ermutigt den Träger?

Kreative Ideen für ältere Kinder

Bildbetrachtung und Gespräch

Verschiedene Bilder mit sehr unterschiedlichen Kleidungsvarianten aus Modezeitschriften, Magazinen und Tageszeitungen werden ausgelegt. Die Betrachtung der Bilder soll zum Nachdenken über folgende Fragen anregen: Wer kleidet sich wie? Welche Kleidung passt zu welchem Anlass? Wie verändert die Kleidung den Träger oder die Trägerin? Wie würde dieselbe Person in anderer Kleidung wirken? Welche Kleidung trägst du? Was würdest du gerne tragen? Wer würdest du gerne sein?

Spiel

Eine Reihe von ganz unterschiedlichen Kleidungsstücken (Rock, Mantel, Schmuck, Tücher usw.) stehen zur Verfügung. Die Kinder stellen sich die Varianten zusammen, die sie gerne erproben wollen. Sie verkleiden sich und entscheiden dabei, in welche Rolle sie schlüpfen.

Aufgabe: Entscheide dich für ein neues Outfit! Überlege, wer du bist! Rede und bewege dich so, wie es zu der Person passt, in deren Rolle du geschlüpft bist! Spiel eine kleine Szene vor!

Nachgespräch

Was machen die Kleider mit den Leuten? Wie verändert die Kleidung die Menschen oder den Eindruck, den andere von ihnen haben? Welche Kleidung beängstigt, welche verwirrt? Welche Kleidung stärkt und unterstützt den Träger und/oder die Wahrnehmung der Anderen?

Gestaltungsaufgaben

– Male zwei Figuren auf ein Blatt! Male eine Figur mit Kleidung die furchteinflößend ist! Male eine Figur, die heilsam und friedensstiftend wirkt! Anschließend Bildbetrachtung und Wahrnehmung der Unterschiede. Wer trägt welches Gewand? Wie wirkt das jeweilige Gewand auf den Träger/die Trägerin?

– Die Kinder erhalten ein vorbereitetes A4-Blatt mit der Textzeile: Von Herzen will ich mich freuen über den Herrn. Meine Seele soll jubeln über meinen Gott. Denn er kleidet mich in

Gewänder des Heils, er hüllt mich in den Mantel der Gerechtigkeit, wie ein Bräutigam sich festlich schmückt und wie eine Braut ihr Geschmeide anlegt.
Jes 61,10
Aufgabe: Was hat der Autor dieses Textes erlebt? Was ist ihm widerfahren? Aus welchem Anlass sagt er diese Worte? Erfinde eine Geschichte, stelle sie bildlich oder als Text dar!

Für alle Kinder

Erzählung
Der Kleidermacher (von Simone Merkel)
In einem kleinen Städtchen lebte einst ein Schneider. Tagaus tagein nähte er mit geschickter Hand. Aus bunten Stoffen und feinen Fäden entstanden in seiner Nähstube Blusen und Röcke, Hosen und Jacken, Strümpfe und Westen, Mäntel und Tücher. Zuweilen nähte der Schneider, was ihm gefiel. Diese Stücke bot er anschließend in der Stadt zum Kauf an. Meistens aber nähte der Schneider, wozu man ihn beauftragte. Dann schneiderte er auf den Leib, was die Menschen von ihm erbaten. Für die junge Dame ein Ballkleid aus feinstem fliederfarbenen Stoff mit zarten Blüten und glänzenden Perlen. Für den Herrn einen Anzug, der sich elegant und geschmeidig um seinen Leib schloss. Für den Meister eine feste Schürze, die Schutz und Halt bei der schweren Arbeit bot. Für das Kind ein wärmendes Mäntelchen für den Winter.
Eines Tages kam ein armer Mann ins Städtchen. Er war weit gewandert. In seinem Beutel steckte kein Brot, mit dem er seinen Hunger hätte stillen können. In seinen Taschen war kein Taler, mit dem er einen Bissen Brot hätte kaufen können. Seine Kleidung war zerlumpt und seine Schuhe zerschlissen. Er lief durch die Straßen und Gassen und suchte nach einem Platz zum Schlafen für die Nacht. Da kam er schließlich auch zum Haus des Schneiders. Als der Schneider den zerlumpten Mann sah, rührte es an seinem Herz. Er nahm den Mann bei sich auf, gab ihm Brot und Suppe und ein bequemes Lager für die Nacht. Der arme Mann erwachte am Morgen und fand lederne Schuhe, einen feinen Anzug und einen warmen Mantel neben seinem Bett. Er wunderte sich sehr. Als er wieder in seine armseligen Lumpen schlüpfen wollte, sprach der Schneider: „Sei getrost! Nimm die neuen Kleider! Sie werden dir gute Dienste leisten." Der arme Mann bedankte sich von Herzen und ging seines Weges.
Einige Zeit später vernahm der Schneider ein zaghaftes Klopfen an seiner Tür. Als er öffnete, erblickte er eine junge Frau. Blass und schmal stand sie vor ihm. Der Rücken gebeugt, die Schultern kraftlos und die Augen voller Tränen. „Was kann ich für dich tun, gute Frau?", fragte der Schneider höflich. „Ach", schluchzte die Frau, „allein bin ich und verlassen. Nicht gut genug für den Bräutigam und verachtet von den Anderen. Nun muss ich selbst mein Brot verdienen. Hast du vielleicht Arbeit für mich?" Der Schneider sah die traurige Frau. Sie stand so erbärmlich da, dass es das Herz des Schneiders anrührte. Er nahm die Frau bei sich auf, gab ihr Nadel und Faden und ein wärmendes Wort. Als die traurige Frau ihre Arbeit beendet hatte,

brachte der Schneider ein Kleid herbei. Es war fein gewirkt und glänzend verarbeitet gerade wie für eine Braut. „Nimm das Kleid!", sprach der Schneider. „Es soll dir gehören! Kleide dich damit und du wirst strahlen." Die Frau bedankte sich von Herzen und ging ihres Weges.

Nicht lange danach begegnete er im Städtchen einem Amtmann. Er trug eine Uniform wie sie Amtmänner tragen. Wie er da so stand, sah er so ganz und gar gefesselt aus. Die Jacke zwickte unter den Armen und nahm der Brust den Atmen. Die Hose schnürte den Leib und zwang dem Mann eine Haltung auf, die ganz und gar wider seine Natur war. Er schimpfte und zeterte und machte seinen Mitmenschen das Leben schwer. Der Schneider betrachtete den Mann lange. Am nächsten Tag brachte er ihm Jacke und Hose, warm und geschmeidig. Der Amtmann wütete und schrie, aber der Schneider sagte gleichmütig: „Gestatte dir neue Kleider. Sie werden dir Luft zum Atmen lassen und eine Haltung erlauben, die ganz die deine ist." Dann ging er davon.

Tage und Wochen vergingen, bis ein reicher Kaufmann ins Städtchen kam. Er ließ seinen Wagen gerade vor dem Haus des Schneiders halten und trat ein. „Lieber Schneider, man erzählt Wundersames von deinen Künsten. Man sagt, du könntest Menschen verändern. Man sagt, du würdest Menschen verwandeln. Man sagt, du könntest etwas aus ihnen machen, was sie selbst nicht sind. Sag, ist das wahr?" Da der Schneider nicht antwortete, sprach der Kaufmann weiter. „Man sagt, dass du arme Leute reich machst. Man sagt, dass du traurige Leute glücklich machst. Man sagt, dass du harte Leute weich machst. Sag, ist das wahr?" Da der Schneider auch diese Mal nicht antwortete, kam der Kaufmann zur Sache. „Wenn du ein Menschenmacher bist, dann benötige ich deine Dienste." „Guter Mann, geh deines Weges", antwortete der Schneider. „Du irrst dich, ich bin kein Menschenmacher. Ich bin ein Kleidermacher. Meine Kleider bringen nur hervor, was bereits in den Menschen steckt." Aber der Kaufmann gab keine Ruhe. „Schneidere mir ein Gewand des Heils, näh mir einen Mantel der Gerechtigkeit. Ich will dich gut dafür bezahlen." Der Schneider aber sagte: „Gott allein hüllt die Menschen in das Gewand des Heils und den Mantel der Gerechtigkeit."

Da verstand der Kaufmann. Er stieg in seinen Wagen und fuhr davon.

Gestaltungsaufgabe
Gewand des Heils – Mantel der Gerechtigkeit
Ein Mantel, ein Gewand oder ein Umhang wird gemeinsam gestaltet. Gemeinsam mit den Kindern ist zu klären, wie ein solcher Umhang aussehen könnte. Woran kann man ihn erkennen? Was ist das Besondere dieses Mantels?

Spiel
Reihum dürfen die Kinder das „Gewand des Heils" tragen. Wie bewegt sich der Träger? Wie handelt und redet die Trägerin? Was bewirkt das Gewand?

Segen, s. S. 288

Simone Merkel

6. November 2016
Drittletzter Sonntag des Kirchenjahres

Jesaja 58,6–12

Brich mit den Hungrigen dein Brot

Lieder: Brich mit den Hungrigen dein Brot, EG 420, MKL 65, LJ 232, LB 301; Licht bricht durch in die Dunkelheit, LB 322, BUJU 199; Mache dich auf und werde licht, LB 370, LJ 451, KG 24, MKL 128; Tragt in die Welt nun ein Licht, MKL 132, LJ 327, LH 277, EG regional; Sende dein Licht und deine Wahrheit, EG 172, LJ 118, LB 87; Die Herrlichkeit des Herrn, KG 173, EG regional, LJ 366, LB 150, JMT 19; Da berühren sich Himmel und Erde (Wo Menschen sich vergessen), MKL2 132, LB 2, LH 27, SvH 120

Liturgischer Text: Psalm (nach Jesaja 58), s. S. 295

Zum Thema

Ebenso wie die Verse des vergangenen Sonntags gehört auch dieser Text zum dritten Jesaja und wird damit den Israeliten nach dem Exil in Babylon zugesprochen. Über die Nähe zu Gott und seinen Zuspruch herrscht offenbar Verunsicherung. Man kann sich Gottes nicht sicher sein. In Vers 2 wird deutlich, wie sehr die Israeliten Gottes Nähe suchen und große Anstrengungen unternehmen, um in seiner Nähe zu sein. Fromme Übungen wie Fasten und Buße tun, werden als sichere Garanten dafür verstanden. Allerdings geht das Wenn-dann-Prinzip – wenn wir fasten und Buße tun, dann wird Gott uns nahe sein – nicht auf. Der Prophet ermahnt, dass alle religiösen Anstrengungen nur dann glaubwürdig sind, wenn sie mit sozialem Engagement einhergehen. Er geht sogar noch weiter und beschreibt gerechtes Verhalten im Alltag als das eigentliche Fasten. Seine Forderungen sind ganz konkret: die Fesseln des Unrechts lösen, Sklaven freilassen, Hung-

rige speisen, Obdachlose aufnehmen, Nackte kleiden, Unterdrückung beenden, Verleumdung verhindern. Allein die tätige Nächstenliebe schafft Veränderungen. Zunächst bei den Tätigen selbst. Ihr Licht wird hervorbrechen (V. 8), ihr Licht geht im Dunkeln auf und ihre Finsternis wird hell wie Mittag (V. 10). Dann, so sagt es der Prophet zu, wird Gott auf das Rufen antworten.

Das Thema und die Kinder

Die Ermahnung, religiöse Übungen und soziales Verhalten in Einklang zu bringen, ist an Erwachsene gerichtet – damals wie heute. Kinder sind nicht die Verursacher heutiger sozialer Ungerechtigkeiten. Vielfach erleiden sie sie selbst. Auch ein Bild von Gott, der die Zusage seiner Nähe an Bedingungen knüpft, ist den Kindern heute weitgehend fremd. Was die Kinder allerdings aus diesem Text mitnehmen können, ist das bewusste Wahrnehmen von Selbstwirksamkeit, sie können auch selbst etwas bewirken und tun. Das kann bestärkt und unterstützt werden durch die Gewissheit der Begleitung Gottes. Dass das schließlich soziale Folgen hat, begreifen heute bereits sehr junge Kinder. Aus diesem Grunde ist das Motiv, das an diesem Sonntag in den Vordergrund gerückt werden soll, das Licht. Die Verbindung von Worten aus Jes 58,8+11 zeigt die Zielrichtung an und ist Zuspruch zugleich. Die Kinder werden ermutigt, ihr Denken und ihre Handlungsweisen daraufhin auszurichten. „Dein Licht wird hervorbrechen wie die Morgenröte. Deine Gerechtigkeit geht dir voran, die Herrlichkeit des Herrn folgt dir nach. Der Herr wird dich immer führen."

Gestaltungsvorschlag für einen Gottesdienst mit Kindern und Erwachsenen oder für einen Kindergottesdienst

Eingangsvotum, s. S. 287

Psalm (nach Jesaja 58)
Dein Licht wird hervorbrechen wie die Morgenröte.
Gott wird dich immer führen.
Wann wird das Dunkel hell? Wann wird es licht?
Wenn Recht über Unrecht gesiegt hat.
Dann wird es licht.
Wenn die Unfreien frei sind. Dann wird es licht.
Dein Licht wird hervorbrechen wie die Morgenröte.
Gott wird dich immer führen.
Wann wird das Dunkel hell? Wann wird es licht?
Wenn die Hungrigen satt werden.
Dann wird es licht.
Wenn die Armen Kleidung haben.
Dann wird es licht.

Dein Licht wird hervorbrechen wie die Morgenröte.
Gott wird dich immer führen.
Wann wird das Dunkel hell? Wann wird es licht?
Wenn die Flüchtlinge Heimat finden.
Dann wird es licht.
Wenn die Streitenden sich versöhnen.
Dann wird es licht.
Dein Licht wird hervorbrechen wie die Morgenröte.
Gottes Gerechtigkeit geht dir voran.
Die Herrlichkeit des Herrn folgt dir nach.
Gott wird dich immer führen.

Vorbereitung der Erzählung
Hinweis: Je nach Möglichkeiten und Rahmenbedingungen muss hier entschieden werden, wie der Vorschlag umgesetzt werden kann. Der liturgische Beginn des Gottesdienstes könnte in der Kirche oder im Gottesdienstraum sein. Zu Beginn der Verkündigung werden die Kinder und Erwachsenen in einen abgedunkelten Raum geführt. Dort werden sie mit ruhiger Musik auf die folgende Geschichte eingestimmt.
Variante: Die folgende Geschichte kann genauso als Hinführungselement dem liturgischen Teil des Gottesdienstes vorgeschaltet sein. Lied, Psalmen, Gebete und kreative Umsetzung schließen sich dann, nachdem der Raum erhellt ist, an.

In der Geschichte geht es um einen armen, hungrigen Jungen. Eine Frau versorgt ihn und gibt ihm einen schwarzen Umhang. Auf der Suche nach dem Licht wird dieser zu einem Lichtgewand, mit dem das Licht zu den Menschen kommt.

Der Raum ist abgedunkelt, stille Musik, die Kinder können auf Kissen oder Decken auf dem Boden Platz nehmen. Mit Hilfe eines Overheadprojektors wird während der Erzählung ein Farbspiel an die Wand projiziert. Dazu steht eine flache Schüssel mit Wasser auf der Darstellungsfläche des Projektors. Wenn sich das Wasser etwas erwärmt hat, werden Farbtropfen in das Wasser gegeben. Nach und nach werden andersfarbige Tropfen dazugegeben. An der Wand wird ein Farbspiel sichtbar. Im Anschluss an die Erzählung können Bilder von Morgenröte und Sonnenaufgang gezeigt werden. Langsam wird das Licht eingeschaltet. Gemeinsames Singen kann die Erzählung abschließen.

Erzählung

Der Rabe und das Licht (nach einem Eskimomärchen – Übertragung von Simone Merkel)

Einst, als Himmel und Erde sich noch berührten, da spendete die Sonne das Licht.

Dann aber kam eine Zeit, in der es finster war. Die Sonne war verschwunden. Die Menschen auf der Erde blieben ohne Licht. Überall war es traurig, finster und dunkel.

Die Menschen mühten sich, das Licht herbeizuschaffen. Sie machten Kunststücke. Sie erfanden nie Dagewesenes. Sie gingen an den Rand ihrer Kräfte. Sie sangen und schrien, sie kämpften und forderten. Es blieb traurig, finster und dunkel.

In dieser Zeit lebte ein Knabe in einem kleinen Dorf. Seine Eltern waren gestorben. Kaum jemand kümmerte sich um ihn. Die meisten Leute hielten ihn für närrisch. Besonders schlimm war es, wenn er vor seinem verlassenen Haus auf der Bank saß und vor sich hin sprach. Dann verlachten und verspotteten ihn die Leute. Eine alte Frau hatte Mitleid mit dem Knaben. Dann und wann gab sie ihm einen Bissen Brot oder einen Löffel Suppe. An einem Tag, als es besonders traurig, besonders finster und ganz und gar dunkel war, kam die Alte und setzte sich zu dem Jungen auf die Bank. Sie hielt ein Bündel in der Hand und lauschte den Worten, die er vor sich hin sprach.

„Das Licht ist verschwunden. Die Sonne spendet kein Licht mehr. Die Menschen mühen sich. Sie machen Kunststücke. Sie erfinden nie Dagewesenes. Sie schreien und kämpfen. Trotzdem bleibt es traurig, finster und dunkel. Sie sind nicht imstande das Licht herbeizuschaffen. Sie wissen nicht, wo die Sonne zu finden ist. Ich werde das Licht suchen. Ich werde die Sonne finden."

Schweigend reichte die alte Frau dem Knaben das Bündel. Er nahm es und sah sie mit großen fragenden Augen an.

„Nimm", sagte die Alte, „du wirst es auf deinem Weg brauchen."

Als der Junge das Bündel öffnete, hielt er ein schwarzes Gewand in Händen. Er streifte es über den Leib und sogleich verwandelte er sich in einen Raben. Er schlug mit den Flügeln, erhob sich, segelte durch die Dunkelheit und landete wieder auf der Bank vor dem verlassenen Haus. Dann streifte er das Kleid ab und sogleich wurde er wieder der Knabe, der er zuvor gewesen war.

„Du wirst das Licht suchen", fuhr die Alte fort, „und du wirst die Sonne finden. Sei vorsichtig und nutze dein schwarzes Gewand mit Bedacht."

„Wohin soll ich gehen?", fragte der Junge.

„Ich weiß den Weg nicht", antwortete die Alte

„Aber du hast schwarzen Stoff gewebt und feine Nähte genäht", sagte der Junge. „Wie kannst du da nicht wissen, wo das Licht ist?"

„Nimm deine Schneeschuhe und geh nach Süden. Du kennst den Weg schon längst." Damit erhob sich die alte Frau und verschwand in der Dunkelheit.

Die Sonne war verschwunden. Die Menschen mühten sich, das Licht herbeizuschaffen. Sie forderten und kämpften. Sie gingen an den Rand ihrer Kräfte. Aber es blieb traurig, finster und dunkel.

Da nahm der Junge seine Schneeschuhe, schnürte sein Bündel und machte sich auf den Weg nach Süden. „Ich werde das Licht suchen. Ich werde die Sonne finden", sagte er bei sich. Er wanderte Stunden und Tage und die Traurigkeit begleitete ihn. Er ging Tage und Wochen und die Finsternis umhüllte ihn. Er lief Wochen und Monate und die Dunkelheit blieb. Nach einem Jahr schließlich erreichte er einen Hügel. Ein Lichtblitz zuckte auf und verlosch. Er zuckte ein zweites Mal, noch heller als zuvor und verlosch sogleich. Der Junge beschleunigte seine Schritte und erreichten einen zweiten Hügel. Von dort aus sah er es voll und ganz. Das Licht blitzte auf und verlosch, wieder und wieder.

Je näher der Junge kam, umso deutlicher hob sich eine Hütte von der Dunkelheit ab. Hinter der Hütte aber sah der Junge das Licht, es glühte wie ein großer Feuerball. Vor der Hütte stand ein Mann, hob beständig eine Schaufel und schob den Schnee vor seiner Tür beiseite. Er warf ihn in die Luft und so oft er das tat, verdunkelte sich das Licht. So entstand der Wechsel von Licht und Dunkelheit, den der Knabe gesehen hatte.

„Ich habe das Licht gefunden", dachte der Junge bei sich, „wie aber soll ich den Feuerball in mein Dorf bringen, ohne selbst daran zu verglühen?" Er näherte sich dem Haus. Schlich um den glühenden Ball und musste die Augen vor dem gleißenden Licht schützen. Er trat bald hier bald dort an den Feuerball heran und glaubte jedes Mal selbst zu vergehen. Da sagte er zu sich: „Das werde ich tun!" Er öffnete sein Bündel, nahm das schwarze Gewand heraus, das die Alte ihm geschenkt hatte und warf es in den Feuerball. Als er es wieder hervorzog, war es strahlend und glänzend wie Licht. Er streifte es über den Leib. Sogleich verwandelte er sich in einen Schwan und flog nach Norden. Wo immer er vorbeikam, wich die Finsternis und die Dunkelheit wurde Licht.

In seinem Dorf angekommen, streifte er das Kleid ab und war der Knabe wie zuvor. Er setzte sich auf die Bank vor dem verlassenen Haus. Das leuchtende Kleid verbarg er wieder in seinem Bündel. Wann immer er das Bündel öffnete, trat das Licht hervor wie die anbrechende Morgenröte. Dann tanzten die Menschen und sangen. Sie stärkten und trösteten sich, sie teilten ihr Brot und schlossen Frieden. Was sie sich vornahmen, das gelang.

Zeichnung: Sabine Meinhold

Von dieser Zeit an war es bei den Menschen licht und hell, warm und leuchtend. Zuweilen glaubten die Menschen, dass sich Himmel und Erde berühren. Dann war der Himmel zum Greifen nah.

Gesprächsimpuls
Ich wundere mich, was im Dorf geschehen ist. Was hat der Junge gebracht? Was hat sich verändert?

Kreative Idee: Strahlende Gewänder
Im Anschluss an die Erzählung können strahlende Gewänder, Gewänder des Lichts gestaltet werden. Wenn ein Gewand die ganze Gottesdienstreihe begleitet, kann hier eine entsprechende Gestaltung dazukommen. Alternativ ließen sich auch Bilder gestalten, die Gewänder und Träger darstellen.

Rollenspiel
Schwarze und leuchtende Gewänder stehen zur Verkleidung zur Verfügung. Kinder entwickeln kleine Spielszenen. Wie bewegen sich die Träger, wie agieren die Träger, wie sprechen die Träger? Welche Wirkung ruft der Träger des hellen Gewandes bei sich selbst und bei den Anderen hervor?

Alternativerzählung
Philippinisches Märchen vom Licht (siehe den Gestaltungsvorschlag vom 11.12.2016, S. 319)

Segen, s. S. 288

Simone Merkel

13. November 2016

Vorletzter Sonntag des Kirchenjahres

Jesaja 52,7–12

Die Freudenboten

Lieder: Wir feiern heut ein Fest (Krenzer/Edelkötter), Weil du mich so magst 185, LB 328, Dir sing ich mein Lied 310; Wachet auf, ruft uns die Stimme, EG 147, LJ 98

Liturgischer Text: Psalm (nach Psalm 69 und Jesaja 52), s. S. 300

Zum Thema

Von der exegetischen Literatur wird dieser Textabschnitt dem zweiten Jesaja zugeordnet. Damit liegt der geschichtliche Hintergrund, vor dem der Text entstanden ist, vor den anderen Texten dieser Reihe. 587 v. Chr. wurde Jerusalem und mit der Stadt der Tempel durch die Babylonier zerstört. Die Bewohner der Stadt wurden ins Exil nach Babylon geführt. Als die Macht der Babylonier bröckelt und die Perser an Vorherrschaft gewinnen, erwächst unter den Exilanten neue Hoffnung. Der persische König Kyros verspricht ein Retter zu sein. Eine Hoffnung erfüllt sich in gewisser Weise tatsächlich durch ihn. Durch das Befreiungsedikt der Perser und die liberale Religionsausübung wird die Rückkehr der Israeliten nach Jerusalem möglich, der Tempel darf wieder aufgebaut werden.

Die Worte des Propheten allerdings übermitteln eine klare Botschaft: Gott allein ist der Schöpfer. Gott allein ist der Retter. Darauf gilt es zu vertrauen, denn das Heil ist nahe. Es ist so nahe, dass die Schritte des Freudenboten schon vernommen werden können. Sie verkünden die frohe Botschaft der beginnenden Königsherrschaft Gottes auf dem Zion.

Das Thema und die Kinder

Für die Kinder wird an diesem Sonntag Jes 52,7 in den Mittelpunkt des Gottesdienstes gestellt. „Willkommen sind die Schritte des Freudenboten. Er kündigt Frieden an. Er bringt die Freudenbotschaft. Er bringt die Rettung." Der Ankündigung eines Boten geht eine Wartezeit auf den Boten voraus. Nach der Ankündigung folgt die Wartezeit auf die Verkündigung der Freudenbotschaft. Warten kann für Kinder unerträglich sein. Es ist verbunden mit Ungeduld, aber auch mit Vorfreude. Vorfreude lässt Hoffnung und Erwartungen wachsen. Das entspricht durchaus der Erfahrungswelt der Kinder. Was für wen und unter welchen Umständen eine Freudenbotschaft ist, kann mit den Kindern gemeinsam erschlossen werden.

Hinweis

Für diesen Sonntag ist keine eigene Erzählung vorgesehen. Wenn in der

Gemeinde wöchentlich Kindergottesdienst gefeiert wird, kann das gemeinsame Feiern den Platz der Erzählung einnehmen.

Gestaltungsvorschlag für jüngere und ältere Kinder

Eingangsvotum, s. S. 287

Psalm (nach Psalm 69 und Jes 52)
Willkommen sind die Schritte des Freudenboten. Er bringt die Freudenbotschaft. Er kündigt Frieden an. Er bringt die Rettung.
Mir reicht das Wasser bis an die Kehle.
Ich bin in tiefem Schlamm versunken.
Ich habe keinen Halt mehr.
Ich geriet in tiefes Wasser.
Die Strömung reißt mich fort.
Willkommen sind die Schritte des Freudenboten. Er bringt die Freudenbotschaft. Er kündigt Frieden an. Er bringt die Rettung.
Ich bin müde vom Rufen,
meine Kehle ist heiser.
Mir versagen die Augen.
Ich warte auf meinen Gott.
Willkommen sind die Schritte des Freudenboten. Er bringt die Freudenbotschaft. Er kündigt Frieden an. Er bringt die Rettung.

Zeitspiele und Gespräch
Mit verschiedenen Zeitspielen kann Zeitempfinden getestet werden.
Wie lang ist eine Minute? Alle Kinder stehen von ihren Stühlen auf. Sie setzen sich wieder, wenn ihrer Meinung nach eine Minute vergangen ist. Ein älteres Kind stoppt die Zeit. Erst wenn sich alle Kinder gesetzt haben, wird be-

kannt gemacht, wer der vereinbarten Zeit am nächsten war.
Anschließend erhalten je zwei Kinder einen Würfel. Sie würfeln abwechselnd. Die Sechsen werden gezählt. Wer die meisten Sechsen hat, ist Sieger. Auch hier gilt: Das Spiel darf nur eine Minute dauern. Das Paar beendet das Spiel, wenn nach ihrer Meinung eine Minute vergangen ist.
Nachgespräch: Ist eine Minute lang oder kurz? Ist Warten lang oder kurz? Worauf kann man warten? Worauf musstest du schon warten? Wie fühlt sich das Warten an? Worauf wartest du gerne? Worauf wartest du ungerne?

Kreative Idee: Gewand gestalten
Das Gewand kann nun zum Gewand des Freudenboten werden. Es wird so gestaltet, dass er als solcher erkennbar wird. Gemeinsam mit Kindern kann besprochen werden, welche Motive das Gewand nun erhalten soll.
Alternative: Das Gewand kann an diesem Sonntag auch zum Mantel der Freudenbotschaft werden.
Auch hier ist mit den Kindern zu beraten, wie es dann gestaltet werden kann. Vor allen Dingen ist zu fragen, welche Botschaft das Gewand umhüllt.

Kreative Idee: Freudenbotschaft
Was ist eine Freudenbotschaft? Was ist für die Kinder eine Freudenbotschaft? Wie ist es den Menschen ergangen, bevor sie die Freudenbotschaft erhalten haben?
Die Kinder gestalten einen A4-Bogen mit einer Freudenbotschaft. Die Botschaften werden in der Gruppe vorgestellt und gewürdigt. Anschließend wird der Bogen in besonderer Weise gefaltet oder in einen besonderen Umschlag gesteckt. Eine der Botschaften

ist diejenige, mit der weitergespielt werden soll und darf.

Rollenspiel

Die Kinder werden in zwei Gruppen aufgeteilt. In jeder Gruppe gibt es folgende Rollen:
Bote, Wächter, Wartende (diejenigen, die auf die Freudenbotschaft warten).
Jede Gruppe entwickelt eine der drei kurzen Spielszenen:
1. Die Ankündigung des Freudenboten,
2. Die Überbringung der Freudenbotschaft,
3. Die Botschaft wird verkündigt.
Die Gruppen spielen sich die Szenen gegenseitig vor.

Ergänzung: Hier könnte konkret die Freudenbotschaft des Bibeltextes aufgenommen und erzählt werden: die Geschichte der Rückkehr nach Jerusalem. Erzählhilfe: Neukirchener Erzählbibel S. 326

Fest feiern

Die Überbringung einer Freudenbotschaft ist ein Ereignis, das gefeiert werden muss. Hier kann je nach Möglichkeiten und Rahmenbedingungen frei gestaltet werden. Singen, Tanzen, Spielen, Essen und Trinken gehören zum Feiern dazu.

Segen, s. S. 288

Simone Merkel

20. November 2016

Ewigkeitssonntag

Jesaja 65,17–25

Vom neuen Himmel und der neuen Erde

Lieder: Der Himmel geht über allen auf, LJ 364, MKL 7, LfK1 B19, EG regional, LB 3; Da berühren sich Himmel und Erde, MKL2 132, LB 2, LH 27, Kommt, atmet auf 75, SvH 120; Wo Blumen den Asphalt aufbrechen, MKL 110; Der Himmel der ist, ist nicht der Himmel der kommt, EG 153, LJ 101

Liturgischer Text: Psalm (nach Jesaja 65), s. S. 303

Das Thema

Auch der letzte Text der Gottesdienstreihe gehört in das komplexe Werk des dritten Jesaja. Politische Entwicklungen und religiöse Denkart mehrerer Jahrhunderte haben hier ihre Spuren hinterlassen. Zugleich nehmen die Verfasser den Stil des zweiten Jesaja wieder auf, verarbeiten Motive aus dem ersten Jesaja und lassen sich durch die Schöpfungserzählungen und andere Texte inspirieren. Sie zeichnen damit ein Bild von Gott, dem sie Großes zutrauen und auf den sie hoffen. Sie glauben und hoffen, dass das Schöpfungswerk noch nicht beendet ist. Gott erschafft noch, Gott erschafft neu. Das Erschaffene ist so neu und anders, dass an das Vorherige, das Alte nicht mehr zu denken ist. Ein neuer Himmel und eine neue Erde werden es sein. Die Bilder, die die Texte entstehen lassen, sind phantastisch und real zugleich. Sie greifen weit über das hinaus, was die Menschen im Alltag erleben. Sie weiten damit den Horizont und ermutigen zur realen Hoffnung auf ein auskömmliches Leben und ein friedvolles Miteinander. Das ist viel mehr als die Menschen zur Zeit der Abfassung der Texte erleben. Um aber viel größer denken zu können, braucht es visionäre und unbegrenzte Bilder. Die werden hier mit lyrischen Worten gemalt.

Das Thema und die Kinder

Besonders jüngere Kinder leben im Hier und Jetzt. Das Denken in Zeitstrukturen fällt ihnen noch schwer. Das Warten auf ein Ereignis am nächsten Tag kann genauso herausfordernd sein wie das Erinnern einer Begebenheit des Vortages. Gleichzeitig gehört auch eine imaginäre Welt in das Denkmuster der Kinder. Gegenstände, Puppen und Spielfiguren können geradezu lebendig werden. Geschehnisse können an jeden beliebigen Ort gedacht werden und jede erdachte Welt kann in die reale Welt des Alltags projiziert werden. Auf diese Weise sind Kinder geradezu Meister darin, Neues zu denken, sich Größeres und Anderes, als sie real wahrnehmen, vorzustellen. Damit schöpfen sie aus einem Hoffnungspotential von dem sich Erwachsene inspirieren lassen sollten. Das Motiv des „neuen Himmel und der neuen Erde" (Jes 65,17) wird an diesem Sonntag in den Mittelpunkt gestellt.

Gestaltungsvorschlag für jüngere und ältere Kinder

Eingangsvotum, s. S. 287

Psalm (nach Jesaja 65)
Denk nicht an das Vergangene.
Vergiss, was früher war.
Himmel und Erde werden neu.
Himmel und Erde berühren sich.
Kein Weinen und kein Klagen mehr.
Kein Angst und kein Krieg.
Friede wird sein. Das Leben gelingt.
Denk nicht an das Vergangene.
Vergiss, was früher war.
Himmel und Erde werden neu.
Himmel und Erde berühren sich.
Kein Hunger und keine Not.
Keine Krankheit und keine Sorge.
Friede wird sein. Das Leben gelingt.
Denk nicht an das Vergangene.
Vergiss, was früher war.
Himmel und Erde werden neu.
Himmel und Erde berühren sich.
Bauen ist nicht vergeblich.
Pflanzen ist nicht vergeblich.
Arbeiten ist nicht vergeblich.
Friede wird sein. Das Leben gelingt.
Freude wird sein.
Lauter Jubel wird erklingen.
Himmel und Erde werden neu.
Himmel und Erde berühren sich.

(Die folgende Erzählung kann auch mit Gegenständen oder Bildern illustriert werden.)

Erzählung: Es könnte so schön sein
Es könnte so schön sein auf der Welt.
Wenn der Frühling kommt, denke ich das. Dann steigt die Sonne hoch, die Bäume blühen, alles erstrahlt in neuer Pracht. Aber jetzt ist der Herbst fast vorbei. Die Bäume haben ihre Blätter verloren. Die Tage sind dunkel. Die Tage sind so grau wie meine Gedanken. An vielen Orten der Welt ist Krieg. Kinder haben Angst und Hunger. Mütter sind mit ihren Kindern auf der Flucht. Männer suchen nach einem neuen Leben. Flüchtlingslager, Notunterkunft, das ist kein Leben. Überall gibt es Kinder, die Hunger haben, auch bei uns. Hunger, nach einem ordentlichen Frühstück vielleicht. Hunger nach noch viel mehr. Hunger nach Liebe vielleicht. Nimm mich auf den Arm, sag: Du bist das Allerbeste, das ich habe!

Ja, es könnte so schön sein auf der Welt.
Die Erde lässt so viel wachsen. Alle könnten genug zu essen haben. Alle könnten ausreichend Wasser haben. Es ist genug da, für alle. Aber immer wieder versuchen Menschen, mehr zu bekommen. Sie nehmen weg, was Andere nötig brauchen: das Land, die Häuser, das Wasser, die Nahrung.

So ist es heute. So war es damals. Schlimme Kriege. Die Menschen auf der Flucht. Das Nötigste fehlt. Leben in einem fremden Land. Eines Tages sind die fremden Herrscher fort. Sie haben ihre Macht verloren. Das Land ist wieder frei. Und die Menschen? Sie wollen heimkehren. Sie wollen nach Hause zurück. Gibt es noch ein Zuhause? Es gibt die Erinnerung an

Zeichnung: Hanna de Boor

Kein Säugling wird sterben. Alt wie Bäume werden die Menschen.
Alles wird anders. Alles wird neu.
Der Wolf wird beim Lamm wohnen. Das Kalb und der Löwe weiden zusammen. Ein kleiner Junge kann sie hüten.
Kuh und Bärin freunden sich an.
Der Löwe wird Stroh fressen wie das Rind.
Nirgends geschieht mehr Gewalt.
Alles wird anders. Alles wird neu.
Gott wird bei den Menschen wohnen.
Himmel und Erde berühren sich.

die guten Zeiten. Es gibt den Wunsch nach Heilung. Es gibt die Sehnsucht nach Geborgenheit. Es gibt Hoffnung. Wenn wir nur dort wären, dann wäre alles gut.
Dann kehren die Menschen zurück. Das Land ist frei. Das Land ist leer. Alles zerstört. Nichts mehr.
Dann fangen sie an, ganz neu. Voller Kraft und voller Hoffnung.

Einer bringt Botschaften, die Mut machen. Er singt Lieder mit Bildern wie aus Träumen.
Alles wird anders. Alles wird neu.
Himmel und Erde werden sich berühren.
Ihr werdet jubeln. Ihr werdet euch freuen ohne Ende.
Niemand wird weinen. Niemand wird klagen.
Ihr werdet Häuser bauen und selbst darin wohnen. Ihr werdet Reben pflanzen und den Wein selbst trinken.
Eure Arbeit wird nicht vergebens sein.

Einer hat diese Botschaft gebracht. Er hat Mut gemacht. Damals. Aber heute?
Vielleicht ist es nur ein altes Lied. Vielleicht sind es nur Bilder wie aus Träumen. Aber wenn es wahr ist? Wenn Gott auch jetzt bei den Menschen wohnt? Wenn Himmel und Erde sich berühren? Wenn alles anders ist? Wenn alles neu ist? Vielleicht ist es schon jetzt. Vielleicht erst ganz klein. So klein wie ein Samenkorn. Aber Samenkörner wachsen. Sie werden groß. Und dann …?

Es könnte so schön sein auf der Welt. Jetzt ist Herbst, der Winter kommt. Die Samenkörner schlummern in der Erde. Wenn der Frühling kommt, brechen sie auf. Lasst uns träumen und hoffen.
Ja, es ist schön auf der Welt.

Aktion – Erzählzelt
Das Gewand, das die Einheit begleitet hat, wird jetzt weiter gestaltet. Ideen, Träume und Visionen von der „neuen Erde" können aufgenommen und eingetragen werden.

Ggf. kann auch die Innenseite des Gewands gestaltet werden. Träume und Ideen ließen sich damit anschließend gewissermaßen an den Himmel projizieren. Denn das Gewand kann nun als Zelt genutzt werden. Wenn es über Leisten oder Stühle gespannt wird, können die Kinder darunter Platz nehmen. Unter dem Zelt werden dann Geschichten von der „neuen Erde" erfunden und erzählt.

Kreative Idee – Kratzbilder

Ein Bogen (bzw. ein Bogen für jedes Kind) starkes Papier (170 g oder stärker) wird komplett mit bunten Wachsstiften bemalt. Je bunter, umso besser.

Anschließend wird das gesamte Blatt mit schwarzer Temperafarbe überzogen und anschließend getrocknet. Die farbige Wachsschicht ist nicht mehr sichtbar. Mit einem spitzen Holzstäbchen können nun Bilder und Motive in die schwarze Farbschicht geritzt werden. Die schwarze Farbschicht wird dabei partiell abgetragen und die bunte wird wieder sichtbar.

Hinweis: Bei wenig Zeit kann vorbereiteter schwarz belegter Karton mit farbigem Untergrund (Kratzpapier) verwendet werden, den es in Bastelgeschäften zu kaufen gibt.

Simone Merkel

Monatlicher Kindergottesdienst

XIII Vom neuen Himmel und der neuen Erde   Jesaja 65,17–25

Am Ende des Kirchenjahres bedenken wir mit den Kindern die Gefährdungen des Lebens, Ungerechtigkeit, Zerstörung, Trauer, Tod. Der Jesajatext zeichnet ein hoffnungsvolles Bild von einem „neuen Himmel und einer neuen Erde". Gott erschafft neu. Das ermutigt, selbst Bilder von einer schöneren Welt zu träumen und sich für einen Neubeginn einzusetzen.

Der Gestaltungsvorschlag für den 20. November (S. 302) bietet einen Psalm nach Jesaja 65 (S. 303), eine Erzählung, die auch mit Gegenständen oder Bildern illustriert werden kann (S. 303). In einem Erzählzelt können die Kinder eigene Geschichten von der „neuen Erde" erfinden und erzählen (S. 304). Kratzbilder (S. 305) veranschaulichen, dass die dunkle Schicht (alte Erde) weggenommen wird und eine neue bunte Welt entsteht.

Kurrende-Sänger

Zeichnungen: Hanna de Boor

Lied: Ein Licht geht uns auf in der Dunkelheit, LJ 344, EG regional, KG 25, MKL 123, KiKiHits 11, LB 379, LH 61

Liturgische Texte: Psalm 43,3–4; Komm, Herr, wir brauchen dich (Sagt Gott I 100; II 78)

Das ewig Licht geht da hinein

Sonntag	Text/Thema	Art des Gottesdienstes Methoden und Mittel
27.11.2016 1. Advent	Ihr lieben Christen, freut euch nun EG 6,1–2	Gottesdienst mit Kindern (und Erwachsenen); Kerzenworte, Adventskranz, großes violettes Tuch, Gespräch, Erzählung, Melodie des Chorals von CD hören und singen, Doppelkarten mit Ausschnitt gestalten, Farbstifte, gestaltetes Gebet, Steine, Hoffnungszweige
4.12.2016 2. Advent	Lass sehn dein heilig Angesicht EG 6,3–4	Gottesdienst mit Kindern; Kerzenworte, Adventskranz, violettes Tuch, Erzählung, Gespräch, Weihnachtskrone (Tischkrone) gestalten, zweifarbiges Papier
11.12.2016 3. Advent	Das ewig Licht geht da hinein EG 23,4–5	Gottesdienst mit Kindern (und Erwachsenen); Einzug mit Lied und Licht, Kerzenworte, Gespräch, Smileys, Erzählung, Philippinisches Märchen „Halle des Lichts", „4 Kerzen im Advent", Tischlicht gestalten, Pappe, weißes Transparentpapier
18.12.2016 4. Advent	Des freu sich alle Christenheit EG 23,6–7	Gottesdienst mit Kindern; Kerzenworte, Gespräch, 6 Briefumschläge mit Buchstaben FREUDE, Plakat mit Krippe gestalten
24./25./ 26.12.2016 Heiligabend/ Christfest	Und mit den Hirten gehn hinein EG 24,1–6	Gottesdienst mit Kindern (und Erwachsenen); Krippenspiel zum Lied „Vom Himmel hoch", glänzende Stoffstreifen/Wollfäden zum Mitgeben; im Kindergottesdienst: Büchlein zum Lied gestalten

Monatlicher Kindergottesdienst
Das ewig Licht geht da hinein (EG 23,4–5) s. S. 316

27. November 2016

1. Advent

Ihr lieben Christen, freut euch nun

EG 6,1–2

Lieder: Wir sagen euch an, KG 29, EG 17, LB 376, LJ 26; Seht, die gute Zeit ist nah, EG 18, LJ 28, KG 27, LB 380; Ihr lieben Christen, freut euch nun, EG 6; Kyrie, EG 178.6

Liturgische Texte: Psalm 43,3–4; Komm, Herr, wir brauchen dich (Sagt Gott I 100; II 78); Kerzenspruch, KG S. 52

Zum Lied

Erasmus Alber (1500–1553) war ein Schüler und Freund Martin Luthers. Als Reformator und Pfarrer war er in Hessen, Brandenburg, Magdeburg und Wittenberg tätig. Der ursprünglich 18 Strophen umfassende Text des Liedes entstand im Jahr 1546, dem Todesjahr Luthers. Ins gleiche Jahr fällt der Sieg des Kaisers über die evangelischen Fürsten. Der Sache des Evangeliums droht eine furchtbare Katastrophe. In seinem Lied, unter der Überschrift: „Ein Lied von der Zukunft des Herrn Christi: am Jüngsten Tag", erfahren wir etwas von der Stimmung dieser Zeit. In einer der heute fehlenden Strophen heißt es: „Die Welt kann nun nicht länger stehn, ist schwach und alt, sie muss vergehn; sie kracht an allen Orten sehr und kann die Last nicht tragen mehr." Eigentlich ist es ein Lied, das den Gedankenkreis vom Ende der Welt und vom Gericht zum Inhalt hat, und kein Adventslied im engeren Sinn. Die freudige Erwartung, die aus den Versen, die in unserem Gesangbuch aufgenommen sind, spricht, hat das Lied wohl zum Adventslied werden lassen.

Die erste Strophe ist eine „Trost"-Strophe und sollte die Menschen seiner Zeit ermutigen und aufrichten. Christus, unser Bruder, wird kommen. Er wird allem Leid ein Ende machen. Das Wort „Liebe" ist wichtig. In Liebe begegnen sich Christen und in Liebe kommt Christus zu ihnen. Als Gebetsstrophe ist die zweite Strophe zu singen. Inständig wird die Bitte „Komm, Jesu Christe, lieber Herr! Kein Tag vergeht, wir warten dein und wollten gern bald bei dir sein" gerufen. Die Erwartung auf den Jüngsten Tag ist unsäglich hoch und der Wunsch, bei Jesus Ruhe und Geborgenheit zu finden.

Adventszeit ist nach kirchlicher Tradition Bußzeit. In den Wochensprüchen und Lesungen der vier Adventssonntage wird der Blick über das Weihnachtsgeschehen hinaus auf das Kommen Gottes gelenkt. Aus unserem „Adventsalltag" ist dieser Blick verschwunden.

Das Lied und die Kinder

Kinder erleben die Adventszeit vielfach als eine hektische Zeit mit vielen

Veranstaltungen, die sie zum Teil gern besuchen, manche aber auch als Last empfinden. Vielfältige Dekorationen zu Hause, in der Schule und im Kindergarten sollen eine gemütliche Atmosphäre verbreiten und Geborgenheit vermitteln. Die Vorfreude auf Geschenke wird durch wohlgefüllte (z. T. überdimensionierte) Adventskalender und reichliche Nikolausgeschenke relativiert. Der Adventszeit wird damit ihre eigentliche Bedeutung als Zeit der Vorbereitung genommen. Mit unserem Lied versuchen wir mit den Kindern die Bedeutung der Adventszeit neu zu entdecken. Mit den Bildern der Not und des Schreckens in schlimmer Zeit, aber auch den Worten der Hoffnung, die aus den einzelnen Strophen sprechen, können Kinder angesprochen werden. Sie erleben selbst Not in Familien und Schule. Durch die Medien erfahren sie von Kriegen, Krankheit und Leid in vielen Regionen der Welt. Sie werden ermutigt, ihre Nöte und Sehnsüchte auszusprechen und zu sagen, was sie für sich und andere Menschen erwarten. Sie hören die Advents- und (Weihnachts-)Botschaft neu: „Gott kommt zu uns Menschen". So kann die Adventszeit als erwartungsvolle Zeit begangen werden.

Die Erzählung zum Lied greift die historische Situation, die Erasmus Albers zum Schreiben des Liedes veranlasste, auf. Im Kyrie sprechen wir unsere Mühe mit dem rechten Begehen der Adventszeit an und singen das Adventskyrie aus dem EG. Der Liedvers „Seht, die gute Zeit ist nah ..." ist Zuspruch und Überleitung zur Erzählung. Auch in der Adventszeit ist ein Gloria möglich. In die Erzählung eingebaut werden die beiden ersten Strophen des Liedes „Ihr lieben Christen, freut euch nun".

Gestaltungsvorschlag für Kinder (und Erwachsene)

Vorbereitung
Gestaltung des Raumes: In der Mitte des Stuhlkreises liegt ein violettes Tuch. Darauf wird beim Kerzenspruch ein kleiner Adventskranz mit einer brennenden Kerze gestellt. Findet der Gottesdienst im größeren Raum gemeinsam mit Erwachsenen statt, wird ein Tisch als Mitte gestaltet.
Materialien: violettes Tuch, Adventskranz, Doppelpostkarten mit Ausschnitt, Buntstifte und/oder Wachsmalstifte, Steine, Tannenzweige; Doppel-CD „Ich steh an deiner Krippen hier" Orgelbegleitsätze zu Advents- und Weihnachtsliedern aus dem EG; zu bestellen für ca. 10 Euro plus Versand bei: Gemeindedienst der EKM, Zinzendorfplatz 3, 99192 Neudietendorf; www.gemeindedienst-ekm.de
Musik: Es ist gut, wenn eine CD mit der Melodie (nicht dem Text) des Liedes abgespielt werden kann oder ein anderes Melodieinstrument zur Verfügung steht. Die Melodie wird Kindern kaum geläufig sein, besonders die letzte Zeile mit den langen Noten ist schwer zu singen. (Bekannter ist diese Melodie vielleicht zu dem Text des Morgenliedes „Steht auf, ihr lieben Kinderlein" EG 442)
Text: Die beiden ersten Strophen des Liedes sind auf große Blätter geschrieben, damit die Kinder sie mühelos lesen können.

Begrüßung
Heute ist der erste Advent und es beginnt das Warten auf das Weihnachtsfest. Gott, komm zu uns Menschen! Das haben Menschen in verschiedenen Zeiten inbrünstig erbeten.

Von einem dieser Bittenden ist uns ein Adventslied überliefert, das wir heute im Gottesdienst bedenken wollen.

Kerzenspruch

(zum Anzünden der 1. Kerze:)
Jesus Christus ist das Licht der Welt. Er bringt Licht in unser Leben und hilft uns.

Lied: Wir sagen euch an, 1. Str.

Kyrie

Guter Gott! Wir warten auf Weihnachten. Wir sind ungeduldig und möchten vieles erleben, gestalten, backen und feiern. Wir vergessen, dass du in Jesus zu uns in die Welt kommen willst.
Hilf uns, zur Ruhe zu kommen und auf dein Kommen zu warten.
Wir rufen zu dir: (Es folgt das Kyrie EG 178.6 oder das für die Gemeinde gewohnte Kyrie)

Gloria

Gott, du wartest mit uns,
Gott, du hoffst mit uns,
Gott, du freust dich mit uns.

Liedvers: Seht, die gute Zeit ist nah, 1. Str.

Hinführendes Gespräch

Im Advent
– sehen wir ...
– hören wir ...
– essen wir ...
– machen wir ...
– geht es uns ..., weil ...

Erzählung

Es war im Jahr 1546 in der Stadt Wittenberg. Viele Menschen trauerten um Martin Luther, der im Februar gestorben war. Seine Freunde vermissten ihren Lehrer, die Diskussionen mit ihm über die Erneuerung der Kirche und über seine Schriften zum Zeitgeschehen. Zu ihnen gehörte auch Erasmus Alber. Er war Pfarrer. Seine Begeisterung für Luthers Ideen war groß. Ihretwegen hatte er seine Pfarrstelle in der Grafschaft Hanau verloren und war nach Wittenberg geflohen.

Nun war er Gast bei Philipp Melanchthon und anderen Freunden. Schwere Gedanken gingen Alber durch den Kopf. Es war Krieg. Die katholischen kaiserlichen Soldaten hatten die Truppen der evangelischen Fürsten besiegt. Was würde das für die Erneuerung der Kirche, für die Reformation bedeuten? Würde die gute Nachricht, die die Befreiung der Menschen aus ihrer Angst vor Teufel und Dämonen gebracht hatte, untergehen? Würde Martin Luthers Lehre von der Gnade und Liebe Gottes, die jedem Menschen galt, verschwinden? Nein! Bei so viel Leid, Krieg und Ungerechtigkeit musste das Ende der Welt nahe sein. Da musste Jesus Christus doch wiederkommen und sein Reich aufrichten. Viele Gedanken gingen Erasmus durch den Kopf und eines Tages begann er sie in ein Gedicht zu fassen. Alle seine Ängste, aber besonders seine Hoffnung schrieb er nieder. Ein Lied entstand, das Mut und Hoffnung machte.

Den **Text der ersten Strophe** „Ihr lieben Christen, freut euch nun" vorlesen, danach die Melodie abspielen und dann die erste Strophe singen oder lesen.

Bewegungen zum Lied:
Ihr lieben Christen, freut euch nun,
(die Arme seitlich nach oben strecken)
bald wird erscheinen Gottes Sohn,
(die Arme mit geöffneten Händen weit nach oben strecken)
der unser Bruder worden ist,
(die Arme über der Brust kreuzen)
das ist der lieb Herr Jesus Christ.
(langsam zur Melodie um sich selbst kreisen und in die Hände klatschen)

Fortführung der Erzählung: Ja, so musste es gut sein. Erasmus Alber las sich den ersten Vers noch einmal laut vor. Ob seine Freunde ihm zustimmen würden? Sie waren ja von den gleichen Ängsten geplagt wie er. Aber zuerst wollte er weiterdichten. Sehr dringlich, ja drängend brachte Alber seine Sehnsucht vor. So groß war die Not, die Angst vor der Zukunft, dass er den Tag herbeisehnte, an dem Jesus Christus wiederkommen würde, und alles Leid auf der Erde ein Ende hätte. Es würde eine neue Heimat, eine Heimat ohne Angst, Not und Schmerzen geben. Da wollte er sein. Die zweite Strophe war entstanden, eine Gebetsstrophe. Hört sie euch an!
Der Jüngste Tag ist nun nicht fern.
Komm, Jesu Christe, lieber Herr!
Kein Tag vergeht, wir warten dein
und wollten gern bald bei dir sein.

Den **Text der zweiten Strophe** vorlesen, danach gemeinsam lesen, die Melodie abspielen und gemeinsam singen. Die Bewegungen der 1. Strophe sind auch hier möglich.

So war Erasmus Alber erst einmal zufrieden mit seinem Werk. Später würde er weiter daran arbeiten.

Zeichnung: Sabine Meinhold

Hier ist ein **Gespräch** mit den Kindern über ihre Eindrücke zu der Geschichte möglich.

Kreative Weiterarbeit
Die Kinder bekommen eine Doppelpostkarte mit einem rechteckigen Ausschnitt, in dem die beiden Strophen des Liedes stehen (s. Zeichnung). Sie werden ermuntert den Rahmen der Karte mit den Farben zu gestalten, die nach ihrer Meinung zum Lied passen.

Gebet und Aktion
Es ist Advent und wir freuen uns auf Weihnachten. In der Adventszeit sollen wir uns Zeit nehmen, an das zu denken, was unser Leben schwer macht, was wir gern anders haben möchten.
Auf das Tuch in der Mitte können wir Steine ablegen und dazu unsere Sorgen oder Ängste sagen.
Aber auch unsere Hoffnung auf Veränderung können wir sagen und dazu einen Tannenzweig als Hoffnungszweig ablegen.

(Falls Kinder und Erwachsene gemeinsam feiern, die Erwachsenen zum Mittun ermuntern.)
Nach jeweils mehreren Aussagen (z. B. Sagt Gott I 100, II 78) beten wir gemeinsam:
„Komm, Herr, wir brauchen dich auf der dunklen Erde, dass die Welt von deinem Licht immer heller werde."

Vaterunser

Wir singen noch einmal beide Strophen unseres Liedes.

Segen (wie in der Gemeinde üblich)

Gudrun Naumann

4. Dezember
2. Advent

Lass sehn dein herrlich Angesicht
EG 6, 3–5

Lieder: s. die Liedvorschläge zum 27.11. S. 308; Segenslied im Advent, LH2 252; Kyrie, EG 178.6

Liturgische Texte: Kerzensprüche, KG S. 52; Psalm 43,3–4; Komm, Herr, wir brauchen dich, Sagt Gott I 100, II 78

Zum Lied

Zur Entstehung des Liedes bitte auch die Ausführungen zum 1. Advent (S. 308) lesen.
Die dritte Strophe nimmt Bezug auf den Propheten Daniel „siehe, es kam einer mit den Wolken des Himmels wie eines Menschen Sohn" (Dan 7,13). Sie hat Bezug zum Evangelium des zweiten Advent (Lukas 21,25–27). Die Aussage von der erfüllten Zeit, dem Ende der Welt, wird im Propheten Daniel beschrieben und für Erasmus Alber ist dieser Zeitpunkt eingetreten. Er lebt in der unmittelbaren Erwartung des Endes und des Gerichts. Aber er sieht das Ende als Befreiung von aller Bedrängnis, allem Druck. Er erlebt die Bedräng-

nis in allen Formen teuflischer Gewaltherrschaft in Lüge, Heuchelei, Eitelkeit und Machtausübung. In der Reformationszeit wird zu den Bedrängern der Gemeinde auch der Papst gezählt. Die fünfte Strophe wird wieder zur Gebetsstrophe. In ihr klingt das „Amen, ja komm, Herr Jesu" aus der Offenbarung (22,20) an. Albers Lied als Wochenlied am 2. Advent lässt nicht die uns geläufige naiv-harmlose Adventsstimmung aufkommen. Die Verbindung mit den Schrecknissen seiner Zeit und den Gedanken an die Wiederkunft Christi zum Gericht ist von freudiger Erwartung erfüllt. Dreimal ist die Anrede „lieber Herr" Ausdruck dieser freudigen Erwartung. So kann das Lied hilfreich sein in der Adventszeit auch auf die „Schrecknisse" unserer Zeit zu schauen und Hoffnungsbilder entstehen zu lassen.

Das Lied und die Kinder

Hierzu bitte auch die Ausführungen zum 1. Advent (S. 308) lesen.
Die Strophen 3–5 bringen in Bildern die Bedrängung Albers und der Menschen seiner Zeit zur Sprache. Kinder kennen die Bilder von Teufel und Drachen aus Märchen und diversen Fantasyfilmen. Teufel und Drachen verkörpern das Böse, das Menschen geschieht. Aber in der Regel ist ein Held da, der das Böse überwindet. Es wird nicht schwer sein, dass Kinder Erfahrungen ihres Lebens auf die beiden Gestalten als Auslöser übertragen. Und es wird gut sein, wenn sie diese Erfahrungen aussprechen. Kinder brauchen aber eine vertrauensvolle, Geborgenheit vermittelnde Atmosphäre, um sich zu öffnen. Also sollte man hier nichts erzwingen. Die Hoffnung, die Alber in den liebevollen Bezeichnungen für Jesus (treuer Heiland, Immanuel, Herr Christ, lieber Herr) verwendet, zeugt von dem ganz großen Vertrauen, das er in die Wiederkunft Jesu setzt. Auch hier werden sich die Kinder angesprochen fühlen und finden vielleicht weitere, so liebevolle Bezeichnungen. Kann das Kommen Jesu in die Welt, das wir an Weihnachten feiern, für die Kinder zu diesem Hoffnungszeichen werden?
Mit der Gestaltung einer „Weihnachtskrone" können wir die dunklen Phasen der Bedrängnisse und Ängste, sowie die helle Seite des Trostes und der Hoffnung aufnehmen. Die drei Strophen, die wir heute singen und bedenken, sind in großer Schrift aufgeschrieben, so dass die Kinder sie mühelos lesen können. Kinder werden im Kindergottesdienst gern kreativ tätig. Wir gestalten mit ihnen eine Weihnachtskrone, die das Bild vom erwarteten König und Retter aufnimmt.

Gestaltungsvorschlag für jüngere und ältere Kinder

Vorbereitung

Gestaltung des Raumes: In der Mitte des Stuhlkreises liegt ein violettes Tuch, auf dem ein Adventskranz liegt. Die Kerzen am Kranz werden erst bei den Kerzensprüchen entzündet.
Eine CD mit der Melodie des Liedes „Ihr lieben Christen ..." liegt bereit oder ein Melodieinstrument, auf dem den Kindern die Melodie vorgespielt werden kann.
Materialien: Violettes Tuch, Adventskranz, Farbstifte, Schablone der Weihnachtskrone, Scheren

Begrüßung

Kerzensprüche zum Anzünden der Kerzen am Adventskranz
1. Kerze: Jesus Christus ist das Licht der Welt. Er bringt Licht in unser Leben und hilft uns.
2. Kerze: Jesus Christus ist das Licht der Welt. Wenn wir traurig sind, tröstet er uns.

Lied: Wir sagen euch an den lieben Advent, 1. u. 2. Str.

Kyrie

Guter Gott wir feiern den 2. Advent. Wir warten auf Weihnachten. Wir sind ungeduldig und kommen nicht zur Ruhe vor lauter Terminen und Vorbereitungen. Lass uns hier im

Gottesdienst zur Ruhe kommen. Wir rufen zu dir: (Es folgt EG 178.6 oder ein anderer Kyrie-Ruf)

Gloria
Gott, du wartest mit uns,
Gott, du hoffst mit uns,
Gott, du freust dich mit uns.

Liedvers: Seht, die gute Zeit ist nah

Erzählung
(Wenn Kinder da sind, die am 1. Advent nicht im Kindergottesdienst waren, werden die beiden ersten Strophen des Liedes vorgelesen, die Melodie gespielt und mit allen Kindern beide Strophen gesungen.)
Erasmus Alber war ein Freund Martin Luthers. Er erlebte Krieg und Gewalt. Er sehnte sich nach dem Ende der Welt, wenn Jesus wiederkommt und alle Leiden ein Ende haben.

Da stand Erasmus Alber nun wieder an seinem Schreibpult und las die beiden ersten Strophen seines Gedichtes wieder und wieder. Er wünschte sich so sehr, dass Jesus kommt. Aber warum sollte Jesus kommen? Was war so schlimm in seiner Zeit?

Alber wechselte den Platz und setzte sich auf einen bequemen Stuhl. Er schloss die Augen und sah in Bildern vor sich, was er erlebte, und Bilder aus der Bibel sah er vor sich, die von den furchtbaren Dingen am Ende der Zeit erzählten. In Gestalt des Drachens sah er diejenigen, die den Christen nach dem Leben trachteten. Er sah die Soldaten der Fürsten, die Krieg führten und Städte und Dörfer plünderten und zerstörten. Er sah Kinder und Erwachsene, die als Gefangene fortgeführt wurden und Tie-re, die verendeten. Er sah schlimme Krankheiten und Seuchen, die Menschen und Tiere töteten und niemand wusste Hilfe. Da war der Teufel, der gierig war nach Macht und viel Leid unter die Menschen brachte. Da war der Geiz, der nach immer mehr Reichtum verlangte und nicht sah, wieviel Menschen nicht das Nötigste zum Leben hatten. Da waren die Richter, die ungerecht waren und denen Recht gaben, die am meisten zahlen konnten. Alber öffnete die Augen und lief ruhelos umher.
„Du treuer Heiland Jesu Christ,
dieweil die Zeit erfüllet ist,
die uns verkündet Daniel,
so komm, lieber Immanuel",
hörte er sich plötzlich sagen.

Den **Text der Strophe** lesen, die Melodie einspielen, die Strophe singen.

Ja, das wäre gut! Mit liebevollen Worten „treuer Heiland" und „lieber Immanuel", d. h. „mit uns ist Gott" bat Alber um das Kommen Jesu. Gleich darauf fügte er an, was ihm Not macht: der Teufel mit allen seinen Tücken. Der ist von Menschen nicht zu besiegen. Jesus hatte ihn besiegt. Und so sagte Erasmus Alber laut:
„Der Teufel brächt uns gern zu Fall
und wollt uns gern verschlingen all;
er tracht' nach Leib, Seel, Gut und Ehr.
Herr Christ, dem alten Drachen wehr."

Den **Text der Strophe** lesen, die Melodie einspielen, die Strophe singen

„Ja", dachte Alber und setzte sich wieder auf seinen Stuhl, „jetzt weiß ich, was noch fehlt, was uns helfen

Weihnachtskrone

——— = ausschneiden
– – – = knicken

Zeichnung: Gudrun Naumann

kann. Der gerechte Richter muss kommen, der Herr Jesus Christ. Die Bedrängten und Rechtlosen werden zu ihm kommen und bei ihm ihr Recht erhalten. Sie werden in sein helles Angesicht sehen und es wird für sie selbst hell werden. Im Licht Gottes wird alles Leid vergessen sein. Ja, so wird es sein." Schnell stand er auf, ging zu seinem Schreibpult und schrieb seine Gedanken auf:
„Ach lieber Herr, eil zum Gericht!
Lass sehn dein herrlich Angesicht,
das Wesen der Dreifaltigkeit.
Das helf uns Gott in Ewigkeit."

Den **Text der Strophe** lesen, die Melodie einspielen, die Strophe singen

„So, dass wäre geschafft", sagte Alber zu sich selbst. Er schrieb das Lied noch einmal sauber ab und ging damit zu seinen Freunden. Was würden sie zu seinem Lied sagen?

Vertiefendes Gespräch

Eventuell reagieren die Kinder auf die Frage, mit der die Erzählung schließt. Das ergäbe einen guten Anknüpfungspunkt an die Bedrängnisse und Hoffnungen, von denen Alber spricht. Ansonsten muss dieser Impuls von der Mitarbeiterin kommen.
Die Kinder werden ermuntert zu sagen, worin die Bedrängnisse unserer Zeit bestehen und was sie selbst als bedrängend, notmachend empfinden.

Wir können die Aussagen auf Zettel schreiben und in die Mitte legen. Ebenso können wir sagen und schreiben, was uns hoffen lässt und worauf wir hoffen.

Weihnachtskrone gestalten

Material: zweifarbiges Bastelpapier, ideal ist eine schwarze und eine gelbe Seite. Die Kinder schneiden die vorgezeichnete Krone, die wie ein Stern aussieht, aus. Die schwarze Seite ist die Außenseite und kann mit weißen oder gelben Stiften mit Begriffen, die wir im Gespräch über Ängste und Bedrängnis zusammengetragen haben, beschrieben werden. Auf die Zacken der Innenseite schreiben und malen die Kinder ihre Hoffnungsbilder.

Auch adventliche Motive (Tannenzeig, Kerze, Stern) haben da ihren Platz. In die Mitte kann eine Krippe gemalt werden als Zeichen der Hoffnung auf Weihnachten. Am Ende werden die Zacken aufgestellt. Die Krone ist eine Tischkrone und kann nicht auf den Kopf gesetzt werden.

Wir stellen unsere Kronen um den Adventskranz herum auf und schließen unseren Kindergottesdienst mit **Gebet** und **Segen**.

Gebet (Sagt Gott I 100, II 78)
Kehrvers: Komm, Herr, wir brauchen dich auf der dunklen Erde, dass die Welt von deinem Licht immer heller werde.
(Ältere Kinder und Mitarbeiter sprechen die Bitten, alle gemeinsam sprechen den Kehrvers)

Vaterunser

Lied: Segenslied im Advent
(oder gesprochener Segen wie üblich)

Gudrun Naumann

Monatlicher Kindergottesdienst

XIV Das ewig Licht geht da hinein   EG 23,4–5

Martin Luthers Weihnachtslied „Gelobet seist du, Jesu Christ", knüpft in der 4. Strophe an die Lichtthematik aus Johannes 1,5 an: „Das Licht scheint in der Finsternis." Gott kommt in Jesus in die Welt, als Mensch kommt er den Menschen nahe. Er ist das wahre Licht, das die Menschen erleuchtet und sie zu Kindern des Lichtes macht. Er führt sie aus dem „Jammertal" dieser Welt in seine strahlende Herrlichkeit (Strophe 5). Die Kinder lernen ein Lied aus einer Zeit der Nöte und Ängste kennen. Licht ist auch ihnen eine Hilfe in ihrer Lebenswirklichkeit.

Der **Gestaltungsvorschlag für den 3. Advent** (s. S. 317) bietet vielfältige Ideen für einen monatlichen Kindergottesdienst, aus denen ausgewählt werden kann: **Lichtprozession** (S. 318), **Erzählung** zu Luther und zum Kurrende-Singen in der Weihnachtszeit (S. 319), **Weitergeben des Lichtes** zu dem Lied „Gib dein Licht weiter, es macht dich nicht arm" (S. 319), **Philippinisches Märchen** von der Halle des Lichts (S. 319), Die **Erzählung** von den vier Kerzen im Advent (auch als Weihnachtsmusical, s. Hinweis S. 322). Zu den Motiven aus der Erzählung kann ein **Tischlicht** gestaltet werden (S. 321), alternativ werden kleine **Kurrende-Sänger** gebastelt (S. 306).

11. Dezember 2016

3. Advent

Das ewig Licht geht
da hinein

EG 23,4–5

Lieder: Gottes Wort ist wie Licht in der Nacht (mit Tanz), KG 149, MKL 152, LB 263, LH 83, Kommt, atmet auf 56; Ein Licht geht uns auf, LJ 344, EG regional, KG 25, MKL 123; Die im Dunkeln stehn, LH 2 251; Mache dich auf und werde licht, LB 370, LJ 451, KG 24, MKL 128; Gib das Licht weiter, s. S. 319; Tragt in die Welt nun ein Licht, LH 277, MKL 132, LJ 327; Gelobet seist du, Jesu Christ, EG 23

Liturgische Texte: Psalm 121 (Dir kann ich alles sagen, Gott, S.129; Sagt Gott II 63); Psalm 27 (Sagt Gott I 28)

Zum Text und zum Dichter

Martin Luther als Liederdichter, mehr noch: als „Erfinder" der Choräle im Gottesdienst, ist den Kinder wahrscheinlich weniger bekannt als alle anderen Verdienste des Reformators. 1524 ist die Gemeinde am Gottesdienst nicht beteiligt, Gemeindegesang ist so gut wie unbekannt. So klagt Luther, es sänge nur „ein Chor von Pfaffen und Schülern". Allein schon wegen seiner Choräle hätte er für mich einen Ehrenplatz unter den Gestalten des Glaubens verdient. Die „Wittenbergsche Nachtigall" hat ihn Hans Sachs anerkennend genannt. Damals verbreiteten sich seine Lieder, dank der eben erfundenen Druckkunst, ebenso schnell im Lande wie seine 95 Thesen. Das wohl bekannteste Lied in unserem Gesangbuch ist „Die Kinderweihnacht", das Weihnachtslied „Vom Himmel hoch, da komm ich her" (EG 24), zu dem er sogar auch die Melodie geschrieben hat. Das älteste lutherische Weihnachtslied ist aber „Gelobet seist du, Jesu Christ" (1524). Allein im Stammteil unseres Ge-

sangbuches finden wir 34 Lieder (von ca. 40 Liedern) zu denen Luther den Text oder die Melodie oder beides geschrieben hat. Unser Lied gehört nicht zu den bekannteren volkstümlichen Liedern, sondern zu den mittelalterlichen deutschen „Leisen" (wegen des Bittrufs an jedem Strophenende: „Kyrieleis"). Die ausgewählten Liedstrophen sind die Weiterdichtung eines ca. 150 Jahre älteren Liedes aus dem Kloster Medingen. Schnörkellos, theologisch aber sehr konzentriert, nutzt Luther seine Lieder dazu, Glaubensinhalt und -hilfe zu sein.

Der Text und die Kinder

Wir sind mitten in der Adventszeit. Schon bei den Martinsfestumzügen hat die Kinder das Licht der Laternen begleitet und erfreut. Der Umgang mit Kerzen ist schon im Kindergottesdienst und auch zu Hause eingeübt. Für die Kinder sind die brennenden Kerzen Zeichen einer besonderen Zeit und eines besonderen Anlasses. Kerzen und Licht erzeugen Gemütlichkeit, aber auch Sicherheit und Geborgenheit. Licht vertreibt Angst. Wie tröstlich ist es für ein Kind, wenn zum Einschlafen die Kinderzimmertür wenigstens einen Spalt offen bleibt. Wenn wir Menschen „Licht ins Dunkle" bringen, dann schaffen wir Klarheit und Orientierung. Hell und Dunkel, das sind nicht nur Kontraste, sondern sie können für die Kinder auch „Folien" für Gut und Böse, gemütlich und unheimlich, für Sicherheit und Angst, für Freude und Trauer sein. In lichtarmer Zeit des Kirchenjahres sind es die Kerzen des lebendigen Lichtes, die uns in sonst lichtdurchfluteter Zeit der Reklamen und verschwenderischer Beleuchtungen eine besondere Stimmung erleben lassen. Dieses Erlebnis möchte ich den Kindern und mir erhalten oder vermitteln und bewahren.

Früher wurde vom Licht der Sonne der Tages- und Jahresablauf bestimmt. Heute markieren Kerzen besondere Ereignisse unseres Lebens (Taufe, Geburtstage, Hochzeit, Osterkerze ...). Es liegt nahe, in der Hinführung zum Thema von Luther als Kurrendekind in Eisenach zu erzählen. Und natürlich muss seine große Liebe zur Musik zur Sprache kommen. Das Singen und die Musik gehören für Kinder zu ihrem Alltag. Auch damit drücken sie ihre Gefühle aus. Wir singen, wenn wir danken, loben, aber auch klagen. Dur oder moll geben besser als Worte unseren Gemütszustand wieder.

Bausteine für einen Gottesdienste mit Kindern und Erwachsenen

Einzug mit Lied und Licht
Wenn es möglich ist, sollte der Raum zu Beginn „dunkel" sein. Wir ziehen mit

der Kindergottesdienstkerze ein. Dabei singen wir: „Gottes Wort ist wie Licht in der Nacht ..." oder: „Mache dich auf und werde licht ...". Zu diesen Liedern kann auch getanzt werden. Oder: Die Kinder ziehen mit ihren mitgebrachten Martinslaternen ein. (Dazu wurden sie im vorangegangenen Kindergottesdienst eingeladen.) Sie werden auf ein (dunkel-)blaues Tuch gestellt. Die Kerzen (!) sind entzündet.

Gespräch
Die Kinder erzählen vom Laternenumzug. Vielleicht kommt auch zur Sprache, dass einige Laternen abgebrannt sind und deshalb die Laterne nun „elektrifiziert" wurde. Wir regen an, den Unterschied zwischen Laternen mit Kerzen oder mit Batterie zu beschreiben. (Das Licht der Kerze ist „altmodisch", „lebendiger", es muss aber besser behütet werden, braucht also mehr unsere Aufmerksamkeit, manchmal ist es auch gefährlicher. Mit Batterie betriebenes Licht der Laterne ist auf jeden Fall sicherer und zuverlässiger, natürlich „moderner".) Die Leuchtkraft einer Laterne ist ziemlich bescheiden und doch gibt sie Orientierung. Sie leuchtet nicht weit, ist aber schon von weitem zu sehen. Wenn wir nun wie die Laterne leuchten wollen, brauchen wir keine großen weltbewegenden Leistungen zu erbringen: einfach da sein, leuchten und auf den anderen zugehen.

Die Kinder erzählen, was ihnen am Laternenumzug besonders gefallen hat. Wir kommen dabei auf das Singen zu sprechen. Was haben wir gesungen? Zum gebräuchlichsten Lied gehört sicher: „Tragt in die Welt nun ein Licht" oder (nicht so bekannt) „Gib das Licht weiter, das macht dich nicht arm". Das Schöne an einem Martinszug ist, dass

Gib das Licht weiter

Text und Musik: Siegfried Macht
aus: Macht, Siegfried, Kleine Leute – große Töne
© Strube Verlag, München

Gib das Licht wei - ter, das macht dich nicht arm:

1. Hell wird das Dun - kel, die Käl - te wird warm.
2. warm.

man nie allein ist. Das macht nur mit vielen anderen zusammen Spaß.

Das **Lied** wird gesungen. Am Ende des Gottesdienstes kann zum Singen das Licht (Teelichte in Gläsern oder fertige Adventslichter) weitergegeben werden.

Erzählung

Martin Luther hat das Singen sehr geliebt. Schon als Kind ist er in Eisenach besonders in der Advents- und Weihnachtszeit als Kurrendekind durch die Straßen gezogen und hat mit Liedern die Botschaft vom Licht Jesus Christus weitergetragen. Nicht immer in der deutschen Sprache – das war damals noch nicht üblich. Erst als er erwachsen war, hat er ein deutsches Weihnachtslied geschrieben, das den Kindern vielleicht nicht bekannt ist. (Also nicht: „Vom Himmel hoch ...") Es gehört zu den ältesten Weihnachtsliedern. Da heißt eine Strophe:
Das ewig Licht geht da herein,
gibt der Welt ein' neuen Schein;

es leucht' wohl mitten in der Nacht,
und uns des Lichtes Kinder macht.
Kyrieleis.
Hier beschreibt Luther, warum wir in der Advents- und Weihnachtszeit so viele Kerzen entzünden. Dieses oftmals bescheidene Licht erinnert uns an Gottes Liebe. Weil Gott will, dass wir nicht im Dunkel dieser Welt und unseres Lebens bleiben müssen. Weihnachten wird da, wo sich Menschen durch das Licht verwandeln lassen. Unser Leben soll freundlich-lebenswert sein. Und diesen Wert erhält unser Leben nicht durch uns selbst. Es ist ein Geschenk Gottes. Ehe wir uns Weihnachten beschenken, beschenkt uns Gott mit dem Kind in der Krippe. Später wird dieser Jesus sagen: „Ich bin das Licht der Welt!"

Philippinisches Märchen

Ein König hatte zwei Söhne. Als er alt wurde, wollte er einen der beiden zu seinem Nachfolger bestellen. Er versammelte die Weisen seines Lan-

319

des und rief seine Söhne herbei. Er gab jedem der beiden fünf Silberstücke und sagte: „Füllt für dieses Geld die Halle in unserem Schloss bis zum Abend. Womit, das ist eure Sache."

Der Älteste ging davon und kam an einem Feld vorbei. Dort waren die Arbeiter dabei, das Zuckerrohr zu ernten und in einer Mühle auszupressen. Das ausgepresste Zuckerrohr lag nutzlos umher. Er dachte sich: Das ist eine günstige Gelegenheit, mit diesem nutzlosen Zeug die Halle zu füllen. Bis zum Nachmittag war es geschafft. Der älteste Sohn ging zu seinem Vater und sagte: „Ich habe deine Aufgabe erfüllt. Auf meinen Bruder brauchst du nicht zu warten. Mach mich zu deinem Nachfolger." Der Vater antwortete: „Es ist noch nicht Abend. Ich werde warten."

Bald darauf kam auch der jüngere Sohn. Er bat darum, das Zuckerrohr aus der Halle zu entfernen. Nachdem das geschehen war, stellte er mitten in die Halle eine Kerze und zündete sie an. Der Schein füllte die Halle bis in die letzte Ecke. Der Vater sagte: „Du sollst mein Nachfolger sein. Du hast nicht einmal ein Silberstück gebraucht und hast sie mit Licht gefüllt. Das ist es, was die Menschen brauchen!"

Erzählung für einen Familiengottesdienst
Kriegsweihnacht
Es ist eine schreckliche Nacht im 1. Weltkrieg im Dezember 1914 in Frankreich. Zugleich ist es aber auch eine denkwürdige Nacht. Es ist Krieg und – es ist Weihnachten, Heiliger Abend. Soldaten liegen einander gegenüber in den Schützengräben, die nur wenig Schutz bieten. Vor der eisigen Kälte sowieso nicht. Franzo-

sen, Engländer und Deutsche sind Feinde – es ist ja Krieg, schon lange, mehrere Jahre. Weil Weihnachten ist, ist immer mal Pause zwischen den Angriffen. Weihnachtsmusik erklingt. Die gehört zu Weihnachten, auch im Krieg, auch im Kampf. Das muss man verstehen.

Aber was dann geschieht, mitten in der Nacht, das kann man nicht verstehen. Wer nicht dabei gewesen ist, muss den Augenzeugen glauben und so an ein Weihnachtswunder glauben: Da steht ein Soldat aus der Deckung des Schützengrabens auf, langsam, vorsichtig und doch festen Schrittes. Es weiß, was er tut. Er taucht aus dem Dunkel der Nacht auf. Zeitweilig beleuchtet von dem Leuchten der Kugeln besteigt er den Rand des Schützengrabens. Später weiß man: Es ist ein Berliner Operntenor aus der Armee des deutschen Kronprinzen Wilhelm, der für die Soldaten singen will – weil Weihnachten ist. Er schreitet singend ins ungeschützte Niemandsland und alle Waffen schweigen „im Anschlag". Kurios und doch wunderbar. Dieser Mann muss sogar Zugaben geben, so stürmisch ist der Beifall – mitten im Krieg. Und die drei Kommandeure beschließen für eine kurze Zeit die Kampfhandlungen einzustellen.

Das alles bleibt nicht ohne Folgen. Nicht für die Abfolge des Krieges, sondern für die beteiligten Soldaten. Alle drei Bataillone werden von ihren Vorgesetzten für ihr eigenmächtiges Handeln bestraft und an andere Frontabschnitte versetzt. Damit sollen weitere freundschaftliche Annäherungen verhindert werden.

Das Licht der Weihnacht, dazu die altvertrauten Melodien und Lieder, haben zuwege gebracht, was in seiner Zeit eigentlich unmöglich war. Ich werde dabei an Ähnlichkeiten mit dem Herbst 1989 erinnert. Kerzen in den Händen in gefährlicher Zeit. Aber, wer brennende Kerzen trägt, kann nicht gewalttätig werden. Er will Liebe signalisieren. So ist Weihnachten *das* Signal der Liebe Gottes.

Gestaltungsvorschlag für jüngere und (oder) ältere Kinder

Siehe auch die Liturgie zum 1. Advent S. 310; Kerzenwort für den 3. Advent: Jesus Christus ist das Licht der Welt. Wenn wir traurig sind, tröstet er uns. (KG, S. 52)

Hinführendes Gespräch mit Aktion
Smileys – frohe und traurige – werden in die Mitte auf ein dunkles und ein helles Tuch gelegt. (s. dazu die Smileys auf S. 50) Im Gespräch schildern wir, wann wir fröhlich und wann wir traurig sind. Wenn wir froh und dankbar sind, erscheint die Welt viel heller. Wenn wir traurig sind und Angst haben, ist sie dunkel. Mache nicht so ein „finsteres" Gesicht, sagen wir dann. Wir überlegen, was uns traurig, zornig, ängstlich, ärgerlich macht. Auf Kärtchen geschrieben oder gemalt, legen wir diese auf den dunklen Untergrund mit dem traurigen Smiley. Nun lesen wir langsam die Lutherstrophe vor. Wir entdecken. Es muss nicht so finster und traurig bleiben. Es gibt Hoffnung. Gott sorgt dafür. Deshalb wurde Jesus geboren. Deshalb feiern wir Weihnachten. Nun schreiben wir auf andersfarbige Kärtchen, was uns fröhlich, dankbar, versöhnlich, freundlich macht. Diese Kärtchen legen wir auf den hellen Untergrund um den

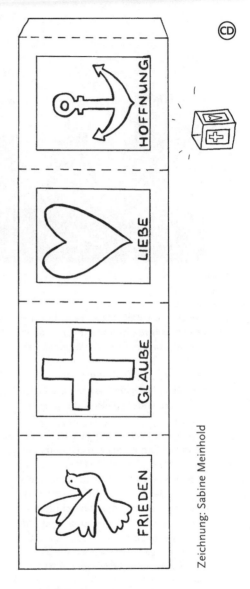

Zeichnung: Sabine Meinhold

fröhlichen Smiley. Wir können uns ganz schlecht selbst fröhlich machen. Da brauchen wir einen Anstoß von außen. Im Hellen und im Dunkel des Lebens sind wir auf Hilfe von anderen angewiesen. Wir können uns schlecht selbst

Foto: Adelheid Schnelle

trösten und ermutigen. Es geht, aber es geht schwer. Gott will uns nun dabei helfen – das erwarten wir Weihnachten.

Hinweise zur Erzählung

Nun erzähle ich die Geschichte von den vier Kerzen oder spiele sie mit vier Kerzen vor.

Alternative: Ausschnitte aus der CD des Weihnachtsmusicals von Ute und Eberhard Rinke „Die vier Kerzen" (Gerth Medien) werden gehört. Jüngere Kinder können dazu das Bild eines Adventskranzes (aus)malen und beschriften.

Diese Geschichte kann auch am 4. Advent zu Beginn des Gottesdienstes liturgisch gestaltet werden, nachdem die vier Adventskerzen entzündet wurden.

Erzählung „Vier Kerzen im Advent"

Vier Kerzen brannten am Adventskranz. Es war ganz still. So still, dass man hörte, wie die Kerzen zu reden begannen.

Die erste Kerze seufzte und sagte: Ich heiße Frieden. Mein Licht leuchtet, aber die Menschen halten keinen Frieden. So viel Krieg gibt es auf der Welt. Sie wollen mich nicht." Ihr Licht wurde immer kleiner und verlosch schließlich ganz.

Die zweite Kerze flackerte und sagte: Ich heiße Glaube. Aber ich bin überflüssig. Die Menschen wollen von Gott nichts mehr wissen. Es hat keinen Sinn mehr, dass ich brenne." Ein Luftzug wehte durch den Raum und die zweite Kerze war aus.

Leise und sehr traurig meldete sich nun die dritte Kerze zu Wort. „Ich heiße Liebe. Ich habe keine Kraft mehr zu brennen. Die Menschen stellen mich an die Seite. Sie sehen nur sich selbst und nicht die anderen, die sie lieb haben sollen. Und mit einem letzten Aufflackern war auch dieses Licht ausgelöscht.

Da kam ein Kind in das Zimmer. Es schaute die Kerzen an und sagte:

„Aber, aber ihr sollt doch brennen und nicht aus sein!" Und fast fing es an zu weinen.

Doch da meldete sich auch die vierte Kerze zu Wort. Sie sagte: „Hab keine Angst! Solange ich brenne, können wir auch die anderen Kerzen wieder anzünden. Ich heiße Hoffnung." Voller Freude nahm das Kind Licht von dieser Kerze und zündete die anderen Kerzen wieder an. (überliefert)

Ja, solange wir Gottes Licht in die Welt bringen, gibt es Hoffnung für alle Traurigkeiten und Ängste, für alle Menschen.

Kreative Gestaltung
– Tischlicht
Umrisse auf Tonkarton kopieren, die Fenster ausschneiden und mit weißem Transparentpapier (z. B. Architektenpapier) hinterkleben (s. Kopiervorlage S. 321). Auf den Fenstern stehen die Namen der 4 Kerzen aus der Geschichte.

– Kurrende-Sänger
Kleine Figuren aus Papier werden als Kurrende-Sänger gestaltet (s. Anleitung und Kopiervorlagen S. 306 und das Foto).

Horst Ramsch

---

18. Dezember 2016
4. Advent

Des freu sich alle Christenheit
EG 23,6–7

Lieder: Mache dich auf und werde licht, LB 370, LJ 451, KG 24, MKL 128; Der Weg nach Bethlehem (Wir machen uns jetzt auf den Weg), LH 255; Wir sagen euch an, KG 29, EG 17, LB 376, LJ 26; Ein Licht geht uns auf, KG 25, LJ 344, EG regional, MKL 123, KiKiHits 11, LB 379, LH 61; Ihr Kinderlein kommet, EG 43, LJ 44

Liturgischer Text: 43,3+4

Zum Thema

Schon sehr früh, etwa im 11. Jahrhundert wurden Gesänge, die mit Kyrieleis enden, im Gottesdienst verwendet. Die „Leisen" werden sie genannt. Oft hatten sie nur eine Strophe und wurden mehrmals hintereinander gesungen. Martin Luther hat mehrere dieser Lieder aufgenommen und verändert. Sie gelten als die ältesten evangelischen Kirchenlieder. Auch das vorgeschlagene Lied: „Gelobet seist du, Jesu Christ" ist sehr alt. Wahrscheinlich wurde es 1534 geschrieben.

Inhaltlich ist für Martin Luther besonders der Kontrast zwischen der Allmacht Gottes und der Armut des Jesuskindes bedeutsam, den er mit immer neuen Bildern beschreibt. Gott macht sich arm, damit wir Menschen reich werden. So groß ist Gottes Liebe, dass er dies auf sich genommen hat. (vgl. 2. Kor 8,9).

Von der Struktur her hängt die erste Strophe mit der siebten zusammen: Erst freuen sich die Engel, dann die Menschen, die zweite und die sechste Strophe reden von der Armut, die dritte und die fünfte von der Welt, und die vierte vom Licht. Damit benennt der Name der Kindergottesdienstreihe „Das ewig Licht geht da hinein" das Zentrum des Liedes. In Strophe sechs und sieben geht es um die Armut des Gotteskindes, das doch den Reichtum schenkt, und um die Freude der Menschen. Beides soll im Kindergottesdienst am 4. Advent eine Rolle spielen.

Das Thema und die Kinder

Die Freude gehört für Kinder unbedingt in die Adventszeit hinein. Vorfreude wird oft gesagt und auch gesungen. Die Freude auf das, was kommen wird. Oft stehen dabei ganz konkrete Freuden für die Kinder im Vordergrund: Ein lieber Besuch, eine besondere Süßigkeit, ein gelungenes Krippenspiel, ein lang erhofftes Geschenk. Die Freude darüber, dass Jesus geboren ist, tritt demgegenüber in den Hintergrund. Die Geschichte gehört wohl zum Weihnachtsfest dazu, aber die Freude ist woanders angesiedelt.

Dass Freude auch durch das Singen entsteht, haben die Kinder schon selbst erlebt. Sie singen in dieser Zeit oft mehr als sonst im ganzen Jahr. Ein Advents- bzw. Weihnachtslied kennt wohl fast jedes Kind auswendig. Das für diesen Kindergottesdienst vorgeschlagene Lied kennen auch Erwachsene kaum noch. Eventuell ist ihnen die Bearbeitung für das Weihnachtsoratorium bekannt. Aber außerhalb von Gottesdiensten wird das Lied äußerst selten gesungen.

Die Absicht des hier vorliegenden Kindergottesdienstes liegt darin, dass die Kinder in einem fremden alten Lied doch etwas für sich selbst entdecken können. Sie dürfen hören, dass die große Freude der Weihnacht in der Krippe verborgen liegt.

Gestaltungsvorschlag für jüngere und ältere Kinder

Liturgie
siehe die ausgeführte Liturgie am 1. und 2. Adventssonntag (S. 310 u. 313), sie sollte fortgeführt werden.
Kerzenwort für den 4. Advent (KG S. 52): Jesus Christus ist das Licht der Welt. Wir freuen uns, Christus ist nahe bei uns.

Hinführung zum Thema
„In einer Woche ist Weihnachten. Freut ihr euch schon darauf?
Worauf freut ihr euch besonders?"
Die Kinder werden sicher verschiedene Dinge benennen. Wahrscheinlich sind auch Geschenke darunter.
Drei Geschenke in die Mitte legen, an denen Geschenkkärtchen hängen: von Oma, von Papa, von deiner Lehrerin.
Was könnte darin sein? Raten lassen und auspacken: Von Oma kommt ein Schal, von Papa ein Kartenspiel, von der Lehrerin ein besonderer Radiergummi.
Habt ihr solche Dinge schon bekommen? Könnten Oma, Papa und die Lehrerin so etwas schenken?
Die Kinder antworten.
Was schenkt uns eigentlich das Kind in der Krippe zu Weihnachten? Hat Jesus auch ein Geschenk mitgebracht?

Die Kinder antworten.
Eine große Krippe aus Pappe wird in die Mitte gelegt. Sie funktioniert wie ein dicker Briefumschlag. Darin sind – den Kindern noch verborgen – sechs Buchstaben als Geschenke eingewickelt.

Lied

In einem sehr alten Lied heißt es: „Er ist auf Erden kommen arm". Damit ist Jesus gemeint. Er ist in einem Stall geboren und wurde in eine einfache Futterkrippe gelegt. Seine Eltern waren auch arm.
„Er ist auf Erden kommen arm" – Martin Luther hat dieses Lied gedichtet. Und ich singe euch jetzt eine Strophe davon vor:
Er ist auf Erden kommen arm,
dass er unser sich erbarm
und in dem Himmel machet reich
und seinen lieben Engeln gleich.
Kyrieleis.

Gespräch mit Aktion

„Er ist auf Erden kommen arm", aber er will uns trotzdem reich machen. Und er hat uns auch Geschenke mitgebracht. Und die dürfen wir jetzt gemeinsam entdecken!
Die Geschenke werden nacheinander ausgewickelt. Dabei kommen die vorgegebenen Buchstaben zum Vorschein, die jeweils erklärt werden. Die Reihenfolge kann dabei natürlich variieren.

F: Das Wort Freiheit fängt mit F an. Und Jesus hat uns auch wirklich die Freiheit geschenkt. Wenn er von Gott erzählt hat, hat er den Menschen gesagt: Wenn ihr Sorgen habt oder großen Kummer oder wenn ihr

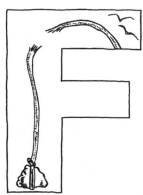

traurig seid, dann denkt immer daran, dass Gott stärker ist. Alles, was schwer ist und euch niederdrücken will, kann euch nicht festhalten. Das Schwere ist abgefallen. Gott macht euch frei.

R: wie Reichtum im Stall. Jesus war nur ein armes Kind, und dann ein armer Mann. Aber wenn ihm jemand begegnet ist, den konnte er reich machen. Geld hat Jesus ihm nicht gegeben. Aber er hat ihm gesagt: Du bist etwas ganz Besonderes. Du bist wichtig. Gott hat dich gemacht, und du bist schön. Und wenn die Menschen das gehört haben, haben sie sich sehr reich gefühlt.

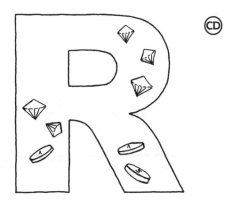

E: wie Elternliebe. Jesus hat uns gesagt: Gott liebt euch wie ein guter Vater. Und so dürfen wir wissen: Gott hat uns Menschen lieb, wie gute Eltern ihre Kinder lieb haben. Er verzeiht uns wie ein guter Vater. Und er tröstet uns, wie eine gute Mutter. Und wir dürfen seine Kinder sein.

U: wie Umarmung. Jesus war nur ein armes Kind. Aber er war ein Mensch wie wir. Seine Eltern und seine Freunde konnten ihn umarmen. Und wenn ihn jemand um Hilfe gebeten hat, hat Jesus ihm die Hand gegeben oder sein Gesicht berührt. Gott ist nicht weit weg. Gott ist ganz nah. Darüber können wir uns freuen.

D: wie dienen. Dienen ist ein ziemlich altes Wort. Heute würden

wir sagen: helfen oder unterstützen. Und Jesus ist in unsere Welt gekommen, weil er den Menschen helfen will. Er hat Kranke gesund gemacht. Und traurige Menschen sind durch ihn wieder fröhlich geworden.

E: wie ewig, für immer, an allen Tagen. Weihnachten feiern wir, dass Jesus geboren ist. Aber bei uns sein will Jesus immer, Tag und Nacht – an allen Tagen, im ganzen Jahr, unser

ganzes Leben. Immer und ohne Ende will er uns begleiten. Und wir dürfen mit ihm reden. Er ist immer für uns da.

(Wenn alle Buchstaben ausgepackt sind:) Das Kind in der Krippe hat uns viele Geschenke gemacht. Und wenn wir die Buchstaben richtig sortieren, dann können wir noch ein Geschenk entdecken. Das Geschenk, von dem auch Martin Luther in seinem Lied gesungen hat: **FREUDE**

Liedstrophe
Das hat er alles uns getan,
sein groß Lieb zu zeigen an.
Des freu sich alle Christenheit
und dank ihm des in Ewigkeit.
Kyrieleis.

Kreative Vertiefung
Die Krippe und die Buchstaben werden auf einen großen Tonkarton geklebt. Die Kinder gestalten zu einem der Geschenke oder zum Thema Freude kleine Bilder, die das Plakat ergänzen. (s. Skizze)

Gebet
Lieber himmlischer Vater,
wir danken dir, dass Jesus auf die Welt gekommen ist. Wir danken dir für alles, was er uns schenkt. Bitte lass uns deine Geschenke nicht vergessen und fülle unser Herz mit deiner großen Freude! Amen

Gebet/Segen

Sabine Meinhold

Zeichnungen:
Sabine Meinhold

24./25./26. Dezember 2016
Heiligabend/Christfest

Und mit den Hirten gehn hinein

EG 24,1–6

Lieder: übliche Weihnachtslieder

Liturgischer Text: Psalm 96

Zum Thema

Als Grundlage für den Gottesdienst ist diesmal ein bekanntes Weihnachtslied ausgewählt worden: „Vom Himmel hoch, da komm ich her." Der Text stammt von Martin Luther und soll der Legende nach 1535 für die Weihnachtsbescherung seiner Kinder entstanden sein. Das Lied erzählt die Geschichte von der Geburt Jesu, wie wir sie im Lukasevangelium finden (Lk 2,8–18). In der ersten bis fünften Strophe verkündigen die Engel den Hirten die frohe Botschaft. Ab Strophe 6 erklingt die Antwort derer, die die Engel gehört haben. Vielleicht hatte Luther mit dieser szenischen Aufteilung die Reigentänze zum Krippenspiel vor Augen, die damals sehr beliebt waren.

Ursprünglich wurde das Lied auf die Melodie eines bekannten Spielmannsliedes gesungen (Ich komm aus fremden Landen her). Die Verwendung gebräuchlicher Melodien ist in der Reformation häufig zu finden. Denn so konnte der Bestand an Liedern schnell und unkompliziert verbessert und erweitert werden. In eine bekannte Weise konnte schließlich jeder gleich ein-

stimmen. Trotzdem hat Luther 1539 noch eine eigene Melodie für sein Lied geschrieben, die sich aber auch schnell durchgesetzt hat und sehr bekannt geworden ist. In den folgenden Jahrhunderten ist das Lied oft bearbeitet und manchmal auch parodiert worden. Bekannt und beliebt ist es geblieben bis heute.

Das Thema und die Kinder

In der Advents- und Weihnachtszeit spielt das Singen auch für die Kinder eine viel größere Rolle als sonst im Jahr. Besonders moderne Lieder werden an vielen Orten eingeübt und z.T. auch aufgeführt. Die älteren Lieder sind den Kindern eher vom Hören bekannt. Eine aktive Erinnerung an den Text ist ihnen vielleicht noch bei der ersten Strophe möglich. Eine Beschäftigung mit dem Inhalt eines Liedes aus der Zeit von Martin Luther mag für die Kinder neu sein. Sowohl die altertümliche Sprache als auch die eher getragene Melodie könnten fremd wirken. Andererseits aber mag es für die Kinder reizvoll sein, ein Lied, das man schon

„kennt", noch einmal neu zu entdecken.

Gestaltungsvorschlag für Kinder und Erwachsene

Vorbereitung

Benötigt wird für jeden Engel ein weißer glänzender Umhang und ein graues Gewand darunter; der Stall mit Krippe, Maria und Josef ist die ganze Zeit zu sehen.

Für die letzte Szene werden weiße Stoffstreifen aus dem Material der Engelsgewänder benötigt. Sie werden vor dem Anspiel unsichtbar in die Krippe gelegt. Für jeden Gottesdienstbesucher kann ein ähnlicher Streifen am Ausgang mitgegeben werden. In großen Gemeinden könnte es einfach ein weiß-glänzender Wollfaden sein, der mit dem Liedblatt auf den Bänken verteilt wird.

Anspiel/Krippenspiel mit Lied

Entweder singt die ganze Gemeinde oder ein Engelchor. Während des Liedes stehen zwei Engel in weißen, möglichst glänzenden Gewändern vorn. Etwas im Hintergrund stehen Maria und Josef neben der Krippe im Stall. Vorgeschlagen sind sieben Spieler. Die Anzahl der Engel und der Hirten kann aber beliebig verändert werden.

Vom Himmel hoch, da komm ich her,
ich bring' euch gute neue Mär,
der guten Mär bring ich so viel,
davon ich singn und sagen will.

Engel 1: Hast du gehört? Wir müssen wieder los!
Engel 2: Ja, wie jedes Jahr.
Engel 1: Nun komm schon, die Leute warten auf uns.

Engel 2: Bin ja schon da. Obwohl die Menschen doch längst wissen, dass Jesus geboren ist.
Engel 1: Aber sie wollen doch den Engelgesang hören.
Engel 2: Ich weiß. Aber ich will schnell nochmal in Bethlehem vorbeigehen.
Engel 1: Warum denn?
Engel 2: Ach weißt du – wenn ich die Krippe nochmal gesehen habe, dann kann ich irgendwie besser singen.
Engel 1: So, so. Obwohl du doch längst weißt, dass Jesus geboren ist?
Engel 2: Ich muss es einfach nochmal sehen. Es ist so schön.
Engel 1: Und vielleicht müssen es die Menschen auch einfach nochmal hören?
Engel 2: Kann schon sein.
(Gehen zum Stall)

Engel 2: Wie schön!
Engel 1: Na ja. Hast du schon mal gesehen, dass die Windeln ganz alt und schäbig sind?
Engel 2: Nö, ist mir noch nie aufgefallen.
Engel 1: Und der Umhang von Maria ist auch nur ganz dünn. Bei der Kälte!
Engel 2: He, was machst du denn da?
Engel 1: (legt sein Engelsgewand zum Kind in die Krippe)
Ach weißt du, wenn Gott selbst so arm ist, dann können wir doch nicht in solchen Prachtgewändern herumlaufen!
Engel 2: Meinst du? Ja, kann sein, du hast recht.
(Legt sein Engelsgewand der Maria um die Schultern)
So, jetzt müssen wir aber endlich los zu den Hirten, du grauer Engel!
Engel 1: Bin schon da!

(Gehen zu den Hirten, die sitzen ums Feuer)
Euch ist ein Kindlein heut' geborn
von einer Jungfrau auserkorn,
ein Kindelein, so zart und fein,
das soll eu'r Freud und Wonne sein.

Tobias: (springt auf)
Was war das? Noch ein Kind mehr auf der Welt?
Simon: He, freu dich doch! So ein Baby ist doch wirklich süß!
Tobias: Ja, ja, am Anfang. Und dann fängt es an zu schreien. Und du musst ihm was zu essen geben. Und Kleidung braucht es auch. Da gibt es nicht nur Freude. Glaub mir, ich hab fünf Kinder zu Hause.
Simon: Aber vielleicht ist dieses Kind etwas Besonderes? Natürlich ist jedes Kind besonders. Aber von diesem Kind wird extra ein Lied gesungen.
Daniel: Ja, da kommen fremde Leute und singen von einem Kind. Lasst uns doch zuhören. Vielleicht geht das Lied noch weiter.
Es ist der Herr Christ, unser Gott,
der will euch führn aus aller Not,
er will eu'r Heiland selber sein,
von allen Sünden machen rein.

Er bringt euch alle Seligkeit,
die Gott der Vater hat bereit',
dass ihr mit uns im Himmelreich
sollt leben nun und ewiglich.

Daniel: Seht ihr, es ist ein ganz besonderes Kind! Gott selber ist gekommen!
Simon: Das Kind ist für uns gekommen! Damit unser Leben schöner wird!
Daniel: Seligkeit, das klingt wie Glück und Freude!

Simon: Leben sollen wir, richtig leben! Und das Himmelreich ist offen für uns arme Hirten! Ach, wenn das wahr wäre!
Tobias: Mit würde es schon reichen, wenn die Kinder zu Hause nicht mehr hungern müssten, das wäre schon was!
Simon: Und wenn er uns aus der Not herausführt, bekommst du endlich einen warmen Mantel!
Daniel: Alle Armut wird vorbei sein. Niemand muss sich mehr Sorgen machen. Alles wird gut!
Simon: Na ja, warten wir's ab.
Daniel: Wie meinst du das?
Simon: Ich meine, Gott ist ganz anders als wir Menschen. Und er denkt auch anders. Oder hast du schon mal graue Engel gesehen?
Tobias: Engel?
Simon: Was meinst du, wer uns sonst vom Gotteskind erzählt, äh, ich meine, singt? Hör doch mal zu!
So merket nun das Zeichen recht:
die Krippe, Windelein so schlecht,
da findet ihr das Kind gelegt,
das alle Welt erhält und trägt.

Tobias: Ein Kind, das die ganze Welt trägt – ja so was können wohl wirklich nur Engel sagen. So was Verrücktes fällt keinem Menschen ein.
Daniel: Ich höre immer Futterkrippe und schlechte Windeln. Davon gibt es in Bethlehem jede Menge.
Tobias: Arm wie wir alle ist Gott geworden. Da passt er wenigstens zu uns.
Simon: Haben die Engel eben „finden" gesagt, äh, ich meine, gesungen? Dann nichts wie los! Lasst uns hingehen und selber nachschauen, von welchem Kind hier die Rede ist!
Tobias: Und was machen wir mit den Schafen?

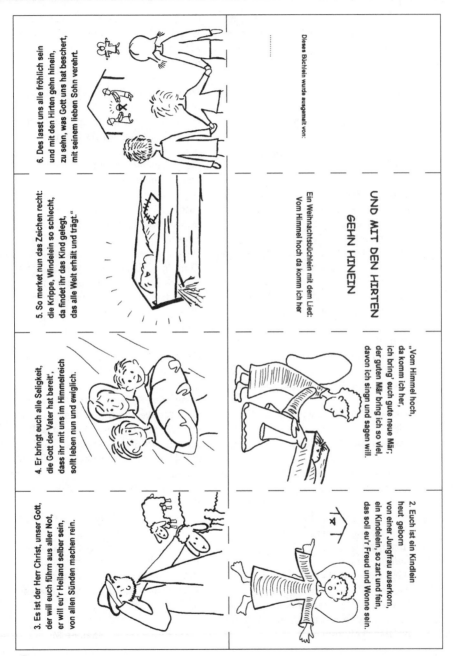

Dieses Büchlein wurde ausgemalt von:

....

UND MIT DEN HIRTEN GEHN HINEIN

Ein Weihnachtsbüchlein mit dem Lied:
Vom Himmel hoch da komm ich her

„Vom Himmel hoch,
da komm ich her,
ich bring' euch gute neue Mär;
der guten Mär bring ich so viel,
davon ich singn und sagen will.

2. Euch ist ein Kindlein
heut' geborn
von einer Jungfrau auserkorn,
ein Kindelein, so zart und fein,
das soll eu'r Freud und Wonne sein.

3. Es ist der Herr Christ, unser Gott,
der will euch führn aus aller Not,
er will eu'r Heiland selber sein,
von allen Sünden machen rein.

4. Er bringt euch alle Seligkeit,
die Gott der Vater hat bereit',
dass ihr mit uns im Himmelreich
sollt leben nun und ewiglich.

5. So merket nun das Zeichen recht:
die Krippe, Windelein so schlecht,
da findet ihr das Kind gelegt,
das alle Welt erhält und trägt."

6. Des lasst uns alle fröhlich sein
und mit den Hirten gehn hinein,
zu sehn, was Gott uns hat beschert,
mit seinem lieben Sohn verehrt.

Zeichnung: Sabine Meinhold

Daniel: Die lassen wir in Gottes Schutz. In dieser Nacht wird das wohl möglich sein.

Des lasst uns alle fröhlich sein
und mit den Hirten gehn hinein,
zu sehn, was Gott uns hat beschert,
mit seinem lieben Sohn verehrt.

(Die Hirten gehen zum Stall, Engel stehen dahinter)

Tobias: Pst, das Kind schläft! Mir wird ganz warm, wenn ich es ansehe, sogar ohne Mantel.
Simon: Siehst du!
Daniel: Du hattest Recht, dieses Kind ist wirklich etwas Besonderes.
Simon: Ich bin so froh, dass ich laut singen könnte! Fast wie ein Engel!
Tobias: Na, das will ich hören!

Maria: Ihr dürft gern hereinkommen. Im Stall ist es warm.
Josef: Schön, dass ihr gekommen seid. Dieses Kind ist für uns alle da.

Simon: Das Kind will uns froh machen.
Daniel: Die Engel haben es uns gesagt.
Tobias: (kniet nieder): Ich möchte es immer nur anschauen.
(nimmt einen weißen Stoffstreifen aus der Krippe und legt ihn sich um)
Daniel: Schau mal, Tobias fängt an zu glänzen!
Simon: Und du auch!
(Legt sich und Daniel einen Stoffstreifen um)
Daniel: Und du! Gott selbst hat uns beschenkt. Der Himmelsglanz ist auf die Erde gekommen!

Engel 2: Das war eine gute Idee von

dir! Einfach das Gewand ausziehen!
Engel 1: Es war seine Idee! (zeigt auf die Krippe) Gott hat es zuerst gemacht!

Daniel: Ein Streifen Himmelsglanz für uns arme Hirten. Weil wir das Kind gesucht und gefunden haben. Wie schön. Kommt, lasst uns singen und Gott danken. Wir können ja die Engel bitten, mit einzustimmen. Dann klingt es schöner.

Lied
Gebet/Vaterunser
Segen

Zum Mitgeben: ein weißer, glänzender Stoffstreifen, Geschenkband oder Wollfaden: ein Streifen Himmelsglanz für alle

Gestaltungsvorschlag für einen Kindergottesdienst an den Weihnachtstagen

Wenn der Kindergottesdienst an einem der Weihnachtsfeiertage nur mit Kindern gefeiert wird, kann das Lied anhand von Bildern erarbeitet und als Büchlein gestaltet werden (s. Zeichnung).
Anleitung: Das Blatt an allen gestrichelten Linien falzen, dann die mittlere durchgezogene schwarze Linie durchschneiden. Das Blatt längs falten (Bilder außen), an den Enden anfassen und zur Mitte schieben. Es entsteht ein Blatt-Kreuz. Jetzt die Seiten zum Büchlein umfalten mit der ersten Seite vorne.

Sabine Meinhold

Gottesdienst zum Beginn des Schuljahres Schulanfängergottesdienst

Leicht wie ein Schmetterling

zu Psalm 18,30

Lieder: Lieber Gott, ich danke dir, LJ 588; Kindermutmachlied (Wenn einer sagt), KG 150, LJ 624, MKL 100, LH 26, KiKiHits 25; Du stellst meine Füße auf weiten Raum, LH 21; Das wünsch ich sehr, LJ 488, MKL 5, LH 86, LB 48, KiKi-Hits 54; Wie ein bunter Schmetterling, s. S. 339

Allgemeine Betrachtung

Diesem Schulgottesdienstentwurf sind zwei Symbole zugrundegelegt, die gegensätzlicher nicht sein können: Die statische Mauer als Metapher für die Wirklichkeit, der Schmetterling für beflügelnde Gedanken, für Wünsche und Träume. Beide Bilder erfahren im Verlauf des Gottesdienstes eine Verknüpfung. Vermittelnd steht dazu die ermutigende Aussage des Psalmbeters „Mit meinem Gott kann ich über Mauern springen" (Ps 18,30). Ursprünglich in die Situation der Bedrängnis durch Feinde gesprochen, erfährt das Psalmwort heutzutage auch andere Übertragungsmöglichkeiten für unseren Alltag, der ja auch Barrieren aufgrund von Besorgnis erregenden Momenten bereithält.

Das Thema und die Kinder

Das Bild der Mauer lässt sich zunächst positiv beschreiben: Eine Mauer kann Schutz gewähren. Aus Mauern entstehen Räume. In ihnen erleben die Kin-der Geborgenheit und Orientierung. In Räumen des Wohlbefindens gibt es Nischen, Rückzugsecken. Der Kindergarten könnte solch ein Raum gewesen sein. Jetzt werden mit dem Schulbeginn vertraute Felder verlassen, neue Räume betreten. Das stimmt neugierig, setzt Motivation frei.

Der Schulanfang birgt jedoch nicht allein fröhliche Seiten. Zudem ist es der Tag eines besonderen Aufbruchs. Zukunftsgedanken machen sich breit. Wie werden die kommenden Tage und Jahre sein? Welchen Menschen wird das Kind begegnen, wer wird ihm zur Seite gestellt sein? Wird das Kind den gestellten Ansprüchen gerecht, wird es die Aufgaben schaffen? Was, wenn doch so manches als zu schwer erscheint? Viele sorgende Fragen türmen sich mitunter hintergründig wie eine kleine Mauer auf. Die Erwachsenen erleben das in ihrer Verantwortung sicherlich genauso wie die Kleinen, die in ihrer Aufregung voll im Mittelpunkt stehen und die Zuwendungen, die sie an diesem Tag erfahren, besonders genießen (dürfen). Da ist es gut, sich gemeinsam mit einem „gesunden Gottvertrauen" auf die fröhlichen Momente des Beginns eines neuen Lebensabschnittes einzulassen – ganz im Sinne des angesprochenen Psalms.

Zeichnung: Klaus-Dieter Braun

Und dann ist da der Schmetterling. Er steht für die Unbeschwertheit, für das Leichte im Leben, für die Entdeckerseele. Er soll ein Zeichen sein für alles, was beflügelt, er steht für Farbenfrohsinn. Kinder wollen in ihrer Freude gerade an diesem Tag vieles neu entdecken, wie ein bunter Falter fröhlich und unbeschwert. Bei allen Anforderungen, die Bildungsansprüche nun einmal stellen, darf der spielerisch schöpferische Bereich nicht zu kurz kommen! Zuspruch, Schmetterling, Gottvertrauen – in diesem Dreiklang sind alle, die Kinder auf ihrem besonderen Weg begleiten, angehalten, stets darauf zu achten, dass Wissensvermittlung und Emotionen sich ausgleichend ergänzen. Auf dieser Grundlage können sich Kinder wundervoll entfalten.

Zur Vorbereitung
– eine (möglichst lebensgroße) Vergrößerung der Identifikationsfigur „Mads" auf stärkerem Karton.
– ein etwas größerer farbiger Schmetterling (auf Holz-Wäscheklammer befestigt).
– eine etwas größere Schultüte (hier sollen einige Schmetterlinge zum Mitgeben Platz haben). Körbe zum Verteilen für die weiteren Mitgaben.
– Schmetterlinge entsprechend der Zahl einzuschulender Kinder (evtl. mit Namen)
(Gut wäre es, sie bereits ausgeschnitten zu vergeben – mit Holzklammer(!), dann wäre ein sofortiger Einsatz möglich).
– acht größere (!) Kartons „neutralisieren" (z. B. farbig ummanteln), anschließend darauf große Fragezeichen malen.
– acht Symbolkarten (entsprechend der Größe der Kartons), auf der Rück-

Zeichnung: Klaus-Dieter Braun

seite Klebestreifen: Luftballon, Ball, Feder, buntes Blatt Papier, Pinsel, Seifenblasen, Schmetterling

Gestaltungsvorschlag

(Zimbel ertönt)

Eingangswort
Wir feiern diesen Gottesdienst im Namen Gottes,
der uns bei unserem Namen ruft, der uns Halt gibt.
(1. Altarkerze anzünden)
im Namen Jesu Christi, seinem Sohn, der uns Hilfe ist, auf unseren Wegen durch das Leben.
im Namen des Heiligen Geistes, der uns Kraft und Mut macht,
diesen Weg im festen Glauben zu gehen.
(2. Altarkerze anzünden)
Lasst uns diesen Tag feiern unter dem Geleit des dreieinigen Gottes.
Vater, Sohn und Heiliger Geist –
Das stärke uns zur Gemeinschaft.

Lied: Lieber Gott, ich danke dir

Begrüßung
Wir wünschen allen einen guten Morgen. Sicherlich seid ihr an eurem ersten Schultag gespannt, was ihr alles erleben werdet. Wer von euch trägt nicht stolz die besonders ausgeschmückte Schultüte!? Der Inhalt bleibt sicherlich noch eine Überraschung!?
Ja, heute ist euer großer Tag. Ihr dürft euch auf die Schule freuen. Ich möchte euch von einem Jungen erzählen, dem ergeht es ähnlich. Hier – (die vergrößerte Kinderfigur wird an den Altar angelehnt gestellt. Selbstverständlich kann sich das Vorbereitungsteam auch für eine Mädchenfigur entscheiden).

Erzählung
Das ist Mads. Heute ist sein erster Schultag. Viele sind gekommen, um sich mit ihm zu freuen, auch seine Großeltern. Welch ein schöner Tag ist das heute. Aber Mads hat so seine kleinen Sorgen, klitzekleine viel-

335

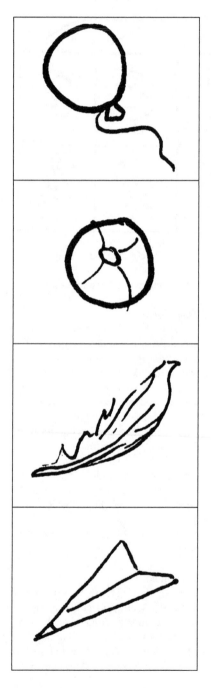

leicht, doch manchmal werden sie auch größer.

(Während der folgenden Aufzählung der Fragen werden parallel die Kartons herangetragen, nach und nach entsteht seitlich des Altars eine Fragemauer)

– Ob ich neben meinen Freunden sitzen darf?

– Wer wird noch in meiner Klasse sein – ob sich auch alle gut verstehen?

– Ob ich wohl neue Freunde finde?

– Ist der Klassenraum schön?

– Sind unsere Lehrer nett?

– Ob es mir in der Schule überhaupt Spaß macht?

– Sicherlich haben wir viele Regeln zu beachten …

– Wie viel Zeit bleibt uns dann noch zum Spielen?

– Mein großer Bruder hat oft Bammel vor den Schulnoten.

– Ob ich den Schulweg mit anderen teile oder alleine gehen muss?

Tja, ihr seht, da hat sich eine Mauer von Fragen aufgetürmt.

(Die Madsfigur wird jetzt an die Mauer gelehnt.)

Der Großvater von Mads spürt die Aufregung seines kleinen Enkels. Liebevoll legt er die Hand auf die Schulter vom Mads. Er will ihm einen Trost zusprechen. „Hab Vertrauen", sagt er zu ihm. „Mit Gott an deiner Seite wirst du viele schöne Dinge erleben", so spricht er ihm Mut zu.

In der Bibel sind dazu auch Worte aufgeschrieben:

Psalm 18,30 (in einer kindgerechten Formulierung)

Mit Gott an meiner Seite werden meine Ängste kleiner.

Mit Gott an meiner Seite schaffe ich auch die schwierigen Dinge.

Mit Gott an meiner Seite schaffe ich es, die Mauer der Sorgen zu überspringen.

Lied: Kindermutmachlied

Erzählung und Aktion

Wo ist eigentlich die Schultüte von Mads? (Schultüte zu Mads stellen) Na, die sieht ja prächtig aus! Ob wir mal reinschauen dürfen? Ihr seid sicherlich genauso neugierig wie ich. Wir dürfen es Mads nur nicht weitersagen, denn sonst ist es ja für ihn keine Überraschung mehr.
(Kleinere Gegenstände werden aus der Schultüte geholt und in Aktion gebracht. Anschließend ist jeweils über eines der acht Fragezeichen eine entsprechende Symbolkarte zu kleben. Die eingebrachten Dinge nach der Aktion vor bzw. auf der Wand ablegen.)
– zwei Luftballons = einer wird aufgeblasen
Wir wünschen euch, dass ihr immer genug Puste habt, bei allem, was kommen mag ... (aufgeblasener Luftballon, anschließend spielerisch titschen)
– kleiner Ball = mit anderen Fangen spielen
Wir wünschen viel Freude an Bewegung!
– Feder = wird in die Luft gepustet
Alles soll ganz leicht sein!
– Blatt Papier = wird zu einem Flieger gefaltet und „ausgetestet"
Wir wünschen viele Ideen zum Spielen!
– Pinsel = in der Luft (große) Zeichenbewegungen
Mögen viele Farben die Schulstunden in ein buntes Bild verwandeln!
– Seifenblasen = *Möge auch Zeit zum Träumen da sein!*
Ihr seht, jetzt ist die Fragemauer schon viel fröhlicher. Einige Fragen werden bleiben.

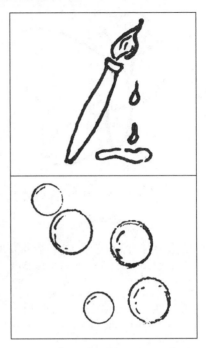

Zeichnungen: Klaus-Dieter Braun

(Gegenstände wieder in die Schultüte zurücklegen. Möglichst unbemerkt ist noch als weiteres Symbol ein Schmetterling eingespielt worden. Der sollte sichtbar am oberen Rand der Schultüte angeklammert werden.)
Seht, da ist ein Schmetterling angeflogen gekommen, hat sich ganz frech auf Mads Schultüte gesetzt. Mads hält seine Luft an. Er will den kleinen Falter nicht stören oder gar erschrecken. Toll, wie der in seinen Farben aussieht. Bald flattert der Schmetterling vor Mads her. Fröhlich verfolgt Mads den Flug.
(Erz. demonstriert mit entsprechenden Körperbewegungen)
Mads spürt: Das wird ein schöner Tag. Er sucht die Hand seines Groß-

Zeichnung: Klaus-Dieter Braun

vaters. Was hatte der doch zu ihm gesagt? Gott ist an deiner Seite. Mit Gott kannst du über Mauern springen. Springen?, denkt sich Mads. Er schaut dem Schmetterling nach. Fliegen kann ich, dabei hüpft er ganz übermütig.
(Die Schultüte mit dem Schmetterling wird an den Altar gestellt.)

Lied: Du stellst meine Füße

Kurzpredigt
Da steht sie, eine Mauer, Stein um Stein, Frage um Frage ist sie gewachsen. Das ist sicherlich nicht nur heute so. Zweifel und Fragen begleiten uns ein Leben lang. Von solchen Mauern gibt es viele, auch wenn wir sie nicht sehen, sind sie da, unsere großen und kleinen unsichtbaren Sorgensteine. Die Erwachsenen haben andere als die Kinder, manche werden sich ähneln.

Von einer Sorgenmauer ist im Psalm die Rede, den wir vorhin vorgelesen bekommen haben. Manchmal scheint uns eine solche Mauer als unüberwindbar, fest und hoch, das kann Angst machen. Wie kommen wir da weiter? Versperrt sie uns den Weg?

Da tut es gut zu wissen, dass wir nicht allein sind, dass wir die Probleme nicht nur aus eigener Kraft bewältigen müssen. Über unsere Sorgen mit anderen zu reden, sich darüber auszutauschen, kann bereits der erste wichtige Schritt und eine große Hilfe sein! So kann man gemeinsam nach Auswegen suchen und Lösungsmöglichkeiten entwickeln. Allein bleibt man oft ratlos. Dies soll für die Erwachsenen also auch eine Ermutigung sein, sich aktiv an der Elternarbeit in der Schule zu beteiligen!

Darüber hinaus tut es gut zu wissen, dass ein besonderer Zuspruch segnend das Leben begleitet: Du bist nicht allein. Mit Gott an deiner Seite kannst du Mauern überspringen. Gott kann dir die Kraft geben, immer wieder neue Wege zu entdecken.

Was der Psalmbeter vor langer Zeit so hoffnungsvoll aussprach, sagte er im Angesicht von Feinden. Heute gibt es im alltäglichen Bereich auch viele Dinge, um die wir uns Sorgen machen. Das Psalmwort gibt uns also bis heute Trost und Ermutigung.

Und dann – erinnern wir uns an die Geschichte des kleinen Mads. Da kam mitten in seinen Gedanken ein Schmetterling angeflogen. Solch ein Schmetterling ist ein wunderschönes vergleichendes Bild für die Lebensfreude. Aus der Starre, aus dem Dunkel schlüpft und verwandelt er sich auf wundersame Weise in eine Farbenpracht. Mit Leichtigkeit flattert er durch die Luft. Diese Unbeschwertheit steckt an. Lasst uns mit dieser Lebensfreude die Fragemauern überspringen. Lasst uns die schöpfe-

Wie ein bunter Schmetterling

Text: Rolf Krenzer; Musik: Detlev Jöcker
Aus: Das Singemäuse Liederbuch
© Menschenkinder Verlag und Vertrieb GmbH, Münster

2. Willst du ein bunter Schmetterling
an meiner Seite sein?
Dann fliegen wir zusammen los
und sind nicht mehr allein.

3. Wenn wir müd' vom Fliegen sind,
dann ruhen wir uns aus
und fliegen gleich schon wieder los,
weit in die Welt hinaus.

rischen Kräfte in uns entdecken. Mit Gott an unserer Seite schaffen wir es, die vor uns liegenden Aufgaben zu meistern.

Der Liturg nimmt die Fragekartons und stellt sie nebeneinander auf. Die Mauer wird aufgelöst.

Lied: Das wünsch ich sehr

Der Liturg lugt geheimnisvoll in die Schultüte am Altar. Er/sie zwinkert den Kindern zu.

Nun wird die Tüte wortlos umgestülpt, so dass auch einige Mitgabe-Schmetterlinge herauspurzeln. Die werden exemplarisch hochgehalten.

„Zum Andenken an euren Schulanfängergottesdienst möchten wir einem jeden von euch zum Schulbeginn so einen kleinen Begleiter mit auf den Weg geben."

Körbe werden herumgereicht.

Währenddessen Lied: Wie ein bunter Schmetterling

Abschlussaktion

Ich möchte nun die Fragesteine am Eingang aufstellen. Jetzt fällt es euch sicherlich ganz leicht, darüberzusteigen oder mit Hilfe der Erwachsenen, die euch unter die Arme greifen, darüberzuhüpfen. Wir lassen auch dazwischen etwas Platz ...

(Die Aktion kann auch für alle sichtbar im Altarraum durchgeführt werden. Es ist möglich, dass die Eltern mit ihren Kindern zum Gebet und Segen vorne im Kreis stehen.)

Gebet/Vaterunser

Segen

Der Segen Gottes sei mit uns allen,
er begleite uns auf allen Wegen,
er gebe uns Freude bei dem, was kommt. Amen

Verabschiedung

Euch allen wünschen wir noch einen schönen gemeinsamen Tag.
Am Ausgang halten wir auch für die Erwachsenen etwas Schönes bereit – zum Mitnehmen!

Klaus-Dieter Braun

 ## Text zum Mitgeben für die Eltern

Mit meinem Gott kann mir alles gelingen

Mit meinem Gott kann ich über Mauern springen,
mit meinem Gott kann ich lauthals singen,
mit meinem Gott kann ich meine Angst bezwingen,
mit meinem Gott kann mir alles gelingen,
mit meinem Gott kann ich Siege erringen
mit meinem Gott kann ich Kummer durchdringen,
mit meinem Gott sehe ich das Gute in den Dingen,
mit meinem Gott kann mir alles gelingen,
mit meinem Gott kann ich über Mauern springen!
(aus: Das Liederheft Kirche mit Kindern 1, www.michaeliskloster.de)

Autoren und Herausgeber

Annette Baden-Ratz, Gografenstr. 2, 31234 Edemissen

Claudia Bergmann, Moritzstr. 23, 99084 Erfurt

Hanna de Boor, Beesener Str. 233, 06110 Halle/S.

Klaus-Dieter Braun, Am Roten Amte 9, 38302 Wolfenbüttel

Tobias Crins, Hauptstr. 14, 38154 Lelm am Elm

Friederike Creutzburg, Klaus-Groth-Str. 20, 17489 Greifswald

Bernd Dechant, Margeritenweg 1a, 14974 Ludwigsfelde

Cornelia Georg, Kirchplatz 7, 99762 Neustadt/Harz

Claudia Glebe, Beguinenstr. 10, 38350 Helmstedt

Antje Gottwald, Großer Kirchhof 6, 38350 Helmstedt

Jürgen Grote, Am Pfarrgarten 5, 38274 Groß Elbe

Susanne Guggemos, Bayreuther Str. 6, 95500 Heinersreuth

Susanne Haeßler, Waldstr. 18, 91988 Bubenreuth

Carmen Ilse, Mönchshof 1, 06618 Naumburg-Flemmingen

Angela Jagusch, Hauptstr. 33, 17498 Weitenhagen

Beate Jagusch, Droßdorfer Str. 11, 06712 Ossig

Birgitt Johanning, Ennertsweg 64, 58675 Hemer

Angela Kunze-Beiküfner, Friedensstr. 27, 38820 Halberstadt

Katrin Lange, Südring 57, 06667 Weißenfels

Monika Lehmann-Etzelmüller, Goethestraße 14, 69502 Hemsbach

Sabine Meinhold, Kirchgasse 6, 98527 Suhl

Alfred Mengel, Sudderweh 5, 49838 Lengerich/Emsland

Simone Merkel, Goethestr. 26–30, 10625 Berlin

Elisabeth und **Karsten Müller**, An der Johanneskirche 1, 06110 Halle/S.

Gudrun Naumann, Regensburger Str. 111, 06132 Halle/S.

Dorothea Pape, Ulmenallee 9, 25421 Pinneberg

Bettina Plötner-Walter, Kirchberg 176, 06648 Eckartsberga

Elisabeth Rabe-Winnen, Konsumstr. 17a, 38268 Lengede

Horst Ramsch, Bühlauer Str. 44b, 01328 Dresden

Frauke Schaefer, Am Bürgerpark 34, 49838 Lengerich

Ulrike Scheller, Querfurter Str. 6, 06246 Bad Lauchstädt

Adelheid Schnelle, Am Sandteich 31, 38376 Süpplingenburg AdelheidSchnelle@aol.com

Marit Seidel, Am Anger 15, 09366 Stollberg-Mitteldorf

Elke Sonntag, Hinter den Höfen 36, 99195 Stotternheim

Otto-Fabian Voigtländer, Hauptstr. 40, 04932 Röderland OT Prösen

Udo Hahn (Hrsg.)
Du bist mir nahe
Tagesgebete

80 Seiten | 11 x 18 cm | Hardcover
ISBN 978-3-374-04076-6
EUR 9,90 [D]

Bewusst leben, mit allen Sinnen wahrnehmen – das will jeder Mensch. Beten macht es möglich. Der evangelische Publizist Udo Hahn hat schöne und anrührende Gebete zusammengetragen, die dem Leben Tiefe geben. Sie wollen auch helfen, vom formulierten Beten zum eigenen Gebet zu finden und vom Nachbeten zum persönlichen Weiterbeten zu kommen. Indem wir alles ins Gebet nehmen – die Menschen, denen wir begegnen, das, was wir essen, unsere Arbeit oder die mühsamen wie die glücklichen Stunden eines Tages – leben wir bewusster und freier.

EVANGELISCHE VERLAGSANSTALT
Leipzig www.eva-leipzig.de

Tel +49 (0) 341/ 7 11 41 -16   vertrieb@eva-leipzig.de

Udo Hahn (Hrsg.)
Gott segne diese Gaben
Tischgebete

80 Seiten | 11 x 18 cm | Hardcover
ISBN 978-3-374-04075-9
EUR 9,90 [D]

Vor dem Essen beten? Ja bitte! Ein kurzer Moment des Inne-
haltens, ein Augenblick der Stille, der Dankbarkeit für Essen
und Trinken. Kurze Gebete zum Alltäglichen, das doch nicht
selbstverständlich ist, geben dem Essen wie dem ganzen Leben die rechte Würze.

EVANGELISCHE VERLAGSANSTALT
Leipzig www.eva-leipzig.de

Tel +49 (0) 341/ 7 11 41 -16   vertrieb@eva-leipzig.de